LONGSHANG XUEREN WENCUN

陇上学人文存

李正宇　卷

李正宇 著　张先堂 编选

甘肃人民出版社

图书在版编目（ＣＩＰ）数据

陇上学人文存. 李正宇卷 / 范鹏，王福生，陈富荣总主编；李正宇著；张先堂编选. -- 兰州：甘肃人民出版社,2020.10(2024.1 重印)

ISBN 978-7-226-05588-5

Ⅰ．①陇… Ⅱ．①范…②王…③陈…④李…⑤张… Ⅲ．①社会科学－文集 Ⅳ．①C53

中国版本图书馆CIP数据核字(2020)第204266号

责任编辑：王建华

封面设计：王林强

陇上学人文存·李正宇卷

范鹏 王福生 陈富荣 总主编

李正宇 著 张先堂 编选

甘肃人民出版社出版发行

（730030 兰州市读者大道568号）

德富泰（唐山）印务有限公司印刷

开本 890 毫米 × 1240 毫米 1/32 印张 14.5 插页 7 字数 351 千

2020 年 11 月第 1 版 2024 年 1 月第 2 次印刷

印数：1001～3000

ISBN 978-7-226-05588-5 定价：60.00 元

（图书若有破损、缺页可随时与印厂联系）

《陇上学人文存》第一辑

编辑委员会

学术指导委员会

《陇上学人文存》 第四辑

编辑委员会

《陇上学人文存》第六辑

编辑委员会

《陇上学人文存》第七辑

编辑委员会

《陇上学人文存》 第八辑

编辑委员会

总　序

陇者甘肃，历史悠久，文化醇厚。陇上学人，或生于斯长于斯的本地学者，或外来而其学术成就多产于甘肃者。学人是学术活动的主体，就《陇上学人文存》（以下简称《文存》）的选编范围而言，我们这里所说的学术主要指人文社会科学研究。《文存》精选中华人民共和国成立以来，甘肃人文社会科学领域成就卓著的专家学者的代表性著作，每人辑为一卷，或标时代之识，或为学问之精，或开风气之先，或补学科之白，均编者以为足以存当代而传后世之作。《文存》力求以此丛集荟萃的方式，全面立体地展示新中国为甘肃学术文化发展提供的良好环境和陇上学人不负新时代期望而为我国人文社会科学事业做出的新贡献，也力求呈现陇上学人所接续的先秦以来颇具地域特色的学根文脉。

陇原乃中华文明发祥地之一，人文学脉悠远隆盛，纯朴百姓崇文达理，文化氛围日渐浓厚，学术土壤积久而沃，在科学文化特别是人文学术领域的探索可远溯至伏羲时代，大地湾文化遗存、举世无双的甘肃彩陶、陇东早期周文化对农耕文明的贡献、秦先祖扫六合以统一中国，奠定了甘肃在中国文化史上始源性和奠基性的重要地位；汉唐盛世，甘肃作为中西交通的要道，内承中华主体文化熏陶，外接经中亚而来的异域文明，风云际会，相摩相荡，得天独厚而人才辈出，学术思想繁荣发达，为中华文明做出了重要贡献。

近代以来，甘肃相对于逐渐开放的东南沿海而言成为偏远之地，反而少受战乱影响，学术得以继续繁荣。抗日战争期间作为大后方，接纳了不少内地著名学府和学者，使陇上学术空前活跃。新中国成立之后，人文社会科学领域的专家学者更是为国家民族的新生而欢欣鼓舞，全力投入到祖国新的学术事业之中，取得了一大批重要的研究成果，涌现出众多知名专家，在历史、文献、文学、民族、考古、美学、宗教等领域的研究均居全国前列，影响广泛而深远。新中国成立之后，人文社会科学几次对当代学术具有重大影响的争鸣，不仅都有甘肃学者的声音，而且在美学三大学派（客观派、主观派、关系派）、史学"五朵金花"（史学在新中国成立之后重点研究的历史分期、土地制度史、农民战争史等五个方面的重点问题）等领域，陇上学人成为十分引人注目的代表性人物。改革开放以来，甘肃学者更是如鱼得水，继承并发扬了关陇学人既注重学理求索又崇尚经世致用的优良传统，形成了甘肃学者新的风范。宋代西北学者张载有言："为天地立心，为生民立命，为往圣继绝学，为万世开太平"，此乃中华学人贯通古今、一脉相承的文化使命，其本质正是发源于陇原的《易》之生生不已的刚健精神，《文存》乃此一精神在现代陇上得到了大力弘扬与传承的最佳证明。

《文存》启动于中华人民共和国成立六十周年之际，在选择入编对象时，我们首先注重了两个代表性：一是代表性的学者，二是代表性的成果，欲以此构成一部个案式的甘肃当代学术史，亦以此传先贤学术命脉，为后进立治学标杆。此议为我甘肃省社会科学院首倡，随之得到政界主要领导、学界精英与社会各界广泛认同与政府大力支持，此宏愿因此而得以付诸实施。

为保证选编的权威性，编委会专门成立了由十几位省内人文社会科学领域著名学者组成的专家指导委员会，并通过召开专题会议研讨、发放推荐表格和学术机构、个人举荐等多种方式确定入选者。为使读者对作者的学术成就、治学特色和重要贡献有比较准确和全面的了解，在出版社选配业务精良的责任编辑的同时，编委会为每一卷配备了一位学术编辑，负责选编并撰写前言。由于我院已经完成《甘肃省志·社会科学志》（古代至 1990 年卷，1990 至

2000 年卷）的编辑出版工作，为《文存》的选编提供了坚实的基础和基本依据，加之同行专家对这一时期甘肃人文社会科学发展的研究，使《文存》能够比较充分地反映同期内甘肃人文社会科学的基本状况。

我们的愿望是坚持十年，《文存》年出十卷，到 2019 年中华人民共和国成立七十周年之际达至百卷规模。若经努力此百卷终能完整问世，则从 1949 至 2009 年六十年间陇上学人以"人一之、我十之，人十之、我百之"的甘肃精神献身学术、追求真理的轨迹和脉络或可大体清晰。如此长卷宏图实为新中国六十年间甘肃人文社会科学全部成果的一个缩影，亦为此期间甘肃人文社会科学学术业绩的一次全面检阅，堪作后辈学者学习先贤的范本，是陇上学人献给祖国母亲的一份厚礼。此一理想若能实现，百卷巨著蔚为大观，《文存》和它所承载的学术精神必可存于当代，传之后世，陇上学人和学术亦可因此而无愧于我们所处的伟大时代，并有所报于生养我们的淳厚故土。

因我们眼界和学术水平的局限，选编过程中必定会出现未曾意料的问题，我们衷心期望读者能够及时教正，以使《文存》的后续选编工作日臻完善。

是为序。

2009 年 12 月 26 日

目　录

敦煌文学研究

敦煌佛教研究

敦煌文字、书法史研究

编选前言

李正宇先生,1934 年出生于河南省正阳县,1958 年毕业于武汉大学中文系。1982 年调入敦煌文物研究所,历任敦煌研究院助理研究员、副研究员、研究员;文献研究室副主任、文献研究所副所长、所长;兼任西北师范大学敦煌学研究所教授、硕士研究生导师,兰州大学敦煌学研究所教授,中国敦煌吐鲁番学会顾问,中国硬笔书法协会学术顾问,甘肃敦煌学会顾问,甘肃省人民政府文史研究馆馆员。1993 年起享受国务院特殊津贴。

李正宇先生致力于敦煌学研究近 40 年,成果丰硕,著作等身,迄今发表敦煌历史、地理、佛教、文学、语言、文字、书法、乐舞、教育、考古、文献等方面论文、札记、评论、序跋等 270 多篇,3 百多万字;已出版专著《敦煌历史地理导论》《古本敦煌乡土志八种笺证》《敦煌史地新论》《敦煌遗书硬笔书法研究》《中国唐宋硬笔书法》《敦煌古代硬笔书法》《古本敦煌乡土志八种笺证(增订本)》《敦煌学导论》等 8 种,另有《敦煌文海披沙》《敦煌佚史拾遗》《敦煌地理丛考》《归义军史丛考》《敦煌世俗佛教研究》《敦煌名胜古迹导论》《敦煌琐语》《书法史论丛》《墨絮集》等著作将陆续出版。共获得省级以上学术奖 10 余项,其中有关硬笔书法的研究论著获得中国硬笔书法协会全国硬笔书法理论研究特等奖、终身学术成就奖。应邀出席国内外学术会议及考察、讲学活动 40 余次,连续 5 年应北京大学中文系邀请,为该系文献专业本科生及博、硕士生开设敦煌文献专题讲座;3 次应邀赴台湾为台湾大学、中国文化大学、成功大学、中正大学、逢甲大学等大学的历史系、所和中文系、所讲学、研究，还曾赴俄罗斯等处进行学术交流、考察。

总体来说，李正宇先生在敦煌学研究的诸多领域均勤于钻研，善于探索，敏于著述，成果丰硕，影响广泛，特别是在下述几个方面的成就尤为卓著。

一、敦煌历史人文地理研究

李正宇先生在敦煌历史地理研究领域用力最多、贡献卓著，发表敦煌历史人文地理研究论文 60 多篇，为《敦煌学大辞典》撰写敦煌地理词条 266 条，并撰著《敦煌史地新论》《敦煌历史地理导论》及《古本敦煌乡土志八种笺证》等关于敦煌历史人文地理研究的专著。这些成果，使他在敦煌历史人文地理研究方面享有盛誉。在此方面其主要贡献是：

1. 揭示西汉敦煌古代郡、县、乡、里的形成过程及特殊模式。内地郡、县、乡、里的形成，一般都经过数十百年甚至上千年的渐进过程。大致是从农耕时代开始，一部分人在某处定居下来，开垦耕种，经过世代经营，垦区逐渐扩大，形成稳定的居民关系，疆界逐渐固定的区域，后乃形成大小侯国及公卿大夫封域内的层级统治单位。战国至秦代推行中央集权制，进一步在旧有的诸侯国封域内层级统治单位的基础上改建为郡、县、乡、里。而西汉敦煌地区郡、县、乡、里的形成，同内地郡、县、乡、里形成的模式有很大的不同。

汉武帝元狩二年（前 121 年）秋，匈奴浑邪王将其众四万并河西之地降汉。汉朝在河西广大地区初置酒泉郡，汉朝军队和平进驻河西及敦煌一带，分点戍守，始置敦煌县，后乃分置敦煌郡。而戍守部队衣粮军械始皆仰给于内地，《史记·平准书》所谓"中国缮道馈粮，远者三千里,近者千余里,皆仰给大农"。由于运输路途遥远,消耗颇大,国家负担沉重,内地民众亦不堪供输之劳,于是乃令边界都尉、候官各在其防区有水草处进行小型垦种,以补军食。继而发遣罪犯,分发各都尉、候官屯田垦种,扩大垦点。由此,戍守部队便有了戍守和屯田两重任务,各军防区同时也成为军管屯垦区。接着,又陆续从内地迁来移民(先是"罪徒",后乃迁来"贱民"及"关东下贫"),于是各候官屯区人员增加,耕地扩大,并由单一的军屯,发展成军屯之外兼有民屯的格局。

随着屯垦事业的发展,有关屯垦的政务增多,如农田、水利、赋役、商贸、借贷、纠纷、斗殴、盗窃、争讼等民政事务日繁,军防机构(都尉、候官)则不堪其累,建县以理民事成为必要。乃就各军屯及民屯片区进行改制,建立起县级政权,以理民政、赋役、农田、水利及商贸、争讼等事。敦煌县就是在中部都尉步广候官屯区基础上改制而成;龙勒县则是在玉门都尉渥洼水屯区基础上改制而成;效谷县是在鱼泽障屯区的基础上改制而成;广至县是在宜禾都尉宜禾候官垦区基础上改制而成;渊泉县是在宜禾都尉广汉候官屯区基础上改制而成;冥安县是在宜禾都尉某候官垦区基础上改制而成。县以下的乡、里,则是就各候官垦区中分散的小片垦区改制而成。

由此可知,敦煌郡的建立乃是自下而上逐渐推进,即先有酒泉郡西部的敦煌、龙勒二县及县以下的乡、里,而后才建敦煌郡。这就意味着,敦煌地区的开发,并不是从建立敦煌郡开始的,而是在元狩二年(前121年)建酒泉郡,汉军进驻敦煌地区,敦煌尚未建郡之前就已经开始了。近人论述敦煌地区开发史,往往只从敦煌郡的建立说起,这显然是不对的。敦煌地区开发史,距今已2136年,从此开始,敦煌地区才结束了传说时期,进入了有可靠编年的文明时代。

敦煌郡、县、乡、里形成的特殊模式,与内地不同,却显示出边疆地区郡、县、乡、里形成的一般规律。而边疆地区历史研究都尚未解悟此一特殊规律。李正宇先生对此一规律的揭示,是对中国边疆历史研究的一大贡献。

2. 对敦煌河流、渠系进行了系统的系列性研究,基本上厘清了敦煌古代灌渠的地理分布及灌溉系统(干、支体系),并在此基础上基本勾勒出唐宋时期敦煌诸乡位置、境域及四邻关系,其所撰《唐宋时代敦煌县河渠泉泽简志》《唐宋时代沙州寿昌县河渠泉泽简志》《甘肃瓜州县古瓜州城汉唐渠系网络遗存》被学术界誉为有关唐宋敦煌水利设施方面"带有总结性的成果",受到国内外池田温、史念海等著名学者的肯定和采纳。

3. 对敦煌郡境山川、古城、道路、烽燧、驿道、驿站及名胜古迹如沙州城、古塞城、敦煌土河、大方盘城、龙勒城、广至城、昆仑障、新玉门关、西同海、渥洼水、石门山、石门涧、石门烽、白山烽、山阙涧、山阙烽、姚阅山、姚阅烽、龙勒山、龙勒水、东泉驿、其头驿、无穷驿、悬泉驿、悬泉山、悬泉水、空谷驿、黄谷驿、鱼泉驿、新井驿、广显驿、乌山驿、双泉驿、第五驿、冷泉驿、胡桐驿、赤崖驿、莫贺延碛道、稍竿道、瓜沙道等一系列敦煌古代地理单元进行了大规模的探察,进行证古通今的考订和比定,打通古今隔膜。

4.《论敦煌古塞城》首创对敦煌古塞城、敦煌郡四出烽警系统的研究,揭示敦煌古塞城为包围敦煌城区绿洲、村落农田的大城。经踏查寻踪,得知其周长约 100 公里,纠正了以往将古塞城视同东西一线边塞长城的误解。古代地名多见"塞亭""横塞""安塞""榆塞""函谷塞""桃林塞""鼍塞""西塞""南塞""勾注塞""符离塞""商阪塞""葭芦塞""木兰塞",甚至唐代北庭亦有"古塞",表明古代塞城之设所在多有。但关于塞城的设置规模及其功用的研究一向缺失。李正宇先生这一方面的研究,为古代军防设施研究开拓了新的观察视野和研究角度。

二、敦煌历史研究

敦煌历史研究是李正宇先生十分关注的方面,撰著颇丰,尤其着力于敦煌佚史及疑点的探索考辨,凭借其深厚的历史文献学功底和敏捷的史实分析能力,爬梳史料,辨析疑难,往往能识人所未见,解人所未明,力图弥补敦煌历史链条中若干残缺环节,推进敦煌历史研究。

《沙州贞元四年陷蕃考》质疑以往学者关于沙州沦陷暨吐蕃统治敦煌起始年月为唐德宗贞元二年之说,提出并论证当为贞元四年的新说。唐代史料记载张议潮率众起义逐蕃归唐有大中四年、五年两说,宋代司马光《资治通鉴》记其事独取大中五年说。《张议潮起义发生在大中二年三—四月间》根据敦煌藏经洞出土本地文献论证张议潮起义年月为大中二年三—四月间。《关于金山国和敦煌国建国的几个问题》指出著名学者王重民先生将金山国建国之年系于唐末天祐二年(905年)二月的错误,提出应为天祐三年五至十一月的新说,并首次提出在为期六年的金山天子国之后还存在一个为期不满四年的敦煌诸侯国的新观点。《曹仁贵名实论——曹氏归义军创始及归奉后梁史探》论证曹议金摆脱甘州回鹘控制、重振归义军自主政权的曲折过程。《悄然湮没的王国——沙州回鹘国》认为北宋景祐三年(1036年)曹氏归义军败后至治平三年(1066年)30年间,敦煌曾存在过一个沙州回鹘国,这就使西夏统治敦煌的时间后推了30年,也为敦煌学界关于敦煌石窟断代研究提供了新的历史依据。

此外,李先生所撰《归义军乐营及其职事》《归义军乐营的结构与配置》二文,揭开归义军乐营研究的新课题,并为敦煌曲子词及我国唐五代音乐舞蹈史研究打开新的视窗。

三、敦煌文献研究

李正宇先生十分着力于敦煌遗书中多种代表性文献的整理及其价值的阐发，揭示了敦煌遗书在我国文化史上多方面的价值及其填空补缺的作用。这方面的主要成果有：

1.《敦煌学郎题记辑注》将散见零出的敦煌学郎题记加以辑录，汇编成帙，校点注释，将附着于敦煌多类写卷中的敦煌学郎只言片语，汇辑为专题系列性文献，成为敦煌历史系列的一宗特殊史料，为唐宋时期敦煌学校、学科、教材及学郎作业、学郎生活、学郎情志研究、古代教育史研究、敦煌社邑文书研究、敦煌契券研究、敦煌人物传记研究以及文书断代定年研究等多个领域提供参证，在敦煌学研究中发挥重要作用。

2.《敦煌俗讲僧保宣及其〈通难致语〉》发现并论证 P.3165 敦煌俗讲僧保宣所撰《通难致语》对敦煌讲经文拓展研究的价值意义，揭示现存的敦煌《讲经文》绝大多数是法师讲唱的底本而不包括讲经现场都讲的《设难》提问及法师的答疑解难，为敦煌《讲经文》研究打开了新的视野。这一发现，表明现存的《讲经文》还只是寺院"俗讲"活动中讲经法师的"片面之词"，不足以反映讲经现场之互动及波折跌宕。

3.《叫卖市声之祖——敦煌遗书两首店铺叫卖口号》发现并论述 P.3644《店铺叫卖口号二首》，揭示其文学史、商业史、广告史上填补空白的价值意义，并为宋代曲艺《叫声》（又名《十叫子》）找到了上源，乃知《叫声》曲艺并不始自北宋孔三传，将其历史前推到唐五代时期。

4.《敦煌古代标点符号及其价值意义》系统地论证了敦煌遗书中保存的 20 余种古代标点符号的用法及其价值，将我国标点符号系列出现及配套使用的历史提前了千余年。

5.《论〈敦煌曲子〉》论证"敦煌曲子"是由歌词、曲谱和舞蹈融为一体的综合性文艺品种,它既与中原曲子相通,又具有敦煌本地的歌词、音乐和舞蹈特色,这就为探索中国古代词乐舞融合艺术的源流演变提供了新的例证。

6.《试论敦煌所藏〈禅师卫士遇逢因缘〉——兼谈诸宫调的起源》揭示并论证 S.5996 及 S.3017《禅师卫士遇逢因缘》之原始诸宫调的性质意义,将我国诸宫调诞生的历史提前了 300 年。

四、敦煌佛教研究

敦煌世俗佛教研究是李正宇先生特别关注的领域。他在全面占有资料并系统考察唐宋时期敦煌地区独特的佛教信仰状况的基础上,撰写了《唐宋时期的敦煌佛教》《唐宋时期敦煌佛经性质功能的变化》《晚唐至宋敦煌僧尼听食"净肉"》《晚唐至宋敦煌僧尼普听饮酒》《晚唐至宋敦煌僧人娶妻生子》《晚唐至宋敦煌僧人从政从军》《再论唐宋时期的敦煌佛教》等一系列论文。这些论文通过对大量敦煌资料的爬梳整理、分析研究,揭示并论证了吐蕃统治及晚唐、五代、北宋时期 250 年间的敦煌佛教为"入世合俗"的"世俗佛教"。

敦煌世俗佛教尽管仍将"厌世弃俗""超世绝俗""离世脱俗"之类高调挂在口头,实际上却饱含世俗情怀,面向世俗生活,钟情世俗理想,靠拢社会,贴近人生,注重今世,兼修来生,而与正统佛教大相径庭。在持戒问题上,它选择并尊奉佛经中那些与"世俗意愿""世俗生活"可以融通的教戒,奉持一种与正统佛教大小乘戒律颇不相同的戒行,例如诸宗皆奉,不专一宗;真经伪经,一体同尊;僧尼多住俗家,少数住寺;以及僧尼饮酒食肉、置产蓄奴、雇佣受雇、放债借贷、与人作保、同俗人结拜、忠君孝亲、怀宗念祖,甚至从政从军、娶妻生子……如此等等,充分体现出敦煌佛教的世俗化性质。

李正宇先生对敦煌佛教的认识与论述,与中外佛学家大不相同而自成一家,揭示了由于独特的历史和地理背景,敦煌佛教形成了与中原佛教既有相同,又有所不同的独特面貌。其立论皆以大量的敦煌原始历史文献为依据,不作空言,故能越来越多地得到佛学研究者的认同,为敦煌佛教研究和我国古代佛教史研究别开生面。

五、敦煌硬笔书法与中国书法史研究

李正宇先生以敏锐的学术眼光注意到唐宋敦煌写卷中保留的大量古代硬笔书法作品,撰写了《敦煌古代硬笔书法》《硬笔书法是中国书法的母体》等论文和《中国唐宋硬笔书法——敦煌古代硬笔书法写卷》《敦煌遗书硬笔书法研究》等著作,揭示并论证敦煌遗书硬笔书法在我国硬笔书法史上填空补缺的价值意义,又从敦煌古代硬笔书法史研究进一步扩展到古代书法史研究。

李正宇先生的研究揭示了甲骨文、大篆(包括籀文)、古隶等先秦古文字具有手写体(文字之本体)及美术加工体之别;论证甲骨文、大篆(包括籀文)、古隶、秦篆、秦隶之手写本体文字皆属硬笔书法。指出我国书法史是从硬笔书法开始,并盛行于商周秦时代,成为商、周、秦书坛霸主和主流。西汉以来,毛笔书法迅速兴起,上升为书坛霸主和主流,而硬笔书法则屈居下位,降为弱势。然而硬笔书法并未从此断绝,仍然一直绵延传承。从西汉以来,我国书法史则沿着毛笔书法与硬笔书法两条线索继续发展,形成毛笔书法与硬笔书法两大体系,直到今天。从而刷新了我国旧的书法史观,创立了我国书法史的新体系,对中国书法史研究作出了重大贡献,被赞誉为"革新与重建中国书法史观的力作"。中国硬笔书法协会先后授予李正宇先生硬笔书法理论研究特等奖和终身学术成就奖。

六、李正宇先生研究方法的启示

在近40年长期致力于敦煌学研究的历程中,李正宇先生之所以能够在诸多领域均取得大量显著的成就,除了孜孜矻矻、勤奋不辍的吃苦精神,焚膏继晷、持之以恒的坚韧毅力,另外一个重要方面就是他特别注重在研究方法上不断探索、实践,形成了自己一系列富有特色、行之有效的研究方法。李正宇先生的研究方法,归纳起来,主要有下述几个方面:

1. 挖掘新资料,发现新问题,富于开拓创新精神。旧轨不足限者,另辟新径;陈言不足守者,自揭新义。如李正宇先生揭示了甲骨文、金文、古隶等上古文字具有"书写本体"及"加工制作体"两种不同字体之别,从而破除上古文字悉属毛笔书法之陈说,提出了上古书体悉属硬笔书法的新创见, 被书法史研究学术界誉为中国书法史研究的一大创获。

2. 广搜博采,穷尽资料,掘发新意,独出机杼。例如李正宇先生在研究敦煌佛教史方面, 在大量占有相关文献资料并深入思考的基础上,突破了以往有关"民间佛教""庶民佛教"等仅仅从佛教信徒社会阶层身份出发提出的概念,而是从精神内涵的深度提出了"敦煌世俗佛教"的新命题,并进行了多角度多层面的深入系统的分析论证,为敦煌佛教史并进而对中国古代佛教史研究别开生面、独树新帜。

3. 既注重历史文献的爬梳剔抉,又注重实地踏勘的考察印证。这突出地反映在李正宇先生关于敦煌历史地理的研究中, 他将书面材料与实地所见及考察所得互为印证,然后作出判断。如他关于敦煌古塞城研究,关于玄奘瓜伊行程研究等都是显著的例证。李正宇先生此方面的累累研究成果,为敦煌地名文化的研究奠定了基础,成为《敦煌地名志》《敦煌市地名文化》中敦煌古代地名的主要来源和依据。

4. 持续研究,发现失误,即自我否定,自我纠谬,体现出求真求实的学术理念。如他先推断拔河帝山为今之瓜州县十工山(见《敦煌历史地理导论》,台北新文丰出版有限股份公司,140 页),后续研究发现其误,又撰《瓜州常乐县拔河帝山考》加以改正。关于拔河帝山的研究,李正宇先生为独家,既无所依傍,是非亦不见他人言说,而李正宇先生在后续研究中发现错误,遂立即改正,不使贻误来者。这种对学术高度认真负责的精神堪称楷模,值得后辈学者学习效仿。

总之,李正宇先生积近四十年的心血致力于敦煌学研究,在诸多研究领域均取得显著成就,为推进我国敦煌学发展、改变"敦煌在中国,敦煌学研究在国外"的被动局面作出了突出贡献。1990 年,季羡林先生在为荣新江先生著《归义军史研究》所写的序言中谈到陈寅恪先生所说"敦煌学伤心史",并指出"最近十几年以来……情况逐渐有了改变。老一辈的学者壮心不已,成绩斐然。中年学者,不甘落后,各就自己的研究领域,刻苦钻研,锲而不舍,开后学之先路,做中流之砥柱;俯不怍于后,仰不愧于前。如郭再贻、姜伯勤、项楚、李正宇、陈国灿、张广达等等教授,皆是也"。早在 20 世纪 90 年代初,李正宇先生的研究成就即得到中国敦煌吐鲁番学会会长季羡林先生的高度肯定。此后三十年来,李正宇先生不断推出大量富有创新意义的研究成果,成为我国敦煌学界具有重要代表性的学者之一,其一系列学术论著也成为我国敦煌学界具有代表性的研究成果。

敦煌历史地理研究

"敦薨之山""敦薨之水"地望考
——兼论"敦薨"即"敦煌"

一

《山海经·北山经》载有三条向西流入泑泽的河流，节引于下：

> 边春之山……杠水出焉，而西流注于泑泽。
>
> 灌题之山……匠韩之水出焉，而西流注于泑泽。
>
> 敦薨之山……敦薨之水出焉，而西流注于泑泽。①

---

①《山海经·北山经·敦薨之山》条原文云："（大咸之山）又北三百二十里，曰敦薨之山。其上多棕枏，其下多茈草；敦薨之水出焉，而西流注于泑泽，出于昆仑之东北隅，实为河源。其中多赤鲑，其兽多兕、旄（牦）牛，其鸟多鸤鸠。"本条内容，依据叙述逻辑加以分析，应是先记其山，后记其水。记其山，则首先介绍"敦薨之山"所在位置（在大咸之山之北"三百二十里"），接着介绍"敦薨之山"的物产（"其上多棕枏，其下多茈草"、"其兽多兕、旄（牦）牛，其鸟多鸤鸠"）；记其水，则首先介绍"敦薨之水"的源头及归宿（出自"敦薨之山"，"而西流注于泑泽"），接着介绍"敦薨之水"的出产（"其中多赤鲑"）。但在"敦薨之水出焉，而西流注于泑泽"句下突然插入"出于昆仑之东北隅，实为河源"12字，不知是解说"敦薨之水"者或是解说"泑泽"者。若是解说"敦薨之水"，则"敦薨之水"出自"敦薨之山"而不"出于昆仑（山）之东北隅"，且"敦薨之水"向来无人说为"河源"（黄河之源）；若是解说"泑泽"，则"泑泽"亦不"出于昆仑（山）之东北隅"。总而言之，这12字既不承上，又不接下，文脉失诸端绪。依理校之，当是后世所加注释而错简混入正文者。按《山海经》原为战国中期著作，是时尚无黄河源出于阗以南"昆仑之东北隅"一说，《山海经·海内西经》云："昆仑之虚（墟），方八百里，高万仞，河水出东北隅，以行其北……而北入禹所导积

司马贞《史记索隐》引《括地志》云："蒲昌海,一名泑泽,一名盐泽①,一名辅日海②,亦名穿兰海③,亦名临海④。"即今罗布泊。坐落在敦煌白龙堆以西,楼兰城(LA 古城)以东,库鲁克山以南,鄯善城(今新疆若羌县恰克里克古城)东北。

历考自古及今从东向西流入罗布泊的大河,只有一条疏勒河,除疏勒河之外,别无他河。而《山海经》载"西流注于泑泽"的有"杠水""匠韩之水"及"敦薨之水"三条河流。乍看,似与实际不符,但据实推求,却非无稽。《山海经》所载"西流注于泑泽"的"杠水""匠韩之水"及"敦薨之水"的确存在,即疏勒河干流及汇入疏勒河、一同注入罗布泊

石山。"《淮南子·地形训》据之,而略云"河水出昆仑东北陬,贯渤海,入禹所导积石山",这里所说的"昆仑",其位置是:东"至积石一千七百四十里,自积石出陇西郡至洛,准地志可五千余里。"(见《水经注》卷一。杨守敬曰:"此郦氏就《〈山海经〉西次三经》总计之文。")计其所在,大约相当于今之巴颜卡拉山,不出今青海省境,而西距于阗以南的昆仑山尚三千余里。自张骞之后,始有附会昆仑山在于阗以南者。从知本条"出于昆仑之东北隅,实为河源"12 字必非《山海经》原文,当是张骞以后某人所作批注而衍入正文者。西晋郭璞注《山海经》,已见有此 12 字,则本条之错简及衍文,必不晚于西晋,或为刘秀(即西汉刘歆,建平元年改名刘秀)校定《山海经》所屡入者。据上所论,谨对本条文字试作整理于下:"(大咸之山)又北三百二十里,曰敦薨之山。其上多棪柟(棕楠);其下多茈(紫)草;其兽多兕、旄(牦)牛;其鸟多鸤鸠。敦薨之水出焉,其中多赤鲑。而西流注于泑泽(后世某人注:出于昆仑之东北隅,实为河源)。"

①或作盐海。

②蒲昌海之讹写。

③牢兰海别写作牢兰海。"牢",即"牢"之俗字,东汉《鲁相史晨祠孔庙奏铭》"祠孔子以太牢"是也。"牢兰海"又讹作"穿兰海",盖"牢""穿"二字形近而讹。按:"牢"一读"郎侯切",音楼。见宋·吴棫《韵补》卷二"十九侯""牢"字注。因知牢兰海即楼兰海,"牢兰""楼兰",同音异写故也。

④临海乃"盐海"之误,盖盐、临二字形近而讹。

(渤泽)的两条重要支流。

《山海经》记载这二条河流的顺序是自东而西,"杠水"居东,"匠韩之水"次东,"敦薨之水"居西。恰与疏勒河干流及其两条重要支流——榆林河、党河的存在互为印证。"杠水"即疏勒河干流,"匠韩之水"即汇入疏勒河的第一支流榆林河,"敦薨之水"即汇入疏勒河的第二支党河。这三条水汇为大川,形成一条向西流入罗布泊的长河。

先说疏勒河。今人经过科学考察,确知疏勒河发源于祁连山脉西段讨来南山与疏勒南山之间的疏勒垴,西北流,穿过讨来南山峡谷,经昌马盆地,吸纳昌马水,北入昌马峡,又北出山。多年平均径流量10.31亿立方米。又从昌马峡口北流至蘑菇滩折而向西,过瓜州县城北,又西,流至汉广至城北①,有自南而来的榆林河汇入;又西,至敦煌市北双河岔,有自南而来的党河汇入。又西,过故汉玉门关北,又西过白龙堆北,又西入新疆罗布泊。

此河从东南趋西北,横穿古代敦煌郡境,长达1,000多公里,是河西走廊三大内陆河流之一。古河道遗迹宛然而在,卫星地图亦清晰可见②(见附图)。可知《山海经》关于"杠水"的记述,唯此疏勒河干流足以当之,而所谓"边春之山",当为今疏勒河发源之疏勒南山无疑。

---

①汉代敦煌郡广至县城,前人曾误断为今瓜州县东南20公里踏实破城子。笔者改定在今瓜州县西南30公里古城遗址(俗称"巴州城")。详见李正宇《汉敦煌郡广至城新考》,《敦煌研究》1999年第3期。

②从汉代以来,大量移民于疏勒河上游地区,大垦农田,用水剧增。到唐代,疏勒河径流仅可"流至沙州敦煌县东南界",自此以西,"雨多即流,无雨竭涸"。近年,人口、耕地及耗水量益增,疏勒河径流进一步收缩,仅能流到今瓜州县城西北数公里。但每年有一两次山洪暴发,洪水大下时尚可流入敦煌市西北之哈喇淖尔。

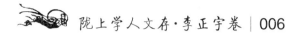

疏勒河全程(卫星照片释读)

次说疏勒河支流榆林河：榆林河发源于肃北蒙古族自治县东南野马南山，西北流至石包城，汇集诸露头泉水北流，又北，经榆林窟，过踏实盆地，至乱山子南，有东来的黄水沟汇入；又西北，穿过芦草沟北流，至汉广至城北汇入疏勒河[①]，全长200多公里。榆林河汇入疏勒河合流入于罗布泊。此河应即《山海经》所载出自"灌题之山"的"匠韩之水"，而"灌题之山"当为榆林河发源之野马南山。

又其次，说疏勒河支流党河：党河发源于肃北蒙古族自治县东南156公里党河南山北麓之乌兰窑洞[②]，西北流至肃北蒙古族自治县城南；又西北，沿鸣沙山南麓西北流70公里，至敦煌党河水库，折而向

---

①卫星照片显示此河北入疏勒河。但北魏以来，由于上流大量开垦用水，此河始无余水流入疏勒河。

②党河远源出自肃北县乌兰窑洞东南200公里疏勒南山及党河南山冰川群，冰川融水形成多道溪流，分别汇入大水河及克腾河，各自西北流，出峡口，西北流25公里，渗入地下，继而向西北潜流约50~100公里，至乌兰窑洞突然涌出成河，故习惯上以乌兰窑洞为党河正源。又按，今之肃北县及乌兰窑洞一带，汉代属敦煌县辖境。

东,沿鸣沙山北麓东流 40 公里至敦煌故城东南,又折北,过敦煌故城东,北流 40 公里,至双河岔汇入疏勒河,全长 306 公里。党河汇入疏勒河合流入于罗布泊。此河应即《山海经》所载出自"敦薧之山"的"匠韩之水",而"敦薧之山"即党河发源之党河南山。

据《山海经》所载,知今之党河原名"敦薧之水",当是先秦时期月支语旧名(说见后);汉代名"氏置水",《汉书·地理志》敦煌郡龙勒县条班固原注"氏置水出南羌中,东北入泽。溉民田"是也。又据敦煌遗书 P.2005《沙州都督府图经卷第三》"阳开渠"条透露,约在前凉时期,此水已名甘泉水,取代了汉代"氏置水"旧名①。敦煌遗书 S.5448《敦煌录》云:"以其水沃润之功,俗号甘泉。"甘泉水之名从前凉一直沿用到北宋。元、明两朝,敦煌旧有居民陆续内迁,蒙古族、藏族及畏吾儿人大量入居,其中主体民族为蒙古族,故元、明两朝敦煌地名多用蒙古语改名。甘泉水改称"党金郭勒"。按,蒙语泛称敦煌南境的党河南山(祁连山西脉)为"党金山"②,称河流为"郭勒"。蒙语"党金郭勒",意即党金山流出之河。清康熙三十五年(1696 年),哈密伯克额贝都拉将赤金至敦煌之地献给清朝,其属民畏吾尔人及蒙古人俱迁回哈密。雍正四年至七年(1726—1729),清廷从西北 56 州县迁来民户 2400 户至敦煌。新来移民皆操汉语,按照汉语习惯改称"党金郭勒"为"党河"。乾隆皇帝《阳关考》及常钧《敦煌杂录》与《清一统志》等皆以为党河即高居诲《使于阗记》之都乡河;王国维先生进一步释党河之"党"为"都乡"之合音。盖不知"都乡河"本是党河在敦煌城西分出的一条灌溉干

---

①P.2005《沙州都督府图经卷第三》载:"阳开渠,长一十五里。右,源在州西南十里,引甘泉水,旧名中渠。据《西(前)凉录》,刺史杨宣移向上流,造五石斗门,堰水溉田。人(民)赖其利,因以为号。"

②清代以来,改称党河南山之西端为"当金山"(今属甘肃省阿克赛哈萨克族自治县)。

渠①;又不悟"党河"为蒙语"党金郭勒"之省音汉译,从而将党河误释为"都乡河"。

根据《山海经》的记述,乃知"杠水"即今之疏勒河干流,而"匠韩之水"(今榆林河)及"敦薨之水"(今党河)为疏勒河的两条支流。《山海经》记此三水皆"西流注于泑泽"者,盖各别为记,未析言主流、支流关系而已。

二

《史记·大宛列传》载,元朔三年(前126年)张骞上奏汉武帝曰:"始,月支居敦煌、祁连间。"《汉书·张骞传》又载张骞云:"乌孙……本与大月氏俱在敦煌、祁连间。"是时,敦煌尚非汉朝治域,"敦煌"一名必非汉语,根据《汉书·张骞传》"乌孙……本与大月氏俱在敦煌、祁连间"之言推断,"敦煌"一名应是乌孙语或大月氏语旧名。但戴春阳先生《乌孙故地及相关问题考略》②详论乌孙并不曾居住于"敦煌、祁连间"。戴氏之论翔实确凿,祛千古之惑。今据戴氏之论推知,战国至西汉初居住敦煌、祁连间者唯有月支,那么"敦煌"地名当系大月氏语。

余考《山海经·西山经》"敦薨之山""敦薨之水",皆在敦煌境内;而"敦薨之山""敦薨之水"的领词"敦薨",又恰与"敦煌"同音,从而推知《山海经》之"敦薨"即张骞所说的"敦煌",二者为同音异字之别译。

"敦薨"及"敦煌"之"敦"同为一字,古读 tūn,今读 dūn,勿烦费词。关键在于"薨""煌"二字读音的考订。

《广韵·登韵》载"薨,呼肱切。"音 hōng,属登韵;同书《唐韵》载

---

①李正宇:《古本敦煌乡土志八种笺证》,甘肃人民出版社,2008年,第71—72页注④③④。

②《敦煌研究》2009年第1期,第38—46页。

"煌,胡光切。"音 huāng,属唐韵。今人皆知"薨""煌"二字读音有别,但多不知战国、秦、汉时期"薨"亦音"煌"。所以然者,即前贤所揭"登、唐"二韵古音相通,"薨""煌"二字读音亦同。请列举数证于下:

(1)屈原《九辩》:"秋即先戒以白露兮,冬又申以严霜;收恢台之孟夏兮,然欿傺而沉藏;叶烟邑而无色兮,枝烦挐而交横;颜淫溢而将罢兮,柯彷佛而萎黄;萷櫹槮之可哀兮,形销铄而瘀伤;惟其纷糅而将落兮,恨其失时而无当;擥騑辔而下节兮,聊逍遥以相佯;岁忽忽而遒尽兮,恐余寿之弗将。"——此以"霜、藏、横、黄、伤、当、佯、将"为韵。"霜、藏、黄、伤、当、佯、将"《广韵》皆属阳韵(āng),"黄"读 huāng,与"煌"同音;"横"字《广韵》属登韵(ōng),读 hōng,与"薨"同音。上举战国《九辩》中的"横"字与"霜、藏、黄、伤、当、佯、将"同属阳韵,读 huāng。是登、阳二韵互通之证。

(2)宋玉《高唐赋》:"于是水虫尽暴,乘渚之阳。鼋鼍鳣鲔,交积从横。"——此以"阳、横"为韵,"横"字读 huāng,亦登、阳互通之证。

(3)《荀子·佹诗》:"天地易位,四时易乡。列星殒坠,旦暮晦盲。幽晦登昭,日月下藏。公正无私,反见从横。志爱公利,重楼疏堂。无私罪人,憼革贰兵(上古音"兵"读 bāng)。道德纯备,谗口将将。仁人绌约,敖暴擅强。天下幽险,恐失世英(上古音"英"读 yāng)。螭龙为蝘蜓,鸱枭为凤皇。比干见刳,孔子拘匡。"(见《荀子》卷十八《成相篇》)——此诗,"横"与"乡、盲、藏、堂、兵、将、强、英、皇、匡"为韵。亦登、阳互通之证。

以上三例皆战国时期"登、阳"二部同读之证。

(4)西汉·刘安《淮南子·说林训》:"未尝稼穑粟满仓,未尝桑蚕丝满囊。得之不以道,用之必横。"——此以"仓、囊、横"为韵。"横"亦读 huāng(同"煌"),登、阳不分。

(5)司马相如《封禅颂》:"宛宛黄龙,兴德而升。采色炫耀,焕炳辉煌,正阳显见,觉悟黎蒸。"(见《汉书·司马相如传》)——此以"升、煌、蒸"为韵,亦登、阳不分。

(6)司马相如《长门赋》:"观众星之行列兮,毕昂出于东方;望中庭之蔼蔼兮,若季秋之降霜;夜曼曼其若岁兮,怀郁郁其不可再更(上古音"更"读 gāng);澹偃蹇而待曙兮,荒亭亭而复明(上古音"明"读 māng);妾人窃自悲兮,实年岁而不敢忘。"——此文以"方、霜、更、明、忘"为韵,又为登、阳同读。

(7)史游《急就篇》卷一:"由广国,荣惠常。乌承禄,令狐横(huāng)。朱交便,孔何伤。师猛虎,石敢当。所不侵,龙未央。"——此以"常、横、伤、当、央"为韵,"横"亦读 huāng(同"煌"),登、阳不分。

(8)《焦氏易林》卷二:"尧舜钦明(上古音 māng),禹稷股肱(上古音 guāng)。伊尹往来,进履登堂。显德之徒,可以辅王。"——此以"明、肱、堂、王"为韵,"肱"字读 guāng。亦登、阳互通。

(9)扬雄《冀州牧箴》:"冀土糜沸,炫沄如汤。更盛更衰,载纵载横。……汉兴定制,改封藩王。"——此以"汤、横、王"为韵,亦登、阳不分。

以上六例,皆西汉时登、阳互通之证。

(10)班固《泗水亭碑》:"序将八十,赞述股肱。休勋显祚,永永无疆。"(见《艺文类聚》卷十二帝王部二)——此以"肱、疆"为韵,"肱"字读 guāng,登、阳互通。

(11)东汉《溧阳长潘乾校官碑》:"翼翼圣慈,惠我黎蒸。贻我潘君,平兹溧阳。彬彬赳武,扶弱抑强。"(《隶释》卷五)——此以"蒸、阳、强"为韵。"蒸"读 guāng(《韵补》:"姑王切"),登、阳不分。

(12)东汉乐府《焦仲卿妻诗》:"中有双飞鸟,自名为鸳鸯。仰头相向鸣,夜夜达五更。行人驻足听,寡妇起彷徨。多谢后世人,戒之慎勿忘。"——此以"鸯、更、徨、忘"为韵。"更"读 gāng,亦登、阳不别。

以上三例,为东汉时期"登、阳"不分之证。

统上所述，充分证明战国、秦、汉间"登、阳"不别，再再透漏出"甍""煌"同音的声息。

清·毛奇龄《古今通韵》进一步论证上古韵"东、冬、江、阳、庚、青、蒸为一部"，可知上古韵部甚宽，而中古以下韵部逐渐分化，"东、冬、江、阳、庚、青、蒸"各自分立，韵部渐繁矣。

除了上举"登、阳"不分的证例之外，更让人眼亮的是，《集韵》《类篇》《五音集韵》等书皆载"煌"字一音"胡光切"，读 huāng（煌）；一音"呼肱切"，读 hōng（甍）[1]，表明"煌"字确有 huāng（煌）hōng（甍）二音，为"煌""甍"二字音通提供了直接的证据，进一步证明"敦煌"即"敦甍"。

前举诸例中，《淮南子》作者刘安，《封禅颂》及《长门赋》作者司马相如，《急就篇》作者史游，《冀州牧箴》作者扬雄，《焦氏易林》作者崔篆等，同为西汉人[2]，与张骞并时或略有先后，确知西汉时"甍、黄"同音无疑，则《山海经》之"敦甍"即张骞所说的"敦煌"亦可了然也。至于张骞变"敦甍"为"敦煌"之故，余度不外两种可能：其一，古人常有同音借代的习惯，"敦甍"与"敦煌"同音，则"敦煌"可代"敦甍"，犹如《逸周书》称"禺氏"而《史记》称"月支"是也；其二，或嫌"甍"字非吉，《礼记·曲礼下》曰："天子死曰崩，诸侯曰甍。"人情讳言"甍"字，故张骞改

---

①《集韵》卷三〇唐韵"煌""胡光切（huāng）（煌）"，卷四庚韵（庚与耕、清通。）又载"煌"音"胡肓切（huōng）（甍）"；《类篇》卷二十九《火部》："煌，熿，胡光切（煌）……又胡肓切（甍）"；《五音集韵》卷五阳韵（唐同用）"煌"音"胡光切（煌）"，同卷蒸韵（登同用）"煌"，音户萌切（甍）"。

②或以为崔篆系东汉时人，但据《太平御览》卷二百四十二《职官部·诸校尉》引《东观汉记》载："《东观汉记》曰：崔篆，王莽时为郡文学，以明经征诣公车，太保甄丰举为步兵校尉，篆辞曰：'闻伐国不问仁人，战阵不访儒士。此举奚至哉？'遂投劾归。"知崔篆主要活动期在西汉。

用与"薉"同音之"煌"字以代，遂名敦薉之地曰"敦煌"。此后，汉朝在此地建县建郡，遂名"敦煌县""敦煌郡"。后人不知张骞就《山海经》所载月支语译音之"敦薉"改字作"敦煌"，东汉应劭乃就汉语"敦煌"二字望文生义，释曰"敦，大也；煌，盛也。"但汉朝初有此地，偏僻荒凉，人烟稀少，何来侈言"大""盛"？

　　清康熙年代地理学者储大文就曾指出"汉敦煌郡，因敦薉山名。"（见储大文《存研楼文集》卷八《取道》），近年，学者继有探讨，或谓"敦煌"语源为"桃花石（Taugas）"的对音①，或谓"吐火罗"的对音②，或谓羌语"朵航"（义为"诵经地"或"诵经处"）的对音③，或谓即《禹贡》之"惇物"④。王宗维先生亦尝疑"敦煌"为"敦薉"之变音⑤，惜未进一步揭示"敦薉"与"敦煌"同音互通之理，却推测"敦煌是族名"，即"敦薉族"。但"敦薉族"之称，史所不载，据张骞之言，知其族实为"月支"，"敦薉"应属月支语⑥。至于汉字所译写月支语"敦薉"一词的含义若何，尚有待来贤之达诂。

<hr />

①岑仲勉：《释桃花石（Taugas）》，《东方杂志》第33卷第21号（1936年）。

②王宗维：《"敦煌"释名——兼论中国吐火罗人》，《新疆社会科学》1987年第1期；后收入王宗维：《中国西北少数民族论集》，三秦出版社，2009年，128—140页。

③李得贤：《敦煌与莫高窟释名及其它》，《青海社会科学》1988年第5期。

④钱伯泉：《"敦煌"和"莫高窟"音义考析》，《敦煌研究》1994年第1期。

⑤同②。

⑥早在战国时期，月支"始居敦煌、祈连间"；至汉文帝前元四年（前176年），匈奴击杀月氏王，月氏部被迫西迁到"西塞王地（龟兹一带）"（见《史记·大宛传》）；由此知月支从战国时期到汉文帝前元四年（前176年）皆在敦煌一带。前元四年，月氏离敦煌西去，从此匈奴成为敦煌的新主人。张骞所说的"敦煌"，似乎亦有可能为匈奴语。但鉴于"敦煌"与"敦薉"同音，而"敦薉"一语早载于战国时代的《山海经》，是时月氏居敦煌而匈奴尚在漠北，因断"敦薉"（即"敦煌"）应属月支语。

三

《山海经》"敦薨之山……敦薨之水出焉,而西流注于泑泽",明言"敦薨之水"的流向("西流")及归宿("注于泑泽")。余考"敦薨之水"即今之敦煌党河,至敦煌城北 40 公里汇入疏勒河,又西注入罗布泊,与《山海经》所载相合。但郦道元《水经注》却指敦薨之山"在匈奴之西、乌孙之东",说敦薨之水"出焉耆之北",且详述"敦薨之水","屈而东南流""径尉犁国南""墨山国南""注宾城南""楼兰城南",最终东注泑泽。与《山海经》所载"敦薨之水"的流向恰恰相反。清代以来,研究者悉从郦道元之说,皆指"敦薨之水"为今新疆焉耆县西北之海都河①。

案《水经》原文,仅云葱岭河"其一源出于阗国南山,北流,与葱岭河合,东注蒲昌海"21 字,而郦《注》在葱岭河以下至蒲昌海之间,平添"敦薨之山""敦薨之水""敦薨之渚""敦薨之浦""敦薨之薮"的解说而不言所据;又指斥《山海经》曰敦薨之水西流注于泑泽——盖乱河流自[至]西南注也。"其实"乱河流"者,恰恰却是郦氏妄指敦薨之水"出焉耆之北……屈而东南流"。

考《史记·匈奴列传》,汉文帝初年,匈奴攻占"敦煌、祁连"地区。原居敦煌地区的月支大部分西迁至龟兹、焉耆、伊犁一带,月支人乃将敦煌境内的"敦薨之山"驾名于焉耆北山,将"敦薨之水"驾名于今之开都河,略与汉人将"古瓜州""三危山"驾名于敦煌者同②。郦氏盖

①郦道元注、杨守敬、熊会贞疏,段熙仲点校、陈桥驿复校:《水经注疏》卷二,江苏古籍出版社,1989 年(1999 年 2 次印刷),第 112—117 页。
②关于汉人将"古瓜州""三危山"驾名于敦煌之说,详见李正宇:《敦煌历史地理导论·瓜州三危之辨》,台北新文丰出版公司。

据后世之驾名立论,所以有悖于《山海经》"敦薨之水……西流注于泑泽"之古记,故杜佑云"郦道元都不详正"是也①。后世《水经注》研究家,如朱谋㙔、胡渭、赵一清、徐松以及近现代杨守敬、熊会贞、段熙仲、陈桥驿先生等,皆对郦道元之说不加驳正,尤以清·董佑诚说《水经注》敦薨之水东入泑泽之论"可谓俟百世而不惑者矣",使郦道元无根之谈几成定谳!余谓郦氏《水经注》洵称赅博,堪为传世名著;但偶有谬误,在所难免。前人指出:"郦氏书中,左右互错,东西易位,亦不一而足。"(见杨守敬《水经注疏·凡例》)所谓敦薨之水东入泑泽之论,即其"互错""易位"之一例。故特为一辩,冀正视听。

(原刊《敦煌研究》2011 年第 3 期,又收入《龟兹学研究》第五辑,新疆大学出版社,2012 年)

---

①《通典》卷一七四《议曰》。

论敦煌古塞城

一、文献关于敦煌古塞城的记载

最早直接记载敦煌古塞城的文献，应数十六国后秦求法僧兼旅行家法显的《佛国记》（又名《法显传》）。他于后秦弘始二年（400年）秋西行至敦煌，在一段记载中说：

> 夏坐讫，复进到敦煌。有塞，东西可八十里，南北四十里。

以往的注释家对法显所记的敦煌塞，多理解为敦煌北部横亘东西的汉代长城——边塞。这种理解是不对的。法显所记的"敦煌塞"，是具有东、西、南、北四面墙垣的大城。大略言之，东西二垣相距约80里，南北二垣相距约40里，敦煌郡城亦包在其中。既有四面墙垣，显然不是仅向东西延伸的边塞长墙。

敦煌境内的边塞长墙，唐人称之为"古长城"。P.2005《沙州都督府图经卷第三》就有"古长城"专条，记云：

> 古长城，高八尺，基阔一丈，上阔四尺。右，在州北六十三里，东至阶亭烽一百八十里，入瓜州常乐县界；西至曲泽烽二百一十二里，正西入碛，接石城界。

这里很明确地记载古长城只有一面，在州城北，东西长近400里。而法显所记的敦煌"塞"，显然不是这条长城，而是P.2005号卷子所记的"古塞城"（引文详后）。

法显去后 15 年，西凉王李暠曾对敦煌旧塞加以重修。《晋书·凉武昭王传》载：

> 玄盛（李暠字）乃修敦煌旧塞东西二围，以防北虏之患；
>
> 筑敦煌旧塞西南二围，以威南虏。

这条史料，其来源可能出自北魏崔鸿《十六国春秋·西凉录》，但崔书久佚，无以查对。今本《十六国春秋》为明人屠乔孙采辑众书而成。其中载此事，文字与《晋书》同；《册府元龟·外臣部·备御三》亦载之，文同《晋书》。盖皆采自《十六国春秋·西凉录》者。故《晋书》所载，为今所可见敦煌塞城的第二条史料。

这条史料只说李暠重修"旧塞"，而失记年份。今本《十六国春秋》及汤球《十六国春秋辑补》皆系在建初九年（413 年）。唐人写本《沙州都督府图经卷第三》则系在建初十一年（415 年），当以《图经》为是。关于李暠重修敦煌旧塞"东西二围"及"西南二围"，罗振玉云："重西而不及北，殆亦有误。"其实《晋书》所载，并非如罗氏所说的"有误"。我对敦煌旧塞遗址调查发现，"敦煌旧塞"原有郡城小塞和郡境大塞大小不同的两所：

一是敦煌郡城绿洲四围的小塞城，即 P.2005《沙州都督府图经卷第三》所详载的"古塞城"，也说是李暠重修其"东西二围"的"敦煌旧塞"。这座城包围着敦煌城区绿洲。绿洲之内，汉代有敦煌、效谷二县，魏晋时又分设出鸣沙、平康及东乡三县。

二是包围敦煌郡境几个主要绿洲在内的郡境大塞城。它除了包围敦煌、效谷及后来分设的鸣沙、平康、东乡诸县所在的这块绿洲之外，还包围了这块绿洲东西 180 里到 240 里以远的石包城绿洲和子亭绿洲（今俱属肃北蒙古族自治县境）；又包围了敦煌城西 120 里以远的龙勒县绿洲（今属敦煌市南湖乡）。甚至还有可能包围敦煌以东、汉代亦属敦煌郡的冥安、渊泉、广至三县绿洲（后者只说"可能"，是因为冥安以东塞城之有无还有待进一步调查）。李暠重修的"敦煌旧塞西南二围，以威南虏"者，就是指的这一郡境大塞旧城的"西、南二围"。

李暠重修敦煌郡城绿洲小塞城的"东西二围"是为了"以防北虏之患"。敦煌郡城绿洲是敦煌郡军事、政治、经济、文化的中心和命根子，所以最需要保障其安全。为了防御北虏对这块绿洲的侵扰，所以李暠重修了捍卫这一区域安全的塞城之"东西二围"。李暠之所以仅仅重修这座塞城的"东西二围"，是因为东西二围面对戈壁，无险可守，入侵之敌可以纵马奔袭，驰突无碍，重修塞城东西二面塞垣，足以阻止敌骑驰突，又为抗御来犯之敌筑起了一道守御工事。而李暠未修这座塞城的南北二围，是因为北有疏勒河及横亘其南沿的长城这两道屏障，足保北甸无虞。而且敦煌绿洲以北多是沮洳碱滩，泥淖难行，北敌来攻，亦不选此路进军。大约旧塞之北垣两汉以来皆闲置而无用，西凉时自无必要再修。旧塞之南，面对三危山和鸣沙山，东西300里，南北10—40里，鸣沙山沙岭重重，三危山巉岩崚嶒，是郡城绿洲的天然屏障，而且山南百里以远又有郡境南部塞城防守线一道，足以防御南羌来攻。故李暠没必要重修郡城绿洲之南垣。

《晋书》又载李暠"又筑敦煌旧塞西南二围，以威南虏。"乃是指敦煌郡境大塞城的"西南二围"。敦煌郡境以南、西南及以西，为南羌和西戎势力，对敦煌郡境免不了有所侵扰，故须对敦煌郡南境和西境的塞城大垣进行重修和加固，使之成为可依的屏障与可守的防线。至于郡境的北边，已有长城之固；郡境的东边为酒泉郡，西凉时已无外敌之威胁，所以无须在北境和东境重修塞城大垣。根据以上的介绍可以看出，罗振玉所说的"重西"实际上并不重复，因为一为郡城塞城之西垣，一为郡境塞城之西垣，二者并非一处，故无所谓"重"；至于罗说"不及北"，倒是事实，只是由于北有长城之屏障，堪充郡境塞垣，无须再筑长塞。李暠本来未修，也就不是《晋书》记载"有误"了。

关于汉代敦煌郡境包括全郡数县诸绿洲在内的大塞城，其北垣应取旧时的长城为用；东垣尚未发现，推测可能有，现在还难以论定。至于包括郡境西南二面的大塞城，则是确实存在无疑的。

先谈郡境大塞城的西垣。

郡境西垣，北端起自玉门关（今小方盘城）北，与东西走向的长城作 T 字形垂接。向南经闹海图、二墩、卷槽、墩墩山烽燧（唐石门烽）、过西土沟（唐无卤涧）、又过沟南未知名汉代烽燧（已倒塌，今存残址），终至龙勒县南、沙山北麓，与郡境南部横亘东西约 500 里的南塞垣作 T 形垂接。全长约 140 里。这座郡境西塞垣，目前仍可见到以下两段残址：

1. 北段残址：起自玉门关，向南到敦煌市南湖乡二墩农场的二墩（汉烽火台），长约 70 里，可见到断续存在的塞垣残址。以往考古工作者不知道这是敦煌郡境的西塞垣，而判断成长城的南支线。自所谓"南支线"一说出，敦煌郡境大塞城之西垣的概念进一步被排挤，甚至完全被莫须有的"南支线"说所取代。如今要重新恢复郡境西塞的概念，尚须破除"南支线"说造成的迷惘。

2. 西土沟残段：在敦煌市南湖乡破城子（汉龙勒县、唐宋寿昌县）西南 10 里左右的西土沟南沿，向南到沟西无名汉烽火台残址的东侧，残墙遗迹长约 1 公里。这段残垣应是敦煌郡境大塞城西垣南段的一部分遗址。从走向判断，当北过西土沟，经石门烽（墩墩山烽燧）又北与卷槽塞垣相连接；向南又当与南塞垣垂接。根据上述两段残墙遗迹之大致走向和它与北长城及南塞垣的垂接关系，可以有把握地复原敦煌郡境大塞城西垣的概念。

其次，再谈敦煌郡境大塞城的南垣，就今已知的情况是：东起肃北蒙古族自治县石包城以南的鄂博山北麓，沿山麓西行，过党城（今肃北县城），又西经古营盘，又西经敦煌市南湖乡南境与自北而来的西塞垣相会合，再继续向西，过青山梁了，直抵多坝沟北口（唐紫金北口烽），全长约 500 里。目前所知有关南塞残存情况，可举出以下三条资料：

1. 关于南塞之东段：《西北史地》1984 年第 2 期载王守业、窦步青撰《嘉峪关外新发现之汉代长城遗迹》一文云：

> 嘉峪关外，玉门、安西、敦煌以北有汉长城遗迹一事，已为世所熟知。然而在此段长城以南，与其平行，亦有一段长城，至今尚未引起人们注意。此长城断续分布于肃北蒙古族自治县石包城乡境内鄂博山、鹰嘴山北麓，已见的塞墙沿山麓西道东西散布，长约八十公里。塞墙用一层土石夹一层白茨或红柳筑成①。底宽约 3 米，顶宽约 1 米，残高 2—3 米。据初步考察，应为汉代长城遗迹……肃北境内长城或许说明，当时所筑长城为南北二条，北条为防匈奴，南条防羌戎，南北对峙，正好形成走廊，以保护丝绸之路的安全。

上文介绍的所谓"肃北境内长城"，其实就是敦煌郡境大塞城之南垣东段。这段塞城一直延伸到多坝沟（详后），横亘在敦煌郡境的南部边缘，是敦煌郡境南部的屏障。《晋书·凉武昭王传》载李暠"筑敦煌旧塞西南二围，以威南虏。"其中的"南围"即此长墙。王、窦二位先生推测汉长城有南北二条，并判断肃北境内者为"南长城"，大约也是由于对敦煌郡境大塞垣的概念淡薄而作出的转移性误断。

2. 关于南塞之中段：《西域图志》卷八载：

---

①承李并成先生相告：此段所谓"长城"，仅在诸山口两侧有石垒墙垣。山口以远，利用层峦为屏障，因而未修墙垣。故所谓"长约八十公里"者，乃就其散布范围而言之，实则并不连接。关于墙垣之结构，系用片石垒砌，亦非"一层土石夹一层白茨或红柳筑成"者。

党城在敦煌县(东)南一百六十里党河口,又西十里有古城。又西一百二十里有古营盘,亦称古城,居高原之上,南临高山,西有古边墙。

党城今名党城湾,在肃北蒙古族自治县东 2 里。《晋书·凉武昭王传》名为"子亭",唐代设紫亭镇,五代与宋又置紫亭县。其西 120 里古营盘之西清人见有"古边墙"。从所示方位里距度之,当在今鸣沙山西南。清人所说的"古边墙",实际应是古代敦煌郡大塞城南垣中段的一部分。这段残墙余未能前往考察,不知现存情况如何,然而根据《西域图志》的记载,参考敦煌郡境南塞经行情况推断,这段塞墙应属敦煌郡南塞中段之一部分。向东本当与南塞东段相接,其西当与南塞西段相接。

3. 关于南塞之西段:敦煌遗书 P.5034《沙州图经卷第五》记载有寿昌城南、沙山北麓的一段塞城,文云:

> ▢▢▢东西一百五里,阔一丈五尺,高八尺,▢▢▢烽,西至▢▢▢紫金北口烽,旧▢▢▢(凉)王李暠建初十一年修,▢▢▢始二年废。基址见存。

原卷文字残缺较多,然而大致可知墙阔 1 丈 5 尺,高 8 尺。由寿昌城南某烽起,到紫金北口烽止,共长 105 里,西凉王李暠于建初十一年(415 年)曾予重修,后废,唐人犹见"基址"。本条开首已残,我们之所以判断为长墙,是从它的长、宽、高综合推测的,有阔、有高,又长达 105 里,必是长墙无疑;我们之所以判断它是敦煌郡大塞城之南垣西段,是从它所处的位置加以判断的。此墙西到紫金北口烽为其终点,反测而东,至 105 里处,则其东段当起于寿昌县城南、沙山北麓,这一线正是汉代敦煌郡南境之西段。

笔者在南湖乡西、青山子南侧 4 里许及多坝沟北口之东,曾见到颓垣数段,就其位置与走向判断,必是唐人所记此墙的残段。如今由于又过了千余年,进一步颓毁,所以断断续续,已经不如唐人所见的那么完整连贯了。

以上三段,推测其在汉代或西凉时期,当是互相连接或断续连接的长墙,是为敦煌郡境大塞城的南垣。

上面我们介绍了至今仍可看到部分遗迹的汉晋时代敦煌郡境大塞城的"西南二围"。又高又厚,总长 500 余里,工程宏伟,显示出敦煌郡雄厚的防御能力,足以使势单力薄的羌人望而生畏。这大概就是《晋书·凉武昭王传》所说的"以威南虏"吧!

李暠之后,下至唐代,国力空前强盛,版图已逾葱岭。敦煌则由古之军事前沿变为腹地,塞城设防已无必要,因此塞城被废弃。然而敦煌城区绿洲的小塞城作为沙州敦煌县境内的古迹,得以载入《沙州都督府图经》敦煌县卷内,而名之为"古塞城"。P.2005《沙洲都督府图经卷第三》载:

> 古塞城,右,周回州境。东至城东卌五里,西在城西十五里,南在州城南七里,北在州城北五里(字按:"五里"数有脱误,据笔者踏察所见遗址,疑当为"三十五里"说详后)。据《汉书》,武帝元鼎六年,将军赵破奴出合(令)居,析酒泉置敦煌郡。此即辟疆土、立城廓在汉武帝时。又元帝竟宁[元年]单于来朝,上书愿保塞和亲,请罢边戍。郎中侯应以为不可,曰:"孝武出军征伐,建塞徼、起亭燧、筑外城、设屯戍以等("等"字为衍文)守之,边境少安……起塞以来百有余年。"据此词,即元鼎六年筑。至西凉王李暠建初十一年又修,以备南羌北虏。其城破坏,其(基)址见存。

这是唐代关于敦煌郡城小塞城的记载,它详述了敦煌绿洲四周的古塞城及其以敦煌城为中心的四至里距,探讨了塞城始建及重修的年代与作用,还记述了唐代残存情况,是传世文献中记述敦煌县境

塞城最为详明的资料。

《沙州都督府图经》之后百余年间,敦煌塞城进一步毁坏,已不甚引人注意。所以后汉乾祐二年《沙州归义军图经略抄》(编号 P.2691,旧拟名《沙州城土境》)只作极简单的记载云:

塞城,州东四十五里。

此志所记,只是塞城东垣,未记其他三面遗址。究其原因,大约是由于东垣当瓜沙大道,人所常到常见,故得以记之。至于其他三面,大约由于人迹罕至渐被遗忘,或者毁坏更甚,无足记者。

五代后汉以后,敦煌塞城失去记载,从此,人们竟不知道敦煌城区绿洲周围有古代塞城。直到敦煌遗书重新面世,人们才知道敦煌曾有过塞城建筑。然而对塞城亦未加勘察,不知究竟。所以,观念一直模糊不清。至拙作《唐宋时代敦煌县河渠泉泽简志》(《敦煌研究》1988年第 4 期、1989 年第 1 期)一文发表,指出:敦煌塞城为"郡城外围修筑的外城","塞亭('亭'字,原刊误排作'城')者沿塞城所筑亭燧也。""塞城塞亭与土河同为郡城防御警戒体系的组成部分"(见该文"塞亭渠"条)。敦煌塞城的概念始渐趋明了。

二、敦煌郡城绿洲四围古塞遗址残存情况

敦煌城周之古塞城早在唐五代已经"破坏",仅存"基址",千余年后的今天,其"基址"是否还有残存?有的学者推测:"塞城遗址今已不存"。但是敦煌塞城周回长达 200 余里,规模如此之大,纵年久颓毁,总会有些残迹遗留下来,不至于踪影全无。我从 1986 年以来,曾对敦煌塞城进行过五次踏察寻踪,陆续找到了几段塞城遗址。现将考察所见与访问所得,分别介绍于下:

1. 州城东南塞城遗址

1986 年,我因承担《敦煌学词典》中敦煌古代河渠泉泽词条的撰

写任务,开始清理有关敦煌河渠文献,接着进行实地踏勘以与文献互相印证。在我调查阳开渠水系及其支渠子渠时,在敦煌城东南 10 里许的戈壁滩上找到一条古渠残道。此渠位于鸣山大队东湾村南古墓群之西侧,渠道由西南走向东北。渠西侧有长墙遗址一道,长约 1 公里余,基宽约 8 米,残高 1.3 米(图 1)。此墙所经为戈壁地带,乃就地取材,用沙石与土壤混合而筑,断层剖面现出夹层,夹层铺垫树枝、红柳,以作牵拉加固之用。砂土层厚约 10 厘米(图 2)。

图 1　东湾塞垣遗址

对此残墙遗址,余原误认作渠堤。退而思之,此渠并非干渠,渠道不宽,流量不大,而且所过为戈壁滩,建筑如此宽大而又坚固的堤防实无必要。再者渠西为戈壁,不怕泄水被淹,而渠东为唐五代墓葬区,占地约 200 万平方米,尤需筑堤加以

图 2　东湾塞垣层位结构

保护,以防水患。奇怪的是此渠恰恰有宽大的西堤而无东堤。渠东有断续不接而又高低不平的沙石堆积,显为陆续清渠时的排出物,不是有意而筑的堤防。

因悟所谓西堤者,原非渠堤,当是塞城遗址。唐宋时代,塞城废

弃,时人沿其外侧开渠送水,浇灌东湾村以东及东北农田。此段塞垣遂似渠堤而非渠堤。

P.2005 卷载,塞城南垣在城南 7 里,即鸣沙山北麓;东在城东 45 里,即今新店台东何家庄一带。自城南 7 里起,沿着绿洲边缘趋向城东 45 里处,正好经过东湾这段地带。从此墙所处位置与塞城走向加以判断,可断定必为塞城东南垣之残段。

2. 州城西北塞城残段

州城东南塞垣发现之后,我进一步联想到州城西北的"风墙子"。

州城西北的"风墙子",起自孟家桥乡姚家沟北、头道泉子西北 1 里,沿沼泽不规则的西缘蜿蜒向北,至赵家圈墩而止,全长近 20 里。大部毁坏,仅存若干残段。现将所作踏勘之三段报道如下:

头道泉子残段:头道泉子在沙州故城西北 20 余里,塞墙在头道泉子西北里许。仅存土垅一道,西南东北走向,残长百余米,残高 30 厘米左右。由于坍毁特甚,基宽界限不易分辨,估计 8 米许。未探其层厚。

A. 三道泉子残段:在三道泉子西南 2 里,南北走向,长百余米,基宽约 8 米,残高 1.3 米(图 3)。土筑,层厚 15 厘米,各层之间夹垫芦苇(图 4)。

图 3　三道泉塞垣遗址　　　　图 4　三道泉塞垣层位结构

B.赵家圈墩残段:赵家圈墩在沙州故城西北38里戈壁滩上。地理坐标 X16637.2,Y4464.9。本汉代烽火台,土坯砌垒而成。基宽:南北各 11.4 米,东西各 9 米,残高 7.7 米（图 5）。台四周有坞壁。坞壁东西两面各长 29 米,南北两面各长 27.6 米。自坞壁西侧 20 米起,有笔直向南的塞城残垣一道,长 1000 多米,基宽约 7 米,残高平均 70 厘米(图 6)。塞墙处在戈壁滩上,就地取材,取用外侧的戈壁砂石及土壤分层构筑,层厚约 10 厘米(图 7)。这段塞墙应是塞城西垣之北端。

图 5　赵家圈汉代塞亭

图 6　赵家圈塞垣遗址

图 7　赵家圈塞垣层位结构

以上三段,皆在沼泽地西沿。从走向判断,本为互相连接的塞垣,因年久毁坏而致断残不相连属。当地群众以为是古代所筑挡风沙的长墙,故名"风墙子";更有传说为秦始皇所筑长城者,渺茫玄虚,荒唐无稽。近年考古工作者判断为长城支线,测绘部门据以在地图上径标作长城遗址。

将此残墙判断为长城支线是没有道理的。因为:第一,长城横亘于北,东自酒泉郡而来,西抵大煎都侯官(玉门关西),由此线向南筑一"支线"将作何用? 第二,假设其是长城支线,何不在其西侧一二百米戈壁滩干燥而又坚实的地基上取直修筑? 偏要沿沼泽边沿曲折迂回,既费工耗时,又泛碱易塌? 第三,自赵家圈墩北抵长城,尚有30余里,却不见所谓长城支线残址,知此墙为由南而来,至赵家圈墩而止,并未北抵长城,垂直相接。由此判断,此墙与长城并不连属,不属同一体系,因而并非"长城支线"。第四,判断为长城支线,在文献中也找不到任何根据。

从上面的分析来看,"长城支线"一说是难以成立的。

根据此墙位置特点及走向,参照《沙州都督府图经卷第三》"古塞城"条的记载,只能判断此墙是敦煌塞城西垣之北段。赵家圈墩即其北端终点。自赵家圈墩折而向东,是为塞城北垣(说详后)。则赵家圈墩实为塞城西垣与北垣之交合点,赵家圈墩应是塞城西北角之塞亭,为塞城沿线诸多塞亭之一所。

3. 州城西南塞城遗址

沙州故城西南23里党河北岸有村,名李家墩村。李家墩村因李家墩而得名。李家墩为汉代烽火台,今犹存残址。此烽火台以东有夯筑宽大土墙一道,走向东北,残长20米许。墙北侧有古渠遗址一道,即唐代之宜秋渠,当地谬传为古战壕。这段宽大土墙,应即敦煌塞城西垣之南端。李家墩烽火台,则是塞城西南角之塞亭,与赵家圈墩一南一北各蹈一端,遥遥相对。

这段塞垣(西垣南段),起自党河北岸李家墩,趋向东北,至沙州故城西15里(《沙州都督府图经卷第三》载:塞城"西在城西十五里",

即今七里镇西南。此处有自然土垅一道,西南东北走向,余疑塞城当筑在土垅上),经七里镇向北,与头道泉子塞墙相接。又北抵赵家圈墩,全长 40 余里(与法显所记敦煌塞城"南北四十里"接近)。

李家墩至头道泉子这一段塞垣,由于古宜秋渠屡被洪水冲决,塞垣亦被冲毁。七里镇以北至头道泉子一段,由于农耕区屡经扩大,平整土地,地形改变,塞垣亦随之被毁。

4. 州城东面塞城城垣位置之推断

《沙州都督府图经卷第三》载:敦煌塞城"东在城东卅五里"。推测当在今新店台东何家庄一带。余曾两度前往这一带戈壁上寻找遗迹,虽未能找到,但在新店台西北 10 里大泉村访到过有关塞城东垣的口碑资料。

大泉村在沙州故城东北 35 里,今属郭家堡乡。村东南 3 里有汉烽火台遗址,旧名曰"风神台"(图 8)。当地老农为余指点,自风神台向西北,原有笔直土垅一道,长约 1 里。20 世纪 50 年代以来,开荒造田,平整土地,土垅被毁。

此土垅与烽燧相连,而又笔直趋向东北;风神

图 8 风神台塞亭遗址

台以西为农耕区,以东为亘古荒滩,则土垅显示为农耕区之边线,与塞城位置相合,故此土垅当即敦煌塞城东垣之一段;风神台烽燧则为塞城东垣上的一所塞亭。由此向西北,应有其余残段,但其东北分布有石油农场和城湾农场,屡经开荒平地,塞垣亦被毁,故未能见到遗址。其北端止于何处,尚待进一步踏察。

5. 州城北面塞城位置之推断

《沙州都督府图经卷第三》载,敦煌塞城"北在城北五里"。根据法显所记,敦煌塞城"南北四十里",其北垣当在沙州故城以北 30 余里。而现存塞城西垣北端止于赵家圈墩,由赵家圈墩向东取一直线,适经过碱墩以南 2 里处(碱墩即神威烽,在沙州故城北 37 里,地理坐标 X16639.8,Y4465.5)。此处南距沙州故城 35 里,为塞城北垣距州城最近之点,由此点继续向东延伸,过党河,经戴家墩抵定西村(属转渠口乡)。承敦煌市政协主席陈学禹先生相告,他在定西村一带荒滩里曾见到过东西向土垅一道,断断续续,延伸甚长。

这一带是汉及北魏效谷县的北缘,为古代著名农耕区,处在敦煌绿洲东北部。至今可见古烽火台遗址不下数十,今所谓"头道蒙古包""二道蒙古包""三道蒙古包""二个墩""五个墩"等地名,皆因散布有相应数目的烽燧遗址而得名。从而可知这一带曾是古代重要的警备区。那么陈学禹先生所见的东西走向土垅,很可能就是塞城北垣之东段。余亦多次前往这一区域踏查,但因地形复杂,有些地方由于风沙侵蚀,成了沙滩或沙梁;有的地方浮土甚深;东南又有碱滩沮洳;汽车难通,步行亦艰,难以普查细寻。这一带向西同赵家圈墩遥遥相对,间距 30 余里;由此斜向东南,又同风神台之塞城遥接;过风神台向东南,复同新店台东即《图经》所谓"城东卅五里"之塞垣遥对。可以说定西村一带正是塞城北垣东段所当在之处。

现将前述余所见与所闻之敦煌塞城四垣之走向及存毁情况,绘为示意图以供参考(详见图9)。

三、有关敦煌塞城几个问题的讨论

1. "塞"的起源与发展

《说文·土部》:"塞,隔也。"而同书《阜部》云:"隔,塞也。"塞、隔互注,表明"塞"就是"隔"的意思。隔者,隔分彼我,界别内外也。它最早是泛指城廓墙轵之类,《左传·僖公二十年》"凡启塞从时。"杜预注云:"门户道桥谓之启,城廓墙堑谓之塞。"随着时代的发展,"塞"乃成为诸侯国境周围墙垣的特称。《荀子·经国》"兵不复出于塞外,而令行于天下。"塞外与天下对言,指邦国境外,则"塞"指国境围墙无疑。诸侯之国筑塞卫境起于何时,史无明文。顾炎武推测起于战国。他说:"春秋之世,田有封洫,故随地可以设关,而阡陌之间,一纵一横,亦非戎车之利也,观国佐对晋人可知矣(宇按,国佐答晋人之语,参见《左传》及《公羊传》成公二年条)。至于战国,井田始废,而变为骑,于是寇钞易而防守难,不得已而有长城之筑。"(《日知录》卷31"长城"条),此所谓"长城",实指诸侯国自环本境的塞城。顾氏探其起源必然之理,出于"寇钞易而防守难",可谓一语中的;而推其产生的年代,谓起于战国,未免失之过晚。就余所见资料,至少春秋后期已见此制。《左传·昭公五年》"孟仲之子,杀诸塞关之外。"注云:"齐鲁界上关也。"鲁国的塞,在齐鲁二国边界上,则是环绕鲁国国境的外垣无疑。至于"塞关"则是塞垣之门户,为出入国境、稽查往来而设。此时(鲁昭公五年,即公元前537年)虽属春秋后期,但却在战国之前50余年。可知塞城之起,当不晚于春秋后期。

战国以后,有关诸侯国塞的记载,渐渐增多。《太平御览》卷192引《齐地记》载:"即墨城东西八十里。"当是即墨国塞。又引《三齐略记》载"阳庭城东西二百五十里。"当是又一诸侯国之国塞。《水经注》卷31"沇水"条引盛宏之云:"叶东界有故城,始犨县东(宇按,犨县,在今河南省鲁山县东南五十里),至瀙水,径比阳界(宇按,比阳在今河南省南阳市东南一百二十里),南北联联数百里,号为方城,一谓之长城云。郾县(今河南省内乡县城稍东)有故城一面,未详里数,号为长城,即此城之西隅,其间相去六百里。北面虽无基筑,皆连山相接,而汉水流其南。故屈完答齐桓公云：'楚国方城以为城，汉水以为池'。"上举数例，其实都是先秦诸侯国的塞城。古籍所载尚多，此仅举其尤著者而已。根据近年发现，在苏杭地区有吴越塞城；山东淄博地区有齐国塞城；陕西韩城一带有韩国塞城；在山西、辽宁，也都有所发现。至于先秦原有而今已湮没者更不知其几何。则先秦诸侯之国皆有塞城，固可推而知也。

至秦始皇吞并六国，废诸侯、置郡县，大权集于中央，号令行于四方。旧时诸侯国塞，不仅失去作用，反倒成为一统天下流通往来的障碍，废之毁之，势所必然。至于郡县衙署仓储及军政机构所在之小城，仍不失其护卫作用，故得继续保留。所以王土之内只有官府所在和居民聚处的小城，而不再筑兼包一郡一县全境之塞城那样的国中之国了。

秦统一中国后，结束了中原各地区间彼此对立、互相蚕食的局面。而北方匈奴人的侵扰掳掠却上升为秦王朝的大患。秦始皇不得不遣大将蒙恬将十万之众散布在北部边境进行抗击和防御。匈奴人从事游牧，习于马上驰骋，突然袭击，突然远去，所谓"乘可而发，飚举电至"（《盐铁论·世务》）。秦兵防不胜防，被动挨打，乃被迫在北部漫长的边境线上修筑长墙，东起辽东，西止临洮，连延数千里，号称"万里长城"（某些段落，利用燕、赵、魏、晋、秦等国旧有边塞加以连接）。《汉书·西域传》云："及秦始皇攘却戎狄，筑长城，界中国"就是说的这条长城。

如此，秦始皇时的国塞，则成为界别秦朝与匈奴疆域的长塞，其形制由周垣变为北部边境东西一线、长近万里的单垣，因得称为"长城"。至于又称之为"塞"，不过是借用古名而已，其实已非周垣合围的古塞形制，由诸侯国塞，变成了秦朝统一版图的北部沿边长城。形制和性质都发生了很大的变化。

在楚汉纷争时期,天下扰攘,社会动荡。已被废弃的诸侯国塞式的大型外城,又在局部地区有所复兴。《水经注》卷 27 载:

> 汉高祖入秦,项羽封为汉王。萧何曰:'天汉,美名也。'遂都南郑。大城周四十二里,城内有小城。南凭津流,北结环雉,金墉漆井,皆汉所修筑……。晋咸康中,梁州刺史司马勋断小城东面三分之一以为梁州。

这座周垣 42 里的大城,内包小城。既可以说是先秦诸侯国塞形式上的继承,也可以认为是汉武帝时边郡塞城的先导。

历时百年至汉武帝之世,经济繁荣,国力空前强盛,泱泱大国吸引了西域、南亚、西亚及欧洲诸多国家前来通商贸易,互通有无。而匈奴不断东掠汉境,西残西域诸国,阻碍中西交往,成为东西诸国一大祸害。此时,正遇上雄心勃勃的汉武帝,于是,汉朝同匈奴之间刀光剑影、旷日持久的大搏斗展开了。经过反复较量,汉朝逐渐占领黄河以西、盐泽(今罗布泊)以东的广大地区,后世习惯称为河西地区。

这一地区大部为荒山沙漠及茫茫戈壁,仅在河流所经之处,出现一块块带状绿洲,水饶土肥,宜耕宜牧。汉朝选择其中最大而又最为富庶的绿洲,置郡设县,建立统治据点和驻军、屯垦基地,即《汉书·西域传》所概括的"设四郡(武威、张掖、酒泉、敦煌)、据两关(玉门关和阳关)。"为了防御北侧匈奴人和南侧羌人对各个业经开发的绿洲进行骚扰掳掠,乃借鉴春秋战国时期诸侯国塞的形式,在各个绿洲修筑围墙,把绿洲内的城市、村庄及其四郊农田草场都包围起来,这就是所谓的"塞城"。可见汉代西北塞城乃是先秦诸侯国塞形式在汉代的翻版。指出这一点是很重要的,它的意义在于,既为先秦诸侯国塞形式找到了下延,又为汉代西北塞城形制找到了渊源。如此来看,汉代西北塞城形式,并不是无所依傍突然产生的新形式。

文献中关于两汉西北各地塞城的正面记载,如今传世无多,仅发现少量有关敦煌塞城的片断记载(如前举法显《佛国记》《晋书·凉武昭王传》及《沙州都督府图经卷第三》等几件沙州地志)。至于河西其他郡县之塞城,均缺乏明确的记载。然而间接的透露亦非绝无。《艺文类聚》卷63《城》部引"王隐《晋书》曰:凉州城有卧龙形,故名卧龙城,南北七十里,东西三十里。"《太平寰宇记》卷152凉州姑臧县条载:"卧龙城,郡城异名,檀道鸾立之以成之,有若盘龙。城形:四方有头、尾、两翅。一名鸟城,一名翅城。"《资治通鉴》又云:"武威(即凉州)大城之中,小城有七。"(见该书卷219唐肃宗至德二年正月条)。按其广袤里数相乘,括地面积达2100平方里,而且内包七城,规模如此之大必是塞城无疑。

上引王隐《晋书》《太平寰宇记》《资治通鉴》关于凉州塞城的记载尽管零乱而又隐晦,但是经过辑录及分析之后,仍能探知其大概。

近年,笔者在进行敦煌地区历史地理考察中,又发现了龙勒县塞城遗址数段,一是从破城子(汉龙勒县城)东之大墩(汉烽火台)起,笔直向东,至山阙烽北侧一段,长30余里,当地亦名为"风墙子"。这一段塞城,当继续向东延伸,直达破羌亭(今敦煌市西60里,俄博电站北侧)。此亭为龙勒、敦煌二县之分界处。当地老人说,数十年前从俄博店到党河口(山阙烽),还可见到断断续续塞墙遗址。如今,党河口以东的塞墙遗址已被平毁。二是敦煌南湖乡破城子南6里许,东起柳树泉子,西经营盘村南,抵上南滩一段,长约5里,当地亦称"风墙子"。十余年前尚存断续残迹,今已被平毁。三是南湖乡南部,沙山以北戈壁滩上,从东到西,过青山子梁南侧,断续抵达多坝沟一段。这一段既是敦煌郡塞城之南垣,又是龙勒县绿洲塞城的南垣,为郡、县塞城所共有。四是北起卷槽,向北过二墩农场,抵小方盘城(玉门关)的一段。又从西土沟南沿,向南也有一段塞垣残址,过一颓毁之汉代烽火台,应继续向南与郡、县塞城南垣作垂直连接。这一段残垣,应北过西土沟及墩墩山烽燧,直抵卷槽,与卷槽以北通向玉门关的一段塞垣相接,全长约140里。这既是龙勒县塞城之西垣,又是敦煌郡塞城的西垣,为郡、县塞城所共有。李暠重修之敦煌"西塞"当即指此。

这么看来,敦煌郡不仅有全郡的塞城,而且还分别有敦煌县和龙勒县的塞城。从上面的介绍可知,除敦煌郡外,在武威郡也发现有姑臧县塞城的描述。据此,笔者推测,汉代可能在河西四郡普遍兴建过郡、县塞城。这个问题值得史学工作者加以注意并留意寻找,从而将敦煌塞城的研究推进到对河西四郡甚至整个汉代北疆沿边郡县塞城的研究上来,为历史地理学开拓一项新课题,丰富和提高今人对汉代边政建设的认识。

2. 敦煌塞城的始建年代

敦煌塞城始建于何年,正史缺乏明确的记载。初盛唐敦煌人编纂的《沙州都督府图经卷第三》以为始建于元鼎六年(前111年)。该卷"古塞城"条说:

> 据《汉书》,武帝元鼎六年将军赵破奴出令居,析酒泉,置敦煌郡。此即辟疆土、立城廓在汉武帝时。又元帝竟宁(元年),单于来朝,上书愿保塞和亲,请罢边戍。郎中侯应以为不可,曰:"武帝出军征伐,建塞徼、起亭燧、筑外城、设屯戍以守之,边境少安……起塞以来,百有余年。"据此词,即元鼎六年筑。

这里不过是推测之词,并不可靠。侯应说"起塞以来百有余年"这八个字,存在着三个问题值得推敲:

第一,侯应所谓"起塞"的塞,到底是指长城还是指塞城,还是兼包二者?后人难以准确把握。不过根据《汉书》《史记》的记载,似指长城而言,并不是指城外之城的塞城而言。这一点我们还可以从下面问题的分析中得到旁证。

第二,据《汉书·匈奴传》的记载,上引侯应之语,是在元帝竟宁元年即公元前33年说的。如果"起塞"时间由此往前推"百有余年",则是公元前133年前的事。那时候,汉朝同匈奴还处在"和亲"阶段。只是在公元前133年(武帝元光二年),由于发生了"马邑事件",汉匈关系才开始向战争状态过渡。然而这时的战争,仍仅仅局限在河套地区,尚未蔓延到河西。汉朝统治还仅达陇西,陇西以西,都是匈奴和羌人统治区(秦始皇时,西部疆域西抵临洮。秦末汉初,匈奴人和羌人蚕食了金城地区,文景二帝及武帝初年,西部疆域反而比秦代往东后退了)。直到公元前121年(元狩二年)春汉遣大将霍去病"将万骑出陇西",汉匈战争的重点才由"河南地"转移到河西。霍去病率军长驱西进,势如破竹,过焉支山,深入匈奴之地千余里。同年夏,霍去病复从北地出发,西抵居延海,南达祁连山,势力进一步扩展到酒泉一带。从这一年起到侯应对语之年只有88年,不到"百年",更何谈"百有余年"? 由此可见侯应所说的"百有余年",不过是大略言之,并非确数,不足为据。

第三,《图经》编者在推测敦煌塞城修筑年代时,引用了两条互相矛盾的论据:一条是据元鼎六年析置敦煌郡,推断敦煌郡"辟疆土、立城廓在汉武帝时"。另一条是根据侯应说"筑外城"已"百有余年",推断敦煌塞城始筑于元鼎六年。前面已经指出,侯应是在汉元帝竟宁元年(前33年)说"筑外城"已"百有余年"的,自竟宁元年上溯"百有余年",是汉武帝元光二年(前133年)之前,那时汉朝尚未占领河西走廊,何能在敦煌建筑塞城?《图经》编者竟用两个互相矛盾的论据,作出了一个不可能存在的统一结论,确乎让人匪夷所思了。

然而侯应之语,的确有值得注意的地方,那就是他所说的"筑外城"。

《汉书·匈奴传下》所载侯应对语的原文是:

孝武世,出师征伐,斥夺此地(指河西广大地区),攘之于漠北。建塞徼,起亭隧,筑外城,设屯戍以守之。

"塞徼"指长城。《汉书·邓通传》颜师古注云:"徼犹塞也。东北谓之塞,西南谓之徼。"塞、徼异词而同指,原是方言之异,终成通用之词。

"外城"是与"内城"相对而言的,指城外之城,也可以说是城外之垣。《公羊·僖十四年》注"外城……非内城明矣"。《南齐书·垣崇祖传》"当修外城以待敌";唐崔元翰《和圣制中元日题奉敬寺》"风吹从上苑,龙宫连外城。"这些所谓"外城",或指郭廓或指罗城,一言以蔽之,皆指内城外围的大城。侯应所说的"外城""塞徼""亭燧""屯戍",都是指的边地军事防卫构筑。观其将"外城"同"塞徼""亭燧""屯戍"对等并举,足知"外城"既非单线横展式的长城(塞徼),又不是高耸的烽火台和堡砦式的障坞屯栅。所谓外城,是专指塞城的。

我们根据《公羊传》的解释,参照《南齐书》及崔元翰诗的含义,推知侯应所说的"外城",当指"塞城"无疑。

把塞城叫作外城,并非侯应一人特有的用法,似乎是西汉的通行口语。《盐铁论·地广篇》载:

文学曰:……今逾蒙恬之塞,立郡县寇虏之地,地弥远而民滋劳;朔方以西,长安以北,新郡之功,外城之费,不可胜计。

这里指责的乃是汉武帝时在河南、河西建郡立县,不仅新筑许多郡城和县城,还在这些新郡城和新县城的外围修筑了更大的外城(即塞城)。人民承受着繁重的劳役负担。

《盐铁论》记述的是汉昭帝始元六年即公元前81年丞相、御史及贤良、文学间的一场大辩论,其中已经说到"筑外城"的事。那么,西汉修筑外城,其中包括修筑敦煌塞城之举,至迟当在始元六年(前81

年)之前,距今已 2080 年左右。这是我们对敦煌塞城修筑年代所作的较为保守的推断。当然,这并不排除敦煌之筑塞城有可能在汉武帝时代,比如敦煌建郡(元鼎六年到元封四年)前后的可能性。

3. 敦煌城区绿洲塞城的四至与规模大小

P.2005《沙州都督府图经卷第三》记载敦煌郡塞城四垣距州城的里数是:"东在城东卅五里,西在城西十五里。"二者相加为 60 里,再加上州城关厢东西之广约 4 里,则塞城东西二垣相距为 64 里,比法显估计"东西可八十里"少十余里,而同笔者考察所得的里数大体相合。至于南北二垣的距离,P.2005《沙州都督府图经卷第三》说"南在州城南七里。北在州城北五里。"二者相加为 12 里,再加上州城关厢南北约 4 里,则南北二垣相距为 16 里,比法显所说"南北四十里"少 24 里,同余考察所得相差更大。因疑《图经》所载"北在州城北五里"当有脱误。

塞城东、南、西三面塞垣距州城的里数表明,塞城皆在各面绿洲的边缘;"城东卅五里"即今新店台东何家庄一带,正是城区绿洲的东缘,过此即入东戈壁;"南在城南七里",即今鸣沙山北麓,为城区绿洲的南缘,过此即为重重沙岭;"西在州城西十五里",即今七里镇一带,为城区绿洲的西缘,过此即入西戈壁。而州城北部绿洲的边缘,汉代在今芭子场一带,南距州城 35 里。过此,则为沮洳碱滩,不堪种植。《图经》记载塞城北垣,在"州城北五里"如此就独将州城北 5 里以外的大片农耕区和许多居民村落(包括唐宋时期洪闰、平康二乡之全部和效谷乡之北部)屏弃于塞城之外了。那样,城北广大农田及居民村落都得不到理所当有的保护。一旦敌人来攻,则城北粮草、牲畜、物资以及人夫皆适以资敌。恐当时战略家不致失策至此。就此而论,《图经》所谓塞城"北在州城北五里"亦当有误。

前已指出,塞城北垣当同州城西北 38 里塞城西垣之北端作直角衔接,由此向东延伸,其北垣东端又得与塞城东垣之北端相接。这条塞城北垣的假设线,大体应是塞城北垣的可能位置。其走行路线,从西垣北端起,到东垣北端止,中间正南直对州城的一段,正好在州城北35里,也就是汉唐时期敦煌城区绿洲的北部边缘。由此推断,塞城北垣当在州城北35里,比《图经》所载移北30里。这样,就把汉唐时期城北绿洲及居民村落都包围在塞城之内,与塞城东、南、西三面的位置皆能互相合辙。据此,可以对《图经》所谓"五里"校正为"卅五里",《图经》抄本当脱一"卅"字。如此。将塞城南垣之距7里,加上北垣之距城35里,再加上州城关厢南北之广约4里,则塞城南北二垣之间距离为46里,比法显所记"四十里"多出6里。法显所记,为大略估计之数,多一些少一些原本是可以理解的,所以可以认为同法显所记基本相合。

根据上面的论证,我们可以对敦煌绿洲塞城四垣在绿洲四外的里距得出以下的数据:东在城东45里,西在城西15里,加上州城关厢东西之广的4里,则塞城东西二垣相距为64里;南在城南7里,北在城北35里,加上州城南北之广4里,则塞城南北二垣相距为46里。将64里与46里二数相乘,得出敦煌塞城的平面面积为2944平方里。

笔者对P.2803《唐天宝九载(公元750年)八月敦煌郡仓纳谷牒》进行过研究,根据此牒所载敦煌县13乡应纳义仓种子粟数推算唐代全县耕地约307,148.25亩(详见余为《甘肃省志·附录卷》撰写的敦煌遗书选注:《唐天宝九载八月敦煌郡仓纳谷牒》的题解与注释)。其中寿昌县在南湖绿洲,不在州城绿洲范围之内。该乡耕地24866.75亩应排除在敦煌城区绿洲耕地亩数之外。则敦煌城区绿洲内的12乡共有耕地282,281.5亩,占城区绿洲全部面积的71%。可见唐代敦煌城区绿洲土地耕植率已达相当高的程度。

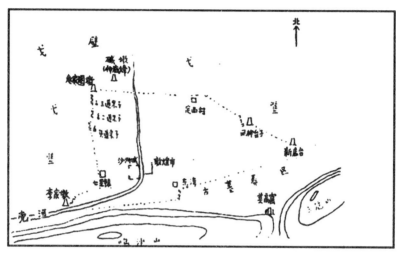

图9　敦煌塞城四垣之走向及存毁示意图

　　笔者推测,两汉时代敦煌城区绿洲人口多不过 10000 人,平均每平方里为 3.4 人;唐代城区绿洲共有人口约 20000 人,平均每平方里为 6.8 人;1990 年,敦煌城区绿洲为 110000 人(包括七里镇石油局人口在内),平均每平方里为 37 人。这样,对上述各时期敦煌城区绿洲人口密度及其增长情况,可以得出一个基本概念。这对研究敦煌城区绿洲范围大小、经济及人口发展情况,具有一定的参考价值。

　　(原刊《敦煌研究》1994 年第 1 期;又转载于《长城学刊》1995 年第 1 期;又收入笔者著《敦煌史地新论》,台湾新文丰出版公司,1996 年)

新玉门关考

前后两所不在一处的玉门关

《汉书地理志》敦煌郡龙勒县条班固注云："有阳关、玉门关皆都尉治。"《史记·大宛列传》张守节《正义》引《括地志》云："玉门关在（龙勒）县西北一百十八里。"殿本《元和郡县图志》及《太平寰宇记》《舆地纪胜》俱同。敦煌石窟保存的晚唐抄本《沙州志》（S.788）、五代写本《寿昌县地境》（散 1700）及《沙州归义军图经略抄》（P.2691）亦载此关，但将距寿昌城里数误作"一百六十"①。此关建于西汉武帝时，约废于东汉光武帝建武二十七年（即公元 51 年。说见后），史称故玉门关或古玉门关。

《元和郡县图志》卷四十瓜州晋昌县下载："玉门关在（晋昌）县东二十步。"②此为唐人著录的另一玉门关。此关在故玉门关东 450 余

---

①敦煌出土唐五代诸种当地乡土志书皆误作寿昌县"西北（或径云"北"）一百六十里。"盖"十八"二字误合为"六"。辗转传抄之间，抄手复在"六"下妄增"十"字，"一百十八里"遂误作"一百六十里。"说详余著《古本敦煌乡土志（八种）笺证》，台湾新文丰出版公司。

②今见《元和郡县图志》诸本，如清武英殿本、金陵本、岱南阁本、畿辅丛书本、戈襄校仿明本、通经楼钞本陈树华抄本等，皆作"（晋昌）县东二十步"。唯清王琦《李太白集注》之《胡无人》诗注云："《元和郡县志》玉门关在瓜州晋昌县东二十里"与诸本不同。疑王琦引文有误。

里,因置于故玉门关废弃之后,可称新玉门关。

以上两所玉门关,建立有先后,位置分东西,虽同名而并不相混。世人熟知者为西汉所置旧玉门关,至于东汉以来所置新玉门关及其建置年代、所在位置,多不甚了然。古代史籍及古人诗文多有言及"玉门"或"玉门关"者,由于世人对新关不甚清楚,多以旧关释之①,既乖于地望,复谬于史实。盖皆由莫辨二关新旧之异、东西之别,不得要领,姑妄言之,成为我国历史地理学及我国文学史上一桩悬案。

近百年来,不少学者发现了问题,乃从事于新玉门关之考证。但诸说不一,迄无定论。余近年从事瓜沙历史地理研究,于研读诸家论述基础上,进一步通过实地考察,加以验证,有些新的见解。不敢自以为是,写出来就教于方家。

明清以来对新玉门关所在的记述及推测

明清以来,关于新玉门关的位置所在,有三种不同的说法:

1. 说在"故瓜州西北一十八里"。见《陕西行都指挥使司志·关梁》条及《大明一统志》卷三十七;

2. 说在今安西县东百余里之双塔堡东北。此说以陶保廉为代表,见陶保廉《辛卯侍行记》卷五"十一月初九日"记事;

3. 说"唐初玉门关在瓜州(宇按:此指锁阳城)西北五十里之瓠芦河上。后迁至瓜州城近处。"此说以严耕望先生为代表,见严耕望著《唐代交通图考》卷二,436—440页。

---

① 《资治通鉴》卷一百八十一隋炀帝大业七年冬十月条:"帝遣裴矩与向氏亲要左右驰至玉门关晋昌城。"胡三省注云:"新唐志:玉门关在沙州寿昌县西北。"但此玉门乃指在晋昌县东二十步之新玉门关,《元和郡县图志》卷四十分明载之。而胡三省却以敦煌西北久已罢废的故玉门关释之,是胡三省已不知晋昌县另有新置之玉门关也。

以上三说，《陕西行都指挥使司志》及《大明一统志》之说未引起人们重视，影响甚微；严耕望先生之说，虽倾向于在锁阳城西北，但亦疑在窟窿河下游之双塔堡东，又疑在小王堡（当地称小宛堡）之西，还提出了初唐以后移关于瓜州城近处的推测。数疑俱存，未作决定。唯陶氏之说影响最大。林竞《西北丛编》①、阎文儒《敦煌史地杂考》及《河西考古杂记》②等，都对陶说加以推介，或又进而有所申论。阎文儒先生作为考古专家而又亲赴双塔堡一带考察，著文肯定陶说"最为可靠"。其文为今时学者频频引用，或又加以阐发，影响颇大。1992年出版的《安西县志》则径指双塔堡为唐玉门关。于是陶氏之说几成定论矣。

陶氏于所著《辛卯侍行记》卷五之"十一月九日"记云：

> 初九日，卯出布隆吉尔堡东门，绕向西。二里，出旧城北门。三里，过小河，即布隆吉水也（原注："发于城西南三十余里柳湖之七星泉"），北有草滩。四里，上小坡。三里半，逾一渠，迤北曰权家堡。四里半，道北有远村（原注："问是潘家庄"）。六里，月牙湖墩（原注："南有草湖，野马沟所潴也"）。十四里过窟窿河（原注："蒙古称札噶尔乌珠，水出土胡卢村南，相传水中多有大穴，西北流"。）唐时玉门关迁此（原注："岑参《苜蓿烽寄家人》诗：'苜蓿烽边逢立春，胡卢河上泪沾巾。闺中只是空相忆，不见沙场愁杀人。'注云'玉门关外有五烽，苜蓿烽其一也。胡卢河上狭下广，洄波甚急，上置玉门

---

① 《西北丛编》为林竞1919年3—4月游历西北记行之作，初刊于1920年。近年收入《西北文献丛编》之《西北民俗文献》第六卷。

② 前文刊于《文物参考资料》1951年第5期；后文连载于《社会科学战线》1986年第4期及1987年第1期。

关，西域襟喉也'。又，《元和志》:'晋昌县东二十步有玉门
关'）。今堡空无人（原注:'雍正六年筑,周一里一分'。）把总
及土民二十余家均在堡外。

陶氏推测的唐玉门关在双塔堡东北，当土胡卢河与疏勒河会合
口之西侧。其西南之双塔堡，陶氏推测为唐之晋昌县故址。陶氏的推
测，并非由于发现了唐晋昌城及玉门关遗址确在此处的什么证据，仅
仅是根据《元和志》所载瓜州晋昌县东去肃州、西去沙州的里程作出
的比定。《辛卯侍行记》卷五"十一月初八日"自注中有如下的说明:

> 《元和志》:"瓜州晋昌县本汉冥安县，东南至肃州四百
> 八十里、西至沙州三百里。"今肃州至安西州六百六十里（宇
> 按，清安西州城即大湾旧城，在今安西县城东北三里，城垣
> 仍存。）又西至敦煌即唐沙州二百七十里。乾隆时，考古者以
> 安西州西南六十里之瓜口为唐瓜州（宇按:此指今六工村西
> 之破城子），则东距肃州逾七百里，西距沙州只二百一十里，
> 较《元和志》所言相差太远。俞浩《西域考古录》疑之，以布隆
> 吉为唐瓜州，继又云"在双塔堡"，则近似矣。盖布隆吉东距
> 肃州五百里，较《元和志》多二十里;其西距沙州四百三十
> 里，较《元和志》多一百三十里，左右未均。若双塔堡，则距肃
> 距沙较《元和志》各多数十里。近代，有司定驿程，报部之数，
> 率浮于实量之数。以是核之，双塔堡之去肃、沙，与唐瓜州之
> 东西二至道里不甚悬殊也。

从陶氏的说明中可知，把唐晋昌县城定在双塔堡，除了东距肃
州、西距沙州里程"不甚悬殊"之外，别无其他证据。陶氏根据肃、瓜、
沙三州里距之比定而作出的推断，其实并不可靠。岑仲勉先生指出:

> 按依《侍行记》所载，双塔堡至安西一百一十三里，再加安
> 西至敦煌二百七十里，共三百八十余里，比《元和志》多八十

余里,而肃州至双塔堡五百廿二里,比《元和志》祇多四十里,仍是左右木均。况古地理书传久失真,里数多误,《元和志》亦所不免。总须旁证他说,方可得其通。《通典》一七四"瓜州东至酒泉郡五百二十六里……西至敦煌郡二百八十里。"又依本篇(字按:"本篇"指明佚名《西域土地人物略》)校正道里,肃州至瓜州应五百九十里,瓜州至沙州二百六十里,前者比《通典》多六十五里,后者比《通典》少廿里,未见得双塔堡之比定较优。①

问题尚不止于此。尤其让人生疑的是,双塔堡处既无古州县城址及瓦砾陶片散布,附近又没有汉唐州县城必有的同时代墓葬群。据乾隆初《重修肃州新志·柳沟卫册》记载,此城系雍正六年所筑。时在双塔一带驻军,置千总衙门,因筑堡城,堡西山上有两座故烽火台,时人目为双塔,遂有双塔堡之名。此堡规模不大,同上书·册记云:"城周围一里一分零,高一丈八尺,宽一丈七尺。南北城门二座,各有城楼。"督工建造者为吏部文选司郎中马尔泰及光禄少卿汪漋。筑堡之时,此地并无古城遗址,仅其西3里及6里处小山上各有故烽火台一座,督工者汪漋有《双塔堡》诗云:"塔影参差旧迹荒,营屯卒伍启新疆。雪峰南耸当山阁,红日东来照女墙。草色满郊千骑壮,河流双汇一川长。幽情更爱禽鱼盛,闲向溪林钓猎忙。"(引自《重修肃州新志·柳沟卫册·艺文》)近处景致提到了"塔影旧迹","河流双汇"以及"草色""禽鱼""溪林";远处景致则说到了"雪峰南耸""红日东来"。却不曾提到此地有古城废垣。若当地本有古城废垣,正堪平添今昔兴替之慨,诗人岂能漠然放过不着一字?阎文儒先生到此作考古调查,除见到清雍正六年

---

① 岑仲勉:《从嘉峪关到南疆西部之明人纪程》,《中外史地考证》下册,中华书局,1962年,第638—676页。

新筑的双塔堡城之外，也未发现古城及古墓葬群遗址。向达先生指出："唯今双塔堡、乱山子一带仅余古烽墩二，其它遗迹悉化云烟，关址所在，疑莫能决。"①可见陶氏之说，并不足视为定论。

另一方面，从唐代瓜伊驿道经行路线进行评量，玉门关亦不合置在双塔堡。唐代瓜伊驿道，是从瓜州城（今锁阳城）向西北，115里抵常乐县城（今安西县六工村破城子）②，北入莫贺延碛路（又名"第五道"），又西北785里抵伊州（今新疆维吾尔自治区哈密市）③。敦煌遗书 P.2005《沙州都督府图经卷第三》"新井驿、广显驿、乌山驿"条及"双泉驿"等条，对这条驿道有确切而又具体的记载。唐之玉门关，即置在瓜州往伊州驿道之首途——瓜州城至常乐城之间，唐僧慧立撰《大慈恩寺三藏法师传》记玄奘西行求法，行抵瓜州，"因访西路，或有报云：从此北行五十余里有瓠芦河，上广下狭，洄波甚急，深不可渡，上置玉门关，路必由之，即西境之襟喉也。"又记玄奘"与少胡夜发，三更许到河，遥见玉门关。去关上流十里许，两岸可阔丈余，傍有胡桐树丛，乃斩木为桥，布草填沙，驱马而过。"此云玉门关在瓜州城北50余里。按常乐县在瓜州西北，伊州又在常乐县西北。就驿道取向来说，玉门关当在瓜州城西北为是。而双塔堡却在瓜州城的东北方向100里④。

---

①向达：《两关杂考》，《唐代长安与西域文明》，生活·读书·新知三联书店，1957年初版，1987年重印，第385页。

②《元和郡县图志》《太平寰宇记》及敦煌遗书 P.2691《沙州归义军经略抄》皆载常乐县东去瓜州一百一十五里。

③《元和郡县图志》卷四十"伊州八到"载："东南取莫贺延碛路至瓜州九百里。"而瓜州至常乐县115里，故知常乐县距伊州为程785里。

④《辛卯侍行记》卷五、十一月初九日注云："（双塔）堡南十五里冰草沟，又五十五里桥子村。"又于"十一月初八日"注云："自桥子南行三十里上达里图，即前明苦峪城也。"上达里图即今锁阳城，唐之瓜州城是也。此载双塔堡抵瓜州城100里。

一则方位不合,二则里程过于悬殊。《元和郡县图志》《太平寰宇记》及敦煌出土本《沙州归义军图经略抄》(P.2691)俱载瓜州距常乐城"一百十五里",此为自瓜州城直趋西北前往常乐城的里程(图1),卫星照片亦显示此道旧迹(图2):若驿道果经双塔堡而抵常乐城,其行进路

图 1　唐瓜州、唐常乐城、双塔堡位置关系图(卫星照片释读)

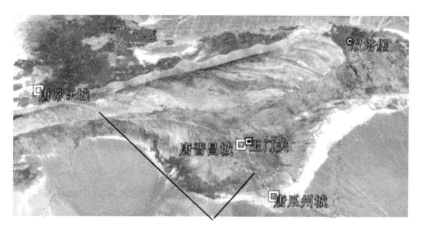

图 2　唐瓜州—常乐间驿道(卫星照片释读)

线则是先东北、再西南,里程远达270余里,枉作转折,劳力耗时,有何必要?退一步说,若从双塔堡直指西北不再绕道常乐而趋伊州的话,就地形论之,则当自双塔堡直插红柳园(唐乌山烽)入莫贺延碛路。然而双塔堡至红柳园间200里,唐代并无驿路通行,漫漫戈壁,既无水草,亦无驿站,行旅无所补给,故汉唐以来无就此线而行者。由此可知,作为"西境之襟喉"、瓜伊驿道"路必由之"的玉门关,必不置在并不当道的双塔堡。

新玉门关址的重新考定

近年来,笔者在对瓜州历史地理考察研究过程中,逐渐形成了这样的概念,即:唐玉门关必置在瓜州城至常乐城(即锁阳城至六工村破城子)之间,其驿道当呈东南—西北走向,绝不绕道东北之双塔堡。就是说,唐玉门关必不在双塔堡一带。根据《沙州都督府图经卷第三》所载瓜伊驿道加以推测,唐玉门关应在锁阳城、北桥子及踏实乡破城子之间三角地带范围内。于是我把这一三角地带确定为重点考察地段。这一地带如今大部分退化为盐碱荒滩,古代遗址颓毁严重,高地遍布卤壳圪坨,低地沮洳泥泞。汽车不易通行,步行亦甚艰难。我多次进行踏察,仍不免多有遗漏。因此提请安西县博物馆的朋友注意这一地带,建议他们在这一地区注意查找。1996年8月,我又去安西考察,同安西县极旱荒漠国家级自然保护区管理处宁瑞栋处长谈到唐玉门关址问题,他很同意我上述的看法,并回忆起桥子乡西北15里马圈村西有两所相近的古城遗址,正处在我所指出的三角地带重点考察地段之内。

8月15日下午,笔者同宁瑞栋处长、潘发成工程师及安西县博物馆李春元、李旭东同志一同驱车前往察看,果然见大小不同又错落毗邻的两所古城遗址(图3)。

小城筑在一古河道西岸。东西二垣各长60米,南北二垣各长68

图3 唐晋昌城、玉门关、瓠芦河位置关系图(卫星照片释读)

米,平面占地4080平方米。东垣下临古河道,由于河水侵蚀而大段坍毁。另外三面即西、北、南垣外有护城壕环绕。城内西南隅间隔出一小型子城,北墙及东墙各长19.5米,子城平面380平方米。此城四面城垣及子城墙垣绝大部分已坍毁成土垅形,残高2.5米。仅北垣东端还残存一段夯筑原墙。残长4.4米,残高82厘米,顶宽1.4米,夯层厚15厘米。宁处长回忆其十年前多次到此,此墙尚高约4米,长、宽亦倍于今。十余年来,牛蹭羊刨,毁坏益甚(图4)。

小城西南30米许有一大城,东垣因临河水浸,全已坍毁;南、西、北三面城垣犹存土垅。余步测其西垣长约260米,南垣长约220米,城址呈长方形。平面占地约57200平方米(图2)。如此规模,在汉唐时期之河西地区,相当于县级城址[①]。城址内外盐碱侵蚀严重,卤壳累累、遍地棘刺,一如小城状况(图5)。

———————

① 李并成先生指出:"城址规模是确定城市等第、判定城址性质的重要依据。"又说:"河西汉代县城城廓平面多呈方形或长方形,每边长度多为200—300米,周长一般1000—1400米左右。"见李著《河西走廊历史地理》(第一卷),甘肃人民出版社,1995年,第150页。宇按:北朝及隋唐时期河西县城规模亦如此。

图4　马圈小城北垣东端残址

南垣

南壕

图5　马圈大城南垣及南壕遗址(从西向东拍摄)

以上大小不同的两座城址,东西错落相邻,乍见之际,惊喜异常。揆以二城规模之大小、所居之方位、靠近之距离,唐之晋昌县城及玉门关城蓦然闯入眼前! 数年来,余一直寻找而不见踪影,今日幸从宁瑞栋先生指点中得来,奔波劳累立时顿消。

晋昌城的具体位置,向来失载。仅《明一统志》云:"晋昌废县,在故瓜州北。"(见《明一统志》卷三十七《陕西行都指挥使司·古迹门》)

此次所见马圈村大城正在瓜州城（锁阳城）西北。此城规模之大，必不低于县级。在这一区域内出现的县级或县级以上的城址，唯一的可能只能是晋昌城，别无他城在此。

《元和郡县图志》载："玉门关，在（晋昌）县东二十步。"马圈村大城东北的小城正好在大城东"二十步"，与《元和志》相合无二，自应是唐玉门关城。城内西南隅之子城，当为关官衙府。城东古河道，必即玄奘所说"上置玉门关"的"瓠庐河"，即岑参诗中的"胡卢河"。此河恰好同敦煌遗书 P.2005《沙州都督府图经卷第三》所载之"苦水"相当。今引《图经》原文、略作疏解如下：

> 苦水源出瓜州东北十五里（宇按，即今东坝滩乱泉处，西南距锁阳城正好 15 里），名卤涧水。直西，流至瓜州城北十余里（宇按，即今南坝段，南距锁阳城 12 里）；西南流一百二十里，至瓜州常乐县南山南（宇按，此指自南坝抵牛桥子段，长 120 里，但自南坝至野糜子湖共 39 里一段，实为向西北流。自野糜子湖抵常乐山南麓，此水由于受到山体的阻挡，才不得不随着山体的走向折向西南流。从野糜子湖西南流至牛桥子，长 81 里。合前 39 里共 120 里。《图经》未细述，大略而言，谓之"西南流一百廿里，至瓜州常乐县南山南"。牛桥子北临瓜州口子，循瓜州口子可通山北六工古城，即常乐县城。与《图经》所谓"至瓜州常乐县南山南"正合。）号为苦水（严耕望先生云："余颇疑'苦'为'瓠庐'之合音。"见严著《唐代交通图考》第二卷 439 页注。严说至确。苦水，正是玄奘夜渡的瓠庐河。苦，溪纽（K'），姥韵；瓠，匣纽，模韵。溪、匣二纽古可通，如瓠从'夸'，本溪纽，至今不少方言仍读溪纽，音 kū。瓠庐二字，为突厥语'喀剌'之译音，原义为"黑色"，"瓠庐河"即"黑水"。由于汉字译写为'瓠庐'二字，遂引起"葫芦"形状之联想，《大慈恩寺三藏法师传》所谓"上狭下广"是也。又此水上游田地，约在唐高宗末期已趋盐碱化，水质变苦，遂又就'瓠庐'

二音合并简化为'苦',既保留了'喀剌'(即'瓠庐')原音的影子,又有了表明水质变苦的含义。但几经变名,去'喀剌'(黑色)本义愈来愈远,后人竟不悟苦水即'瓠庐'——黑水之义矣。)又西行卅里入沙州东界故鱼泉驿南(此指今牛桥子至土墩子段。今依实校之,"南"字当为"北"之误,详见拙著《古本敦煌乡土志八种笺证》之《沙州都督府图经卷第三》"鱼泉驿"条笺证);西北流15里,入常乐山(宇按,此指今土墩子以西至芦草沟峡谷南口段);又北流,至沙州阶亭驿南(宇按,阶亭驿在芦草沟峡谷北口之北18里。地理座标X16702.8,Y4484.25),即向西北流;至廉迁烽西北(廉迁烽即T.37.e烽燧,地理座标见前)廿余里,散入沙卤(此指阶亭烽至长城北之尾间段,长20余里)。

此记苦水源头在"瓜州东北十五里","直西、流至瓜州城北十余里","西南流一百廿里至瓜州常乐县南山南",以及"西北流……入常乐山","又北流,至沙州阶亭驿南,即向西北流","至廉迁烽西北二十余里,散入沙卤"等,与马圈城东之古河道一一吻合,必系同一河流无疑。因知此河即唐初之瓠庐河,武周时期名为苦水。

航片显示,锁阳城往马圈小城确有古道遗迹。其道,出锁阳城北门,向西北有一凹槽,即古驿道之切迹,经平头树村东向北,抵黄水沟(古渠遗址),又西北过黄水沟抵马圈小城。自锁阳城抵马圈小城约30里;驿道则由晋昌城及玉门关(马圈村二古城)之间向西北,66里抵截山拉达口子(截山为常乐山之西段。拉达口子为山中一条从东南向西北的峡谷通道。参见图2),循拉达口子向西北,16里至七工堡南出山,又西北15里抵常乐城(六工古城)。自瓜州城(今锁阳城)由此路向常乐城,今里为128里(30里(锁阳城至马圈村古城里距)+66里+17里+15里=128

里），折合唐里为 114.5 里①，与《元和志》《沙州归义军图经略抄》及《太平寰宇记》所载常乐县去瓜州"一百一十五里"正合（图 6）。

图 6　瓜州往常乐古道

————————

①以往学者鉴于唐尺仅 31.3 厘米，步为五尺，300 步一里，算得唐里合 466.5 米，小于今里。但《唐六典》《通典》新旧《唐书》皆载，唐代度量衡行用大小两制，除"调钟律、测晷影、合汤药及冠冕"用小制之外，其余官私悉用大斤、大升、大尺。程大昌《演繁露》卷七载："开元九年敕：度，以十寸为尺，尺二寸为大尺。"即大尺为小尺之 1 尺 2 寸，合今 37.32 厘米。量地计里悉用大尺，唐一里为 1500 大尺，合 1800 小尺，折今制 559.8 米，较今里加长近 60 米。以敦煌文献所载唐代里距验之，皆合。如 S.788《沙州志》、P.2691《沙州归义军图经略抄》及《寿昌县地境》皆载寿昌城距沙州城 120 里。寿昌城即今敦煌市南湖乡西北破城子，沙州即今党河西故城。二城相距今里为 135 里，较唐里多出 15 里；又 P.3720《莫高窟记》、S.5448《敦煌录》及莫高窟 156 窟前室北壁咸通年代墨书题记等，皆云莫高窟距沙州城 25 里，今自沙州城往莫高窟，取戈壁捷路，经东湾及鸣沙山二层台直插莫高窟，亦达 28 里，比唐里多出 3 里。如上所举，皆表明敦煌唐里大于今里。依余所定唐里为 559.8 米计算，锁阳城至六工破城子今里 128 里（128×500 米=64000 米），折合唐里则为 114.5（64000÷559.8=114 里余 283 米）与《元和郡县图志》《沙州归义军图经略抄》及《太平寰宇记》等所载瓜州距常乐县"一百十五里"之数相合。研究瓜沙历史地理，里值不辨，则失其准绳矣。

　　或问：此既推断马圈小城为唐玉门关、锁阳城为唐瓜州，但锁阳城抵马圈小城仅30里许，与《大慈恩寺三藏法师传》云瓜州城北"五十余里，有瓠庐河，上置玉门关"之语颇不合。岂有说乎？余曰：瓜州城（锁阳城）正北40里（折唐里不足36里）即常乐山。玉门关必不在山北。以实校之，所谓瓠庐河及玉门关在瓜州城北"五十余里"必误无疑。度其所误，不外二因：其一，"五十余里"本是玄奘闻之于"人或报云"，容有不实，何必定准？近人信以为实，曲为之解。据"与少胡夜发，三更许到河"之文，以为夜间行走较慢，三更计6小时行进50多里可信。然而《传》云"夜发"，岂必日落即发？玄奘西行，本系偷越，冥祥撰《大唐故三藏玄奘法师行状》所谓"国家法，私向外国，罪名极重。"则玄奘出发之时，自应在夜深人静之后，古人云"人定亥，夜半子"。亥时为夜9、10点钟；子时即三更，为夜11、12点钟，假设夜10点多钟动身，12点（三更）到河，两个多小时，夜间行走谅不过30里许，同锁阳城抵马圈小城30里许正合。其二，颇疑"五十余里"，本作"二十余里"。"二"讹作"五"，故今本作"五十余里"。古籍"二""五"形近互讹之例何烦悉举？"二"字上下画之间若有墨污，颇易误释为"五"。今锁阳城北抵截山子仅40里，西北抵马圈城瓠庐河仅30里，用以校正《大慈恩寺三藏法师传》所谓"五十余里"，正应作"二十余里"。《明一统志》"玉门关在故瓜州西北一十八里。"方位正确而里距略短，或者也不排除《明一统志》原文为"二十八里"、讹作"一十八里"的可能。

　　《大慈恩寺三藏法师传》对考证唐玉门关方位固然十分可贵，但是，其中也的确存在着若干不实之词。"五十余里"之不实，可据瓜州城（今锁阳城）北距常乐山（今截山子）唐里不过40里（折唐里不足36里）之实予以勘正。若以为原文本为"二十余里"，传写致误，谬不出自玄奘亦属可能，但下举之谬，必出自玄奘口述无疑。

　　《传》云瓠庐河"洄波甚急，深不可渡。"《大唐故三藏玄奘法师行状》亦有此语,一字不变。此诚大言夸张,去实远甚。按瓠庐河源出"瓜州东北十五里"众泉出露地带。此处泉流,乃是疏勒河及都河渗漏入地二次露头之水,水量有限;此河上中游皆在截山以南,这一带,为细土平原,地势较低,坡度平缓,河流缓慢,河床下切不深,瓠庐河何至于"洄波甚急,深不可测"?以《大慈恩寺三藏法师传》本文证之,亦知此河并不"深""急"。《传》云玄奘与一少年胡人三更许至河,"斩木为桥,布草填沙,驱马而过"。设使水深流急,仅以二人之力更在暗夜之中摸索操作,岂能遽而成桥?试问,二人在丈余宽的河上架桥,此桥又足以承受马足、不至踏穿陷蹄,需要砍伐几多丈余长的树干,需要芟刈几多树枝杂草,需要挖掘、搬运几多土方?二人短时间居然能在丈余阔的河上架桥"驱马而过",吾知此河绝非"洄波甚急,深不可渡"。宋程大昌曾指出:"僧玄奘《西域记》,乃言五印度境周九万里,一何荒诞之甚也"[1]此云瓠庐河水深流急,亦夸大之辞,饰言西行之艰难而已。孟子曰:"尽信《书》不如无《书》。"若《大慈恩寺三藏法师传》之所云,岂可尽信哉!

又,《通典》及《元和志》皆载晋昌县为瓜州"郭下"县,人多以为"郭下"谓晋昌县在瓜州城内。而责余所谓瓜州城西北30里即晋昌县城,与瓜州城"郭下"之说不合,因断余说必误。

余曰未必。盖"郭下"乃谓州(郡)城外四周之地,不必在州(郡)城之内,《管子·度地》云:"内为之城,城外为之郭"是也,《北史·节义·张季询传》载:张季询之父张祥任并州司马。汉王谅反,"纵火烧并州郭下。"张祥"登城望之,再拜号泣,曰:"百姓何罪,致此焚烧?"此言"郭下"被焚,而张祥"登城望之",显指所烧"郭下"为城外而非城内。又,

---

[1]程大昌:《考古编》卷八"外国地里书难信"条。按,玄奘原著《大唐西域记》卷二《印度总述·疆域》云:"五印度之境,周九万余里。"

《隋书·裴蕴传》:"及司马德戡将为乱,江阳长张惠绍夜驰告之,蕴共惠绍谋欲矫诏发郭下兵民。"江阳县为江都郡郭下县。是时,隋炀帝驻跸江都(今江苏扬州),司马德戡亦率军驻营江都城内,江都郡城已被司马德戡控制,而裴蕴及张惠绍谋发"郭下兵民"平乱。此所谓"郭下兵民",只能是江都郡城之外的兵民而非江都郡城内的兵民。再如:《陈书·真腊传》载:真腊国有"大城三十余所",其国都"伊奢那城,郭下二万余家,"度其人口几达十万。小小真腊国安得有此大城?则所谓"郭下二万余家",绝不仅谓城内人户,必系概言城内及城周居民。

凡上所引,皆足以证明"郭下"不必断指州郡城内。而瓜州"郭下"之晋昌城虽远在瓜州城西北30里,亦乌足断余说之误也!

新玉门关的建置年代

唐《大慈恩寺三藏法师传》最早对新玉门关的位置作出明确(但欠准确)的记载,百余年后,李吉甫《元和郡县图志》又一次指明位置,知此关存在于唐代无可置疑。然而此关并非唐代始建。《隋书·地理志》敦煌郡常乐县注已指出常乐县"有关官"。隋常乐县故址即唐晋昌城。《新唐书·地理志》瓜州晋昌县条指出,晋昌县本隋常乐县,"武德五年更名",所谓"更名",乃谓仅改县名,未移治所。余意前述马圈村西大小二城之大城即隋常乐县、唐晋昌城。向达先生早已指出:"隋常乐有关官,其治所为玉门关无疑也。"又引《隋书·西突厥传》云:"处罗大败,弃妻子,将左右数千骑东走。在路又被劫掠,遁于高昌,东保时罗漫山(宇按,即今哈密市北巴里坤山及哈尔里克山)。高昌王麹伯雅上状,帝遣裴矩将向氏亲要左右(宇按,向氏本中国人,嫁西突厥泥利可汗,生子达漫,继位为处罗可汗),驰至玉门关晋昌城。"

向先生指出,"《隋书》亦云玉门关晋昌城,是自长安西去,必先至玉门关而后抵晋昌,与《元和志》所记合"①。今验以马圈村西二古城,小城居东北,大城居西南,二城相去 20 步,据《元和志》玉门关在晋昌县东二十步之语,知东北小城即隋玉门关,西南大城则为隋常乐县,唐代改常乐为晋昌县,玉门关则沿置未改。如此看来,新玉门关隋代已确乎存在。

法国汉学家沙畹著《斯坦因在东土尔其斯坦沙漠所获中国文书考释·序论》中提出汉武帝太初年代以前的玉门关在敦煌以东的新说,我国王国维先生在《流沙坠简·序》中亦赞成沙畹说。向达先生著《两关杂考》驳之②,沙畹之说已被否定。最早的玉门关为西汉所置,在敦煌西北确然无疑;后来玉门关东移,也已是学界公认的事实。问题是玉门关何时东移,至今尚未解决。向达先生虽指出隋代的玉门关已在常乐县东,并不认为东移的玉门关始建于隋代。他认为"玉门关之东徙与伊吾路之开通当有关系"。接着他引证《周书·高昌传》及《北史·高昌传》关于伊吾路的记载,以及《晋书·吕光载记》和《晋书·凉武昭王传》已透露玉门关在敦煌以东的信息,作出推测道:"玉门关之东徙,或者即在典午末叶、五凉鼎盛、伊吾路开通之际亦未可知也。"可惜此论未引起学者足够的重视,未能沿着向先生的思路作进一步的探讨。

在讨论新玉门关建置年代之前,有必要首先弄清旧玉门关废弃于何时。这是由于就其呵察职能、关名及关址移动来看,新玉门关乃是旧玉门关的递替。旧关不废,则无又置新关之理。由此推之,新关之置,必在旧关罢废之后,二者不得并时两存。弄清旧玉门关罢废的时

①向达:《两关杂考》,《唐代长安与西域文明》,三联书店,1957 年初版,1987年重印,第 384 页。

②向达:《两关杂考》,第 392 页。

间,也就为新玉门关之始建找到了上限,同时,也为新玉门关的建置追寻到一个必不可少的前提。

东汉建国初期,忙于内战及内政,"未遑外事",无力西顾。建武二十二年(46年)十月"诏罢诸边郡亭候吏卒"(《后汉书·光武帝纪》)。敦煌郡边塞的宜禾、中部、玉门、阳关四都尉皆当奉诏一时而罢。但玉门关作为呵察出入的关卡,容或继续存在。至建武二十七年,朗陵侯臧宫与杨虚侯马武上书请伐北匈奴,光武不听,曰:"今国无善政,灾变不息,百姓惊惶,人不自保,而复欲远事边外乎?"乃"闭玉门以谢西域之质,卑辞币以礼匈奴之使"(见《后汉书·臧宫传》)。玉门关应即废于此时。这就是说,在"罢诸边郡亭候吏卒"五年后,才关闭玉门关。自西汉武帝以来存在140多年的古玉门关,在东汉建武二十七年(51年)被罢废,那么新玉门关的建置,必在是年以后。

新玉门关的建立,与伊吾路的开通以及由此引起丝绸之路主道的改移有着直接的关系。伊吾路的开通,肇始于东汉明帝永平十六年(73年)二月,汉遣数将军、四万四千骑分路出高阙塞、平城塞、酒泉塞、居延塞北征匈奴。其中,将军窦固、耿忠一支大军出酒泉击匈奴呼衍王,取伊吾卢地,过天山(今哈密北山),追敌至蒲类海(今新疆巴里坤湖),置宜禾都尉,留吏士屯田伊吾卢城(并见《资治通鉴》卷四十五东汉明帝永平十六年条)。表明这一年伊吾路已基本打通。

永平十七年(74年),窦固大军再次北征,出昆仑塞,经伊吾、逾白山、过蒲类海、破车师;继在车师前后部置西域都护、戊校尉与己校尉(见《后汉书·明帝记》)。永平十六、十七两年间,班超又连降鄯善、于阗、龟兹等西域诸国,"诸国皆遣子入侍,西域与汉绝六十五载,至是乃复通焉"(并见《资治通鉴》卷四十五东汉明帝永平十六年、十七年条)。

西域既通,势须设置经办西域往来事务的官职。永平十七年,郑众"与虎贲中郎将马廖击车师,至敦煌,拜为中郎将,使护西域"(《后汉书·郑兴传附子郑众传》)。按,永平十七年征车师大军,皆从敦煌东境昆仑塞循伊吾道北出,并不经过敦煌。故知郑众实际上是刚到达敦煌郡东境便接到了改任"使护西域中郎将"的任命。只因昆仑塞属敦煌郡地,所以《郑众传》泛言曰"至敦煌"。《后汉书·耿恭传》记永平十八年匈奴围攻戊己校尉耿恭(袁宏《后汉纪·孝明皇帝纪》谓"耿恭为戊校尉,关宠为己校尉"),建初元年(76年)三月,耿恭狼狈而归,"发疏勒时(此为车师国疏勒城,非南疆之疏勒国),尚有二十六人,随路死殁,三月至玉门,唯余十三人,衣屦穿决,形容枯槁"。作为"使护西域"的中郎将郑众,"为恭以下洗沐,易衣冠"。并上奏耿恭苦战事迹,以为"恭之节义,古今未有,宜蒙显爵,以厉将帅"。关于"三月至玉门",唐李贤注云:"玉门,关名,属敦煌郡,在今沙州。臣贤按,酒泉郡又有玉门县,据《东观记》曰'至敦煌',明即玉门关也。"李贤根据《东观汉记》"至敦煌"的记载,正确地指出此所谓"玉门"实为玉门关,可谓得窍。然而他却说玉门关乃指敦煌西北的故玉门关,又大谬不然矣。

耿恭自天山北疏勒城东归,本来有三条路线可走,一是沿天山北麓东行,南过天山,经伊吾入昆仑塞;二是从车师后部南越天山抵高昌壁,折东经伊吾屯城、东南入昆仑塞;三是从车师后部南抵高昌,折向西南,经焉耆、龟兹,复折东,沿孔雀河北岸东行,过蒲昌海(罗布泊)北岸,又东过白龙堆抵故玉门关。其中,经焉耆、龟兹而东奔旧玉门关一道,由于数月前"焉耆与龟兹共攻殁西域都护陈睦、副校尉郭恂,杀吏士二千余人"(见《后汉书·西域传》),叛而未服,道路不通,即《班超传》所谓"会陈睦之变,道路隔绝",耿恭以其孱弱残兵必不敢取此道。其次,似可取南下高昌壁、东趋伊吾一道而归。由于汉朝王蒙及皇甫援等部大军数月前攻破交河,"北虏惊走",车师前王复降,叛乱已被平定,而且王蒙等军亦由此道东归,道路平静安定。但耿恭等若取此道,却不至有"虏兵追之,且战且走""随路死殁"的遭遇。可知耿恭东归未取上述二道。至于沿天山北麓向东,复南逾天山,经伊吾入昆仑塞一道,其天山北麓一段属匈奴呼衍王领地,所以有"虏兵追之",不得不"且战且走""随路死殁"。故知耿恭东归必沿天山北麓东行,复南过天山到达伊吾屯区,方才摆脱"虏兵"的追击,而从伊吾屯城向东南,沿途设有烽戍(今哈密趋东南,一路有格子烟礅、天生墩(一名红山墩)、沙泉子、星星峡,瓜州县西北路有马莲井、大泉墩、红柳园墩、白墩子等,皆为东汉驻守之烽戍),耿恭等必由此路入昆仑塞,昆仑障东南90里即抵新玉门关,受到中郎将郑众的接待慰问。从郑众"至敦煌"(实为至敦煌郡东境。说已见前)拜为中郎将"使护西域"及在"玉门"(实为敦煌东境的新玉门关)为耿恭等"洗沐易衣冠"来看,中郎将郑众的驻地应即在新玉门关。前甘肃省考古所简牍室主任何双泉先生告余,1990—1992年在敦煌市悬泉置掘得汉简近两万枚,西汉至王莽时简绝多,而东汉简寥寥无几。余则以为,此中正透露出东汉光武年代罢废故玉门关、旧玉门关道封闭不通,明帝永平十六及十七年开通伊吾路,成为往来西域的新干道。新玉门关置在敦煌郡东冥安县境(西晋改为晋昌县),雄踞伊吾道的南端,控扼伊吾道的起点,管理伊吾道往来事宜。之后,除拘弥、鄯善、小宛、精绝数国外,其余西域二十余国皆多由伊吾道而通中国。西汉时经悬泉置、敦煌城、出故玉门关往西域的旧路必然萧条。悬泉置发现东汉简极少,正表明东汉时期西域旧路衰落的实况。新玉门关北临伊吾路,东接酒泉路,扼中西交通之枢纽,可谓背依内郡,外通西域,"使护西域中郎将"郑众正宜设衙于此。从郑众在新玉门关接待耿恭还国来看,新玉门关应即郑众"使护西域中郎将"驻衙之地。

如前所述,新玉门关既是为伊吾道而设的关卡,也是东汉"使护西域中郎将"的衙府。从上述数宗史料所透露的信息来看,都表明新玉门关应置于东汉永平十七年。

前人多根据《隋书·地理志》"常乐县……有关官"的记载,以为新玉门关始置于隋代。笔者根据个人多年来对瓜沙史地研究的心得,乃知新玉门关始置于东汉。除了上述的论证外,还可以举出以下几条参证:

1.《汉书·西域·车师后城长国传》云:西汉平帝"元始中(公元1—5年),车师后王国有新道,出五船北,通玉门关。往来差近。戊己校尉徐普欲开,以省道里半,避白龙堆之扼。"五船,即"呼衍"之别译,晋代又作"呼延",唐代则作"莫贺延",别作"拔河帝"①,乃指莫贺延碛②。此所谓从五船以北,穿过五船碛(莫贺延碛)而到达的玉门关,必是东汉改置于昆仑障东南的新玉门关,而非敦煌西北之古玉门关。东汉史家追述此道之原始,却用了东汉新玉门关之名。后世史家不明其故,或视为西汉之故玉门关,或曲解为汉酒泉郡之玉门县,皆误。按古玉门关与伊吾之间为600里大沙海,干枯无水,为生命之禁区,从古至今,不

---

① "五船""呼衍""莫贺延""拔河帝"互为对音之详说,请参阅拙文《唐瓜州常乐县"拔河帝山"考》。清徐松将"五船",比附为新疆木垒县东南色必口南至哈密市瞭墩路段(当地称"小南路")上的五座小山。云:"今小南路有小山五,长各半里许,顶上平而首尾截立,或谓是'五船'也。"(见徐松《汉书西域传补注》卷下"车师后城长国传"注)。此言不足为训。

② 《大慈恩寺三藏法师(玄奘)传》记玄奘从瓜州往伊吾,行进到第四烽,烽官王伯陇告以"师不须向第五烽,彼人疏率,恐生异图,可于此去百里,有野马泉,更取水。"《传》文接着写道:"从此已去,即莫贺延碛,长八百余里。"《太平寰宇记》卷一百五十三伊州柔远县条"柳谷水,南流入莫贺延碛。"按,"第四烽"即今瓜州县红柳园西北之大泉(详见拙撰《古本敦煌乡土志八种笺证》之《沙州都督府图经卷第三·双泉驿》笺证);"柳谷水",出自哈密北之雪山(即折罗漫山),南流至沁城,亦名塔纳沁河。据此可知,自哈密北雪山以南,抵安西县马莲井之大碛,总名莫贺延碛,所谓"长八百余里"是也。

通人行。故知《汉书·西域·车师后城长国传》所说的"玉门关"必非古玉门关,无疑是指敦煌郡东境的新玉门关。

2.《后汉书·窦固传》记永平十七年窦固北征云:"明年(永平十七年),复出玉门,击西域。诏耿秉及骑都尉刘张,皆去符传以属(窦)固。因遂破白山、降车师。"此"玉门"亦指新玉门关。唐以来史家或以为此"玉门"乃指酒泉郡的玉门县。但《后汉书·明帝纪》及晋袁宏《后汉纪》皆明言窦固大军"出敦煌昆仑塞",昆仑塞即在敦煌郡境之东部,故得谓之"敦煌昆仑塞",新玉门关则在昆仑塞之南数十里,地属敦煌郡冥安县。而玉门县却不属敦煌郡而属酒泉郡,且远在昆仑塞以东 400 余里。又据悬泉置出土 90DXT102 号《酒泉郡驿置道里简》载:"玉门去沙头九十九里,沙头去乾齐八十五里,乾齐去渊泉五十八里"(见何双全《敦煌悬泉置和汉简文书的特征》),可见驿道是从玉门县向西,经沙头县,过乾齐县,进入敦煌郡境,并没有从玉门县折向西北斜插伊吾的道路。所以,对窦固大军所出的"玉门",没有理由判断为酒泉郡的玉门县,据理缘情足以判断为新置不久的东玉门关。《窦固传》永平十七年"出玉门"的记载,恰恰透露了东玉门关的消息。

3.《后汉书·班超传》载班超"久在西域,年老思土,上书曰:'臣不敢望到酒泉郡,但愿生入玉门关。'"前人或以为当指敦煌西北的古玉门关,或以为当指酒泉郡的玉门县,由此又引起西汉太初二年前玉门关究竟是置在酒泉之西或在敦煌之西的争论。其实皆因不明敦煌西北之故玉门关已在东汉光武帝时罢废,23 年后明帝复于敦煌郡东境置新玉门关之事。《后汉书·班超传》记班超上书,时在永元十二年(100 年)。是时,古玉门关既已罢废,其地当然不再以"玉门关"称名于世了,而新玉门关已赫然存世 26 年,班超上书中的"玉门关",必不指已被废弃、不以"玉门关"称名于世的故关,理所当然是指现存于世的新玉门关。新玉门关在敦煌郡东境冥安县界,东距酒泉 500 里,所以班超有"不敢望到酒泉郡"之言,这本来很容易理解,并不牵涉已废弃的故玉门关和酒泉郡玉门县等的问题,至于为此而引起的争论,不客气地说,不过是无风起浪、徒为自扰而已。

4.《三国志·魏志·乌丸传》引《魏略》云:"《西戎传》云:'……西域诸国,汉初开其道时有三十六国,后分为五十余。从建武以来,更相吞灭,于今有二十。道从敦煌玉门关入西域。前有二道,今有三道:从玉门关西出,经婼羌,转西,越葱岭,经悬度,入大月氏,为南道;从玉门关西出,发都护井,回三陇沙北头,经居卢仓,从沙西井转西北,过龙堆,到故楼兰,转西,诣龟兹,至葱岭,为中道;从玉门关西北出,经横坑,辟三陇沙及龙堆,出五船北,到车师界戊己校尉所治高昌,转西,与中道合龟兹,为新道。'"所言"新道",从玉门关西北出,经横坑,出五船北,到高昌。即西汉徐普欲开未果、东汉明帝永平十七年才得开通的"五船道",即后世所称"伊吾道"。此道出发点之玉门关,实为敦煌郡东冥安县境的新玉门关。而以往史家误解为敦煌西北的古玉门关,以至有学者将"横坑"比附为敦煌小方盘城西的"后坑"。而余考"五船",即呼衍、呼延、莫贺延、拔河帝之译音,乃指莫贺延碛。此道即唐人所谓"莫贺延碛道"。《西戎传》记此道起自"玉门关"亦无误,不过此一"玉门关"并非敦煌西北的故玉门关,而是东汉新建的东玉门关。由于《西戎传》未同南道及中道起点的敦煌西北的西汉玉门关加以分别,后人又无东汉新建的东玉门关的概念,遂仍释为敦煌西北的西汉玉门关,以至影响到对"五船道"取线的考定。今既已予澄清,则《西戎传》云云,可为有关东汉新置之玉门关的较早记载。

5.《魏书·张骏传》载,张骏以"敦煌、晋昌、高昌,西域都护、戊己校尉、玉门大护军三郡三营为沙州"(《晋书·地理志》及《晋书·张骏传》皆载之,而文有衍脱)。其中"玉门大护军"兼统伊吾都尉,盖承东汉"使护西域中郎将"旧制而变名者,亦略同于十六国时期的"都督玉门以西诸军事"。《后汉书·班勇传》记班勇对曰:"昔永平之末,始通西域,初遣中郎将居敦煌,后置副校尉于车师,既为胡虏节度,又禁汉人不得有所侵扰。"前已指出,初遣中郎将指"使护西域"中郎将郑众,所谓"居敦煌",实为居于敦煌郡东境的新玉门关。前凉所置"玉门大护军"既仿自东汉"使护西域"中郎将而来,同样是"既为胡虏节度,又禁汉人不得有所侵扰",所以名"玉门大护军",亦当驻新玉门关。以往史家以为"玉门大护军"驻敦煌西北旧玉门关,殆亦误也。

6.《晋书·吕光载记》云,吕光自西域东还,"及至玉门,梁熙责光擅命还师,遣子胤与振威姚皓、别驾卫翰率众五万,拒光于酒泉"。此"玉门",以往史家多以为指敦煌西北之旧玉门关。实则当指敦煌东境的新玉门关。据《晋书·苻丕载记》,吕光平龟兹之后东归,先"至高昌",高昌太守杨翰以郡降;再"至于宜禾",此指宜禾县,即西汉之昆仑障,今之瓜州县六工村古城(说详余撰《昆仑障考》),最后,"及至玉门",梁熙始谋闭境拒之。由此知吕光东归之路是从龟兹抵高昌,东经伊吾入宜禾县,又至"玉门"。则此"玉门"必为新玉门关无疑。若吕光所入为旧玉门关,则不合经高昌及伊吾抵宜禾县,更不当从宜禾县,掉头向西奔赴敦煌及其以西的旧玉门关。《苻丕载记》载:"吕光自西域还师,至于宜禾……敦煌太守姚静、晋昌太守李纯以郡降。"宜禾县在敦煌郡城以东200里。吕光若从旧玉门关而归,必继抵敦煌郡,敦煌太守姚静当即时而降,何待吕光过敦煌东200里之宜禾城而后降?从姚静降在吕光抵宜禾之后加以判断,亦知吕光所至之"玉门",必为敦煌东部的新玉门关。以往释为旧玉门关者亦当纠正。

7.《晋书·凉武昭王传》记李暠于公元400年自立为凉王,建元庚子,追封父祖,任官命将,"又遣宋繇东伐凉兴(凉兴郡在今瓜州县六工古城),并击玉门已西诸城皆下之。遂屯玉门、阳关,广田积谷,为东伐之资"。此所谓"玉门",以往史家皆以为指敦煌西北之古玉门关。唯向达先生独具慧眼,谓此两云之"玉门","皆当指玉门关而言,且疑已在敦煌已东"。①字按,《传》既明言"东伐",必非攻打敦煌以西之古玉门关;又云"屯玉门阳关,广田积谷,为东伐之资",当时西凉国的大敌在东方, 所以西凉王将大军集结在西凉国东部边境新玉门关一带屯田备战,而不是相反地却将军队集结于敦煌以西的古玉门关,且是时并无屯田阳关之举,因知所谓"屯田玉门阳关",实则应为"屯田[东]玉门关",衍一"阳"字。盖唐人已昧于西凉史实,遂有此误。

8.《北史·西域传》记北魏董琬奉使西域,归而言曰:"自玉门渡流沙北行,二千二百里至车师,为一道。"此道亦指五船道。故知所谓"玉门",亦指东汉新玉门关。

以上八例,表明从东汉明帝新置东玉门关以来,经三国、晋及北魏,代不绝书,唯未指明东玉门关的具体位置而已。至《隋书·地理志》始明言"常乐县……有关官",而隋常乐县即唐之晋昌县,《元和郡县图志》进一步具体指出"玉门关在(晋昌县)东二十步"。但唐晋昌县又在何处,一直疑莫能决。今得马圈村大小二古城,则唐晋昌城及玉门关的所在,似可论定矣。

文献中涉及玉门关地望之辨正

余既考故玉门关废于东汉建武二十七年(51年),新玉门关置于永平十七年(74年),那么,势必引起涉及新旧玉门关若干史料及诗文的重新认识。大抵东汉建武二十七年以前凡言玉门关者,皆指敦煌西北之旧玉门关。仅《汉书·车师后城长国传》记五船道"通玉门关"及

---

①向达:《两关杂考》,《唐代长安与西域文明》,生活·读书·新知三联书店,1987年,第388页。

《汉书·窦固传》"出玉门"指新玉门关,为班固叙往事而用新地名。此外,史志中则多指新玉门关。而后世诗文中,或指旧关或指新关,两者杂见,不可执一而论;东汉以来史籍、诗文涉及玉门关者甚多,何可一一辨之,举其要者,辨之于后。其余或可依例推之。

1.《敦煌汉简释文》1067、2022等简载有"玉门关",624、671、764、949、1930、1944号诸简载有"玉门关候",除624号简记为居摄六年(公元前6年)外,其余简皆缺年代。以余度之,皆属旧玉门关。其年代则不晚于建武二十七年。因建武二十七年旧玉门关已被罢废故也。《后汉书·西域·车师后王传》,记阳嘉四年春(135年),"北匈奴呼衍王率兵侵后部。帝以车师六国接近北虏,为西域蔽扞,乃令敦煌太守发诸国兵及玉门关候、伊吾司马合六千三百骑救之,掩击北虏于勒山,汉军不利。"又《隶续》卷十二载中平二年(185年)之《刘宽碑阴》门生题名有"玉门关候……段琰"。上二"玉门关候"出现在旧玉门关省废之后80多年至130多年,必是新玉门关之关候,而非旧玉门关候。以往皆理解为旧玉门关之关候,显然有误。

2.隋代涉及新玉门关者较多。《隋书·地理志》载敦煌郡常乐县"有关官"。隋常乐县即唐晋昌县,为今安西县桥子乡马圈村大城,其"关官",即玉门关官,驻今马圈村小城是也。同书《西突厥传》裴矩送处罗可汗之母"驰至玉门关、晋昌城",即此二城。《隋高祖纪》仁寿四年,"尝令左右送西域朝贡使出玉门关";《薛世雄传》"以世雄为玉门道行军大将,与突厥启民可汗连兵击伊吾,师次玉门";《吐谷浑传》"帝立顺为主(宇按,吐谷浑主伏允之子名顺,质于隋者),送出玉门,令统余众。"上述所谓"玉门关"或"玉门",皆指新玉门关,即《隋书·地理志》常乐县之玉门关。

3.唐张说《张燕公集》卷二十五《兵部尚书代国公赠少保郭公行状》:"睿宗即位,征拜太仆卿。勅至之日,举家进发,安西士庶、诸蕃酋

长,号哭数百里,或剺面截耳,抗表请留。因给之而后即路。其至玉门关
也,去凉州八百里,河西诸州百姓、蕃部落,闻公之至,贫者携壶浆,富
者设供帐,联绵七百里不绝。公旌节下玉门关,百姓望之,宛转叫呼,声
动岩谷,自朝至暮,传呼至凉州。凉州城中男女,在衢路并歌舞出城,咸
言'吾父至矣!'通夜城门不受禁制。都督司马逸客闻之,谓公近矣,陈
兵出迎。会候骑至,云'始入玉门关'。都督嗟叹良久!"此事,《新唐书》
采入《郭震传》。文所说玉门关,参以"去凉州八百里"之言,必指唐瓜州
晋昌县境的新玉门关无疑,若敦煌西之故玉门关,则去凉州千余里矣。

4. 唐代史料言及新玉门关者,除前举之《大慈恩寺三藏法师传》
及《元和郡县图志》外,又有吐鲁番出土《唐开元十九年(731)唐荣买
婢市券》(《吐鲁番出土文书》第九册 26—28 页),钤有"玉门关之印"
三方,为唐开元年代瓜州玉门关存在的确证。同墓出土《唐开元二十
一年(733)唐益谦等请给过所案卷》(同上书 31—38 页)载,唐益谦从
四镇来到西州,今欲往甘州,"路由玉门关"。开元年代从西州往甘州,
驿道是经伊州、瓜州、肃州而达,因知文书中的玉门关,必系瓜州境的
新玉门关而非沙州西北的废玉门关。又敦煌遗书 S.1438《吐蕃沙州某
汉人都督书仪》云:"玉关释(驿)户张清等,从东煞人,聚徒逃走,劫马
取甲,来赴沙州。千里奔腾,三宿而至。东道烽铺,烟尘莫知。"此"玉
关"在沙州之东,又云"三宿而至"沙州,三宿即四天,知此关在沙州东
四日程。《唐六典》户部·度支郎中员外郎条:"凡陆行之程,马,日七十
里。"四日约 280 里,与马圈小城至沙州里程相合。亦可为新玉门关在
马圈小城提供旁证。此文为吐蕃占据敦煌初期的文书,此时之东玉门
关似已称"玉关驿"而不复称玉门关矣。

5. 王昌龄《从军行》之七:"玉门山障几千重,山南山北总是烽;人
依远戍须看火,马踏深山不见踪。"诗中之"玉门",据环境、景物考之,
当为新玉门关。所写之山,为新玉门关北之常乐山,今名截山(《辛卯

侍行记》作"尖山")。此山南北宽10余里,长150余里(东起双塔水库西岸,西至芦草沟峡);又西与敦煌之火焰山、三危山、鸣沙山一脉相连,重峦叠嶂,延绵三百余里,"玉门山障几千重"指此;从新玉门关去常乐县(今瓜州县六工村古城),驿道是从今瓜州县锁阳城镇马圈村古城(唐晋昌城及玉门关)向西北,从拉达口子穿过截山(唐常乐山)。诗云"马踏深山不见踪",正是峡中崎岖穿行情景的纪实;此山南北散布数十座烽燧,所谓"山南山北总是烽"是也。而敦煌西境的故玉门关,附近无山,远在西北40里许有乱山子,山体不大,谈不上"山障几千重";且驿道经山南侧而西,不经山中,无所谓"马踏深山";山南虽有烽火台,但山北为荒漠流沙,自古无路可通,故无烽燧之设,与"山南山北总是烽"亦不合。据实考之,此诗所写之"玉门(关)"为东玉门关无疑。

又,王昌龄《从军行》之四:"青海长云暗雪山,孤城遥望玉门关。"友人宁瑞栋先生以为"孤城"者,唐之瓜州城也,此城孤处戈壁北缘,登城而望,南则"青海长云暗雪山",北则遥见玉门关。马圈村小古城,距瓜州城20余里,遥望可见是也。此说切合地望景物,非亲历其地者莫可道之。李云逸《王昌龄诗注》(上海古籍出版社,1984年)以为指敦煌西北之旧玉门关,环境地理皆不合。

6. 岑参《玉门关盖将军歌》,闻一多先生《岑嘉州系年考证》以为此诗之"玉门关",乃指唐晋昌县东之新玉门关。但诗云"玉门关城迥且孤,黄沙万里白草枯。"地理情势与位于晋昌城东二十步的新玉门关殊不合,而与敦煌西北之旧玉门关相合,新玉门关与晋昌城近在咫尺,不得言"玉门关城迥且孤";新玉门关地处瓜州农耕绿洲之内,平原茂草,田畴弥望,何来黄沙万里、大漠景象?至若敦煌西北之故玉门关者,正处大漠之中,东距敦煌180里,南距寿昌城116里,正所谓"玉门关城迥且孤,黄沙万里白草枯"。因知盖将军所驻玉门关,必指敦煌西北之故玉门关。然则,岑参何以来此故玉门关耶?盖自武后当政,吐蕃便不断侵扰西域,对敦煌形成威胁。武则天以来乃在敦煌西境置紫金镇①及西关镇②,且有重兵驻守,以防吐蕃东进③。盖将军便是天宝年代的西关镇将,诗中之所以称之为"玉门关盖将军",不过是借用古关之名以壮声威。伊、西、庭节度使封常清于天宝十三载冬征讨播仙镇(此据闻一多《岑嘉州系年考证》),而大军却是从敦煌西出前往播仙的④;大军装备及给养,亦由敦煌运输,因在故玉门关(唐西关镇)设转运站。是时,岑参任封常清节度判官,往故玉门关按察西征大军军需储供事宜(《玉门关盖将军歌》所谓"我来塞外按边储"是也),所以受到西关镇将盖将军款待,因有《玉门关盖将军歌》。岑参又有《敦煌太守后庭歌》,乃知此行是从庭州抵敦煌,复由敦煌西行抵故玉关门者。笺注家或以为《玉门关盖将军歌》及《敦煌太守后庭歌》皆岑参由长安往赴庭州途中经敦煌、玉门关而作,或以为岑参自庭州东归长安途中经敦煌及玉门关而作,此皆未得其实。岑参"按边储"所到的

---

①紫金镇置在沙州寿昌县西南百余里之紫金山。莫高窟圣历元年《李君修慈悲佛龛碑》,碑阴刊李氏祖孙名衔,中有李克让之弟"怀操,昭武校尉、行紫金镇将,上柱国"。知紫金镇置于武周圣历元年之前。

②敦煌遗书 S.788《沙州志》及《寿昌县地境》皆载沙州寿昌县有西关镇;吐鲁番阿斯塔那 503 号墓出土《故西关镇将张君墓志》及其妻《墓志》载,张君名运感,为沙州西关镇将,卒于开元二十五年。知开元年代沙州确有西关镇。

③参岑《玉门关盖将军歌》"将军到来备不虞,五千甲兵胆力粗"之句,可证唐开元天宝间在故玉门关驻有重兵以备不虞。

④参岑《献封大夫破播仙凯歌六首》之二云:"官军西出过楼兰,营幕旁临月窟寒。"播仙即且末(唐高宗上元三年(676 年)改名播仙镇),在庭州东南 3000 余里,而在敦煌西南 2430 里)。若封常清大军由庭州而往,当云"东出"或"南出",诗云"西出",明即由敦煌出军。

玉门关,无疑应是敦煌西北之故玉门关,而非瓜州境内的新玉门关。试问:天宝后期,唐朝不在防蕃前线的敦煌西关驻军设防,却在后方的瓜州新玉门关驻守"五千甲兵"是何道理? 再者,岑参按察征讨播仙的军需储供,不去供储基地的敦煌故玉门关,却往瓜州的新玉门关有什么可"按"?闻一多先生以为《玉门关盖将军歌》中的玉门关为瓜州新玉门关,亦不免智者之偶失。

7. 此外,又有明言"玉门关",却不坐实为故玉门关或新玉门关者。如陈·何胥《伤章公大将军诗》:"十万横行罢,三千白日新。短箫应出塞,长笛反惊邻。槐庭惨芳树,舞阁思阳春。所悲金谷妓,坐望玉关人。"及戴叔伦《闺怨》:"看花无语泪如倾,多少春风怨别情。不识玉门关外路,梦中连夜到边城。"二诗中的玉门关,既不确指故玉门关,亦不确指新玉门关,不过代指遥远的边关而已。

（原刊《敦煌研究》1997 年第 3 期。收入本书略有修订）

玄奘瓜州—伊吾经行再考

从瓜州（今甘肃省瓜州县锁阳城）到伊吾（今新疆哈密市），是玄奘法师西行求法之路最为艰难的路段。在这段长达 800 余里的旅途中，玄奘法师"渡胡卢河，出玉门［关］，经莫贺延碛，艰难险阻，仆而复起者，何止百十耶！"①一路艰险，接踵出现，磨砺着玄奘百折不挠的意志，留下一个又一个履艰犯难的故事，令人荡气回肠。

《玄奘行状》载，贞观三年四月，玄奘从长安启程西行②。又据［唐］慧立、彦悰《大慈恩寺三藏法师传》（以下简称《玄奘传》）载，玄奘先往秦州（今天水市），经兰州，抵凉州（今武威市），在凉州停留月余，同年六月抵瓜州。在瓜州一面进行西行准备，一面讲经说法、收徒授戒，因在瓜州停留月余。贞观三年八月初一日（阳历 8 月 24 日），玄奘自瓜州动身西行潜出国境③。

《玄奘传》载，玄奘出瓜州城（图 1）趋北，绕过唐玉门关，过第一烽及第四烽。这条路，正是历史上被称为"五船道"的新北道，唐代名第五道（见敦煌遗书 P.2005《沙州都督府图经卷第三》），又名莫贺延

---

①见［唐］冥详《大唐故三藏玄奘法师行状》，以下简称《玄奘行状》。

②《大唐大慈恩寺三藏法师（玄奘）传》卷五载，玄奘从印度返至于阗上表太宗，自云："遂以贞观三年四月，冒越宪章，私往天竺……始自长安神邑，终于王舍新城。中间所经五万余里。"

③《大唐西域记·记赞》明载："以贞观三年仲秋朔旦，褰裳遵路，杖锡遐征。"

图1　唐瓜州城(今锁阳城)遗址

碛路(见《元和郡县图志》卷四十《伊州·八到》),今则习称莫贺延碛道。由于隋末丧乱,西域离贰,至唐代初年,"国政尚新,疆埸未远,禁约百姓,不许出蕃"(《玄奘传》卷一)。莫贺延碛道禁闭不通。贞观四年,伊吾归唐,唐朝于伊吾置伊州,此道复通。但玄奘于贞观三年八月往伊吾,此时伊吾尚未归唐,擅往伊吾,却属违命,自不敢公然行由官道,但又须与官道不即不离,依傍穿插,以免孤游沙漠,茫然失路。后抵第四烽,得烽官王伯陇指点,避第五烽之严查缉拿,西趋野马泉取水前进,由此径出唐界,入伊吾国境。但玄奘自第四烽西趋百余里,却"遇风沙大起"不辨路径、"觅野马泉不得",而所携水袋又失手倾覆,从此焦渴困顿,昏厥不省,几乎绝命。后有凉风吹醒,又得识途老马引至水草池,绝处逢生,终抵伊吾。

　　笔者近年反复考察瓜、伊交通、地貌,追踪玄奘瓜—伊途程,互参详究,概念渐趋清晰,乃将玄奘瓜—伊行程大致分为四段:

　　第一段,贞观三年八月初一日(阳历8月24日)入夜,胡人石槃陀伴送玄奘出瓜州、绕过玉门关。八月初二日晚间抵达第一烽。这段路大体傍"瓜州→玉门关→常乐县→第一烽"官道之东侧行进,从玉门关以东十里许渡过胡卢河,大约到达常乐南山(今名十工山)今桥子口子内歇息,第二日晚到达"第一烽"。从瓜州城抵"第一烽"官道为142里,玄奘抄近路,为程约120里(图2)。

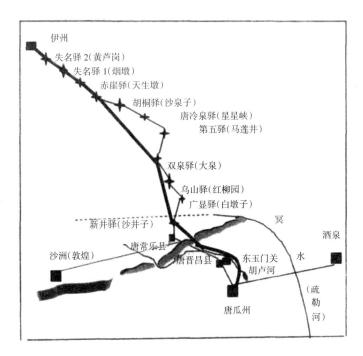

图 2　玄奘瓜、伊行进路线图

第二段,从第一烽到第四烽。这段路乃是傍莫贺延碛道从第一烽往第四烽行进,这段路长220里。莫贺延碛道为通往伊吾的外境官道,唐初,这一外境官道闭锁禁行,唐朝在莫贺延碛道南段即唐境所辖路段,沿线递置五所警烽予以防控,玄奘同样不敢行由官道。仍遥视官道傍行。计程220里(参阅图2)。

第三段,从第四烽到老马引至不知名"水池""青草"处。这是玄奘西行最为艰难的路段。由于完全摆脱官道、改行小道而迷失路径,焦渴、昏厥,几乎丧命。这段道路的经行地点,连玄奘本人也不知何名,所以《玄奘传》和《玄奘行状》说不清所在。但有几桩记述,给后人留下了探讨的线索。大体可据以推测其经行路线,并大致估算其行进里数200余里(参阅图2)。

第四段,自老马引至"水池""青草"处后,人、马俱得复苏。在此养息一天一夜,又继续西进,经三日而达伊吾。这三日,行程300余里(参阅图2)。

以往学者由于对瓜、伊二州间地形、地貌、官道、小道不甚了然,对玄奘从瓜州往赴伊吾的具体经行无从措手,故皆略不详究。但玄奘瓜伊行程及其十余日之经历,为其西行全程中决定生死成败的关键路段,最能体现玄奘坚韧不拔的精神,值得大书特书,岂可忽略不究?本文特就此进行探讨,冀为玄奘研究拾遗补阙。

玄奘此行怎样同官道交叉离合

《玄奘行状》及《玄奘传》关于玄奘瓜、伊经行途中同官道傍行及交叉与分离的情况,有以下几点需要加以辨析:

1. 玄奘往伊州,首途必先指常乐县城。业经今人考证确认,常乐县城即今瓜州县六工古城,在唐瓜州城西北115里①。玉门关即介于瓜州→常乐大道上②。《玄奘传》明言玄奘从唐玉门关上流即玉门关以东10里许渡过胡卢河(《玄奘行状》略同)。笔者考证,胡卢河即今锁

①《元和郡县图志》《太平寰宇记》及敦煌遗书P.2691《沙州归义军图经略抄》皆明载瓜州距常乐县城115里。

②《元和郡县图志》载唐玉门关在瓜州晋昌县东二十步。笔者考证,即今瓜州县锁阳城西北30里许之马圈村小古城,其西二十步有一大城,即晋昌城,请参阅图3。

晋昌城　驿道　　玉关驿　　玉门关城　　　胡卢河　今农田

图 3　唐玉门关及废晋昌城

阳城以北黄水沟,其下段名芦草沟[1]。表明玄奘初始路段,应傍官道东侧行进。结合附近地形具体言之,则是从瓜州城(今甘肃省瓜州县锁阳城)出发,傍官道东侧北行,在唐玉门关(今马圈村西北小城[2]图3)以东、桥子村西 2 里左右渡过胡卢河;又西北,经土疙瘩湾向北,由今桥子口子穿过常乐南山(今名十工山),又西北,抵第一烽。

2. 玄奘到第一烽西侧井泉处取水,被守烽者发现带进戍堡,校尉王祥心生钦敬。次晨,"使人盛水及麨饼",并亲自送行 10 余里,嘱"径

───────────────

[1]李正宇:《新玉门关考》,《敦煌研究》1997 年第 3 期。

[2]唐玉门关所在,学者意见不一。余考为今瓜州县锁阳城镇马圈村西北小城,见李正宇《新玉门关考》。

向第四烽"，告以第四烽烽官王伯陇亦有善心，又是王氏宗亲，"至彼，可言弟子遣师来"，必会给予帮助。玄奘于是从第一烽径趋第四烽。按《玄奘传》前云："关外西北，又有五烽……五烽之外，即莫贺延碛、伊吾国境。"玄奘但知此道南段唐境之内有五所烽戍，不知五烽各为何名，乃径以次第顺序称之为"第一烽""第四烽""第五烽"。后至武周天授二年(691年)，于瓜州常乐县至伊州的莫贺延碛道上"总置十驿"，此十驿，乃就原有十烽而置，从南向北，依次为新井驿、广显驿、乌山驿、双泉驿、第五驿、冷泉驿、胡桐驿、赤崖驿及失名二驿①。所谓"第一烽"，即武周时所置新井驿，今名雷墩子(图4)，在常乐城北27里(鸟道仅24里，人行道屈曲，为27里)。雷墩子原是西汉长城线上的一座烽燧，初唐时，为防控莫贺延碛道，乃在此道南段置五所烽堠，其第一烽即今之雷墩子，坞堡遗址犹存残迹，武后时于此置驿，名"新井驿"。

图4　莫贺延碛道第——烽(雷墩子)

---

①关于莫贺延碛道及其诸驿的考证，请参阅李正宇：《莫贺延碛道考》，《敦煌研究》2010年第2期。

3. 从第一烽往第四烽,中间隔着第二烽和第三烽。笔者考证,第二烽即今瓜州县白墩子(图5),在第一烽北79里;第三烽即今瓜州县红柳园(图6),在第二烽西北72里。玄奘要避开第二烽趋向第三烽,必当傍官道西侧而行(参阅图2),稍避弓背弯路,取弓弦直路,与前段

图5 莫贺延碛道第二烽——广显烽(白墩子)

傍官道东侧而行不同。这样,其循行路线必与官道发生交叉,其交叉点即在第一烽处。

第四烽在第三烽西北69里,笔者考证为今瓜州县之大泉(图7),唐之双泉驿。而第三烽以西及西北,有重重山峦为阻,故从第三烽往第四烽又当傍官道东侧行进。因知玄奘行进线路又同官道发生第二次交叉,其交叉点即在第三烽

图6 莫贺延碛道第三烽乌山烽遗址
(今红柳园古烽燧)

图 7　双泉驿(今大泉)遗址

附近(参阅图 2)。

从第一烽往第四烽,为程 220 里,需两日方可到达(《玄奘行状》略去第一烽往第四烽耗时多少,而《玄奘传》载,第一烽校尉王祥于次日晨送玄奘西行,"既去,夜到第四烽"。此云从第一烽往第四烽仅一日即到。余据实校之,知第一烽与第四烽相距 220 里,必非一日可到)。玄奘坐骑驮有足够的干粮及饮水可供两天之需。故无须向第二烽及第三烽据守的水泉处取水,完全可以避开第二、第三烽之呵察。

4. 玄奘从第一烽出发,第二天夜间到达第四烽,"恐为留难,欲默取水而过",却又被烽卒发现,带进戍堡盘问。玄奘告以第一烽王祥校尉的嘱托,果然得到烽官王伯陇的关照。次日,王伯陇"更施大皮囊及马、麦相送",且嘱"师不须向第五烽,彼人疏率,恐生异图。可于此去百里许,有野马泉,更取水"(《玄奘传》)。

5. 玄奘听从王伯陇的建议,避开第五烽官道,从第四烽取小道直趋西北往野马泉。却遇大风扬沙,路迹莫辨,未能寻到野马泉,失去饮水补给,焦渴脱水。此后,昏厥五日,几乎丧命。

6. 失去野马泉及所备饮水之后第五天,得凉风吹醒,强起西行。

得老马引至某一"池水""青草"处,人、马皆得苏复。在此养息一日夜,之后,继续西北行,经三日而抵伊吾。

玄奘失路困顿及迷途路线的探讨

玄奘摆脱官道、西循小道、"觅野马泉不得",此后的遭遇及行程,最值得认真探讨。但由于《玄奘行状》及《玄奘传》对这一段行程中的地名失去记载,故从事探讨极难措手,唯一的办法只能参照《玄奘行状》及《玄奘传》简略的叙述和第四烽至伊吾之间的地形、地貌进行察勘、探寻。从 2006 年到 2009 年,笔者会同瓜州县文物局、博物馆,瓜州县极旱荒漠保护区管理处,敦煌市志办公室及西北师范大学李并成教授等先后对这一地带进行过七次考察,探查过这一地段有三条可行的路径,基本上形成以下几点认识:

1. 王伯陇所提供的路线,除了可以避开第五烽的不虞之外,又有野马泉可补给饮水。《玄奘行状》云"第五烽外有野马泉",但第五烽(今马莲井)位于第四烽(今大泉)东北 64 里(参阅图2)。根据趋赴伊吾总的走向判断,野马泉绝不在第五烽以东,而当在第四烽西北及第五烽西南。查第四烽西北及第五烽以西"百里许"区域内别无他泉,唯"芦苇井子"有之,王伯陇所说的"野马泉",必即"芦苇井子"(图8)。再者,从第四烽经野马泉入伊吾国界(这里所说的"伊吾国界",是指伊吾国与唐瓜州之交界),捷路仅60多公里,而且这一地段之内,唐朝不设防戍,玄奘不必提心吊胆。今

图 8　野马泉(今"芦苇井子")

查第四烽（今大泉）向西北确有便道，人马可通行，笔者多次走过。此道经今兰新铁路照西车站及红柳河车站之南，又西即进入伊吾国界，古代亦当有此小道可通，不可设想王伯陇会建议玄奘走一条从不通行的无路之路。

2. "芦苇井子"在照壁山中。笔者同瓜州县极旱荒漠保护处主任宁瑞栋、瓜州县文物局长李宏伟、博物馆长刘晓东及李并成、郑炳林教授等迭次前往考察，芦苇井子犹有泉水渗出。其西数里，有大片芦苇林，高过人头（图9）。畜

图9　野马泉附近芦苇林

牧专家宁瑞栋先生说："唯芦苇最为野马嗜食。而此地有水可饮，有芦苇可食，又隐蔽安全，无人惊扰，是野马生活、栖息最佳之地。"清朝末年，这一带犹有野马出没，则此处水泉以"野马"冠名，良有以也。据五万分地图比量之，第四烽距芦苇井子，鸟道为49公里，与王伯陇所言第四烽"去野马泉百里许"契合无疑。因知今之芦苇井子，应即所谓"野马泉"是也。

3. 至于玄奘为何"觅野马泉不得"，其中又有他故。盖玄奘从第四烽西去，乃是沿着北山南麓及戈壁北缘行进。《玄奘传》载，玄奘经过一天的奔波，"时行百余里，失道，觅野马泉不得"；《玄奘行状》更言"遇风沙大起，不知泉处"，原来遭遇"风沙大起"，不辨径路，所以导致"失道，觅野马泉不得"。其实，野马泉就在戈壁北缘照壁山北麓。但因此泉南有照壁山主脉遮挡，北有照壁山支脉环抱，深藏隐蔽，遥不可见。尽管如此，但必有路可往。只是由于风沙大起，迷失路径。《玄奘

行状》及《玄奘传》皆未曾言及入山寻之，看来玄奘盖因失去路径，不敢贸然入山，只是沿着照壁山南麓向西行进，盖已越过照壁山以西，故不幸与"野马泉"失之交臂。

4. 玄奘在"觅野马泉不得"、所备饮水更不慎失手倾覆、"又路盘回，不知所趣"的情况下，一度向第四烽折返。但转思"誓不东归一步"的宏愿，复掉头西进。《玄奘行状》缺载一度东返的叙述，而《玄奘传》记之颇详，云："时行百余里，失道，觅野马泉不得。下水欲饮，袋重，失手覆之。千里行资，一朝斯罄。又路盘回，不知所趣（趋）。乃欲东归、还第四烽。行十余里，自念：'我先发愿，若不至天竺，终不东归一步，今何故来？宁可就西而死，岂归东而生！'于是旋辔，专念'观音'，西北而进。"可见玄奘一度东返，本为暂返第四烽详询西路并取得补给，以便继续西行之旅，并非西行之志有所动摇。所以毅然掉头西进，从此，任有千难万险，再不"东归一步"。此次"暂返"却又掉头西进，正表明玄奘求法之志挫而弥坚，百折不回的决心，为后之西行求法者树立了榜样，激励着人们赍志不渝、勇往直前。

5. 玄奘掉头西进之后，"四夜五日，无一滴沾喉"，"气殆将绝"，昏厥不省人事。至第五日夜，忽有凉风吹醒，继起西行。复因精疲力竭，不能举步，卧不能行。梦一大神，促其"强行"，于是振作复行。此时，"马忽异路而去，回之不得。行可十许里，遂遇一池，清冷澄澈，非常欢喜。便饮马，自复澡嗽，又取麨到饲马，池侧亦有青草。比明，马健，人复解斋"（《玄奘行状》）。此"水池""青草"处不知何在。斯坦因推测说："拿现在的地图看，若从西北走，必须经过苦水附近的斜坡、烟墩的洼地，而到黄土地带的东南界、略有水草的所在。"[①]余意此说未的。按

<hr />

①见斯坦因《玄奘沙州伊吾间之行程》。冯承钧译：《西域南海史地考证译丛》第一卷，商务印书馆，1962年重印第一版，1995年5月北京第二次影印，第32页。

《玄奘行状》及《玄奘传》皆载，从"水池""青草"处起身，第三日到伊吾。斯坦因所说的烟墩（哈密市之"格子烟墩"）以西"黄土地带的东南界、略有水草的所在"，即今哈密绿洲东南缘地名"长流水"一带，西距伊吾多不过 150 里①，不足二日之程，与《玄奘行状》及《玄奘传》所载三日方抵伊吾的记载显然不合。因知"（哈密）黄土地带的东南界、略有水草的所在"绝非玄奘所到"水池""青草"处。又，苦水、烟墩及长流水皆在莫贺延碛大道上，地属伊吾，而玄奘从第四烽开始已改行小道，完全摆脱了莫贺延碛道。此后，再未踏上莫贺延碛道。《玄奘行状》及《玄奘传》亦未透露再度踏上莫贺延碛道的任何信息，故知斯坦因推测玄奘所遇水草地，必不在苦水、烟墩及长流水一带。据《玄奘行状》及《玄奘传》载，知玄奘从第四烽（双泉驿）向西北直奔野马泉（今芦草井子），因风沙大起，迷失了往赴野马泉之路，又不敢深入照壁山中盲目寻觅，必当沿着照壁山南的开阔地带向西行进，大约又西过红柳河车站南，又西北，意外得至"水池""青草"处。笔者对这一带地形地貌多次进行过踏查，度知玄奘随老马到达的此处水草地，约相当于伊吾县东南境稍竿馆附近。稍竿馆在伊吾东南 200 余里，为伊吾通往敦煌的要道，唐人称为"稍竿道"，亦名"梢竿馆路"②。此道不知辟自何时，《后汉书·西域传》载"元初六年（119 年），敦煌太守曹宗遣行长史索班将千余人屯伊吾"；《敦煌太守裴岑纪功碑》云："维汉永和二年（137 年）八月，敦煌太守、云中裴岑将郡卒五千人，诛呼衍王寿，斩馘部众，克敌全师……"又《魏书·李宝传》云："（魏）世祖遣将讨沮渠无

①哈密至长流水里程，祁韵士《万里行程记》、方士淦《东归日记》皆谓 150 里，陶葆廉《辛卯侍行记》为 140 里，谢彬《新疆游记》为 130 里。

②《太平寰宇记》卷一五三伊州四至八到条云："正南（"南"字，后世传抄误作"北"。余据实勘正为"南"）微东取梢竿馆路至沙州七百里。""梢竿馆"即稍竿馆。

讳于敦煌,无讳捐城遁走。(李)宝自伊吾南归敦煌,遂修缮城府,规复先业。”以上所引敦煌、伊吾往来之行,皆当循由此路,《北史》及《周书》两《高昌传》皆谓之“伊吾路”①。笔者数度踏查此道,从敦煌北趋,经土墩子→青墩峡→大水→景峡南古驿戍(疑即稍竿馆)→老酤水→柳树泉而抵哈密,沿途皆见东汉所筑烽火台,且多经后世补修,因知此路始辟于东汉,后世继续沿用。伊吾归唐后,稍竿道复通,于此置驿。敦煌所出《沙州都督府图经卷第三》载“双泉驿……唐仪凤三年(678年)闰十月,奉敕移稍竿道,就第五道莫贺延碛置”,又载“奉如意元[年](692年)四月三日敕,移就稍竿道行。至证圣元年(695年)正月十四日敕,为沙州遭贼、少草,运转极难,稍竿道停,改于第五道来往。”知唐高宗至武后年代,第五道与稍竿道数有递替。开元年代又于此置稍竿戍②。笔者数往踏察,知此处至今仍有水草(图10)。东南距第四烽乌道为108公里(参阅下节

图10 稍竿馆遗址

①以往学者曾误指伊吾路为瓜州往伊吾之路。但《北史》及《周书》之《高昌传》皆言“自敦煌向其(高昌)国,多沙碛,茫然无有蹊径,道里不可准记,唯以人畜骸骨及驼马粪为验,又有魍魉怪异。故商旅来往,多取伊吾路。”所言“自敦煌向其(高昌)国”,即敦煌遗书P.2009号《唐西州图经》所载从西州柳中县界前往敦煌的“大海道”。由于此道一路沙碛,路迹迷茫,缺乏水草,艰难困顿,故商旅来往多改循“伊吾路”,即改由敦煌北趋伊吾、继从伊吾西趋高昌。这里所指的“伊吾路”,显然是指从敦煌往伊吾之路,而非指瓜州往伊吾之路。这条敦煌往伊吾之路,即唐代的“稍竿道”。

②敦煌遗书S.367《沙州、伊州志》载伊州伊吾县有稍竿戍。

图11　双泉驿（第四烽）、稍竿馆、伊州位置关系（卫星照片释读）

"八月十日后半夜"条及"八月十一日及当夜"条），西北距哈密鸟道为114公里，人行道屈曲，约为130公里，合三日程（图11），与《玄奘行状》"更经三日，方达伊吾"之言正合。笔者推测玄奘所到水泉青草处，当在此附近。这一带既富水草，附近或有伊吾牧人放牧，玄奘可得一询；即使不逢牧人，从此向西亦可寻得前往伊吾之路，故三日可抵达伊吾。

玄奘瓜州伊吾经行日历

关于玄奘从长安西行出发的时间，玄奘在《上太宗表》中自云："遂以贞观三年（629年）四月，冒越宪章，私往天竺。"至于从瓜州往伊州进发的时间，后世诸说歧出，其中最为可信的，应是参与玄奘译经班子并亲承玄奘言教多年的僧人辩机所说："贞观三年，仲秋朔旦，褰裳遵路,杖锡遵征。"(辩机《大唐西域记赞》,见《大唐西域记》卷十二)①。瓜州历史文化研究会副会长宁瑞栋先生根据《玄奘传》关于旅途季节、物候的记述,论证辩机"贞观三年,仲秋朔旦"之说的真实可信②。"贞观三年,仲秋朔旦"即贞观三年(629年)八月初一。参稽《玄奘行状》及《玄奘传》,推知玄奘于八月初一从瓜州起程,同月十四日进抵伊吾,计自瓜州往伊吾历时十四日。以下,逐日述其行履于后:

八月初一日是日入夜,玄奘与胡人石槃陀自瓜州城北行,三更后,于唐玉门关上流十里许渡过胡卢河,歇息睡卧。查陈垣《廿史朔闰表》,是日为公元629年8月24日。

《玄奘行状》云:"又乃访得一胡,许送过关,临时复退,强凭之,乃行。夜至河,离关十余里,上源有胡桐树,胡乃斩木为桥,布草填沙,驱马而过。即渡河,心极欢喜,各下褥而眠。"《玄奘传》记之较详,云:"俄有一胡人来入礼佛,逐法师行二三匝。问其姓名,云姓石,字槃陀。此胡即请受戒,乃为授五戒。胡甚喜,辞还。少时,赍饼菓更来。法师见其明健,貌又恭肃,遂告行意,胡人许诺,言送师过五烽。法师大喜,乃更贸衣资,为买马而期焉。明日,日欲下,遂入草间。须臾,彼胡更与一胡老翁乘一瘦老赤马相逐而至,法师心不怿。少胡曰:'此翁极谙西路,来去伊吾三十余反,故共俱来,望有平章耳。'胡公因说:'西路险

---

①辩机自贞观十九年三月入玄奘译经班子,为"缀文大德"九人之一,亲承玄奘言教多年。《大唐西域记》即由玄奘口述、辩机"恭承志记,论次其文,尚书给笔札而撰录焉"(辩机《大唐西域记·记赞》语)。此书完稿于贞观二十年(646年)七月,辩机之死不晚于贞观二十三年(649年),距《大唐西域记》完稿不过三年,是时,玄奘尚健在,辩机"贞观三年,仲秋朔旦,褰裳遵路,杖锡遵征"之说应得之于玄奘口述,故最为可信。

②详见宁瑞栋《玄奘与瓜州二三事》,载甘肃省博物馆主办、瓜州县博物馆协办《陇右文博——锁阳城申遗论文集》,2008年9月,第128—129页。

恶,沙河阻远,鬼魅热风,过无达者;徒侣众多,犹数迷失,况师单独,如何可行?愿自斟量,勿轻身命。'法师报曰:'贫道为求大法,发趣(趋)西方,若不至婆罗门国,终不东归,纵死中途,非所悔也。'胡翁曰:'师必去,可乘我此马。此马往反伊吾已十五度,健而知道;师马少,不堪远涉。'法师乃窃念在长安将发志西方日,有术人何弘达者,诵呪占观,多有所中。法师令占行事,达曰:'师得去。去状似乘一老赤瘦马,漆鞍桥前有铁。'既睹胡人所乘马瘦赤、鞍漆有铁,与何言合,心以为当,遂换马。胡翁欢喜,礼敬而别。于是装束,与少胡夜发。三更许到河,遥见玉关。去关上流十里许,两岸可阔丈余,傍有胡椒树丛(笔者按:瓜州向无胡椒树,气候不宜种植。当依《玄奘行状》作"胡桐树"是)。胡乃斩木为桥,布草填沙,驱马而过。法师既渡而喜,因解驾停憩,与胡人相去可五十余步,各下褥而眠。少时,胡人乃拔刀而起,徐向法师。未到十步许又回,不知何意,疑有异心,即起诵经,念'观音菩萨'。胡人见已,还卧遂眠。天欲明,法师唤令起,取水盥漱。解斋讫,欲发。胡人曰:'弟子将前途险远,又无水草,唯五烽下有水,必须夜到偷水而过,但一处被觉即是死人。不如归还,用为安隐。'法师确然不回。乃俛仰而进,露刃张弓,命法师前行,法师不肯居前。胡人自行数里而住曰:'弟子不能去,家累既大,而王法不可干也。'法师知其意,遂任还。胡人曰:'师必不达,如被擒捉,相引奈何!'法师报曰:'纵使切割此身如微尘者,终不相引。'为陈重誓,其意乃止。与马一匹,劳谢而别。自是,孑然孤游沙漠矣。"

余考唐代玉门关为今瓜州县锁阳城镇马圈村西北小城;胡卢河为今之黄水沟(下游名芦草沟)[1]。渡河处在胡卢河上流"十里许",当在今马圈村以东10里许,桥子村西2里许。由此北行,必越过十工

---

[1] 见前揭李正宇《新玉门关考》。

山,而附近正有一条从东南向西北的穿山通道,今名"桥子口子"。玄奘必由此山穿行。渡河后"解驾停想"处,当在今十工山"桥子口子"内山坳背风处,距渡河处10余里。盖因近玉门关,恐被发现,故须择山坳隐蔽且背风处歇息。

八月二日石槃陀畏难而返,玄奘孑然前行。晚抵第一烽(今瓜州县雷墩子)。

《玄奘行状》云:"夜半,胡乃起,抽刀行,而法师欲(以)为屠害。法师催起,念佛诵经。胡人还坐,少时复起,谓法师曰:'国家法,私向外国罪名极重。前五烽路,游其下必被他投[捉],终无得免,但一处被擒,即死人。弟子亦有家累,何能当之! 王法不可干,共师还去。'法师报曰:'奘只可向西而死,誓不东归而生。檀越不能者、任还,奘独自去。'胡曰:'师被他投[捉],还相牵引,终不免罪。'法师为设重誓:'纵令身碎为尘,终不相引。'为指天地星月重言,胡乃辞别。法师与马一匹而去。"

《玄奘传》云:"天欲明,法师唤令起,取水盥漱,解斋讫,欲发。胡人曰:'弟子将前途险远,又无水草,唯五烽下有水,必须夜到,偷水而过。但一处被觉,即是死人。不如归还,用为安稳。'法师确然不回,(胡人)乃俯仰而进,露刃张弓,命法师前行,法师不肯居前。胡人自行数里而住,曰:'弟子不能去,家累既大,而王法不可忤也。'法师知其意,遂任还。胡人曰:'师必不达,如被擒捉,相引奈何!'法师报曰:'纵使切割此身如微尘者,终不相引。'为陈重誓,其意乃止;与马一匹,劳谢而别。自是,孑然孤游沙漠矣! 唯望骨聚、马粪等渐进。顷间,忽有军众数百队满沙碛间,乍行乍止,皆裘褐驼马之像,及旌旗槊纛之形;易貌移质,倏忽千变,遥瞻极著,渐近而微。法师初睹,谓为贼众;渐近见灭,乃知妖鬼。又闻空中声言:'勿怖,勿怖!'由此稍安。"

玄奘于此日途中见"有军众数百队"云云,乃夏秋季节戈壁常见幻景,所谓"戈壁海市"是也。此事,《玄奘行状》缺载。

《玄奘传》又载,第二日晨起而行,日落前至第一烽附近"隐伏沙沟"躲藏,所谓第一烽,乃指莫贺延碛道南端之首座烽火台,在常乐城北27里,今名雷墩子,武后天授二年(691年)于此烽处置新井驿。其烽火台今仍兀立,残高8.5米,戍堡及驿站残址今犹可见。入夜,玄奘方至烽西水泉取水。按:从十工山经今瓜州县城以南往第一烽(雷墩子),直距40公里,道路曲折,故为唐里"八十余里"。

《玄奘传》记述玄奘在第一烽的经历颇详,谓"恐候者见,乃隐伏沙沟,至夜方发。到烽西见水,下饮、盥手讫,欲取皮囊盛水。有一箭飒来,几中于膝。须臾更一箭来,知为他见。乃大言曰:'我是僧,从京师来,汝莫射我。'即牵马向烽。烽上人亦开门而出。相见,知是僧,将入见校尉王祥。祥命爇火令看,曰:'非我河西僧,实似京师来也。'具问行意。法师报曰:'校尉颇闻凉州人说、有僧玄奘欲向婆罗门国求法不?'答曰:'闻承奘师已东还。何因到此?'法师引示马上章疏及名字,彼乃信。仍言'西路艰远,师终不达。今亦不与师罪,弟子敦煌人,欲送师向敦煌。彼有张皎法师,钦贤尚德,见师必喜,请就之。'法师对曰:'奘桑梓洛阳,少而慕道;两京知法之匠,吴蜀一艺之僧,无不负笈从之;穷其所解,对扬谈论,亦忝为时宗。欲养己修名,岂劣檀越敦煌耶?然恨佛化,《经》有不周,义有所阙,故无贪性命,不惮艰危,誓往西方,遵求遗法。檀越不相励勉,专劝退还,岂谓同厌尘劳、共树涅槃之因也!必欲拘留,任即刑罚,奘终不东移一步以负先心。'祥闻之悯然,曰:'弟子多幸,得逢遇师,敢不随喜!师疲倦且卧,待明自送,指示涂路。'遂拂筵安置。"《玄奘行状》所记较简略,云:"至第一烽,水边饮马。少时,飞箭频来,几着于膝。既知他觉,急即向之。烽上人将火,问是何人,欲何所去。乃去帽现其法服,报云'从京师来,欲求法于婆罗门国。'人将上烽,见校尉,校尉深相责问。法师具陈行意,声泪俱下。

彼亦憼然垂泣,云:'师能如是,任师去,傥如所愿,亦国家之益,师且卧。'于是安置。"

八月三日晨,自第一烽,径向第四烽行进。

《玄奘传》云:"至晓,法师食讫,(王)祥使人盛水及麨饼,自送至十余里,云:'师从此路,径向第四烽。彼人亦有善心,又是弟子宗骨,姓王名伯陇。至彼可言弟子遣师来。'泣拜而别。既去,夜到第四烽。"

从第一烽往第四烽,为程 220 里,需二日到。所谓"夜到第四烽",必非当日夜晚,据实度之,应是第二天即八月四日夜间到达第四烽。

八月四日夜晚,玄奘抵达第四烽(今瓜州县大泉)。

《玄奘传》云:"夜到第四烽,恐为留难,欲默取水而过。至水,未下间飞箭已至,还如前报,即急向之。彼亦下来。入烽,烽官相问,答'欲往天竺,路由于此。第一烽王祥校尉故遣相过。'彼闻欢喜,留宿。"

《玄奘行状》缺记第四日夜到第四烽事。

八月五日自第四烽,西趋野马泉(今瓜州县芦苇井子),失道,无水,暂东返,复掉头西进。夜傍一沙沟暂憩。

《玄奘传》记第四烽烽官王伯陇"留宿",次日(八月五日)天明,"更施大皮囊及马、麦相送,云:'师不须向第五烽,彼人疏率,恐生异图。可于此去百里许,有野马泉,更取水。'从是已去,即莫贺延碛,长八百余里,古曰'沙河',上无飞鸟,下无走兽,复无水草。是时,顾影唯一……时行百余里,失道,觅野马泉不得。下水欲饮,袋重,失手覆之。千里行资,一朝斯罄;又失路盘回,不知所趣,乃欲东归、还第四烽。行十余里,自念:'我先发愿,若不至天竺,终不东归一步,今何故来,宁可就西而死,岂归东而生?'于是旋辔,专念'观音',西北而进。"《玄奘行状》缺载暂东返、复西进一事,当据《玄奘传》补之。但《玄奘行状》云:"遇风沙大起,不知泉处。日暗,傍一沙沟住。下水欲饮,马袋重,失手覆之,才得一饮之值,余并倾失。"所谓"遇风沙大起,不知泉处",应是遭遇沙尘暴,风沙弥漫,视不可见,行被风推,不由自主,路径迷失,故失泉处。由此方知所以"觅野马泉不得"而迷失路径之故;"日暗,傍一沙沟住",此事《玄奘传》失载;"马袋重,失手覆之,才得一饮之值",又知水袋虽倾覆,尚有些许余水,可供"一饮"。此为八月五日事。

又按,《玄奘行状》误将第一烽王祥校尉事与第四烽烽官王伯陇事混淆记之,云:第一烽校尉"天晓为设食,更施麨粮,自送十余里,云:'师勿过余烽。第五烽外,有野马泉,可更取水去。'法师过第五烽,遇风沙大起,不知泉处。日暗,傍一沙沟住。"此云"法师过第五烽",与《玄奘传》载王伯陇嘱"师不须向第五烽,彼人疏率,恐生异图。可于此去百里许,有野马泉,更取水"大相径庭。其文或有脱误,吾取《玄奘传》凿凿之言。

八月六日至十日半夜。八月五日后半夜,起而复行;午后大渴,不复能行。从此,玄奘脱水不支,瘫卧不起,昏厥不省,至八月十日半夜苟延不死。

《玄奘行状》记八月五日晚暂憩沙沟,"三更后复行,不知道路,唯西北望星月而进。至明午后,已大渴之,虽有麨饼,干不能食。如是四夜五日,无一渧(滴)沾喉,人马俱困,不能复行。遂卧沙中,默念观音,不能发语,气殆将绝。"《玄奘传》亦云:"于是时,四夜五日,无一滴沾喉,口腹干燋,几将殒绝,不复能进。"所言"四夜五日,无一滴沾喉",乃指从八月五日后半夜起,经初六、初七、初八、初九至初十日半夜止,计四夜五日。

八月十日后半夜玄奘忽得凉风吹醒,身爽目明,起而复行二十余里。老马又强行"十许里"带至水泉青草处,幸得绝处逢生。

《玄奘行状》云:"至第五夜,忽有凉风,非常冷快,体得醒悟,马亦能起。复强行二十余里,还卧不能去。梦一大神告之:'强行,何为复卧!'于是复起。马忽异路而去,回之不得。行可十许里,遂遇一池,清冷澄澈,非常欢喜。便饮马,自复澡嗽,又取麨剉饲马,池侧亦有青草。比明,马健,人复解齐(笔者按:"解齐"当校作"解斋",僧侣进食之谓)。"《玄奘传》云:"至第五夜半,忽有凉风,触身冷快,如沐寒水;遂得目明,马亦能起。体即苏息,得少睡眠。梦一大神,长数丈,执戟麾(挥)曰:'何不强行,而更卧也!'法师惊寤进发。行可十里(《玄奘行状》作"强行二十余里"),马忽异路,制之不回。经数里,忽见青草数亩,下马恣食(笔者按,此时可见青草,知已天明)。去草十步,欲回转,又到一池,水甘澄镜澈,下而就饮,身命重全,人马俱得苏息。"

按:从第四烽(今大泉)到此"水池青草"处,行程 200 余里,稽考如下:

(1)八月六日玄奘从第四烽西行"百余里"。后"失道,觅野马泉不得",回身东行"十余里"。西行"百余里"扣除东行"十余里",姑以百里计,是为此日所行;

(2)《玄奘行状》载,八月六日当夜,"三更后复行,不知道路,唯西北望星月而进。至明午后,不能复行。"其"三更后"至明午后所行若干里未记,但据半夜又加多半天时间行路进行估计,当在百里上下,是时玄奘体弱,权以 80 里计之;

(3)《玄奘行状》又载,"至第五夜半",即八月十日夜半,忽有凉风吹醒,"复强行二十余里",又"卧不能去";睡梦中大神促起复行,又被老马强引前行,"可十许里"。则此夜又行 30 余里,姑以 35 里计之。

综上所述,从第四烽(今大泉)到水池青草处,行程不下 215 里(100 里+80 里+35 里=215 里)。

八月十一日及当夜在池水边养息一日夜。

《玄奘行状》云:"遂遇一池……比明,人复解斋。更一日一夜,就水将息。"此谓八月十日后半夜得至池水青草处,八月十一日及八月十一日夜"就水将息",是所谓"更一日一夜"。《玄奘传》则略言之云:

"即就草池，一日停息。"

此池水青草处，笔者参据所行里程加以比定，推测当在伊吾东南境稍竿馆一带。卫星照片显示，从第四烽(今大泉)到稍竿馆，鸟道为109公里，人行道迂远加长，与前述之"215里"大致相合。

八月十二日自池水青草处起身向伊吾进发。

《玄奘行状》云："后日，盛水渐进。"《玄奘传》亦云"后日，盛水取草进发。"两文所说"后日"，乃从八月十日后半夜到达水池算起，明日为八月十一日，后日为八月十二日，为进发伊吾启行之日。

八月十三日继续向伊吾行进。

从"池水"往伊吾途中，玄奘又屡见戈壁幻影，即《玄奘行状》云："于流沙北维之外，复逢鬼魅，日有数般。困弊艰难，难为记述。"《玄奘传》则以"此等危难，百千不能备叙"一笔带过。此前，玄奘往第一烽途中，曾见军队、驼马、旌旗、稍纛之形；在第四烽以西又见奇状恶鬼；在伊吾东境(所谓"流沙北维之外")"复逢鬼魅，日有数般"。笔者在今瓜州、敦煌、哈密等地戈壁中，屡见幻化生成的浩渺海水及山峦树木倒影(图12)，又见日光照射、地气蒸发，如群马奔驰之状，即《庄子》所谓"野马也，尘埃也，生物之以息相吹也"。但笔者尚未见过戈壁幻影中的人鬼之形，近世亦不见有类似报道，有俟后考。

图12　戈壁海市：虚幻的海水与倒影

八月十四日抵达伊吾。是日为公历 629 年 9 月 7 日。

《玄奘行状》云："更经三日，方达伊吾。"所谓"更经三日"，是从八月十二日"盛水取草进发"，至八月十四日抵达伊吾，首尾共三日。《玄奘传》云："更经两日，方出流沙到伊吾矣。"亦指从八月十二日起身，经十三、十四两日而达伊吾，与《玄奘行状》言异而实同。

上节，笔者推测此一水池青草处，当为唐代伊州东南境之"稍竿馆"，西北距哈密鸟道 114 公里，人行道路屈曲，约为 130 公里，合三日之程。

从八月一日至十四日，玄奘自瓜州抵伊吾，行程共约 837 里。据《元和郡县图志》及《沙州归义军图经略抄》载，瓜州至伊州官道为 900 里，而玄奘三次抄近路，与官道 900 里相较，省路 60 余里。

综上所述，玄奘从贞观三年八月初一从瓜州起程，至八月十四日抵达伊吾，历时十四天。其间从八月初六到八月十日夜，有五天时间因渴乏脱水，极少行路，多睡卧不起；其后又在水草池边停憩养息一日夜，其余 8 天共行走 837 里而抵伊吾，平均每天行路百里有余，即使足水、饱食、无风暴袭扰，亦得谓劳矣瘁矣！

（原刊台湾玄奘大学《玄奘人文学报》第 6 期，2006 年 2 月；修订稿发表于《敦煌研究》2006 年第 6 期；又订稿《陕西佛教网》2009 年 11 月 13 日转载；修订二稿收入《首届长安佛教学术研讨会论文集》第三卷，陕西师范大学出版总社有限公司，2010 年 8 月；又收入《丝绸之路·瓜州文化遗产学术研究专辑》，2011 年第 18 期）

敦煌古城谈往

敦煌古城,即西汉时的敦煌郡城,唐代以来改郡为州,遂名沙州城。

这一地区,在建郡之前为游牧民族的驻牧地。据《史记》记载,此地先后有允姓之戎、月支人、乌孙人及匈奴人居住。这些古代民族,时常发生摩擦、争斗,攻伐不断,土地易主。到西汉初年,匈奴成为这一地区的统治者。他们侵暴周围弱小民族,杀掠中西商旅,骚扰汉朝边境。汉武帝为了消除边患,打通中西交往的通道,从元光二年(前133年)开始,多次采取军事行动,到元狩二年(前121年)终于占领河西广大地区,先置武威、酒泉二郡。元鼎六年(前111年),分酒泉郡东部置敦煌郡①。

敦煌郡在河西走廊最西端。为了守护和开发这一地区,朝廷调来大批戍卒和一批批移民,敦煌很快成为汉朝的西北前哨和新兴的经济区。

一、敦煌郡城的创修

西汉创修敦煌郡城之事,唐以前的记载已不可见。现在所能见到

①敦煌设郡的时间,《史记》《汉书》记载不一。后人考证,有元鼎六年、元封元年、元封四年及天汉元年等诸说。本文取《汉书·武帝纪》的说法,即元鼎六年说。又,东汉·荀悦《前汉纪·孝武帝纪》亦载元鼎六年"乃分武威、酒泉郡,置张掖、敦煌"。

的是五代时敦煌人著作中转引前人的两条记述。

其一，五代时敦煌人杨洞芊根据"诸家记事文字及《敦煌录》"编写的《瓜沙古事系年》(P.3721)载：

> 至武帝元鼎六年庚午岁，筑沙州城。

其二，P.2691《沙州归义军图经略抄》载：

> 沙州城　案《录》，前汉第六〔帝〕武帝元鼎六年甲子岁，
> 将军赵破奴奉命领甘、肃、瓜三州人士筑造。至今大汉乾祐
> 六年己酉岁，算得一千五十年记。

这段简短文字有不少含混和笔误之处①。但排除其含混和笔误之后，可以知道是元鼎六年赵破奴率领张掖、酒泉和敦煌三郡军民修筑了敦煌郡城。

赵破奴领修的敦煌郡城，遗址至今仍存。在今敦煌市区党河西岸，跨过党河大桥即到。犹存南、西二面城垣，南垣长 718 米，西垣长1,132 米；城西北角有高大壮观的角墩遗址，残高仍达 16 米②。古城东垣，于清雍正三年(1725 年)被洪水冲毁，基址痕迹尚可得见。北面城垣自清道光以来开辟农田、修建房舍，多被平毁，仅存自西北角墩向东一段，20 年前犹长 100 余米，今则破坏殆尽。此城西汉建成后又经过西凉和唐天宝年代的两次大规模维修扩建，其西北角墩南侧西

①这段文字含混之处有二：1. 所称引的《录》，未明何《录》，据 P.3721 和S.5693《瓜沙古事系年·序》，可能是指西凉时敦煌人刘昞编写的《西凉录》；2. "赵破奴领甘、肃、瓜三州人士筑造"：按，西汉时尚无甘州、肃州、瓜州之名。《左传》襄公十四年(前 559 年)和昭公九年(前 533 年)虽载有瓜州之名，但所指并非后来的瓜州。此叙西汉事，用后世地名，亦淆乱不当。此外，其笔误之处有三：1. "元鼎六年甲子岁"干支有误。"元鼎六年"实为庚午岁；2. "至今大汉乾祐六年己酉岁"，己酉岁实为乾祐二年；3. 又谓：从元鼎六年"至今大汉乾祐六年己酉岁，算得一千五十年记"，计算有误。事实上从元鼎六年到乾祐二年己酉岁实为"一千六十年"。

②以上数据引自张仲《敦煌概述》，敦煌县博物馆 1983 年打印本。

图 1　敦煌古城三次重修痕迹
（西北角墩南豁口南侧断面）

垣豁口剖面上清晰的显示出三次施工的遗迹（图 1）。

这座汉代土城，经受了两千多年的风风雨雨，尽管残缺不全，仍然顽强屹立，其原因，除了当年建筑时已着意其坚固性、永久性而严格施工要求之外，敦煌干旱少雨的气候条件也起了较好的保护作用。

赵破奴创修的敦煌郡城，其规制如何及面积大小都失去记载。今人根据故城南、西二面城垣共长1,850 米进行推断，认为东、北二面垣长亦当近之，推算出西汉时郡城周垣总长为 3,700 米左右，占地面积 81 万多平方米。

《汉书·地理志》载，西汉平帝元始年代（1—5 年）敦煌全郡共有六县（敦煌、冥安、龙勒、效谷、渊泉、广至）。户口最为殷盛时期的人口数为 38,335 人，平均每县 6,389 人。敦煌县为本郡首县，又是郡治之所在，人口必当多于其他五县。但估计全县亦不过 13,000 人。其中敦煌城内居民按全县总人口的 20% 估计，最多不过 2,600 人。城内人均占地面积为 310 多平方米。

从上面的推测看，两汉时期敦煌城内人口密度不大，多有空闲之地。敦煌遗书 S.1889《敦煌氾氏家传》载，西晋末，敦煌名人氾瑗（字彦玉，晋永平令氾宗之孙），鉴于本郡"旧时俗皆葬于邑中，坟墓卑湿。叹曰：'陵之为言，终也，终当[归]山陵，胡为（依）邑泽哉？'遂葬父于东石（碛）。为时所非，禁固（锢）十年。县令李充到官，称'志孝合礼'，众心乃化。遂皆出葬东西石（碛）。"这里有两点值得注意：

第一是记载敦煌旧俗"皆葬于邑中",至西晋汜瑗首破此俗,葬父于东碛,但遭到舆论的非议,卜年不得出仕。直到县令李充来莅斯土,肯定汜瑗之举,谓其既合于孝道,又合于礼法。汜瑗的名誉才得到恢复。在县令李充的倡导下,县人转而效法汜瑗的做法,后有新亡,皆出葬于东西戈壁上。那么敦煌"葬于邑中"的旧俗,应自西汉建郡起保持到西晋,长达400余年。如此,在两汉、魏及西晋400多年间敦煌古城内必有不少古墓深埋地下。近数十年来,在敦煌故城近郊东西戈壁滩上清理发掘过数百座古墓,皆系西晋、十六国及其以后的墓葬,不见两汉及曹魏古墓。这一现象,正可从西晋李充之改制得到解释。1944年,夏鼐先生等在敦煌城东南戈壁佛爷庙墓区发掘的翟宗盈墓,曾被认为是东汉墓,但缺乏确切的证据,而且与后来发现的十六国墓葬多有共同之处。余颇疑此非东汉墓,而是十六国时期墓葬。根据《敦煌汜氏家传》关于李充改制的记载,以及通过对两汉至西晋敦煌境内墓葬分布情况加以分析,可以得出这样的认识:敦煌自西汉建县以来到西晋初期,多傍近生人居宅就近安葬。城人亡者,多葬于城中;村人亡者,则葬于村中。墓葬分布散乱,没有形成公共墓葬区,所以敦煌境内没有大片规模的汉墓群。

第二是所谓城内"坟墓卑湿"。按,甘泉水流经敦煌城南7里,至城东南折北而下,河道在城东里余。河道既远,河床又低,敦煌城内本应干燥。而此云"卑湿",乃是由于自城西南开凿有都乡渠,除灌溉州城四面农田之外,更开掘子渠(名曰"廨渠")引水入城,以供人畜用水并灌溉城内园田果蔬,因而城内土质湿润。居民就地营葬,则棺木、身物难免易腐速朽。汜瑗认为坟墓应建在高处干燥之地(所谓"终当山陵"),所以破例"葬父于东石(碛)",却遭时俗非议。后来县令李充革掉旧俗,从此不在城内营建坟冢,改在东西戈壁安葬。此后,东西戈壁才出现专辟的墓葬区。这两处墓葬区一直沿用至今。

二、敦煌城的结构布局

就文献中搜集到的资料看,敦煌城有东、南、西、北四座城门。下面略作介绍:

1. 南门

P.2005《沙州都督府图经卷第三》载:

> 一所殿　右在子城中,近南门。据《西凉录》,凉王李暠庚子年(400)建造此殿以听政。至今见在,州司以为馆。

这里明确说到了敦煌城南门。

2. 西门

同卷又载:

> 靖恭堂　右按《西凉录》,凉王李暠庚子三年(402年)于西门外临水起堂,以议朝政、阅武事。今堂基尚存,余并破毁。

这里说到了敦煌城西门。①

3. 东门

同上卷"一所异怪·老父投书"条载:

> 右按《十六国春秋》,北凉永和三年(435)正月,有一老父见于城东门上,投书于地,忽然不见……

这里说到了敦煌城东门②。此门,唐代称为望京门。P.3870《敦煌廿咏·望京门咏》写道:

> 郭门望京处,楼上起重闉。水北通西域,桥东路入秦。黄

①《晋书·凉武昭王传》作"仍于敦煌南门外临水起堂,名曰靖恭之堂"。方位不同。但《图经》既作"西门外",当是敦煌确有西门。

②《魏书》卷99、《北史》卷93及《资治通鉴》卷124亦载此事。

沙吐双堠,白草生三春。不见中华使,翩翩起虏尘。

从知东门建有高大的门楼,门外甘泉水上架有桥梁,以通往来。后凉时名"通顺桥"(见唐徐坚《初学记》卷七"桥"条),桥东夹道建有双堠,以觇往来。

4. 北门

十六国时期仅见关于东、南、西三座城门的记载,独缺北门,到唐代才有关于北门的明确记载。鉴于城北为重要的农耕区,多有农田、水渠、村落,又有平康、洪池、洪润、效谷诸乡,诸乡之北又有长城东西横亘,烽燧堡障罗列,据此推测,理应开有北门,或因文献偶缺导致无闻而已。

中唐以来,敦煌文献中多有关于敦煌"四门"的记载,如 P.2255 蕃占时期《行城文》云:"广法王之化迹⋯⋯列四门之胜会";S.2146 同名文云:"出佛像于四门,绕重城而一匝";P.3765 晚唐敦煌《四门转经文》亦云"悬佛像于四门"。所谓"四门",当然包括了北门,表明北门的确存在。至于明确说到北门者,可举出以下例证:

P.2877《乙丑年(晚唐天祐二年,905 年)正月行人转帖》云:

> 限十七日卯时于北门外取齐。

P.2049a《同光三年(公元 925 年)正月净土寺入破历》载:

> 面叁斗,与耽(担=抬)像人北门造顿用。

P.2049 背 b《长兴二年(931 年)正月净土寺入破历》载:

> 粟陆斗,与擎像人北门顿、沽酒用。

敦煌城由子城和罗城两部分组成。子城在郡城西南部,面积小于罗城,所以又叫作"小城"。《沙州都督府图经卷第三》"赤气龙迹"条载:

> 右按《西凉录》,李暠庚子元年(400 年),赤气起于后园,龙迹见于小城。

同卷又载:

谦德堂　右按《西凉录》,[凉]王李暠建以听政。其堂在子城中恭德殿南。今并除毁。

同卷又条载:

嘉纳堂　右按《西凉录》,凉王李暠庚子五年(404年)兴立泮宫,增高门学生五百人,起嘉纳堂于后园,图赞所志。其堂毁除,其阶尚存。其地在子城东北罗城中,今为效谷府。

知子城为衙署、官宅区。据"后园"云云加以推测,大约衙署在子城内之南侧,官宅在子城内之北侧。另据记载,子城开有南门,以与罗城相通,被称为"子城南门"。为了衙署及官员、眷属的安全,此门昼开夜闭。上引 S.1438《吐蕃沙州汉人都督牒状集·沙州状》是一件沙州都督向吐蕃当局报告玉关驿户起义事件及处置举措的呈文,内云:

沙州状:逆贼玉关释[驿]户氾国忠等六人……今月十一日四更,蓦大城,入子城,煞[杀]却监使判咄等人……于时天明,某遂出招集得百姓十余人——拟救节儿、蕃使,及至子城南门下,其节儿已纵火烧舍,伏剑自裁,投身火中,化为灰烬。

"蓦"即翻越。四更时分从大城(罗城)入子城需加翻越,表明子城通往罗城的门,夜间是闭锁不通的。

罗城内包子城的结构布局,到北宋时仍相沿未变。S.3929(2)北宋初期《归义军节度押牙董保德建造兰若功德记》云:

保德先依(于)当府子城内北街西横巷东口敝居……创建兰若一所。

既云"子城",必有罗城。从知北宋时期二城格局相沿未变,但北宋时期子城内已不仅只有衙署、官宅,也有了民宅、佛寺。

三、唐宋时代(618—1067)的沙州城

这里所说的"唐宋时代",是指从唐代开国(618年)起,到北宋治平四年(1067年)西夏占领并统治敦煌之前的四百多年。

笔者通过对沙州古城的考察分析得知,唐天宝年代曾对此城进行过较大规模的维修和扩建。敦煌遗书 P.2862《唐天宝年代敦煌郡会计帐》中有下面一段残文:

> [合]郡城墙四面周迥叁仟陆佰□□□　□□墒肆拾伍尺,羊马城□□□□伍尺□□□壹□□□□□□[尺]以授口伯(佰)步。(参考池田温先生录文而略有补正)

本件当是天宝年间重修敦煌城的残帐,其中记载了敦煌郡城及羊马城的周长。文字残渤较多,大体可以知道敦煌郡城四面周长是三千六百多墒××丈四十五尺;羊马城的周长,虽因文残难明,但其既环绕郡城外围,自当超过郡城周长无疑。

文中的"墒"字,字书不载,当是敦煌俗字,从其字形声结构加以比定,可释为"庹"(tuǒ)字。敦煌遗书中又写作"託",P.3432《龙兴寺卿赵石老脚下依蕃籍所附佛像供养具并经目录等数点检历》载:"大莲花佛座,长两託。""铁索肆条,长拾肆託。"墒、託、庹三字音义同,为度量词,《字汇补·广部》释"庹"云:"庹,徒何切,音陀,姓也。又。通撦切,音託,两腕引长谓之庹。"意谓两臂平伸为一庹,其长为五尺,相当于一步。"三千六百多庹××丈四十五尺",合1,800多丈,折今制约6,000米。比今存敦煌古城遗址周长3,700米要长得多。这大约是唐代敦煌郡城(包括罗城和子城)的规模。今存之敦煌古城遗址周长3,700米,仅是罗城的遗址,而子城遗址早已废毁无存。

羊马城,又称羊马垣或羊马墙。是在城壕内侧与城墙之间加修的隔墙,围绕城墙一周,在城墙与羊马墙之间形成圈栏,以备交战时圈

养散处郊野的羊马畜群,同时,也为城池增设一道防线。其制起于西晋。《晋书·石勒载记》云:永嘉六年(312年)石勒据襄国(今河北邯郸),晋遣王昌等率众五万将讨之。"时城隍未修,(石勒)乃于襄国筑隔城,重(chong)栅设障以待之。"石勒所筑"重栅设障"的"隔城",即后世的"羊马城"。宋·叶廷珪《海录碎事》引《北史》云:

> 凡守城,于四面濠内更立小隔城,厚六尺、高四尺,仍立女墙,谓之羊马城。(今本《北史》佚此语)

唐代,羊马城的规制略有提高,《通典》卷152《守拒法附》载:

> 城外四面濠内,去城十步,更立小隔城,厚六尺、高五尺,仍立女墙,谓之羊马城。

此云羊马城在城垣外十步,合今制16.5米。据此推算,敦煌羊马城的周长在6,100米左右。

P.2005《沙州都督府图经卷第三·一所濠堑水》条记敦煌城壕"阔卅五尺,深九尺,壕绕城四面"。那么,围绕敦煌罗城及子城城壕的周长远远超过6,100米,濠内圈地面积当超过百万平方米。

罗城平面呈长方形。依现存残垣推测,应是南北长,东西窄。城内街衢纵横布列,以街衢为界,划分为若干坊,坊内有巷,巷中有曲。

这些街、坊、巷、曲之名多已失传,中唐至北宋,敦煌遗书中所见,敦煌城内大街有:南街(S.6981),东街(P.3598),寺前大街(P.3234背),子城北街(S.3929背)。

城内诸坊,已知有修文坊(P.4040背、P.5598、S.289、S.1285),安仁坊(P.t.46810),儒风坊(S.2041、S.3876),释教坊(P.2021背、P.4021、S.530),大贤坊(北图藏字26),钦贤坊(P.2482),取国坊(S.3877),定难坊(北图生字25、P.3556、S.4307),政教坊(S.3835),临池坊(S.1398),修仁坊(P.3501背、P.3465、P.3646),兴善坊(S.5696),乘安坊(P.3636),龙马坊(Дx.11080),怀安坊(P.2482),永宁坊(S.3877),旌

坊(P.3489),渌水坊(北乃76),信义坊(P.2913),博望坊(北新882)胡萨坊(津艺060)等二十一个坊。

坊内诸巷,见有升平巷(Дx.3836),阴家巷,杜家巷(以上见S.3835背),鞠家巷,李家巷,赵家巷,梁神德巷,程恩子巷,愿真巷,庆子禅师巷(以上见P.3234),索留住巷,程员弘巷(以上见Дx.2149),万住巷子(S.4703),氾家巷(P.3565),阴兼行巷(P.2161),西巷(S.8884背),定难坊巷(北生字25),修文坊巷(S.1258、P.4044),儒风坊巷(S.3876),儒风坊西巷(S.2041),旌坊巷(P.3489),子城北街西横巷(S.3929背),临地(池)坊掘巷子(S.1398)。

巷内诸曲,有范宋章曲(P.3234背),马军曲子(P.2985)等。

敦煌城内就是由诸多街、坊、巷、曲组合而成的。

上述坊巷,大多没留下具体位置,仅知修文坊在郡城内东南隅(见P.5598),临池坊当在子城东北罗城中(参见P.2005《沙州都督府图经卷第三》"张芝墨池"条及"嘉纳堂"条),西横巷在子城北街之西(见S.3929〈2〉)。

唐代的州县衙及州县学署均设在子城内:

州衙:P.2005记州学"在城内,在州(笔者按:"州"指州衙)西三百步。"

县衙:P.2005记张芝墨池"在县东北一里,效谷府东南五十步。"笔者按:"县"指县衙,即县衙在张芝墨池西南1里。据同卷"嘉纳堂"条载:西凉时的嘉纳堂,唐代改设为效谷府,"在子城东北罗城中",既云及效谷府皆在子城东北1里罗城中,那么张芝墨池西南1里的"县",必指子城内的县衙无疑。

州学:在州署东三百步(参见前州署条)。

州医学:"在州学院内,于北墙别构房宇安置"。

县学:"在州学西,连院"。

从而可知,州县衙坐落在张芝墨池西南,州县学以东;州学、州医学及敦煌县学均在子城西部。

归义军时期城内有节度使衙署;衙署内有旌节堂、政事厅(原名延定楼,旋改名常定楼);衙署附近有甲丈库、军资库、宴设库、烟火仓司、军粮大仓、九眼仓及中馆(节度府属宾馆)等(以上俱见 P.3644)。

郡城内有佛寺多所。文献明确记载,大乘寺、圣光寺在沙洲城内①,灵修寺、普光寺、安国寺皆属尼寺,亦当在州城内②,城郊则有莲台寺、开元寺、净土寺等僧寺。敦煌遗书中保存的五代时《敦煌尼籍》载,大乘寺有尼 209 人,圣光寺有尼 79 人(以上俱见 S.2669),仅这两所尼寺就有尼众 288 名。可以想见,唐宋时期敦煌城内居民中僧尼所占比重不小。

此外,敦煌遗书中还记载了许多店铺,例如星货铺(即杂货铺)、药铺(以上见 P.3644)、周和尚铺,李僧正铺(以上见 S.6452〈3〉),齐周酒店(P.3744)、康家店(P.4697)、石家酒店(P.3212 背)、曹家酒店、安家酒店、罗家酒店(以上见 S.2894)、博士店(P.4906)、赵家店(S.5050)、氾法律店、氾押牙店、氾家酒店、幸通店、定员押牙店、刘万定酒店、兴子酒店、氾法律酒店、郭法律酒店(以上见 S.6452〈5〉)、郭庆进酒店(P.2032 背)、员昌店(S.4657)、承恩酒店(S.5039)、寒苦酒店、马家酒店(P.2049 背)、盐子磨店(S.6452〈5〉)等。从店名看,店主人除平民百姓外,又有当地官员(如氾押牙、定员押牙);还有僧侣(如周和尚、李僧正、氾法律、郭法律);也有少数民族居民所开店(如康家

---

① 《集神州三宝感通录》云:"沙州城内大乘寺",P.2765 背《大蕃敕尚书令赐大瑟瑟告身尚起律心儿圣光寺功德颂》云:"爰乃卜宅敦煌古郡,州城内建造圣光寺一所。"

② 《四分律删繁补阙行事钞》卷十一:"中国僧寺并在城外。尼寺城内。"《大正藏》第 40 卷,第 130 页。

店、石家酒店、安家酒店等）；更为特殊的是，竟有佛寺开设的酒店（P.2049 背《后唐长兴二年（931 年）沙州净土寺直岁愿达手下诸色入破算会牒》中所载"寒苦酒店"，就是净土寺的寺产而租给本寺常住百姓寒苦经营的）。店铺的经营范围，有饮食、医药、日用品、粮食加工等；P.3468《儿郎伟》还载有"皺店、章店""饣屯行、稭行"①；一些酒店还可能兼营邸店旅馆，接待过往商旅。这些店铺，开设地点未经载明，但可以认为多是设在州城关厢之内。

敦煌遗书 P.3644 还保存有两篇我国文学史上最早的商业宣传性的"叫卖文学"，就是伴随店铺行业应运面世的作品：

其一云：

> 厶乙（某乙）铺上新铺货，要者相问不须过。交关市易任平章，卖[买]物之人但且坐。

其二云：

> 厶乙铺上且有：桔皮胡桃瓤，栀子高良姜；陆路诃黎勒，大腹及槟榔。亦有荜萝荜拨，芜荑大黄；油麻椒蒜，河藕弗（佛）香。甜乾枣、醋（错）齿石榴；绢帽子、罗幞头；白矾皂矾、紫草苏芳。杪（炒）糖吃时牙齿美，饧糖咬时舌头甜。市上买取新□袄，街头易得紫罗衫；阔口裤，斩（崭）新鞋，大跨（銙）腰拾参事。

前一首通过第一人称口气，形象生动地再现了店主或店铺伙计殷勤招徕顾客的情状；后一首通过第三人称口气，热情地介绍了某家店铺货品之多样完备：有本地产品，有外地产品，还有外国舶来品（如槟榔、大腹皮、荜拨、高良姜）；吃的用的，穿的戴的，一应俱全。至今读

---

①皺店：鞣治皮革、经销皮货的店铺；章店：制作章服、经销服装鞋帽的店铺；饣屯行：制作并经营面食的行店；稭行：经销薪柴的行店。

来,仍觉店主殷勤之态感人、市肆叫卖之声聒聒盈耳。从一个侧面反映了当时敦煌商贸市场繁荣活跃的景象,给边荒远漠的敦煌平添无限生机。

(原刊《西北史地》1988 年第 2 期)

敦煌历史研究

渥洼水天马史事综理

汉武帝时,敦煌渥洼水出了一匹"天赐之马",就是古人盛称乐道的"天马"。汉武帝把此事作为盛世祥瑞大加张扬,成为西汉历史上的一件大事。两千多年来,文人写诗作赋,又成为我国文学史上的一个传统题材;渥洼水也因而成为敦煌一大名胜古迹,作为当地旅游胜地之一,至今仍吸引着中外游客。旅游者怀着极大的兴趣来游此地,需要了解有关渥洼水天马史事,治西汉史者,也有必要对这桩历史及其意义和影响加以探讨。而史籍记载散乱不一,且有隐晦遗漏,所以草此短文,对渥洼水天马的有关史事试作清理,疏漏谬误之处,希望得到指正。

一、渥洼水出天马是怎么回事?

西汉司马迁在《史记·乐书》中最早记载此事,但十分简单,只说汉武帝时,"又尝得天马渥洼水中"。东汉班固撰《汉书》,在《武帝纪》及《礼乐志》中又多次说到此事。但也不过三言两语,而且对此事发生的时间说法不一。到东汉末,一位名叫李斐的史学家,才作了较详细的介绍。据刘宋·裴骃《史记集解》所引李斐之说是:

> 南阳新野有暴利长,当武帝时遭刑,屯田敦煌界。人数于此水旁见野马—中有奇异者,与凡马异—来饮此水旁。利长先为土人持勒靽于水旁,后,马玩习久之,代土人持勒靽,收得其马。献之,欲神异此马,云从水中出。

唐颜师古注《汉书》,在《武帝纪》中引录了李斐这段文字。敦煌遗书 P.2005《沙州督都府图经》同样引录了李斐的话。

从李斐的记叙得知,暴利长不过是在水边捉住了一匹与众不同的野马,由于要献给汉武帝,才有意"神异其马,云从水中出"。暴利长本是南阳郡新野县的一名罪犯,被发配到敦煌境内屯田,大约他希求得到皇帝的特赦和奖赏,所以编造了神马出水的谎言。

这位弄虚作假的暴利长交上了好运。此时,好大喜功的汉武帝正致力于开拓西域宣扬汉威,需要天命、人事的帮补,而渥洼水出天马一事,同龙马负图出于黄河,为尧帝受命之瑞遥相呼应,恰巧投合了汉武帝的需要。所以暴利长的谎言没人敢去揭穿。假戏真做,果然得到皇帝的垂纳认可,并被载入史册。我们推想,暴利长大概会如愿以偿,由一名被流放的罪犯,一下子变成了献瑞功臣,还会得到可观的赏赐。

二、渥洼水出天马是哪一年的事?

《史记·乐书》最早记载渥洼水出天马的事,但未说明在哪一年。《汉书》有两处记载了具体年份,但两处的说法却不一致:

1.《武帝纪》:元鼎四年(前 113 年)条下记云:"六月,得宝鼎后土祠旁;秋,马生渥洼水中,作《宝鼎》、《天马》之歌。"

2.《礼乐志》为《天马歌》所作说明却是"元狩三年(公元前 120 年),马生渥洼水中作"。

两处所记,一前一后,时间相差七年。考《武帝纪》元狩二年"秋,匈奴昆邪王杀休屠王,并将其众合四万余人来降,置五属国以处之,以其地为武威、酒泉郡。"此时汉朝初有酒泉,驻军设政尚不能遽达酒泉以西千里之遥的渥洼水附近, 又不可能马上调来内地刑徒到达敦煌以西屯垦,即使自酒泉建郡之始即征发流人屯边,也要经过一年的时间,即元狩四年秋才能到达敦煌。若按《礼乐志》云天马歌作于元狩三年(《资治通鉴》同),则发现并收得此马的时间更当在元狩三年之前。那时,不说敦煌以西,即使酒泉一带还仍在匈奴人手中。看来,元狩三年之说当属误记,应以《武帝纪》元鼎四年说为可信。但是,《武帝纪》元鼎四年秋,马生渥洼水中,作《天马》之歌,是指作歌之时,非指渥洼水边捉得天马之时,至于捉得天马的时间,似当在此以前。

渥洼水距长安近 4000 里,山川阻隔,交通不便,我们从十六国时期法显、北魏时宋云、初唐玄奘及五代高居诲等人西行记载看,除去路上意外的耽搁,相当于长安至阳关的一段路程,需八个月到一年的时间。汉代西域初通,道路迁曲,险阻更多,旅途费时当不比十六国、北魏和唐、五代少。这样,我们推测暴利长收得天马之时,大体在武帝接受献马并令文学之士写出天马歌之前一年左右,就是说,大约在元鼎三年(前 114 年)。《汉书·武帝纪》又载:元鼎五年冬十一月辛巳朔旦冬至下诏云"渥洼水出天马,朕其御焉"。并引逸诗"四牡翼翼,以征不服"来表达武帝本人将"亲省边事,用事所极"的决心。以上数事联系起来考虑,其逻辑顺序是:元鼎三年秋暴利长在渥洼池收得天马,元鼎四年秋送达长安,文学之士作天马之歌,元鼎五年冬十一月一日冬至(西汉以十月作岁首,五年冬十一月,借天马之瑞,诏示受天明命,"以征不服"。如此,又可以从时序逻辑上为暴利长收天马时在元鼎三年之说提供旁证。这样,我们对渥洼池出天马的时间便排除了元狩三年(前 120 年)和元鼎四年(前 113 年)两说,而推定在元鼎三年(前 114 年)秋季前后。

三、渥洼水在什么地方?

根据李斐说,暴利长屯田敦煌界捉得天马,那么渥洼水当在敦煌界内。至于渥洼水在敦煌境内什么地方,以及关于此水的具体描述,唐以前未见记载(也可能是记载散失)。

武周时敦煌本地学者编写的《沙州督都府图经》卷五(P.5034)为寿昌县卷,载云:

> 寿昌海　右出寿昌县东南十里,去(沙)州一百廿里,方圆可一里,深浅不测,地多芦**茈**(疑为"蒚"之省,《说文》"(蒚),草也",《集韵》"或作蕌")。其水分流二道:一道入寿昌县南溉田,一道向寿昌东溉田。旧名渥洼水……(以下具引《汉书·武帝纪》元鼎四年秋马生渥洼水中及李斐注文,不录)即此海也。

这里明白告诉人们,唐代的寿昌海就是西汉出天马的渥洼水。又详细记述了此海子的方位,距离寿昌城和沙州城的里数,海子的面积及池水分流情况。以当地人记当地事,故能详细明白如此。

P.5034所说"分流二道"之水即大渠和长支渠。同卷《二所渠》载:

> 大渠:长一十五里,阔八尺,深五尺。右在(寿昌)县南十里,从渥洼海畔穿渠,用溉县南(南原误作东,今正)田苗,县界渠中最大,因以为号。(按"县界……为号"十字,原窜乱于长支渠条内,同长支渠得名之由的说明恰相错换,今正)。

> 长支渠,右在县南十里,从(寿昌)海畔穿渠,用溉(寿昌)县东田苗。

> 其水派流支散,因以为名。(按"其水……为名"十字,原窜乱于大渠条内,今移正于此。)

这两条渠的起点均在寿昌故城南10唐里,与渥洼池距寿昌故城的里数相合,显然是从渥洼池的北沿引水而出。大渠流溉县南,长支渠流溉县东。

Φ366《寿昌乡民退田薄》载:寿昌城南十里、五里、三里、二里、一里、近至城南一百步皆有耕地，又载城西一百步至一里、二里、三里、五里耕地，必系大渠下段浇溉之地，推测此渠自城南十里渥洼池受水，北流至城南一百步，折西又流五里，全程适为十五里。此外，又载城东五里、三里、二里、一里亦有耕田，浇水之渠当即长支渠。则此渠约自城南十里渥洼池受水，流向城东南五里，折向西北流，至城东一里处，全长亦十余里，当即长支渠之经行地段。Φ366 的记载，亦可印证渥洼池在寿昌城东南，10 里之说是可信的。

唐代的寿昌县，就是西汉至十六国时期的龙勒县，属敦煌郡（前凉时曾先后改名沙州和商州），在敦煌郡城西南 120 里（古里本大于今里，更因清雍正三年于敦煌故城之东另建新城，即今之敦煌城，距寿昌故城增为 140 里）。北魏正光六年（525 年）升为寿昌郡（见敦煌遗书《天福十年寿昌县地境》及 S.788），北周保定四年（564 年）废郡，省入敦煌县（见《天福十年寿昌县地境》）。建德八年（579 年）敦煌县改名鸣沙县，隋开皇三年（583 年）又改鸣沙为敦煌县，寿昌地面先后为敦煌县和鸣沙县所辖（以上见清·徐文范《东晋南北朝舆地表》）。大业十一年（615 年）于龙勒城内置龙勒府（见《元和郡县志》），唐武德二年（619 年），析置寿昌县，永徽元年（650 年）省入敦煌，乾封二年（667 年）再置寿昌县，建中初吐蕃占领（以上见《天福十年寿昌县地境》及 S.788，后者永徽元年作六年）。吐蕃占领时期，未见寿昌置县的记载，大约属敦煌县。大中二年（848 年），张议潮起义归唐后，复置寿昌县，并设军镇于此，名寿昌镇，历五代至北宋，寿昌县镇并存（以上根据敦煌遗书有关账册、题记及邈真赞的记载）。从宋景祐三年（1036 年）西夏占领以后，历经元、明、清至今 950 多年来再没有从敦煌分出单独建县。寿昌县废置期间，降为敦煌县内的一个乡，唐代名寿昌乡，西夏至清，乡名不详，民国至今，名南湖乡。渥洼水就在今南湖绿洲的

东南。

四、汉武帝对渥洼池出天马事的张扬举措

渥洼池出天马之事有幸被载入史册,并流传了两千多年,这是同汉武帝的有意张扬分不开的。汉武帝为了张扬此事,曾采取了多种措施:

(一)著为诗歌,传唱乐府

《史记·乐书》云:"又尝得神马渥洼水中,复次以为《太一之歌》。歌曲曰:'太一贡兮天马下,沾赤汗兮沫流赭。骋容与兮蹄万里,今安匹兮龙为友。'"《汉书·礼乐志》亦载此歌,歌名《天马》,歌辞为"太一况,天马下。沾赤汗,涂流赭。志俶傥,精权奇。荼浮云,晻上驰。体容与,迣万里。今安匹,龙为友。"《史记》早于《汉书》一百多年,所载应是原词,《汉书》所载,当是后来的改本,原篇名《太一之歌》,也改成了《天马》。

这首歌,首先宣扬的是神马来自天赐,意味着上天对武帝属意至深;接着夸赞此马体貌不凡、不远万里而来,投效王庭,意味着大汉帝国土广万里,宝物时出。通过夸赞天马,炫耀汉朝凭天之助,得地之宜,所以称为天子之国。

这首假戏真唱的诗歌出笼后,当时就遭到汲黯的尖锐批评。《史记·乐书》载:"中尉汲黯进曰:'凡王者作乐,上以承宗庙,下以化兆民。今陛下得马,诗以为歌,协于宗庙,先帝、百姓岂能知其音邪?'上默然不说。"汲黯的批评,毕竟敌不过皇帝的推波助澜,故这首歌从元鼎四年唱到王莽篡权,在皇家乐府中传唱了122年,著为西汉王朝祀典常奏之歌,影响既久且巨。"渥洼水天马"遂作为文学题材流传下来。后世接续出现难以计数的关于渥洼池天马的诗、词、歌、赋,直到现在还时而见到这个题材的作品。当然,这个题材和天马形象,随着时代的不同,其写作意图和内涵不断有所扬弃和发展。

(二)诏告全国,宣示天命

《汉书·武帝纪》载,元鼎四年六月得宝鼎于后土祠旁;秋,马生渥洼水中。"(元鼎)五年冬……十一月辛巳朔旦冬至,立泰畤于甘泉,天子亲郊见,朝日夕月,诏曰:'朕以眇身,讬于王侯之上,未能绥民,民或饥寒,故巡祭后土,以祈丰年。翼州雕壤,乃显文鼎,获荐于庙;渥洼水出马,朕其御焉。战战兢兢,惧不克任,思昭天地,内惟自新。《诗》云'四牡翼翼,以征不服。'亲省边陲,用事所极。望见泰一,修天文襢,辛卯夜,若景光十有二明。《易》曰:'先甲三日,后甲三日。'朕甚念年岁未咸登,饬躬斋戒。丁酉,拜况于郊。"这一年十一月初一冬至,干支为辛巳,皇帝郊祀于泰畤;同月十一日为辛卯,这天夜间天空出现明亮的景光十二道,意味着上天有所垂示。此后的第三天即同月十四日,干支为甲午,所以正合《易经·蛊卦》所说的"先甲三日"同月十七日干支为丁酉,这一天皇帝答拜上天之赐,时在甲午之后的第三天,是根据《易经·蛊卦》"后甲三日"而定的日子。这篇诏告,大约就是十一月十七日颁发的。诏告所举两大祥瑞,一为宝鼎出土,一为神马出水。宝鼎象征国家政权,故荐于宗庙;神马可驰骋天下,故"朕其御焉","以征不服"。诏告的精神很明显,就是告诉臣民,上天降赐宝鼎、天马,表示对大汉的助祐。天子按照上天的旨意统御天下,臣民应当顺从天意,服从天子的统治。若有"不服",天子将替天行诛,以制造皇权神授的舆论威慑人心。

(三)旌表天马故乡,建县取名龙勒

汉武帝为了张扬天马之事采取的又一措施,是在天马故乡设立龙勒县。

暴利长收天马是在龙勒县建县之前。那时,这里仅是敦煌境内一个边远村落,所以还被泛称为"敦煌界"。这一点,我们从东汉李斐的介绍叙述中可以看出。根据李斐提供的信息，我们还可以看出，龙勒县是在当地出了天马以后才升格成县的。

那么，此地为什么升格为县？又为什么取名"龙勒"？《史记》《汉书》都没有加以记述，此后的史学家也没有谁把它作为问题提出来加以讨论。看来答案似乎永远消失了。但是，既然建县是事实，取名龙勒也是事实，那么建县、取名的答案也就可能寓于其中。在答案不可外求的情况下，并不排除从事物本身寻求线索、找出答案的可能性。让我们先从"龙勒"这个突然被移植应用的词谈起吧！

《周礼·夏官·廋人》有"马八尺以上为龙"的说法，故后世每以龙来美称骏马。又《说文·革部》："勒，马头落（络的通假字）也。"龙勒就是马笼头。用龙勒作县名，不禁使人联想到暴利长"持勒靽，收得其马"的故事，那么龙勒就是制服天马的宝器，用来作地名，无疑是指收服天马的地方。

《周礼·春官·巾车》有"革路、龙勒，条（绦）缨五就"的话，是指为天子驾车之马的具装规格。旧注说龙是尨（读音 mang）的假借字，意思是黑白杂色。龙勒就是黑白杂色的马笼头。这种说法，大约有它的依据。但并不妨碍我们对龙勒作另一种理解。《公羊传·隐公元年秋七月》注云："天子之马曰龙"，那么龙勒就是"天子之马的笼头"。《天马》之歌："太一况，天马下"，颜师古注"言此天马乃太一所赐，故来下也。"既然太一赐给了天子，就成了天子之马，那么"龙勒"不就是天子控御天马的络头么？

如此看来"龙勒"这个词，是符合"收得其马"这一掌故的，又取义于诏书所谓"朕其御焉"的上谕，把天马降临之地取名"龙勒"，可谓意味深长。

设置龙勒县的时间，《史记》《汉书》亦无明载。《汉书·地理志》说龙勒县是敦煌郡的属县。而敦煌郡的设置时间说法不一，一般认为是在元鼎六年(前 111 年)。敦煌改郡之前,原是酒泉郡辖下的一个属县。元鼎六年分设敦煌郡,当是酒泉以西,敦煌周围已经建置了若干县份,具备了单独设郡的条件和必要性。《汉书·地理志》记载敦煌郡的辖县有敦煌、冥安、效谷、渊泉、广至、龙勒六县,其中除敦煌县为郡城附郭县之外,冥安、渊泉、广至、效谷四县都在郡城以东,仅龙勒县在郡城以西。这样,郡城的位置还勉强可以说是居中。假若设郡之时,龙勒尚未建县,则郡治的选点未免偏处西隅,腹背畸形过甚。以此度之,龙勒的设置当在元鼎六年建郡之前;从上面关于龙勒命名之由的分析来看,又当在元鼎四年秋武帝得到天马之后。这就是说:龙勒县的设置当在元鼎四年到六年之间(前 113—前 111 年),以元鼎五年十一月下诏的同时或稍后的可能性最大。

"上帝"降下一匹"天马",国内多出一个县份,渥洼垦区升格为县邑,这一连串的现象组成一个有机连锁。把龙勒县的设置同天马之瑞联系起来加以考虑,设置龙勒县的动因和时间就可以豁然贯通。原来龙勒县的设置也是汉武帝对天马之瑞的又一张扬举措。

敦煌遗书 P.5034、P.2691、S.367、S.788 及后晋天福十年抄本《寿昌县地境》载此县有龙勒山、龙勒泉、龙勒烽、龙勒镇,应当都是因在龙勒县境而得名。《太平寰宇记》卷 153 说龙勒县是因为"县东南有龙勒山"而得名,似乎龙勒山之名反而比龙勒县更早,笔者认为这种说法恰好是先后倒置了。至于后晋天福十年抄本《寿昌县地境》中说"龙勒山……周时龙马朝出咸阳,暮至寿昌,因以(于)此山之下遗其衔勒,故名龙勒山";又云"龙勒泉……按《西域〔传〕》云:汉贰师将军李广利西伐大宛,得骏马,愍而放之,既至此泉,饮(水)鸣喷,辔衔落地,因以为名"(P.5034、S.367 亦有相近之文)。实属以讹传讹,不足为据。

(四)协天马之瑞,铸马蹄金币

《汉书·武帝纪》载,太始二年(前 95 年)三月下诏说:"有司议曰:

往者,朕郊见上帝,西登龙首,获白麟以馈宗庙,渥洼水出天马,泰山见黄金,宜改故名。今更黄金为'麟趾'、'褭蹄',以协瑞焉。因以班赐诸侯王。"在此之前,黄金货币皆铸为饼形,自太始二年始改铸成"麟趾"(麒麟脚)、"褭蹄"(马蹄子)之形。褭蹄金,就是后世所说马蹄金。诏书告诉人们,铸造马蹄金是为了顺应"渥洼水出天马"的符瑞。这是汉武帝借渥洼水天马之事,在货币制度方面进行的张扬举措。把天马事件的影响,扩展到了经济生活领域。从此出现了一种新的货币形制,成为后世金银元宝的始祖,仿制流传了二千余年。

武帝改铸马蹄金,也还含有重要的政治因素。麒麟、天马之为瑞兽,是由于他们乐意归于有德。铸金为麟足、马蹄之形,以赐诸侯王,是要告诫他们:有德则往,非礼勿涉。西汉自高祖以来,不少人建功立业封侯封王,但同时也有不少王爷侯爷为非作歹,丧身灭国。笔者据《汉书·诸侯王表、王子侯表、高惠高后文功臣表、景武功臣表》等作过粗略统计,武帝从登基之初到太始二年春铸颁"麟趾""褭蹄"的45年间,诸侯王因谋反、投敌、矫命、玩法、诅上、残下、受赇、占夺、杀人、匿罪、弄虚、作假以及"丧服奸""禽兽行"等,犯罪被诛、夺爵、削国的达173人,几乎平均每年4人。这一现象暴露出高层统治集团的内部矛盾重重。早在元鼎五年得宝鼎、天马诏书中,武帝就已经引《逸诗》"四牡翼翼,以征不服"用以警告不逞之徒,如今,遍赐诸侯王马蹄金,是对诸侯王的再一次提醒。天子改铸此金是为了"协瑞",诸侯王领受此金自然应当束身检点,不得"悖"瑞。

五、渥洼池址的失传、讹传及重新考订

元、明两朝,敦煌居民经过四次迁出,当地汉唐子孙外流殆尽,甚至久居此地的蒙、藏居民也尽徙出,敦煌地区为之一空。随着本土居民外迁,本土文化的历史传统亦随之断绝,新迁入的居民,在不知当

地城堡、烽隧、山水、名胜固有之名的情况下,逐一给予新的命名,于是,旧名顿失,汉唐遗址遂莫能指。渥洼池就是这种情况下失其所在的。

敦煌居民的四次内迁是:

第一次在元朝至元二十九年(1292年)九月。因瓜沙不靖,乃令"沙州、瓜州民徙甘州。诏于甘、肃两界划地使耕,无力者则给以牛具农器。"(《元史·世祖本纪十》)

第二次在明正统十一年(1445年)秋。因沙州卫都督佥事喃哥与其弟沙州卫都督指挥使克俄罗领占内讧,部众携贰,甘肃镇将任礼率兵至,"遂收其全部入塞,居之甘州。凡二百余户,千二百三十余人,沙州遂空。"(《明史·西域二·沙州卫传》)

早先,罕东部人奄章,因种民不睦,数相仇杀,乃率众逃居沙州耕牧。奄章死,其子班麻思结继为首领,部落日蕃,力量壮大。迨任礼逼沙州卫居民全部迁入甘州,班麻思结遂全部占有沙州卫之地。班麻思结死,子只克嗣,成化十九年(1483年)九月,朝廷在沙州故城置罕东左卫,任命只克为都指挥使。正德四年(1509年)只克死,子乞台嗣。正德十一年(1516年)由于土鲁番人的侵逼,"左卫不克自立,相率徙肃州塞内,守臣不能拒,因抚纳之。"(《明史·西域二·罕东左卫传》)这是沙州卫居民第三次迁徙。

"乞台即内徙,其部下帖木哥、土巴二人仍居沙州,服属土鲁番,岁输妇女牛马。会番酋征求苛急,二人怨。(嘉靖)七年夏(1528年),率部族五千四百人来归","边臣悉处之内地","沙州遂为土鲁番所有。"(《明史·西域一·罕东左卫传》及同书《西域二·土鲁番传》,又同书卷198《王琼传》亦略载此事。)这是沙州居民第四次大迁徙。

这四次迁徙,第一、三两次人数失载,第二、四两次共迁走6630余人。明嘉靖七年(1528年)以后,土鲁番完全占领此地,陆续有少量的蒙、维、藏民迁此定居。

清康熙五十四年(1715年)渐次收复嘉峪关外之地,雍正三年(1725年),置沙州所,于故沙州城东党河东岸筑新城,即今敦煌市。时沙、瓜二州土广人稀,川陕总督岳钟琪奏请移民屯垦,至雍正七年(1729年),由陕、甘、宁境56州县迁来贫穷民户2405户至敦煌(见乾隆七年常钧著《敦煌随笔·户口田亩数》)。至此,汉人才又成为敦煌的主体民族。移民即来,对当地山川、城堡、烽台、名胜等处皆不知古名,遂酌情命以新名。如敦煌城南鸣沙山麓的沙井,因形如月牙,遂名月牙泉;龙勒即寿昌故城,已残破荒凉,遂名破城子;渥洼池萎缩,其下方聚水成池,因杂草腐殖,水生黄锈,遂名黄水坝。

当地官吏士绅,不乏学问之士,亟欲考订名胜古迹之所在,但因传世文献简略而又多所失载,敦煌遗书中较详备的地方志资料尚未出土,故考之难确。如判断寿昌故城为阳关城(清光绪三十一年春敦煌知县进士汪宗瀚于此城西南隅立碑,大书"古阳关"三字);敦煌城南10里的月牙泉,文人误以"月牙"为渥洼之音转,谬定为渥洼水,亦立碑于此,大书"汉渥洼池"四字,宣统二年(1910年)县令黄金绥特为月牙泉书联一楹云:

> 活水巧回环,问那如许清光,可曾有姮娥误奔;
> 灵沙常拥护,念此摩诃妙谛,还须望天马重来。

直到1944年,北京大学西北考察团考古组的阎文儒先生到敦煌南湖考察,在收集和研究敦煌出土的当地地志资料基础上,进行实地踏察,才推断今南湖乡黄水坝水库为渥洼池故址。他在《敦煌史地杂考》中指出,敦煌南湖乡的破城子即寿昌故城,又根据敦煌遗书《天福十年寿昌县地境》及P.5035、R2691的记载,得知寿昌故城东南10里的寿昌海即渥洼水,其处当时已建起小型水库,叫作黄水坝,"黄水坝之位置,距破城子近十里,可知即寿昌海,亦即汉渥洼水也。"(见阎文

儒《敦煌史地杂考》，《文物参考资料》1952 年 2 卷 5 期）

　　中华人民共和国成立后，黄水坝水库几经扩建，更名为南湖水库。在西、北两面筑起了千余米的土石堤坝和两个钢筋水泥结构的泄水涵闸，在南涵闸的西洞口上，额镌"渥洼池"以示游人。近年水库管理部门从湖北运来武昌鱼在渥洼池中安家落户，为所谓"渥洼池"增添了新的景观。

　　阎先生的考证，纠正了清人的误断。但是，其准确程度还有不足之处。按 P.5034《沙州都督府图经·寿昌县》残卷记载：此池"方圆可一里"，位置在寿昌故城"东南十里"。唐代 1 里大约为 0.54 公里，10 唐里为 5.4 公里，近 11 华里，但现在的南湖水库，北沿距寿昌故城约 3.5 公里，南沿距寿昌故城约 5 公里，水面平均宽度：东西约 1 公里，南北约 1.5 公里，积水面积 1.5 平方公里。从积水面积看，相当于唐代寿昌海的三倍；从距离寿昌故城的里数看，不到 10 唐里。这就表明现在的南湖水库并不是汉唐的渥洼池，汉唐的渥洼池还应在南湖水库南边 1 里。此处今有一泉，名为大泉。西北距寿昌故城约 12 里。根据方位里数比定，大泉应是渥洼池的水源，渥洼池当在其北。又据"方圆可一里（唐里）"的记载，那么水池北沿距寿昌故城正好 10 唐里（近 11 华里）。如此看来，大泉以北 1 里多的范围才真正是渥洼池故址之所在。现在这一范围内古来"深不可测"的水池，已经淤为平滩，唯有水道一流向北面的南湖水库送水。笔者认为，在此处建立渥洼水的指示说明牌，才是更为符合实际情况的。

　　（原刊《敦煌研究》1990 年第 3 期；又收入笔者《敦煌史地新论》，台湾新文丰出版有限公司，1996 年 3 月）

乐僔史事纂诂

一

乐僔和尚是莫高窟的创修者。记载乐僔创建莫高窟的文字资料，主要的有如下三件：

1. 武周圣历元年（698年）五月十四日立《左玉钤卫效谷府校尉上柱国李君修慈悲佛龛碑》，简称《李义碑》①。碑文中记载："莫高窟者，厥初秦建元二年（公元366年），有沙门乐僔，戒行清虚，执心恬静，尝杖锡林野，行至此山，忽见金光，状有千佛，遂架空凿岩，造窟一龛。次有法良禅师，从东届此，又于僔师窟侧，更即营建，伽蓝之起，滥觞于二僧。复有刺史建平公、东阳王等，各修一大窟。而后，合州黎庶，造作相仍……遥自秦建元之日，迄大周圣历之辰，乐僔、法良发其宗，建平、东阳弘其迹。推甲子，四百他岁，计窟室一千余龛。今见置僧徒，即为崇教寺也。"这是我们所见最早记叙乐僔事迹的资料。

2. 敦煌遗书 P.3720《莫高窟记》："右在州东南廿五里三危山上。秦建元中，有沙门乐僔，仗锡西游至此，遥礼其山，见金光如千佛之状，遂凿空镌岩，大造龛像。次有法良禅师东来，多诸神异，复于僔师

龛侧又造一龛,伽蓝之建,肇于二僧……"末署"时咸通六年(公元865年)正月十五日记。"此记晚于《李义碑》167年。

3. 莫高窟第 156 窟前室北壁左上方墨书《莫高窟记》题记,文曰:"右在州东南廿五里三危山上。秦建元之世,有沙门乐僔,仗锡西游至此,巡礼其山,见金光如千佛之状,遂架空□岩,大造龛像。次有法良禅师东来,多诸神异,复于僔师龛侧又造一龛。伽蓝之□肇于二僧……"末署"□□□□□通六年正月十五日记"①。敦煌文物研究所的专家们认为此题记乃是据 P.3720 卷子本上壁的,P.3720 卷《莫高窟记》为此题记的底本。

我们把上述三件资料加以比较,可以看出,后两件《莫高窟记》中的重要记叙和主要词句都是从《李义碑》抄录或略加改动而来的,试摘录对照比较于下:

李义碑	P.3720 卷子本	156 窟题记
秦建元二年	秦建元年中	秦建元之世
有沙门乐僔	有沙门乐僔	有沙门乐僔
杖锡林野	杖锡西游	杖锡西游
行至此山	至此	至此
忽见金光	见金光	见金光
状有千佛	如千佛之状	如千佛之状
遂架空凿岩	遂凿空镌岩	遂架空□岩

① 据欧阳琳 20 世纪 50 年代临摹本过录。临摹本中的繁体字,今为方便排印计,笔者改为简化字。

续表

李义碑	P.3720 卷子本	156 窟题记
造窟一龛	大造窟像	大造窟像
次有法良禅师	次有法良禅师	次有法良禅师
从东届此	东来	东来
又于傅师窟侧	复于傅师龛侧	复于傅师龛侧
更即营建	造窟一龛	造窟一龛
伽蓝之起	伽蓝之建	伽蓝之■
滥觞于二僧	肇于二僧	肇于二僧

摘句比较,清楚地表明两件《莫高窟记》关于乐僔、法良事迹的叙述是来源于《李义碑》,祖述《李义碑》并且是脱胎于《李义碑》的。既然如此,那么《李义碑》应该是我们目前所见关于乐僔、法良事迹最早而且是唯一权威性的资料。关于乐僔史料的理解,无疑应以《李义碑》之所载为准。

二

《李义碑》上距乐僔创窟之年已经 332 年,它关于乐僔事迹的记述,既非目验身历,那就也应别有所本。就是说,《李义碑》所述乐僔事迹也当有个引为根据的祖本。这个祖本,我们尚未发现,或许以后也不一定会有所发现。但我们通过推论,可以探求到若干蛛丝马迹。

《李义碑》记乐僔创窟事,系在前秦建元二年,即公元 366 年。然而此时的敦煌并不是前秦治域,而是前凉张天锡的地盘。前凉同前秦互为敌国,敦煌既属前凉,当然使用前凉的法定年号而不会用敌国前秦的年号纪年。当时前凉统治者张天锡使用东晋穆帝升平年号纪年①。1960 年,敦煌文物研究所在敦煌三危山与新店台之间发掘前凉人张弘妻氾心容墓,出土有两个纪年陶罐,墨书题记俱为"升平三年闰月甲子朔廿二日壬寅",是当时敦煌使用升平纪年的实物证据。乐僔创窟是在升平十年,三年后,敦煌莫高窟附近居民张弘妻氾心容死葬之时仍题升平年号,可知乐僔创窟之时必不用敌国前秦的建元年号纪年。《李义碑》把乐僔创窟之年题作建元二年,显然不是乐僔的自述,并且也不是乐僔同时代人的代述。若是乐僔自述或和他同时代人的代述,必是系在升平十年而不题作建元二年。

有的同志曾设想乐僔是东来的前秦和尚,所以他使用前秦敌国的建元年号来记述创修莫高窟之事。但这种说法站不住脚,因为:(一)前凉前秦互为敌国,乐僔即使是前秦和尚,也没必要并且不敢在前凉的敦煌使用前秦的纪年;(二)认为乐僔是前秦和尚只是一个假设,这个假设的前提是"乐僔东来说",而"乐僔东来说"是晚唐人的谬论(这一点,我们在后边将要论证),所以这个假设是不能成立的。因此我们排除了乐僔自题建元二年说的可能性。

乐僔创窟后十年,即升平二十年(376 年),前秦灭前凉占有敦煌。这时,敦煌既成为前秦治域,才可能使用前秦的纪年。这一年却是前秦建元十二年。

《李义碑》所载前秦建元二年乐僔创窟之说,无疑应是前秦占有

①东晋穆帝司马聃已于升平五年(361 年)死去,哀帝司马丕继位,公元 362 年改元隆和,公元 363 年又改元为兴宁。兴宁三年(365 年)哀帝死,废帝司马奕继位,公元 366 年改元太和。这一年就是乐僔创窟之年。前凉张天锡为了同苻氏的前秦对抗,仍然在名义上臣服东晋,使用东晋的年号。但因同东晋天各一方,往来交通被苻秦切断,东晋穆帝、哀帝、废帝相继禅位改元的消息传不到河西,所以张天锡一直使用晋穆帝的升平年号。乐僔创窟的公元 366 年在敦煌应是升平十年。

敦煌之后和前秦占领敦煌期间的产物。它早不过前秦占领敦煌的建元十二年（376年），晚不过吕光割据河西、废止前秦纪元，改元太安元年（385年）之前。从公元376年到公元385年是前秦领有敦煌的时期。在这个时期内，有人追述乐僔创修莫高窟之事，才会使用前秦建元二年这个特定的纪年。

乐僔创窟于建元二年说出现的时代，我们已进行了如上的推论，而此说的提出者亦即乐僔创窟事迹的追述者又可能是谁呢？

《李义碑》告诉我们，继乐僔之后在莫高窟早期建窟史上起过突出作用的重要人物有法良禅师和东阳王、建平公三个人。

东阳王名元荣，是北魏宗室，于北魏孝昌元年（525年）出任瓜州刺史，驻镇敦煌；永安二年（529年）受封为东阳王，仍兼领瓜州刺史驻节敦煌，直到西魏大统十年（544年）。这二十年间，他一直是敦煌的土皇帝。他在莫高窟开窟造像，应发生在这二十年之内。

建平公名于义，是北周重臣。在北周保定五年到建德五年（565—576年）的二十一年间任瓜州刺史，驻镇敦煌[①]。他在莫高窟开窟造像应发生在这二十一年之内。

东阳王元荣上距乐僔一百六十年，建平公于义上距乐僔二百年。他们都未亲见乐僔创窟之举，所以都不可能直接记述乐僔创窟事迹。虽然有可能根据传闻对乐僔事迹加以追述，但却不可能把乐僔开窟的前凉升平十年改换成前秦的建元二年。因为他俩都不是前秦子民，用不着也不可能在前秦灭亡一二百年之后仍然遵奉前秦正朔。因此，我们可以断言，前秦建元二年乐僔创窟之说，绝不可能是东阳王或建平公始作俑的。

---

① 此据施萍亭《建平公与莫高窟》一文的考证。施文载《敦煌研究文集》，甘肃人民出版社，1982年。

东阳王和建平公之外还有一位法良禅师。法良禅师生活的年代失去记载，从《李义碑》的叙述中我们只知道他在乐僔之后和东阳王、建平公之前。他后于乐僔多少年呢?《李义碑》说乐僔之后，"次有法良禅师"。《广雅·释诂三》云次，近也。就是说法良在乐僔之后不太长的时间，同乐僔生活的年代很接近。既然同乐僔生活的年代靠近，也就意味着离东阳王、建平公较远。我们再从他同乐僔在莫高窟建窟史上并有"滥觞"，"发宗"这个地位、这个作用和这个意义上推断，也应当得出同乐僔生活的年代比较靠近的概念。不然的话，他怎能同乐僔一并取得"滥觞"之称和"发宗"之功呢?

我们已知乐僔建元二年创窟之说产生于前秦领有敦煌的十年之间。这十间之间，可能就是法良禅师"次"乐僔之后在莫高窟"更即营建"的年代，也可能就是他对乐僔创窟事迹加以追述并把乐僔创窟之年系在建元二年的年代。如果这个推测不错的话，那么，法良禅师在莫高窟"更即营建"的年代上距乐僔少则十年，多则不过二十年。十到二十年的时间并不太长，对乐僔创窟之举身历目接者还大有人在，所以法良禅师完全可以有根据地追述乐僔创窟事迹。

这里须附带说明一个问题。清徐松在《西域水道记》卷三记载：敦煌"耆士赵吉云：乾隆癸卯（乾隆四十八年，公元 1783 年），岩畔（按：指莫高窟所在岩畔）沙中掘得断碑，有文云'秦建元二年沙门乐僔立'，旋为沙所没"；道光十一年至十四年（1831—1834 年）任敦煌知县的许乃谷在他的《瑞芍轩诗钞》一书的《千佛岩歌·序》中也说："余谓即有唐碑，必有前秦碑。访之耆士赵秀才吉，云乾隆癸卯曾于岩畔沙土中得断碑一片，书'前秦建元二年（原注：苻坚年号）沙门乐僔立'，旋为沙压，遍寻不得。"看来乾隆四十八年癸卯在莫高窟出土过"秦（或前秦）建元二年沙门乐僔立"断碑一事是可信的。但我们根据前述的分析来判断，这块断碑绝非前凉升平年间乐僔之所立，而应是前秦或前秦之后所立的。其中纵有"秦建元二年沙门乐僔立"的字句，也无非是后人追述乐僔创窟事迹之文字的片断而已。此碑是否即为法良之所立，因实物遗失，惜已无从查考了。

三

乐僔和尚是什么地方人？近年来中外谈论莫高窟史的各家著述都断定乐僔不是敦煌人，说他是从东部州郡云游来到敦煌的游方和尚。此说的根据是 P.3720《莫高窟记》和 156 窟《莫高窟记》所谓乐僔"仗锡西游至此"。既然乐僔是"仗锡西游至此"，当然是指从东边来到敦煌了。

但两《莫高窟记》"仗锡西游至此"之说并无根据。两《莫高窟记》之前从来没有乐僔从东西来敦煌的说法。两《莫高窟记》所依据的祖本《李义碑》说乐僔"尝杖锡林野，行至此山"，并没有说"杖锡西游至此"。"杖锡林野"是同"驻锡城市"相对而言，不是同"东方"相对而言。乐僔之所以"仗锡林野"，是由于他"戒行清虚，执心恬静"，说明他属于达摩所传禅宗一派。禅宗主张"静坐默念，发明佛心"，即通常所说的"修禅"，这一派僧侣修禅需要的是不受外界干扰的清静环境，所以乐僔不愿住在城市，而要到"林野"间寻找清静处所。他终于找到了莫高窟这个远离城市而又有寺庙的理想之地。《李义碑》的记述，恰恰意味着乐僔是敦煌城内的修禅和尚而不是四方奔波、长途跋涉的游方僧，《李义碑》介绍乐僔之后接着介绍法良时，特别是写明法良禅师"从东届此"。法良禅师"从东届此"，是以法良不是本地和尚为前提的，同乐僔"杖锡林野"以本城和尚为前提正好是不同的对比。鉴于这两个和尚出处来历有所不同，所以《李义碑》使用了不同的措辞加以区分。不然的话，《李义碑》为什么单指法良"从东届此"而不并言乐僔、法良皆"从东届此"？《李义碑》特指法良"从东届此"，正意味着乐僔不是"从东届此"。

两《莫高窟记》根据《李义碑》氢述乐僔行迹时，无端在"杖锡"之后加上"西游"二字，遂使乐僔莫须有地变成了外地来的游方僧，取消了乐僔敦煌本地的乡贯注籍，可以说是"失之毫厘，谬以千里"了。今人未加细审，轻信晚唐时代两《莫高窟记》的谬说，跟着错下来。时至如今，到了应该而且可以予以澄清的时候了。

笔者认为，乐僔"仗锡西游至此"，是晚唐时期两《莫高窟记》的杜撰。而这个杜撰可能是由于《莫高窟记》作者的粗心大意造成的。《莫高窟记》作者粗心大意，思致不密的表现，不只是造成乐僔"西游至此"之谬说，还造成了另一些混乱。例如：

1. 莫高窟从来是在鸣沙山东麓，而两《莫高窟记》却说"在三危山上"。即使认为鸣沙山属于三危山，也只能说莫高窟在三危山某峰峭壁间，而不能说在"山上"。

2.《李义碑》说乐僔在这里"造窟一龛"，《莫高窟记》却夸张为"大造龛像"。"大造龛像"意味着乐僔开窟之数、窟的规模、窟内塑绘都相当可观，绝非"造窟一龛"所指称的气局。

3.《李义碑》确指"秦建元二年"为乐僔开窟之年，这是有所祖本的。而两《莫高窟记》一说"秦建元年中"，一记"秦建元之世"。确切的年岁，被篡改成泛化的年代，这虽然不完全错，却不如《李义碑》那样准确，从史志笔法的角度来看，无疑是一处败笔。

4. 两《莫高窟记》在叙事逻辑上，毫无章法可循。开头讲前秦建元年间乐僔凿窟之事；接着却讲乐僔之前西晋时索靖题"仙岩寺"事；接下去又说唐延载二年及开元间修南北大像事，最后又是隋开皇时造讲堂事。叙述顺序上忽前忽后，前走后退，颠倒错乱，语无伦次，自古以来没有这种文法，没有这样的所谓文章。《莫高窟记》作者逻辑思维混乱，章法条例一无定准，写作态度非常轻率。这样的文章如果我们仍称之为文章的话,至少是不足据为典要的街巷小说之类的文章,怎么能把它当作信史看待呢?

《莫高窟记》既不足为据,《李义碑》就越发显示出它的权威性了。

四

"乐僔"二字读什么音?这个问题似乎没有什么重大意义。但是,读音关系到对字义的理解,关系到对乐僔和尚姓氏法号的认定,关系到对乐僔史事的考订。从这样的角度来说,"乐僔"二字的读音又是乐僔史料上一个颇有意义的问题。

"僔"字读做"遵"(zūn),字书上仅有这一个读音。

"乐"字却有六个读音。在不同的语言环境中,为了表达不同的意思,要求分别读做"岳"(yuè),"洛"(luò),"要"(yào),"勒"(lè),"料"(liào),"略"(luè)。

现在,中外学者不少人把"乐僔"二字读做"洛僔"(luò zūn)。这种读音有什么根据呢?按照这个读音,对字义的理解应当是:乐(luò),欢喜快乐;僔,恭敬谦让;合在一起是喜乐谦恭之意。按照这个读音和释义来理解,"乐僔"应当是这位和尚的法名。然而把"乐僔"理解为这位和尚的法名(即僧名)对不对呢?

把"乐僔"读做"洛遵"(luò zūn),"僔"字既然仅有一个"遵"(zūn)音,自然是没有什么疑问的了。而把"乐"字读做"洛"(luò),有什么根据呢?《佛地论(五)》说:"适悦身心名乐"。和尚把"乐"字取作法名的组成部分,是可以说得过去的。但是道理说得过去的不等于事实如此。有的道理上说得过去,事实也是如此;有的道理上说得过去,事实却并不如此。"乐僔"之"乐"读做"洛",就是道理上说得过去,事实上却并不如此的。

P.2605《敦煌郡羌戎不杂德政序》是后唐时的写卷。此文叙及莫高窟创修事说:"秦僧有缘,唱导于精微("微"字原误作"征")之内",旁有小字原注云"岳遵禅帅,起创仙岩"①。这里的"岳遵"毫无疑问即是乐僔。"秦僧",而且是"起创仙岩"(按:仙岩是莫高窟现知最早的名字)的秦僧,并且名字叫作"岳遵"的不是乐僔还有谁呢?

可能提出疑问的是,文章作者为什么把"乐僔"写成"岳遵"?这是因为作者彦熙和尚不是敦煌人,是"西天取经"途经敦煌的"洛京左街福先寺"的和尚。关于乐僔起创仙岩的事迹,是他从敦煌人的介绍中得知的,用他自己文章中的话来说,是"每闻达寮高德屡讲"而知的②。敦煌人把"乐僔"读做"岳遵",口耳相传,口耳相接,彦熙据音下字,所以把"乐僔"写成了"岳遵"。彦熙听而写成"岳遵",反过来可以证知教煌人是把"乐僔"读做"岳遵"的。本地人读本地地名或人名往往有特定的读法,这完全是本地的传统沿袭。这样的事例,至今仍然屡见不鲜。

后唐时期敦煌人根据古来的沿袭把"乐僔"读做"岳遵",给我们留下了这两个字道地的准确读音,足以纠正今人想当然地读作"洛遵"之音的失误。

"乐"字读做"岳"音,不外三种含义:(一)是音乐之乐,作名词用;(二)是奏乐或赏乐之意,作动词用,如《孟子·梁惠王》:"独乐(yuè)乐(lè);与人乐(yuè)乐(lè),孰乐(lè)?"此文"乐"字读"yuè"时即为赏乐之意;(三)是姓氏之乐,作姓氏用,如乐毅、乐史。乐字读"岳",且同"僔"字组合成词组,应该是取用哪个意义呢?若取音乐之义,则"乐僔"意为音乐谦恭,主谓互不搭配,不能成为词组,当然不能用为人名;若取奏乐、赏乐之义,则"乐僔"意为奏乐谦恭或赏乐谦恭,同样是

---

①②以上引文,皆见于 P.2605《敦煌郡羌戎不杂德政序》。

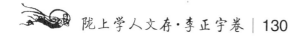

主谓互不搭配,不能成为词组,当然也不能用为人名;若取姓氏之义,则"乐僔"为姓乐名僔,搭配合辙,了无扞格。《李义碑》和两《莫高窟记》把"乐僔"称作"僔师",犹如人们把僧肇、僧璨称为肇师、璨师是因为名肇名璨一样,乐僔也是单名一个"僔"字。

如何称呼和尚的姓名,不外四种情况:

(一)是称呼和尚的俗姓俗名,如刘萨诃(法名慧达);(二)是称呼和尚的法名,如玄奘、法显;(三)是在法名之前加上师姓或"佛姓"。宋叶梦得《避暑录话》云"晋宋间,佛学初行,其徒犹未有僧称,通曰'道人',其姓皆从所受学。如支遁本姓关,学于支谦为支;帛道犹本姓冯,学于帛尸黎蜜,为帛是也。至道安,始言佛氏释迦,今为佛子,宜从佛氏。乃请皆姓释。"(四)是称呼和尚的俗姓加法名。这在敦煌是极为常见的,如 S.2729《辰年三月僧尼部落米净瞀牒》开列敦煌诸寺僧尼301 人,全都是俗姓加法名,无一例外,如:张菩提、王澄寂,阴戒荣,徐法真,索妙性等等。乐僔也是俗姓加法名。入乡随俗,恰巧表明敦煌僧称的地方特点和习惯。敦煌人这样称呼他,也许不仅仅是当地人好用俗姓加法名的称呼法,恐怕也因为他只有一个单名"僔"字,叫起来不上口,加上俗姓叫起来顺当,而且加上俗姓称呼他,更有表彰这位"起创仙岩"者出身族姓的作用。在追记他开创莫高窟的功德时,顺便给敦煌乐姓之族以荣誉。

五

敦煌地区从晋到唐乃至五代时期,的确有乐姓人氏生活蕃息。

早在西晋初年,敦煌就有乐生其人。1944 年夏鼐先生等在敦煌西北大方盘城一所废堡颓墙下发掘出碑碣一方,碑高四尺,宽六寸,镌刻隶书三行,文曰:

泰始十一年二月

十七日甲辰造

乐生

向达、夏鼐和阎文儒先生认为乐生当为城工的主事者,城堡竣工之日,乐生立碑为纪。碑云"泰始十一年",实为咸宁元年(275年),因敦煌远在西陲,尚不知改元,故仍用泰始年号。这是目前所知敦煌地区最早的乐姓人氏。在乐僔之前九十年。

北魏孝文帝延兴三年(473年)纪,有敦煌镇将乐洛生破蠕蠕入侵事。乐洛生又晚于乐僔一百来年。

到了唐代,又有乐庭瓌其人。莫高窟第130窟甬道北壁男供养人画像旁的题记曰"朝议大夫、使持节都督晋昌郡诸军事、守晋昌郡太守、兼墨离军使、赐紫金鱼袋、上柱国乐庭瓌供养时";同窟甬道南壁女供养人画像为乐庭瓌之妻及二女,均有题记载明。据推断,乐庭瓌出任晋昌郡太守约在开元、天宝年间,上距乐僔三百五十年左右。

P.2555《敦煌唐人佚诗》有《赠乐使君》一首,乐使君,不知是乐庭瓌或是另一人。S.2041《儒风坊西巷村邻等社约》所载人名中有乐宝岩其人。此文写于张义潮起义后的大中年间(848—859年),上距乐僔差不多五百年。

S.1946《宋淳化二年(991)韩愿定卖家姬盐胜契》中所列知见人,有龙兴寺法律乐善安其人。

以上资料表明,从西晋到北宋,敦煌地区一直有乐姓人氏在活动。上下五百多年间敦煌乐姓人氏时见载籍,表明敦煌乐氏之族源远而流长。

此外,P.2738《太公家教》卷背录载敦煌诸寺庙之名,中有"乐家兰若"。"乐家兰若"当然是敦煌乐姓之族修造的佛寺。它始建于何时何人虽不可考,但直到五代时仍然是敦煌数得着的寺庙,说明它依然香火燔燎,晨钟暮鼓之声未绝。

上面列举的敦煌乐姓的若干资料，给我们推断乐僔为本地乐姓出家僧侣提供了可资参证的背景材料。看来，敦煌乐氏族姓中出一个乐僔和尚并不是不可能的。

（原刊《敦煌研究》1985 年第 2 期）

关于金山国和敦煌国建国的几个问题

正史关于金山国的记述仅见于新旧《五代史》。《旧五代史·吐蕃传》云"沙州，梁开平年中有节度使张奉，自号'金山白衣天子'。"《新五代史·吐蕃传》一字不多一字不少地照抄《旧五代史》二十字的原文，如果不借助敦煌遗书中保存下来的资料，人们对两《五代史》所记金山国事简直无法捉摸。王重民先生 1935 年从敦煌遗书中搜集了一部分金山国史料，并进行了论证，①人们才对金山国的轮廓形成了初步概念。随着敦煌遗书资料整理研究的进展，人们又发现张承奉时代敦煌地区还有一个敦煌国存在。金山国和敦煌国都有许多问题还不清楚，更有一些问题有待进一步澄清。关于金山国和敦煌国的建国年代、国号、帝号、王号、年号等就是一连串有待探讨的问题。这一连串问题关系到金山国和敦煌国的性质、建国原因和历史过程，是敦煌史中颇有特点的重要问题，它对研究晚唐五代时期河西政治、经济、民族关系以及研究五代至宋时期曹氏归义军史都有相当重要的意义。本文主要根据敦煌遗书资料，谈一些个人的认识。

一、关于金山国建国的年代

王重民先生根据 P.2594+P.2864 颂扬金山国祥瑞的《白雀歌》卷末题写的"乙丑年二月"字样，推断金山国建立于天祐二年二月，②学

---

①②见王重民《金山国坠事零拾》。

者多从之。而笔者年来董理金山国史料，觉得王先生这一推论颇嫌根据不足。

《白雀歌》卷尾杂写共八行，可分三组：

第一组三行，文字为：

乙丑年一月

乙丑年三月

乙丑年二月

第二组三行，文字为：

仲春渐暄伏惟

指撝尊体

仲春渐暄伏惟

第三组两行，在第一组文字两空间之下，文字为：

勅归义军节度

使押衙阳音久银青

三组文字，笔迹各不相类，而且又同《白雀歌》书法笔迹迥异，可知四者并非一人一时所写。三组杂写，同《白雀歌》抄件看不出有什么必然联系，把"乙丑年二月"作为抄写《白雀歌》的纪年题记并没有根据。因此，重民先生推断"乙丑年（九〇五）二月""为（承）奉建国之年之月"，是难以成立的。

那么，金山国究竟成立于何时呢？笔者在《谈〈白雀歌〉尾部杂写与金山国建国年月》一文中通过分析论证，认为应在天祐三年（906年）五月至十一月之间。这里，还可以根据其他资料，作进一步的证明。

朱全忠逼唐昭宗迁都洛阳，于天复四年闰四月十一日改元天祐。八月十一日，指使党羽夜闯宫门杀死昭宗。八月十五日把十三岁的太子李柷扶上皇帝宝座，是谓昭宣帝，仍用天祐年号。《通鉴·后梁纪》开平元年四月乙亥条云："是时惟河东、凤翔、淮南称天祐，西川称天复年号。"胡三省注云："天复四年,梁王劫唐昭宗迁洛,改元天祐。河东、西川谓劫太子迁都者梁也,天祐非唐号,不可称,乃复称天复五年。是岁(指天祐四年,梁开平元年)梁灭唐,河东称天祐四年(九〇七),西川仍称天复。"

远离洛阳5000里而且道路不靖、消息隔绝的敦煌,对天复四年闰四月改元天祐及杀昭宗、立昭宣帝的事都一无所闻。所以,天复四年闰四月改为天祐元年之后,敦煌仍使用天复四年纪年,例如:

(1)P.3324背《应管衙前押衙兵马使子弟随身等状》,末署"天复四年甲子八月八日"。

(2)P.3155《神沙乡百姓贾员子租地契》,文云"天复四年岁次甲子,捌月拾柒日"。

直到天祐二年(905年)四月之前,敦煌仍然是用天复纪年。例如:

(1)S.5747《归义军节度使南阳张某(即承奉)祭风伯文》,题"天复五年(九〇五年)乙丑岁正月壬□〔戌〕朔"。

(2)S.5534《金刚般若波罗密经》,末题"时天复五年(九〇五年)岁次乙丑三月一日写竟,信心受持,老人八十有二"。

但是,从这一年的四月下旬开始出现了天祐二年的纪年①。例如:

---

①这里说"从这一年的四月开始出现了天祐二年(九〇五)的纪年",并不是说这一年不用"天复"纪年了。事实上,这一年是"天复""天祐"两号并用时期。敦煌遗书中在这一年四月以后仍记为"天复"五年的可举出如下二例:

(1)S.2575〈2〉《灵图寺徒众请大行充寺主牒》末署"天复伍年捌月"。

(2)P.3381《秦妇吟》末题"天复五年乙丑岁十二月十五日,敦煌郡金光明寺学仕张龟□"。"天复""天祐"共享的现象,到次年(906年)就有了变化。次年上半年用天祐纪年,下半年用天复纪年。一年之内用两种年号,却分做上半年和下半年两段。其原因和意义颇为重要,说详下文。

（1）S.5444《金刚般若波罗密经》末题："天祐二年岁次乙丑四月廿三日，八十二老人手写此经，流传信士。"

（2）S.5965《金刚般若波罗密经》末题"天祐二年乙丑十二月廿日，八十二岁老人手写流传。"

次年，接着出现天祐三年的纪年。例如：

（1）敦煌县博物馆藏《金刚经·知见不生分第三十一》末题"唐天祐三年丙寅正月廿六日八十〔三岁老人，刺血和墨□□〕。"（原题记今残，此据原收藏者敦煌祁子厚先生之子祁鑫记忆而补足之。末尾残破一角，约缺二字。）

（2）S.5451《金刚般若波罗密经》末题"天祐三年岁次丙寅二月二日，八十三老人自刺血写之。"

（3）S.5669《金刚经》末题"天祐三年丙寅二月三日，八十三老人，刺左手中指出血，以香墨写此金经流传，信心人一无所愿，本性口空，无有愿乐。"

（4）P.2876《金刚般若波罗密经》及《大身真言》小册子，册尾题云"天祐三年岁次丙寅四月五日，八十三老翁刺血和墨，手写此经，流布沙州一切信士，国土安宁，法轮常转，以死写之，乞早过世，余无所愿。"

天祐纪年之出现，表明敦煌已经知道了中原王朝改元天祐的消息，而且使用了天祐纪年，并不像河东节度使晋王李克用和西川节度使、蜀王王建那样以为"天祐非唐号"而拒称天祐。

上引敦煌八十三岁老人写经题记最能说明敦煌得知中原改元天祐和敦煌使用天祐纪年的事实：他在公元九〇五年三月一日的写经中记为"天复五年，岁次乙丑，三月一日"（见前引 S.5534），而同年四月廿三日的写经题记中却改题为"天祐二年，岁次乙丑四月廿三日"

（见前引 S.5444）。前后相隔五十来天，却有天复、天祐年号之不同，可以作为这一期间内敦煌已知改元消息并且改用了天祐年号的证据。

敦煌使用天祐年号仅有一年左右的时限，即天祐二年四月到天祐三年四月。但从天祐三年十一月起又改纪年为"天复六年"。例如：

（1）北图荒字二号《梵网经》，末题："天复六年（九〇六）丙寅岁，十一月廿日，接表布戒全还，永惠记。"（按：原文似有脱误。）

（2）P.3214《哀子蝇子祭河伯将军、桥道之神文》，文云："维大唐天复六年（九〇六），岁次丙寅，十二月庚辰朔，廿一日庚子。"①

（3）S.2630《文书尾纸》题云："天复六年（九〇六）丙寅岁润十二月廿六日，氾美赞书记。"

敦煌在这一年之内，由天祐三年改换为天复六年，从此开始，接着出现天复七年、八年、九年、十年的纪年。而这一期间，中原使用的天祐四年和朱温篡唐后改行的开平年号，在敦煌都没有出现过②。这里有两点应予注意：第一，天祐三年没有下半年的纪年；第二，天复六年没有上半年的纪年；天祐三年（906 年）的纪年到四月为止，而天复六年（906 年）的纪年从十一月起。中间虽相隔半年，却以两个不同的年号相接，表示了所用年号的更换，这个年号更换期就在天祐三年（906 年）四月到十一月之间。

---

①敦煌自中唐以降下至北宋，皆自制历日，每同中原历相差一二日（详见施萍亭《敦煌历日研究》。此云"十二月庚辰朔"，中原历十二月则为己卯朔，朔日干支相差一天。

②敦煌遗书 S.5613《书仪》夹行间所抄《上酒曲子南歌子》末题"开平己巳岁（开平三年公元九〇九年），七月七日简题，德深记之。"是敦煌遗书中仅见的开平纪年。但据《书仪》文云："仆不才，蒙授临河县宰"，及"伏承司空仁恩，察以公干，擢拜河间长官"等语而断，知非敦煌本土之物。此件遗书应系后来由中原流传至敦煌者。

笔者在这里要提请注意：这一年四月之后，敦煌地区"天祐"年号为什么消失，而突然出现已经改废了的天复年号呢？

这个问题，必须联系金山国建国之事加以思考。

P.3633 金山国大宰相兼吏部尚书张文彻所写的《龙泉神剑歌》①，原稿涂去之句有云"自从登祚十三年"字样。"登祚"一词，除可以指皇帝登基之外，又可以指官职进位，如《蔡中郎集》中《琅琊王傅蔡君碑铭》云"若时征庸，登祚王臣"，即指后者。按张承奉自乾宁元年（894年）代索勋掌管归义军，至天祐三年（906年）首尾适为十三年。《龙泉神剑歌》文云"一从登极未逾年"，"登极"者指张承奉登上金山国白衣天子之位；"未逾年"者，言在此天祐三年之内也②。据此可知，张承奉

①P.3633《龙泉神剑歌》作者署名为"大宰相江东吏部尚书臣张厶乙撰"；同卷又有他写的《西汉金山国左神策引驾押衙兼大内支度使、银青光禄大夫、检校国子祭酒、御史中丞、上柱国、清河张安左生前邈真赞并序》，署衔为"大宰相吏部尚书兼御史大夫"；S.5394《上启》中题名"宰相兼御史大夫张文彻"。从知张文彻即《龙泉神剑歌》的作者。其第二子为沙州僧政，僧名喜首。P.3718《梁故管内释门僧政临坛供奉大德兼阐扬三教大法师赐紫沙门张和尚写真赞》云"和尚俗姓张，香号喜首，即是首厅宰相检校吏部尚书张公之中子也"。此张公，即张文彻。早在光启三年张淮深当政时他曾作为沙州请节专使之一赴长安为张淮深请旌节。张淮深、张文彻同姓不同宗，淮深为南阳郡望，文彻为清河郡望。所以二张又可以结为亲戚，韦利《斯坦因获取之敦煌绘画目录》第431号，功德主张淮深第四子张延锷题记中称喜首为表兄。据此，更知张文彻当为张承奉之长辈表亲。

②"未逾年"之"未"字，原误写作"始"，复改为"未"。王重民先生在《金山国坠事零拾》中，为了同他提出的金山国建国于"天祐二年二月"说取得呼应，作了如下的解释："盖此歌（按指《龙泉神剑歌》）作于即位之次年（九〇六）一、二月间，以时令言为始逾年，以实数言为未逾年，则在献《白雀歌》次年，即天祐三年（九〇六）也。"笔者前已指出，《白雀歌》卷末杂写"乙丑年二月"并非抄写者手书之题年，据此推断金山国建于乙丑年实为失据而非。笔者以为"始"为误书，"未"乃改正之字，当据改正之字定为即位之当年。

登天子之位即在天祐三年。那么,金山国也就同时诞生了。

张承奉自称白衣天子,改河西归义军为金山国,与之相应的是废除朱全忠所操纵的假唐朝的天祐年号,继续使用被朱全忠杀害了的唐昭宗的"天复"年号,以示忠于唐朝,继承唐统,特自异于弑君贼臣朱温之意。

同一年内使用天祐三年的纪年到四月为止,而从十一月开始改用天复六年纪年,中间六个月正是由天祐年号转变为天复年号的衔接点,也就是金山国建国、张承奉登天子之位并宣布"改年号"的可能时限。由此,天祐三年改为天复六年才可以得到合理解释。写于张承奉即位之当年的《龙泉神剑歌》中所说的"改年号,挂龙衣,筑坛拜却南郊后,始号沙州作京畿"①句也由此可以作出解释,并从而得到了落实。

金山国建于天祐三年还可以举出下面一条旁证:

朱全忠于天祐元年(904 年)八月杀昭宗,次年(905 年)二月初九缢杀昭宗诸子德王裕、棣王祤、虔王禊、沂王禋、遂王祎、景王祕、祁王琪、雅王祯、琼王祥等九王,并投尸池中。夏五月七日(乙丑),彗星再现,占者曰"君臣俱灾,宜诛杀以应之";朱全忠的心腹,宰相柳灿"疏其素所不快者"于全忠曰:"此曹皆聚徒横议,怨望腹非,宜以之塞灾异";另一心腹李振亦言于朱全忠曰:"衣冠浮薄之徒紊乱纲纪……不若尽去之"。于是开始了一场大规模的诛杀贬谪活动,"搢绅为之一空"(以上引文俱见《通鉴·唐纪》天祐二年条)。天祐二年五月以后,京洛搢绅纷纷外逃,"是时,唐衣冠之族多避乱在蜀"(《通鉴·后梁纪》开

---

①原卷照片"京畿"二字之上依式敬空一字,"京"字草书作"京","畿"字残缺作幾。王重民先生当年在巴黎过录原卷,匆匆不及细审,故在《金山国坠事零拾》中"京畿"二字作疑缺处理,录为"□□"。

平元年条），蜀地逐渐聚集了不少人才。《白雀歌》曾赞美张承奉"蜀地求才赞圣明"，就是以这个背景作前提的。京城搢绅大夫于天祐二年五月前后纷纷逃亡蜀地，消息传到敦煌需要数月的时间，张承奉再派人去蜀地求才，又需数月，从时间上判断，张承奉"蜀地求才"之举最早亦当在天祐三年夏秋之际，同我们前面关于金山国建立于天祐三年四月至十一月间的推断基本吻合。不然的话，假设金山国成立于天祐二年二月，其"蜀地求才"之举必发生在天祐二年二月之前。同史载之实就大有乖违了。

二、关于金山国的性质及"金山国""金山天子"名号的意义

金山国的全称是"西汉金山国"①。

"西"，言其国所居之方位。显然是以中国为坐标的；"汉"，言其国之民族属性。"西汉"连言之，意为西部汉人之国，相当于《淮南子·时则训》所说的"西方之极，自昆仑，绝流沙，沈羽，西至三危之国，石城金室，饮气之民，不死之野，少皞，蓐受所居者万二千里"之国。

"金山"，亦名金鞍山。在敦煌西南境，古为同楼兰、于阗、退浑分界之岭，即今甘、青、新三省交界处之阿尔金山。S.5448《敦煌录》云"金鞍山在沙山之南，经夏常有雪，山中有神祠甚灵，人不敢近。每岁土主望祀，献骏马驱入山中。稍近，立致雷电雹之患。"敦煌人把它同州城东南的三危山视为护卫敦煌的两座神山。P.3633《沙州百姓上回鹘可汗书》云："沙州本是善国神乡，福德之地……东有三危大圣，西有金鞍毒龙，尝（常）时□卫一方处所。"《白雀歌》也这样写金山和

---

① 今所见之金山国正式文件如 P.4632《宋惠信改官敕》，题头为《西汉金山圣义神武白帝敕》；P.3633 金山国宰相所撰《张安左邈真赞》题头全文为《西汉金山国左神策引驾押衙、兼大内支度使、银青光禄大夫、检校国子祭酒、御史中丞、上柱国清河张安左生前邈真赞并序》，皆作"西汉金山国"可证。

三危山：

　　嵯峨万丈耸金山，白雪凝霜古圣坛，企鞍长挂漱雨树
（澍），神通日夜助王欢。

　　每向三危修令得（德），唯祈宝寿荐明君。

一个象征着宁静安乐，一个象征着福寿绵延。

　　如果放眼河西延袤万里之域，则东有祁连山，西有天山（据《龙泉神剑歌》"西取天山瀚海军"之语，天山当指今新疆吐鲁番北部的天山，其主峰今名博格达山，在阜康县南）。祁连山是甘州回鹘之所居；天山为西州回鹘之所据。自从承奉乃祖张议潮起义驱逐吐蕃之后，东西两支回鹘势力成为对敦煌危害最大的敌人。张议潮、张淮深叔侄两代主政期间一直被东西两支回鹘势力侵扰不休，所以在《张议潮变文》和《张淮深变文》中都成为当地文学描述的主题之一。张承奉担任归义军节度使初期，大约在光化年间（898—901年）回鹘人就曾打到敦煌近郊，焚烧了金光明寺的佛殿①。张承奉建立金山国的当年，回鹘人更多来侵，企图把金山国扼杀在摇篮里。《龙泉神剑歌》说"今年回鹘数侵疆"即指此事。其中最大的一次入侵发生在金山国建国当年的"金风初动"的初秋时节。回鹘人从甘州方面打来，在"金河东岸"（今酒泉讨来河以东）大战一场，结果，敦煌东界防线被突破，回鹘军队长驱直入，直抵敦煌城东安营扎寨，城东千渠和城北无穷渠（今郭家堡至转渠口）一带受到回鹘铁骑踩躏。金山国天子亲自披甲上阵，著名将领浑鹞子、阴仁贵、宋中丞、张舍人等奋力应战，好不容易才把入侵之敌赶出沙州。

　　张承奉祖孙三代之志都倾注于统一河西，建立以汉族为主的安

---

①见S.3905《天复元年□（五？）月十八日金光明寺造窟上梁文》。文中说："玁狁狼心犯塞，焚烧香阁摧残，合寺同心再建，来生共结良缘。"

定之区。金山国的建立就是在晚唐末年中原多故、河西失控的局势下，归义军领导人重整河西之志的集中体现，它的矛头就是对准着回鹘、吐蕃、羌浑等周围民族的。《龙泉神剑歌》"东取河兰广武城，西取天山瀚（瀚）海军，扫定燕然铁□镇，南尽戎羌逻莎（即今拉萨）平"①，就是金山国战略宏图的概括表述。其中主要的矛头是指向东西两支回鹘势力。所以《龙泉神剑歌》在叙述其四方征伐计划之后，又再次强调"打却甘州坐五凉"，"兼拔瀚（瀚）海以（与）西州"。

我们说金山国的矛头针对周围民族，另一层意思是说它的矛头不是针对中原王朝的。从表面上看，作为中原王朝藩镇之一的沙州归义军竟自建王国，的确是脱离中原王朝的分裂割据行动。但是，这个行动却是对黄巢起义以来中原王朝自顾不暇、更不顾河西而听其日益混乱的局势之奋起自振的行动，是张氏先人"破却吐蕃收旧国""赖得将军开旧路（中西交通之路）"之志的继续。当张承奉立国建号之时，仍着意突出一个"汉"字，甚至后来败在回鹘手下发出实同降表的《沙州百姓上回鹘天可汗书》中仍念念不忘"沙州本是大唐州郡"，"太保……归唐……承恩至重"，"太保……趁却节儿，却着汉家衣冠"，表明其葵藿之心是坚定不移的。

新旧《五代史》记载张承奉作为"节度使"而"自号白衣天子"，所寓贬斥之义甚明。近年敦煌学界有一些先生指责张承奉是分裂祖国统一的野心家，这除了是朱梁王朝和《五代史》的旧调翻新之外，看不出有什么真知灼见。

当时，周围民族对敦煌地区在进行蚕食，并阻碍着敦煌同中原及

---

① 王重民先生关于这儿句的录文有所脱误，此据原件照片加以校正。以下所引原卷之文或同《金山国坠事零拾》之录文有所异者，乃是笔者据原卷照片仔细订正后的录文。

西域正常的经济文化往来是事实；中原王朝自顾不暇、听任河西扰乱、使敦煌陷于"四面六蕃围"的孤岛状态中也是事实；朱全忠杀害昭宗、剪除异己、加紧篡唐活动又是事实。在这种情况下，难道应要求张承奉听命于朱全忠，或者相反地要求他出师勤王远征洛阳吗？难道应当取缔敦煌军民建立金山国、自治图存的权力吗？

但是，从另一方面来说，张承奉没有致力于寻求一条同周围民族缓和矛盾改善关系的路线，而采取激化民族矛盾的错误国策，终于败没于同回鹘民族角斗的漩涡中，又的确是不明智的。后来继任者曹氏接受张承奉的教训，改变对周围民族的策略，化敌对为友好，变不共戴天为两地相安；同时，鉴于中原既已改朝换代、重建了皇统，就又主动回到了中华民族大家庭中来。

从上面的分析我们看到，金山国可以说是以"尊王攘夷"为国本思想的。这在西汉金山国名号的含义中也可以得知。

西汉金山国所居的西方不是世界之西方，而是中国版图之内的西方。中国大版图之内，中央王朝居中，是四方的坐标。没有中央，就没有四方。张承奉以西方自居者，寄托着以中央为宗主的意思。

古之王朝，以东西名之者，率皆后人据其国都迁易之方位而呼之者，如西周、东周、西汉、东汉、西晋、东晋、西魏、东魏等皆是。独张承奉所建之金山国以"西"自名，其自退一隅的含义颇值得深思。

自古更革创业之君，皆自我尊大，自命为天下之王、四方之主，总天下之枢纽，握历运之璇玑，而君临世界。独张承奉自退一隅，以西部为职司之所，其尊崇中央之意甚明。按传统的五行观念来说，西方属金，其色白，其司征伐。而中央属土，金生于土，故土为金之母；至于金的其他赋性，一自中央土得之。董仲舒《春秋繁露·五行之义》云："故五行而四时者，土兼之也。金木水火，虽各职，不因土，方不立，若酸、咸、辛、苦之不因甘不能成味也，甘者是味之本也。土者，五行之主也。"隋萧吉《五行大义·辨体性》亦谓;"土居中以主四季,成四时。"按汉民族传统的五行观念加以体会,金山国所自居的西方,乃是中国的一个方面。《太平御览》七十九引《尸子》云:

> 子贡问于孔子曰:"古者黄帝四面,信乎?"孔子曰:"黄帝取合己者四人,使治四方,不谋而亲,不约而成,大有成功,此谓四面也。"

如果从"黄帝四面"之义来解释的话,西汉金山国无疑就是汉国西部职方治域的意思。根据这一概念,它规定了"尚白"的服色制度,也表示出对中央黄色的逊揖。金山国皇帝之称为"圣文神武白帝"(见 P.4632)、"圣文神武天子""金山天子"(以上见 P.2838 及 P.2885背)、"白衣天子"(见《五代史·吐蕃传》),也是根据五行之义而定的名号。

班固《白虎通德论·号》曰:"受命王者,必择天下美号,表著己之功业,明当致施是也,所以预自表克于前也。""圣文神武白帝",即张承奉所择之"美号",其中"圣文神武",则是"表著己之功业,明致施"者,用 P.2838《转经文(2)》的话来说,即"上标文星,深藏武德"之谓;"白帝"者,即图谶所谓"西方之帝",乃张承奉用以"预自表克于前"者也。"白衣天子"即西方之天子。《吕氏春秋·十二纪》《礼记·月令》及《淮南子·时则训》皆云西方秋令,盛德在金,"天子衣白衣、乘白骆、服白玉、建白旗。《龙泉神剑歌》表述为"国号金山白衣帝",《白雀歌》表述为"白衣白鞋白纱巾,白马银鞍佩白缨","白旗白绂白旄头,白玉雕鞍白瑞鸠","白旄神纛树龙墀","白银枪悬太白旗,白虎双旌三戟枝"。"天子"之号,今人多注意其"至尊"之义,而忽视其"以爵事天"[①]

---

① 班固:《白虎通德论·号》。

"视天如父,事天以孝道"①、"天祐而子之"②、"为人子而不事父者,天下莫能以为可;今为天子而不事天,何以异是"③这种并非唯我独尊的谦义。

可以看出张承奉的"白帝""白衣天子"名号乃是古代汉民族传统的五行谶纬思想的产物。早年,王重民先生引《大唐创业起居注》中的"白旗天子"之唐谶及 P.2632《手决》中的"敦煌白衣自立为主"之类"专适用于五凉"的"白衣谶说",是则是矣,然而未免拘于一朝一隅,忽视其得自久远而根深之传统观念者。唐长孺先生以为取回鹘人所尊奉之摩尼教尚"白衣"的说法,又与张氏祖孙三代同回鹘人积为世仇的史实有所不合,更无法解释《白雀歌》及《龙泉神剑歌》中关于尧、舜、商、周、汉武、王母、白雀、白狼、白狐、白龙等符瑞系列的哲学根源。

张承奉扎根在传统的五行谶纬学说土壤中,同时也吸收了佛家关于西方净土理想的营养。"净土"是同"秽土"相对的安乐国土。《白雀歌》中"白玉叠阶为蹬道,工(公)输化出大罗天","白衣居士写金经,誓弼人王不出庭。八大金刚持宝杵,长当护念我王城。白坛白兽白莲花,大圣护持荐一家。"就是净土理想的反映。这同当时敦煌地区深入人心的佛教信仰契合不二,但却不是摩尼教的影响。

三、金山国的建国举措及金山国的终结

金山国的历史短暂,文献早佚,加之距今年代久远,踪逝影消,敦煌遗书中保存下来的资料有限,所以我们对金山国的建国举措知之

---

① 《春秋繁露·深察名号》。
② 《春秋繁露·三代改制质文》及同书《顺命》篇。
③ 《春秋繁露·郊祀》。

甚少。仅能根据零星资料勾勒其一鳞半爪。

一曰建国号。即"西汉金山国"是也。出处已见前。

二曰立天子，即张承奉。其称号有"西汉金山国白帝"，"西汉金山国圣文神武白帝"，"金山国圣文神武天子"是也。出处已见前。又有"金山国白衣王"之称，见 P.4631《赐宋惠信改官敕》印文。此外，他还有过"拓西金山王"之号（见 P.4040 背）。

三曰告天地。《白雀歌》云："筑坛待拜天郊后，自有金星助冕旒"；《龙泉神剑歌》云："国号金山白衣帝，应须早筑拜天坛"是也。

四曰建宗庙。《龙泉神剑歌》云："嗣祖考，继宗枝，七庙不封何飨拜，祖父丕功故尚书，册□□□尊姻，北堂永须传金印、天子犹来重二亲"是也。

五曰封后妃。《白雀歌》云："六宫尽是名家子，白罗绰约玉颜新"，"王妃长降五香车"是也。P.3084《转经文》亦有"则我金山天子先奉为国总人安……次为己躬福庆延寿于遐龄；合宅宫人，愿宁清吉"；P.3405《金山国佛事文范》有"昨以嫔妃小疾，累日未痊"之语。

六曰立太子。《白雀歌》云："太子福延千万乘"是也。P.3405《金山国佛事文范》亦云："冀迎福于兹辰，荐我皇之宝位；东宫太子，乘历运于玉阶，公主嫔妃，承天休于万岁。"

七曰建帝京。《白雀歌》云："白雀飞来过白亭，鼓翅翻身入帝城"；《龙泉神剑歌》云："筑坛拜却南郊后，始号沙州作京畿"是也。

八曰设百官。《白雀歌》云："百官在国总酋像，白刃交驰未告劳。为感我王洪泽厚，尽能平虏展戎韬。"所谓百官，今就所知有以下要员：

有宰相、吏部尚书兼御史大夫。张文彻任之（见《龙泉神剑歌》作者题名，及 S.5394《张文彻上启》。P.3633《沙州百姓一万人上回鹘可汗表》亦云"遂令宰相、大德僧人兼将顿递迎接跪拜""和断若定，即差大宰相……持国信设盟文状,便到甘州。"

有舍人。《白雀歌》:"按剑先登浑舍人";《龙泉神剑歌》"疋马单枪阴舍人,内臣更有张舍人。"

有中丞。《白雀歌》:"沙南委付宋中丞"。《龙泉神剑歌》:"当锋入阵宋中丞"或即一人。

有金吾。《龙泉神剑歌》:"今年回鹘数侵疆,直到便桥列战场。当锋直入阴仁贵,不使戈铤解用枪。堪赏给,早商量,宠拜金吾超上将。"

有押衙兼鸿胪卿知客务。P.4632《西汉金山国圣文神武白帝敕》云:"前散兵马使兼知客将宋惠信,右可摄押衙兼鸿胪卿知客务。"

有左神策引驾押衙兼大内支度使。见 P.3633《张安左邈真赞》。

有国舅。《白雀歌》云:"国舅温恭自束身"是也。

有紫亭镇主。P.3718《张良真邈真赞》记张良真"金山王时光荣充紫亭镇主"。

有左马步都虞侯。P.3518 载张保山,白衣天子"金左马步都虞侯"。

有应管内外都牢城使。同上 P.3718 叙张良真"获收楼兰三城,宕(荡)瀫雄番,颖脱囊锥","此日仍充应管内外都牢城使"。考其时,亦金山国时事也。

有押衙兼后槽使。见 P.2885《谢诸宰相语》:"特蒙金山天子敕赐押衙兼后槽使"之语。

有左右亲军。P.3405《金山国佛事文范》有"左右亲军,布忠贞于帝主"之语。

僧官则有都僧统、僧政。S.1288 载陈和尚,香号法严,金山国时为都僧统。P.3541 载张和尚法名善才,金山白帝敕为释门僧政,赐紫绶,封京城内外临坛大德。

九曰改年号。《龙泉神剑歌》云:"改年号,挂龙衣",即废止被朱温玷污了的唐昭宣帝的天祐年号,改用天复年号,以正金山国天子之位。今所知金山国的天复纪年是从天复六年十一月开始的。唐昭宗的天复纪年,在敦煌地区用到天复五年上半年,下半年得到改元天祐的迟到消息,从此改纪为天祐二年。次年上半年纪为天祐三年,但天祐三年的下半年金山国成立,乃废天祐,改年号为天复。鉴于敦煌地区原来使用唐朝的天复纪年已用到天复五年,废"天祐"再改"天复"纪年,正好顺接为天复六年。敦煌地区用天复纪年共十年,但天复元年至天复五年为奉唐朝正朔,天复六年至天复十年,则兼为金山国之正朔矣。现将金山国时期的纪年资料辑录于下,以供参考:

(一)书天复六年(906年)者四条:

1. 北图荒字二号《梵网经》末题"天复六年丙寅岁十一月廿日⋯⋯永惠记。"

2. Дх 1414《换房契》题"天复陆年丙寅岁拾壹〔月〕。"

3. P.3214《祭河伯将军、桥道之神文》,文曰:"大唐天复六年岁次丙寅,十二月庚辰朔,廿一日庚子。"

4. S.2630《文书尾纸》题云:"天复六年丙寅岁润十二月廿六日,范美赟书记。"

(二)书天复七年(907年)者三条:

1. S.6254《残文书》题云:"天复七年⋯⋯日敦煌郡⋯⋯"

2. P.3214背《洪池乡百姓高加盈出佃地契》文云:"天复七年丁卯岁三月十日。"

3. S.6254《残牒》,末题:"天复七年丁卯岁。"

(三)书天复八年(908年)者四条:

1. P.2646《新集吉凶书仪上下两卷并序》记云"天复捌载岁在戊辰二月廿日。"

2. P.2094《持诵金刚经灵验功德记·开元皇帝赞金刚经功德一卷》末题"于唐天复八载,岁在戊辰,四月九日,布衣翟奉达写。"

3. 散录二四二号《吴安君分家书》，据《敦煌遗书总目索引》所载《李氏鉴藏敦煌写本目录》说明署为"天复八年十月"。

4. S.705《开蒙要训》后部一转帖，有"天复八年"字样。

（四）书天复九年（909 年）者五条：

1. S.2174《神沙乡百姓董加盈兄弟分家契》，文云："天复九年己巳岁，润八月十三日。"

2. 北图收字四十三号《妙法莲华经》背《残借契》题"□（天）复九年岁次己巳年十月二日杜通信……依张安六面上便寄粟两硕……"

3. P.3877《洪润乡百姓安力子卖地契》，文云："天复玖年己巳岁十一月七日。"

4. P.3764《太公家教》末题"天复九年己巳岁十一月八日学士郎张厶乙午时写记之耳。"

5. 北收四十号背《契据》，首书"天复九年岁次己巳十二月三日"。

（五）书天复十年（910 年）者三条：

1. Дх259a《佛经戒律》，末题"天复十年庚午岁次三月十五日尹。"（L1403 ）

2. 韦利《斯坦因获取之敦煌绘画目录》第十四号，《杨柳观音》（绢画），下题"天复拾载庚午岁，七月十五日毕功记"。

3. 同上画，背题"天复拾载庚午岁七月十五日彩绘大圣一躯，兼尼法律貌真，毕功记"。

金山国使用天复纪年，到天复十年为止，天复十年以后到贞明四年之间（911—917 年），只有干支纪年，不复见天复年号，也不见当时中原的后梁乾化年号。

根据以上引录，可证知《龙泉神剑歌》所谓"改年号"，并非虚语。至于取"天复"为号之意，无非是揭橥唐昭宗的旗帜，反对朱全忠的悖乱，给自己建国称帝找个名正言顺的口实而已。据两《五代史》记载，在此之前后,不奉"天祐"正朔,继用"天复"历统的不仅是沙州的张承奉,还有蜀州的王建和河东的李克用。道是奉唐统可也,道是自继唐统亦可,更确切地说,可谓二者兼而有之,故余前谓"兼为金山国之正朔矣"。

金山国使用"天复"年号的下限从敦煌遗书保存下来的资料看,是到天复十年为止。但金山国的历史并非到天复十年(910年)即宣告终结。P.3633《沙州百姓一万人上回鹘天可汗表》末署"辛未年七月"即公元911年8月。《表》屡称张承奉为"天子",如:"狄银令天子出拜","可汗是父,天子是子","函书发日,天子面东跪拜","天子所勾南蕃,只为被人欺屈","天子一时间懆懆发心"等语皆可证。此时金山国的官制系统如宰相、大臣都还照常任职,如《表》云:"(天子)遂令宰相、大德僧人兼将顿递迎接,跪拜言语。""和断若定,此即差大宰相、僧中大德、敦煌贵族耆寿,赍持国信、设盟文状,便到甘州"。"乞天可汗速与回报,便遣大臣、僧俗一时齐到。"表明修表之时,金山国天子仍在位,宰相大臣仍在职,这就意味着金山国仍然存在。

但是,这一年的七月之后,敦煌遗书中就再没有出现过金山国的影踪。笔者推测,大约就在"辛未年(九一一)七月"之后不久,由于乞和不成,张承奉终于被迫取消帝号,金山国亦随之解体。如果这个推测不错的话,那么金山国的历史应是从公九〇六年五月至十月之间开始,到公元九一一年七月以后宣告终结,首尾不过六年。

四、敦煌国的改弦更张

敦煌国是张承奉被迫取消"西汉金山国"国号和"圣文神武白帝""天子"之号后,在甘州回鹘恩准下屈尊降格而改建的诸侯郡国。它称甘州回鹘可汗为"父",自称为"子",同甘州回鹘结成父子之国,在屈辱受制的情况下苟延残喘。它大约在公元九一一年(辛未年七月)之后不久在金山国的基础上降格改制而诞生，是金山国的改弦更张。此后，大约到公元九一四年（甲戌年）十月以前，随着张承奉的去世，敦煌国也就寿终正寝了。总计敦煌国的历史前后不满四年（911—914 年）。

敦煌遗书中保存下来的有纪年的敦煌国文件仅只一件，即 S.1563 号文书。引录于下：

> 西汉敦煌国圣文神武王敕
> 押衙知随军参谋邓传嗣女自意，年廿一岁。
> 敕随军参谋邓传嗣女自意，姿容顺丽，
> 窈窕柔仪，思慕空
> 门，如蜂念蜜。今因
> 大会斋（斋）次，准奏，宜许
> 出家。可依前件
> 甲戌年五月十四日

（说明：本件有钤印三方，文云"敦煌国天王印"六字）

此件题头所谓"西汉敦煌国圣文神武王"及印钤所谓"敦煌国天王"并未指明何姓何名。但据敦煌遗书中人物传赞资料和张承奉原有"西汉金山国圣文神武白帝"及"金山白衣王"的称号来判断，亦应为张承奉。文件签发日期"甲戌年五月十四日"为公元九一四年[①]。

P.3239《归义军节度兵马留后使曹仁贵敕邓弘嗣改官牒》，签发日期为同年（甲戌年）十一月十八日，文件前部和后部分别钤盖"沙州观察处置使之印"，签发者题衔署名为"使检校吏部尚书兼御史大

---

① 贺世哲、孙修身：《〈瓜沙曹氏年表补正〉之补正》考订甲戌为公元九一四年，甚确，从之。

夫曹仁贵"。按"沙州观察处置使之印",早在唐大顺二年(891年)已见使用(P.3384《大顺二年户籍》钤有此印)。原应是张淮深的官印;大顺元年(890年)索勋代张淮深,复得此印用之;乾宁元年(894年)张承奉取代索勋,又继得此印用之。张承奉于天祐三年自立为金山国天子后,此印便废而不用。张承奉卒,曹仁贵自称"归义军兵马留后使"[①],复启用此印。从曹仁贵自署题衔及启用此印的举措看,应是在张承奉卒后曹仁贵掌政,取消了敦煌国的建制回改为沙州归义军的。由此推断,敦煌国终结之时,即在公元九一四年五月至十月之间。

《沙州文录》收有"权知归义军节度兵马留后,守沙州长史、银青光禄大夫、检校吏部尚书兼御史大夫、上柱国曹仁贵"署名《文状》二件,其一题"八月十五日"而不云何年,要亦此后不数年间物也。

至于敦煌国的上限,敦煌遗书中没有明确的记载。笔者从敦煌遗书有关文献所包含的信息中加以剔拨梳理,约略可以推求到一些蛛丝马迹。

---

①有的先生认为曹仁贵所署衔,"归义军节度兵马留后使"同"归义军节度留后"(见 P.3556《曹元德转经疏》中曹元德之自称衔)有区别。后者为归义军节度使缺位期间的代理职务,前者为归义军节度使下属的兵马使缺位期间的代理职务。两者虽同为非正式任命的权代之职,但有级别高低之不同。其实这是滞于字面之异,未格于情实之论。曹议金去世后,其子元德权代,即署衔为"归义军节度兵马留后使、检校司徒、兼御史大夫衔"。见 P.2992《曹元德上回鹘众宰相状》(《金山国坠事零拾》中误题为《曹议金上回鹘众宰相状》)。曹延恭去世后,其弟延禄权代,亦题衔为"权归义军节度兵马留后",分别见于 P.3660 及 P.3827 号《曹延禄上表》中,尤其是 P.3827 号曹延禄上表说"臣父薨亡、臣兄瓜州防御使、金紫光禄大夫、检校司徒兼御史大夫上柱国谯县男食邑三百户延恭充归义军节度兵马留后,寻便差臣权知瓜州军事,充归义军节度副使。"假使权归义军节度兵马留后曹延恭仅只是节度使下属小小的兵马使留后,他怎能有权差派其弟担任归义军节度副使?由此可知,归义军节度兵马留后使就是节度使的代职。

第一，所有金山国遗文中（包括金山国正式文件、金山国时期人物传赞、诗文手稿、佛事文献、契据函表等），从来不见有敦煌国的任何信息，而今存敦煌国文件（前引 S.1536《西汉敦煌国圣文神武王敕邓自意出家牒》）题头及印钤俱是敦煌国而不见金山国字样。这件仅存的敦煌国正式文件，是敦煌国最后时期的文件，其国首领张承奉颁发此牒不数月便离开人世。随之继起首领曹仁贵则取消了敦煌国称号，回改为"归义军"。这就告诉我们，敦煌国必是金山国之后的事。以往，有的学者认为敦煌国乃是金山国的又名，二者是一回事①。

这种说法似乎失于考据。仅从金山国史料和敦煌国文件并无互相包容的信息来看，也只能认为二者有先有后，并非不分彼此的一国二名。

第二，金山国的头脑人物称号为"圣文神武白帝""圣文神武天子""金山天子""金山白衣王"，到了敦煌国时期，则只称"圣文神武王""敦煌国天王"，而不再有"帝""天子"的称号，表明它已经大大降低了规格。从国主称号来看，金山国是天子之国，敦煌国却是诸侯之国了。

第三，我们说金山国为天子之国，还可以从它改年号、建京畿、置六官、立太子、自设以宰相为首的政府部（如吏部）、卿（如鸿胪卿）、大夫（如御史大夫）等举措得到印证。而敦煌国时，由于文献缺乏，我们虽然无法详述它由天子之国降格为侯王之国所采的改制措施，但有几个非常有力的证据证明它的确是进行了降格改制的。

前引金山国的天复纪年，用到天复十年（910年）为止。此后，直到后梁贞明四年（918年），其间七年时间，敦煌地区不用任何年号，仅

①贺世哲、孙修身《〈瓜沙曹氏年表补正〉之补正》及同上作者《瓜沙曹氏与敦煌莫高窟》（《敦煌研究文集》，甘肃人民出版社，1982年）以及甘肃省酒泉地区《酒泉史话》编写组编印的《酒泉史话》一书都认为敦煌国同金山国是一回事。

用干支纪年。这一现象表明,此时敦煌废止了自己的"天复"年号,但又没有另定新年号,同时也没使用中原后梁王朝的开平、风历、乾化等年号。上引 S.1563 号敦煌国文件,时日落款不书年号,仅记甲子,是敦煌国废止了年号纪年的实物证明。从汉武帝以后,天子正位必改元以示皇统临御之实。所以国家正式文件,若需款署年月者,必书年号,不得仅记甲子。此 S.1563 号文件加盖有"敦煌国天王印",确系正式文件无疑,然而仅以甲子纪年者,必其国无年号可纪之故。有国而无年号,是其国已非自成皇统的天子之国明矣。

诸侯之国皆奉天子之国为宗主,行用宗主国之纪年。敦煌国不用中原后梁王朝颁行的年号,表明它不奉后梁王朝之正朔。那么敦煌国以谁为宗主呢? 笔者认为是以甘州回鹘为宗主国的。这从 P.3633《沙州百姓一万人上回鹘天可汗状》"可汗是父,天子是子"的说法中可以得到启示。而甘州回鹘国并无建朝代、立年号之制度,所以敦煌国也就只好仅书甲子了。《沙州百姓一万人上回鹘天可汗状》屡屡称承奉曰"天子",可知此时金山国依然存在,继续保持着天子之国的建制。末署"辛未年七月",按金山国纪年应书为"天复十一年七月",但因致书对象甘州回鹘国不用天复纪年, 所以金山国也权用了彼此通行的干支纪年法款识年月。大约此后不久,金山国取消帝制,成为甘州回鹘国的属邦。其旧有地盘之一的肃州被割去, 新的封疆仅有瓜沙二州,即古敦煌郡范围,以其地名其邦,所以改名敦煌国。

敦煌国成为甘州回鹘的附庸,还可以从"敦煌国天王"名号加以推测:

"天王"这种名号,一向是回鹘人用之,它是"天可汗"下面部落头领的名号。敦煌遗书 P.5007 载残诗一省,标题残存卅三字云《仆固天王乾符三年四月廿日打破伊州□□□□录打劫酒泉、后却和断,因设□□》正文残存六字,云"为言回鹘倚凶……"王重民先生以为是指仆固俊。而仆固俊为西州回鹘的一支,他只称"天王"而非回鹘大盟主"天可汗"。"敦煌国天王",也应视为"天可汗"下面入盟单位的首领之一,属天可汗领辖。从"天王"同"天可汗"地位之等差、关系之领属方面推测,亦可窥见敦煌国依附于回鹘国的迹象。

根据上面的分析,笔者认为,敦煌国是继金山国解体之后改建的诸侯郡国。二者时间别先后、地域有广狭、品位分高下、性质已变化。虽然首领同是张承奉,首府并在敦煌,但毕竟是两回事,不可混为一谈。

张承奉的接任者曹仁贵(即曹议金)改敦煌国为归义军,并且进一步改善了同甘州回鹘的关系,又同中原王朝恢复了统属关系,敦煌地区也开始使用中原后梁王朝的纪年。敦煌地区出现得最早的后梁纪年是贞明三年(917年)。

S.3054《观世音经》,卷末题记:"时贞明叁年,岁次戊寅,十一月廿日,报恩寺僧海满,发心敬写此经一卷。奉为先亡考妣,不溺幽冥,承此善因,早过弥勒;现存之者,所有业障,并皆消灭。永充供养。比丘僧明智手写。"

贞明三年为丁丑,此作戊寅,实为贞明四年。尽管标年与干支有所不符,但却表明敦煌人心目中已打下了贞明三年的烙印。这可能表明同后梁王朝沟通关系应即在贞明三年。曹仁贵为了同后梁王朝恢复隶属关系,首先必须争取甘州回鹘国的谅解和认可,然后才可能同远在数千里的中原王朝恢复关系。从公元九一四年到九一七年,敦煌用了大约三年的时间终于完成了这两个程序(参见拙文《曹仁贵名实论——曹氏归义军创始及归奉后梁史探》及《曹仁贵归奉后梁的一组新资料》)。看来,曹仁贵还是抓得很紧的。

(原刊《西北史地》1987年第2期,收入本书略有订补。)

曹仁贵名实论
——曹氏归义军创始及归奉后梁史探

一、曹仁贵主政瓜沙毋庸置疑

曹仁贵主政瓜沙的直接证据,目前发现共有三件:

1. P.3239 改补邓弘嗣充左厢第五将将头牒:

敕归义军节度兵马留后使牒

前正兵马使银青光禄大夫检校太子宾客邓弘嗣

右改补充左箱(厢)第五将头。牒奉处分:前件官弱冠从戎,久随旌旆,凤懃王事,雅有殊才。临戈无后顾之心,寝铁更增雄毅。兼怀武略,善会孤虚。主将管兵最为重务,尘飞草动,领步卒虽(须)到球场,烈(列)阵排军,更宜尽终(忠)而效节。上直三日,校习点检而无亏;弓箭修全,不得临时而败阙。立功必偿,别加迁转而提携,有罪难逃,兢心守公。依上件补如前。牒举者,故牒。

甲戌年十月十八日牒

使检校吏部尚书兼御史大夫曹仁贵①

宇按:此牒前部邓弘嗣名衔与改授职务、后部年月及曹仁贵名衔上分钤"沙州观察处置使之印"共九方。

---

①此据照片过录并参考了唐耕耦录文,唐氏录文见《敦煌研究》1987 年第二期。

2. P.4638（1）曹仁贵献物状：

　　玉壹团,重壹斤壹两。羚羊角伍对,硇砂伍斤

　　伏以碛西遐塞,戎境枯荒,地不产珍,献无奇瑰（瓷）。前物等并是殊方所出,透狼山、远届敦煌；异域通仪,涉瀚海、来还沙府。辄将陈献,用表轻怀；干黩鸿私,伏乞检纳。谨状。

　　权知归义军节度兵马留后、守沙州长史、银青光禄大夫、检校吏部尚书、兼卸史大夫、上柱国曹仁贵状上

宇按：后款衔名上钤有印,《沙州文录》著为"沙州节度使印",缩微胶卷极不显,意亦当与后件所钤印同。

3. P.4638（2）八月十五日曹仁贵奉令公起居状（拟）：

　　仲秋渐凉,伏惟令公尊体起居万福。即日仁贵蒙恩,末由拜伏,下情倍增瞻恋,伏惟鉴察。谨因朝贡使往,奉状不宣,谨状。

　　八月十五日权知归义军节度兵马留后、守沙州长史、银青光禄大夫、检校吏部尚书、兼卸史大夫、上柱国曹仁贵状上①

宇按：后款月日上钤印一方,《沙州文录》云印文为"沙州节度使印"。余据缩微胶卷审视,字虽难识,但亦九字,三字一行,式同 P.3239 所钤印,揆之,印文亦当为"沙州观察处置使之印"。

除上述三件外,苏莹辉、唐耕耦氏认为 P.4044 乾宁六年（899）某甲差充右一将第一队副队帖,题头"使检校吏部尚书御使（史）大夫曹使帖"为曹仁贵昔年文件。按此件书法拙劣,又无印钤,实为样文范本之习抄件。苏、唐二氏所谓"曹使帖"之"曹"字,乃"专"字之误释。"专"亦作"某专甲",为有所特指而省书之词。原卷写作"𡔈",当时流行体

---

① 以上二状,早经王仁俊《敦煌石室真迹录》及蒋斧《沙州文录》收载。

也，敦煌遗书中多见之。同号后抄诸件专作"𥝝"转作"𣏌"，又有局部形近之寺作"𡩜"，得作"𣹟"者，可证。再者，乾宁六年（即光化二年）沙州有资格称"使"并颁发"使帖"者，除张承奉之外别无二人，况且乾宁六年时沙州可带吏部尚书衔者亦不过张承奉一人而已。故知此帖应为张承奉帖之习书抄件，不得判断为曹仁贵文件。

上引曹仁贵文件三通，皆有钤印，为正本官文书无疑。署衔皆作"归义军兵马留后使"。状二件，为上呈中朝的文书。仁贵署衔有"权知"二字，表明其时尚未获得朝廷正授。授官牒一件，为辖区之内下行文件，仁贵自我尊崇，故不署"权知"二字。其实并不意味着已得朝廷正授，授官牒之甲戌年，贺世哲、孙修身氏推断为乾化四年（914年），允称稳妥。后二状，陈祚龙先生判断与授官牒为同年之物，在"八月十五日"，故于上补加"甲戌年"三字①。笔者以为，二状当晚于授官牒，以断在贞明二年（916年）为宜，说见后。这里先讨论"归义军兵马留后使"问题。

晚唐至宋，边远地区和某些藩镇，当原任节度使出缺时（如病死或被杀），当地强力人物往往自任权知，行使节度使职权，然后才报请朝廷任命。沙州也是如此。曹仁贵自署"权知归义军节度兵马留后使"，表明原任节度使已不在其位，由曹仁贵接掌了归义军大权。从此开始了曹氏一门在瓜沙地区长达一百二十余年的统治时期。曹仁贵作为曹氏归义军的创始人，是应当予以肯定的。

今人对这个问题的认识，经历了一个相当长的探索过程。早在1914年，罗振玉著《瓜沙曹氏年表》，根据《五代史》《册府元龟》《宋史》等书的记载，把曹议金作为曹氏归义军节度使的首任；20世纪70

---

① 陈祚龙：《迎头赶上，此其时也——敦煌学散策之二》，《敦煌学园零拾》（下册）。

年代以来,藤枝晃、苏莹辉、陈祚龙、唐耕耦诸位先生根据曹仁贵的有限史料,相继著文,改订史书及罗振玉旧说,把曹仁贵列为曹氏归义军首任节度使,逐渐得到敦煌学界越来越多的学者承认。但是,在敦煌学界师友交谈中,对此问题也还存在一些疑问。

疑问之一是,疑惑曹仁贵署衔"权知归义军兵马留后"不是节度使的权职,而是节度使下面兵马使的权知。这样就不能认为曹仁贵是归义军首任节度使了。

这种疑问不是没有道理的。归义军节度使的下属确实有兵马使之官,而且数量不少。俄藏卷 Дx2149a 号《戊午年四月廿五日寒食座设付酒历》记载,仅归义军左厢兵马使就有十六人①。沙州兵马使如此之多,足以表明其级别必然很低。比如 P.3239 的邓弘嗣原任正兵马使,得到擢拔,才升任将头。将头所主不过百人,被称为"百人将务"(见 S.5448《节度押衙兼右二将头浑子盈邈真赞》),足证兵马使的级别更在将头之下。假使曹仁贵仅是这种级别的兵马使的代理职务,那么毫无疑问他仅是归义军节度使下面的一个低级军官,当然不堪称作归义军节度使。

但是,事实上曹仁贵不是这种级别的兵马使,而是统摄归义军大权的兵马留后。本来只有归义军节度使才是统帅归义军兵马的元帅,节度使出缺,必有人代行节度使统率全军的重任,那就是"归义军兵马留后"。

在曹仁贵之前和之后,沙瓜地区节度使去世之后,新掌权者大约都使用了"权知归义军兵马留后"这个署衔。现在我们见到的材料,除曹仁贵之外,至少还有张承奉、曹元德、曹元深、曹延恭、曹延禄、曹宗寿、曹贤顺等,这几位沙州节度使无一不是掮着"留后"这块招牌登上

_____

①披载于丘古耶夫斯基:《中国敦煌文书》。

节度使宝座的。请看：

1. 张承奉：《旧唐书·昭宗纪》："光化三年（900）八月己巳,制前归义军节度副使、权知兵马留后、银青光禄大夫、检校国子祭酒、监察御史、上柱国张承奉,为检校左散骑常侍,兼沙州刺史、御史大夫、充归义〔军〕节度,瓜、沙、伊、西等州观察处置、押蕃落等使。

2. 曹元德：P.2992《曹元德致回鹘众宰相状》,署衔为"归义军节度兵马留后、使检校司徒兼御史大夫曹"（此署有姓无名,早年王重民先生曾认为是曹议金）。

3. 曹元深：S.1286（2）《曹元深启》,末署"权归义军兵马留后、银青光禄大夫、检校尚书左仆射兼御史大夫、上柱国曹元深启上"。

4. 曹延恭：P.3827《曹延禄上表》云"当道去开宝七年六月六日,臣父薨亡,臣兄瓜州防御使、金紫光禄大夫、检校司徒兼御史大夫、上柱国、谯县开国男、食邑三百户延恭、充归义军节度兵马留后"。

5. 曹延禄：P.3660《太平兴国四年曹延禄牒》,末署"权知归义军兵马留后、金紫光禄大夫、检校司空、御史大夫、上柱国、谯县开国男、食邑三百户曹延禄牒"。又《宋大诏令集》卷二四〇《沙州曹延禄拜官制》（太平兴国五年）及《宋会要辑稿·蕃夷五》、《续资治通鉴长编》卷二十一所载延禄皆有此衔。

6. 曹宗寿：《宋会要辑稿·蕃夷五》："（咸平）五年（1002）八月,权知归义军兵马留后曹宗寿,遣牙校阴会迁入贡。"

7. 曹贤顺：《宋会要辑稿·蕃夷五》："大中祥符七年（1014）四月,以归义军兵马留后曹贤顺为本军节度使。"

"权知兵马留后"的署衔,虽无节度使的名分,而实际上在当地却有节度使的地位和实权。上列张、曹二姓七人,都是以归义军节度留后而行使节度使职权的。据此,我们完全可以确认"权知归义军节度兵马留后"曹仁贵就是归义军节度使一职的权知。

我们说"权知归义军节度兵马留后"具有节度使的地位和实权，还另有一个有力的证据，上引 P.3827《曹延禄上表》说，其父元忠亡后，兄延恭"充归义军节度兵马留后，寻便差臣（延禄自称）权知瓜州军事，充归义军节度副使"。试想，充任归义军节度兵马留后的曹延恭，可以委派其弟延禄兼充任归义军节度副使，那么曹延恭不是实际上的节度使还能是什么呢？

再看曹仁贵以"使"的名义任命邓弘嗣为将头一事，也可看出他是在行使节度使的职权。在节度使辖区内，除了节度使之外，其他官员谁也没有任免官员的权力。再者，假如曹仁贵只是个小小的兵马使，又怎能提升正兵马使邓弘嗣为将头？

前任归义军节度使去世，权知归义军节度兵马留后是归义军的最高代表。同朝廷打交道，自然应由权知归义军节度兵马留后出面。这就是上引曹仁贵二状一牒的由来。不可能设想这位"权知"是级别低下的小军官，那样，他就不够资格同朝廷打交道，在向朝廷献物和向宰相问候起居的书状上也没有署名资格。

通过以上的讨论可以看出，曹仁贵居于节度使地位、握有节度使实权、没有真授的节度使名分，却有实际的节度使大权。把曹仁贵认作归义军一代节度使是合乎实际情况的。

二、曹仁贵主政瓜沙的时间

探讨曹仁贵主政瓜沙的时间，还是要从曹仁贵一牒二状的年代入手。P.3239 曹仁贵授官牒所题甲戌年，贺世哲、孙修身、苏莹辉、唐耕耦先生都认为相当于后梁乾化四年（914 年）。现将贺、孙二氏的考证摘引于下：

邓弘嗣其人，在曹议金于后梁同光年间开的莫高窟第九十八窟供养人群里也有，其题名为节度押衙银青光禄大夫、检校国子祭酒兼御史中丞、上柱国邓弘嗣一心供养。

曹氏统治时期的甲戌年有三个：一为宋景祐元年（1034 年），这时曹贤顺掌权，邓弘嗣也不可能活到一百多岁。二为宋开宝七年（974 年），这时曹延恭掌权，而且鉴于邓弘嗣早在同光间已官至"节度押衙、银青光禄大夫、检校国子祭酒兼御史中丞、上柱国"，不可能在数十年之后的古稀高龄再改补充"左厢第五将头"这样的下级军官。因此，我们认为这个"甲戌年"应该就是后梁乾化四年（914 年）①。

张承奉当权时期最晚的文献是 S.1563《西汉敦煌国圣文神武王敕邓传嗣女出家牒》，款署时日为"甲戌年五月十四日"。张承奉时期只有一个"甲戌年"即后梁乾化四年（914 年）；P.3239 曹仁贵授邓弘嗣将头牒为同年十月十八日；表明张承奉同曹仁贵之更代即在乾化四年五至十月间。换句话说，曹仁贵始掌归义军大权的时间，也就在这一时限之内。

关于 P.4638 曹仁贵二《状》的年代，苏莹辉先生比较了二《状》、一《牒》曹仁贵结衔的异同：二状、一牒结衔均作"归义军节度兵马留后"和"检校吏部尚书兼御史大夫"，所以认为 P.4638《曹仁贵仲秋状》"极可能在甲戌年（即朱梁乾化四年，914 年）"；同时又注意到《牒》《状》相异处是：《仲秋状》"归义军节度兵马留后"上有"权知"二字，"沙州长史"上有一"守"字，皆足以证明仁贵之恢复归义军镇，在梁初乃以守沙州长史、权知归义军节度兵马留后，到了同年（914 年）十月十八日方敕授归义军节度兵马留使，所带"尚书"衔，则系长史所加之散官。时间相距六十余日"②。

①贺世哲、孙修身：《瓜沙曹氏年表补正之补正》，《西北师范大学学报》1980 年第 1 期。
②苏莹辉：《瓜沙曹氏史事述要》，《汉学研究》四卷二期，1986 年 12 月（台北）。

　　苏莹辉先生的推测不无道理。但苏先生在作出这种推测时忽略了一个最重要的前提，这个前提就是必须首先肯定乾化四年十月以前瓜沙地区已经同后梁王朝建立了关系，否则，就谈不上"梁初乃以守瓜州长史、权知归义军节度兵马留后，到了同年（914年）十月十八日，方授以归义军节度兵马留后使"。

　　唐耕耦先生认为 S.1563 号《西汉敦煌国圣文神武王敕邓传嗣女出家牒》和 P.3239《曹仁贵改补邓弘嗣充左厢第五将将头牒》所署"甲戌年"之"戌"字皆缺末笔，是由于梁祖朱温高祖茂琳之"茂"中含有"戊"字，戊戌形近，因而敬阙末笔避讳。据此推断瓜沙地区早在张承奉之世就已经宗奉后梁正朔了。如果唐先生这一推断符合实际情况的话，那么苏先生认为后梁初授仁贵为"权知"，至乾化四年十月十八日前去掉"权知"就是可能的了。

　　但是，目前发现的材料，还不能证实张承奉已奉后梁正朔，同时也不能证明曹仁贵初上台就已经尊奉后梁正朔。相反地，却有材料证明瓜沙地区尊奉后梁正朔最早不超过贞明四年（918年）。

　　证据之一是：S.3054《观世音经》卷末题记云：

　　　　时贞明叁年岁次戊寅，十一月廿八日，报恩寺僧海满，发心敬写此经一卷。奉为先亡考妣，不溺幽冥，承此善因，早过弥勒；现存之者，所有业障并皆消灭。永充供养。比丘明智手写。

　　我在《关于金山国和敦煌国建国的几个问题》①中对这条资料曾作如下评述：

　　　　贞明三年为丁丑，此作戊寅，实为贞明四年。尽管标年

————————

　　①原刊于《西北史地》1987年第2期，又收入中国人民大学复印报刊资料《魏晋南北朝隋唐史》1987年第8期。

与干支有所不符，但却表明敦煌人心目中已打下了贞明三年的烙印。这可能表明敦煌同后梁王朝沟通关系即在贞明三年。

敦煌遗书保存下来的后梁纪年资料容或有缺。仅据这一条资料，还不敢把话说死，所以我只说"可能表明"敦煌是在贞明三年（917年）同后梁沟通关系。现在看来，应修正为贞明四年，说详后文。

证据之二：是一组权知归义军节度兵马留后使致东路某藩镇牒状（抄件）所提供的信息。此件编号 P.2945，共八件，考其内容，乃是曹氏归义军与后梁王朝建立联系的关系文书。今引其中第五件如下：

> 伏以边荒古戍，元本以朔北通烟，十五年来路鲠（梗），艰危阻绝。昨者，深恩仁重，遣边吏于雄藩，贵达方音，申阳关之宁谧。特赖相公恩照，兼蒙泽漏（露）西天，诏宣荒裔，窃聆使臣经过贵府，深沐恩私。邀宴赏于红楼、动经霄（宵）夜，拽（泄）莺武（鹦鹉）之金樫（茎）、重添玉烛。仰羡不及，空劳梦魂。伏惟鉴察。谨状。权知归义军（节度兵马留后）厶乙状上。

此件反映，沙州原本通过朔北与中央王朝联系，十五年来，由于道路不通而联系断绝。这里所说十五年与中原王朝断绝往来是一个值得特别注意的信息。

自从大中五年（851年）十一月张议潮受命建立归义军，到北宋景祐三年（1036年）西夏攻破沙州而告终，归义军在张、索、曹三姓中辗转延续一百八十五年，这期间瓜沙地区同中原王朝交通往来有案可查的不下六十余次①。其间，除光化三年至同光二年（900—924年）二十四年间不见诏命贡使往来的记录外，其余间断年份无一超过九年

---

①此据拙辑《沙州归义军同中原往来关系年表》（待刊）。

者。P.2945(5)所指的"十五年来路梗,艰危阻绝"。唯一可能只有在光化三年到同光二年之间。根据笔者的研究,P.2945(5)所说的路梗""阻绝"的"十五年",落实下来,是指唐天祐元年(904年)到后梁贞明四年(918年),不多不少,首尾恰巧是十五年。详细地论证,请参看拙文《曹仁贵归奉后梁的一组新资料》(《魏晋南北朝隋唐史资料》第十一期,武汉大学出版社,1991年6月)。

P.2945(5)所说的"十五年",下限为贞明四年,这就意味着曹仁贵归奉后梁王朝的时间是在贞明四年。根据这个观点,再回头来看P.4638曹仁贵二状,陈祚龙、苏莹辉、唐耕耦诸位先生把它定在乾化四年(914)就不一定准确了。道理很简单,因为乾化四年瓜沙地区同后梁王朝还根本没有来往。

说到这里还有一个疑问需要加以解释。即笔者以为不早于贞明二年(916年)的二状,曹仁贵之署衔加有"权知""守"表示职高阶低的字眼,而两年前甲戌年牒所署职衔反而没有"权知""守"的字眼,岂不是表示两年后职阶反而左降了吗?这个问题,字面反映确是如此,但实际上并非如此。甲戌年牒的署衔,是曹仁贵自封的;自封的各种官衔只能在自己的辖区内使用,对朝廷却不可提及,二状为上呈王朝"令公"的,当时连"权知""守"衔尚未得到朝廷认可,所以就更不能去掉"权知""守"这类颇有分寸的字眼了。这类事例,在瓜沙地区已成惯例。从张淮深起直到曹宗寿无一不是在境内自署高衔而对朝廷则不得不署上理所应有的或朝令授予的低衔。另一方面,二状上的"权知""守"这几个字的存在,似乎更能表明二状作为曹仁贵与后梁王朝正式打交道的文书只能产生在贞明年代。曹仁贵早在甲戌年(914年)已放弃敦煌国而恢复归义军建制,意味着他已把瓜沙地区视为中央王朝的版图。按常规而论,他同中原王朝的联系,即使不在此前,却不应晚于恢复归义军建制之同时。但是,实际情况是复杂的,有些现象出乎常规之外，却在情理之中，曹仁贵就占上了这点"特殊"。他恢复归义军建制之时，并没有事先向后梁王朝申告，而是先恢复归义军建制，并身任归义军节度兵马留后三四年才同后梁王朝互通声气，就是一桩特殊的史实。

曹仁贵之所以这样做，自有其可能和必然。我们不妨对此进行一些剖析。

第一，沙州归义军是唐朝建置的。唐末，张承奉鉴于王室播迁、皇权旁移而自立为金山国，脱离了中央王朝的控制。张承奉建立金山国自封白衣天子就没请求中央王朝认可，曹仁贵如今恢复归义军名号，本不干后梁的事，所以不需要事先申报后梁王朝。归义军恢复之后，从其独立自治这一点来说，同金山国和敦煌国时期并没有本质的不同。在没有取得中央王朝认可的情况下，完全可以存在下去，只是换个名称而已。

第二，曹仁贵恢复归义军名号，是对金山国和敦煌国的否定。甘州回鹘本来就不满意张承奉自立建国，所以公元911年大举讨伐，迫使张承奉求和投降，承认"可汗是父"，自身"是子"，取消了"金山天子""圣文神武白帝"的称号，降格为敦煌王，把"西汉金山国"改名为地方诸侯性的"敦煌国"。敦煌国虽是独立设官施治，却受甘州回鹘的控制，成为甘州回鹘的属国。曹仁贵进一步取消了"敦煌国"的国号，恢复归义军称号，返回到金山国之前的轨道，无疑在敦煌国的规格上再降一格。这样做，可能使甘州回鹘更为满意。只要甘州回鹘不反对，瓜沙政权就可以安然存在，后梁王朝，鞭长莫及，干涉不到。

第三，曹仁贵废止敦煌国恢复归义军，表面上自降一格，而实际上是为日后进一步同中央王朝恢复关系创造条件。果然到了贞明四年这个愿望实现了。归义军成了大梁王朝的重镇，归义军首脑成了大梁王朝的命官重臣，同臣属于大梁的甘州回鹘有了平起平坐的地位。

而且由于归义军成为梁朝的节镇，在同王朝的关系上比作为番邦的甘州回鹘更进一层。瓜沙政权一旦有了梁王朝作保护伞，便可逐步摆脱甘州回鹘的控制。日后的事实，正是如此发展的。由此可以看出，曹仁贵取消敦煌国、恢复归义军，乃是为谋求最终摆脱甘州回鹘控制而采取的宏谋远略。

第四，曹仁贵为了最终摆脱回鹘控制，采取了曲折迂回的策略。先是说服回鹘可汗允许归义军向后梁朝贡，继而积极主动地通过凉州进行联系，终于同后梁沟通了关系。

这个过程，我们从 P.2945(8)《〔与〕凉州书》中略可窥知一二。这件文书说：

> 专使西上，奉受荣缄，戴悚周旋，诚难荷负。蒙恩、星使降临，不任感惧。伏惟仆射文武全材，业优三略；智深韩白，七纵在怀。抚镇而羌戎(龙)畏威，权谋而戎夷自廓，使凤(风—烽)燧不经于朝野，狼烟泯灭于兰山，〔岂〕非师长之荣，即睹秉台之贵。今者使臣回辙，当军兼差使人，路次经过大蕃(藩)，岂敢辄无状达？前载得可汗旨教，始差朝贡专人。不蒙仆射恩泽，中途被嗢末剽劫。今乃共使臣同往，望仆射以作周旋，得达前程，往回平善。此之恩得(德)，何憨(敢)忘焉。

前引 P.2945(5)云"恃赖相公恩照，兼蒙泽露西天，诏宣荒裔。窃聆使臣经过贵府，深沐恩私，邀宴赏于红楼，动经宵夜；泄鹦鹉之金茎，重添玉烛。仰羡不及，空劳梦魂。"是说朝廷派赴瓜沙的使臣已达"贵府"(疑是凉州)，受到"贵府"的盛情款待，昼宴夜饮，让我们"仰羡"不已。言外之意是催促"贵府"速放朝使早来瓜沙。P.2945(8)则是朝使既抵瓜沙，今更返朝，瓜沙亦遣人随朝使而往，路经凉州，一来拜谢凉州仆射"斡旋"恩德，二来请求关照人使路途安全。这么看来，此文同为贞明四年之物。文云"前载得可汗指教,始差朝贡专人"。可知归义军与后梁沟通关系之举,早在贞明二年(916 年)(所谓"前载")已有所行动,但那一次朝贡使"中路被嗢末剽劫",没有达梁廷,因而未能完成联络使命。开头所录 P.4638 曹仁贵《状》两件,其中一为向梁朝"令公"问候起居,一为赠物状(文云:"干渎鸿私,伏乞检纳",可知不是给皇帝的贡物表,当为致送"令公"的赠物状。与前状相配,一为问候起居书,一为致送信物的附状)。这一类上达而不下行的公文存稿,一般情况都是"录白"存案,无须加盖官印。这两件盖了印的上行文书本应送交对方,却在敦煌发现,原因就是由于"中路被嗢末剽劫",使人又把文件携回。联系到 P.2945(5)所谓"前载"云云,笔者推断 P.4638 二状大约就是贞明二年之物,原件所题"八月十五日"则应视为贞明二年的八月十五日。至贞明四年朝廷派来使节,表明前次联系失败之后又进行了成功的联系,才终于接上关系。此次朝使之来,少不了给曹仁贵等慰赏封官,于是瓜沙归义军才正式成为后梁大国的一员。

文中还透露,瓜沙归义军同后梁建立主属关系,最初是以"朝贡"的名义进行的。而且即使是"朝贡"也还需事先得到可汗许可,领得"可汗旨教"才可以有所行动。这就是具体反映了瓜沙归义军当时的地位和处境。P.2945(4)、(7)两函中都说"更有情怀审细,并在使人口申,亲驰面拜之间,伏垂一一具问"。有"情怀审细"要说,但不写在纸上,而让使人口头陈诉,其中当有招嫌而不便写明之事。不妨猜想是诉说受制于回鹘的苦处,一吐民族压抑之郁愤。

敦煌曲子词有一首《望江南》云:"敦煌郡、四面六蕃围,生灵苦屈青天见、数年路隔失朝仪。目断望龙墀。 新恩降,草木总光辉,若不远仗天威力,河湟必恐陷戎夷,早晚圣人知。"有人说作于唐乾元或大历间,有人说作于张议潮时,有人说作于曹议金时,还有说作于曹元忠时,莫衷一是,迄无定论。以余浅见,没有比置诸贞明四年更为贴切的了。"若不远仗天威力,河湟必恐陷戎夷",止道出瓜沙人民在失去保障和靠山的日子里,多么担心一朝陷于戎夷、多么寄望于大朝庇翼!"新恩降,草木总光辉",更道出了瓜沙人民对朝使所宣"新恩"之欣欣鼓舞。同 P.2945 几件信函对读,不惟互相呼应,更加相得益彰。

通过上面的讨论,现在可以作出如下的结语:曹仁贵始任归义军节度兵马留后的时间,一如以往的推断,即公元 914 年(甲戌年)十月十八日之前;他经营同后梁沟通关系的活动着手于贞明二年,而正式同后梁建立关系在贞明四年。P.2945(1)《上相公状》末署"七月九日权知归义军节度兵马留后使",大约后梁遣使宣诏瓜沙的时间即在此前后,不晚于 S.3054 卷末题记之"戊寅(贞明四年)十一月廿八日"。

三、文献资料对于曹仁贵执掌归义军的否定

时至今时,仍有人不承认曹氏归义军创始者曹仁贵的存在。其原因,笔者认为一方面是由于敦煌史学界对曹仁贵问题的论证展开得不太充分;而另一方面不能不说是由于文献上的确有不少资料有力地提供着否定意见。

(一)先看正史中的记载

1.《新唐书·吐蕃传》载,咸通十三年,张议潮卒,"沙州以长史曹义(议)金领州务,遂授归义军节度使"。这里说曹议金从张议潮死就接领州务显然是错了。但似乎表明张氏之后,紧接着就是曹议金。没有露出半点曹仁贵的消息。

2.《旧五代史·吐蕃传》:"沙州,梁开平中有节度使张〔承〕奉,自号金山白衣天子;至唐庄宗时,回鹘来朝,沙州留后曹议金亦遣使附回鹘以来"。《新五代史·四夷附录》所载同。这里也没有提曹仁贵。

3.《宋史·沙州传》:"至朱梁时,张氏之后绝,州人推长史曹议金

为帅"。仍不提曹仁贵。

正史一向有较大权威性,人们不能不受其影响。罗振玉作《瓜沙曹氏年表》就是根据正史的记载把曹议金列为曹氏归义军的第一代。

(二)再看敦煌遗书资料

除了前举曹仁贵一《牒》二《状》之外,再没有发现曹仁贵署名的文件,就连其他文献中也没有发现过曹仁贵之名。

相反的情况是,敦煌遗书中在涉及张、曹传承问题时,不少是在张承奉之后紧接着说曹议金,没有一件明确提到曹仁贵。现举数例如下:

1. P.3792永隆撰《张善才和尚邈真赞》:"金山圣帝,慄擢崇班;谯王叹措(惜)而超迁,仍赐登坛之首座"。"金山圣帝"指承奉,"谯王"指议金。中间亦不曾言及仁贵一代。

2. P.3718《范海印和尚邈真赞》序云:"前王观师别俊,偏奖福田之荣……谯公听纳入心,就加紫绶之班"。颂曰:"金王称慄,擢奖福田……曹公之代,推荐良贤"。"前王"就是"金山王",指张承奉;"谯公"又作"曹公",据上引 P.3792 知即曹议金。中间亦不曾言曹仁贵这一代。类似的例证尚多,不胜枚举。

3. 同上号《阎子悦邈真赞》:"弱冠(廿岁)之际、主乡务而无亏,成立之年(三十岁),权军机而有则","仍加管内都营田使,兼擢右班之领"。"龄当八九(七十二岁),风疾才牵……如同水月,一朝云散"。颂曰"都权兵将,纳效累年,五制侍主,转任高迁"。末题:"天成四年(929年)岁次己丑,大族(太蔟)之月(正月)、冀生十二叶(十二日)题记。"根据上文知阎子悦天成四年死,享年七十二岁。由此上推生年为大中十二年(858 年);二十岁领乡务,当乾符四年(877 年);此后一直做官到死,死时正是曹议金在位之日。所谓"五制侍主",是指从张淮深开始,继而张淮□、索勋、张承奉、曹议金,刚好是侍事五主,中间也没有曹仁贵这一任。

上引资料，都不提曹仁贵这一代，岂不意味着曹仁贵并非一代主政者吗？

(三)敦煌洞窟题记和碑铭资料同样不见曹仁贵留下的痕迹

晚唐、五代沙州九任节度使张议潮、张淮深、张淮□、索勋、张承奉、曹议金、曹元德、曹元深、曹元忠等都在莫高窟或榆林窟留有各自的供养画像和题名，不少人的画像和题名还在好几个洞窟中出现；有的又在碑铭中留下大名，如张议潮、索勋、张淮深、张淮□等。唯独不见曹仁贵留下画像或题名。我们还看到曹仁贵同时代不少中下级官员的画像和题名，为什么一代节度使曹仁贵这样的大人物没有留下呢？孤立地看这个问题，当然可以认为他本有画像和题名，可能是洞窟坍塌，像、题遭毁。但这样的推测有几分可靠性呢？况且我们不是同样可以根据不见其画像和题名而否认他是一代节度使吗？

根据上引资料，结合起来考虑问题，似乎又能否定曹仁贵作为一代节度使。

四、文献中关于曹仁贵、曹议金同时执掌归义军的反映

P.4065《表文一》说"臣〔父〕某，早励颛愚，微陈勋效，叨权节制二十余年"，我在《归义军曹氏〈表文三件〉考释》[①]业已考订此所指者为曹议金。议金死于后唐清泰二年(935 年)二月十日。从议金死年上推，到乾化四年是二十二年，合于"叨权节制二十余年"之数。当然也可以稍稍推迟到乾化五年(同年十一月初九日改为贞明元年)，那样的话，议金到死"叨权节制"仅二十一年，勉强合于"二十余年"之数。

这么说来，又出现了一个难以解释的奇怪现象，那就是：曹仁贵同曹议金执政瓜沙的时间发生重合。前面已经根据 P.4638 二《状》及

①《文献》季刊，1988 年第 3 期。

P.2945（5）号文书"十五年来"艰危阻绝之语，考证曹仁贵归奉后梁始于贞明二年，成于贞明四年，从而肯定曹仁贵主政瓜沙的下限必不晚于贞明四年。而按照 P.4065"叨权节制二十余年"的说法，又确知曹议金早在乾化四年或至乾化五年（914—915 年）也已在瓜沙主政。这么看来，从乾化四年到贞明四年，这四五年间瓜沙地区岂不是同时出现了两个曹姓节度使？归义军岂不同时有着两个首领。

我们把资料摊开，把各种情况都摆出来，结果理出三个头绪：

（一）曹仁贵作为第一代曹氏归义军首脑，确是事实。

（二）曹议金作为第一代曹氏归义军首脑也是事实。

（三）曹仁贵和曹议金同时执掌归义军又是否定不掉的。

情况就是如此复杂，笔者不能抹杀某种资料、隐瞒某种情况，从而掩盖矛盾。我把反映各种情况的资料都摆在面前，请读者自己去作出判断。读者的判断可能是多种多样的。但我有一个稍为出奇但并非异想天开的判断，那就是：曹仁贵与曹议金为同一个人。

五、论曹仁贵即曹议金

国无二君，室无二主，这是一个根深蒂固的传统观念。根据这种观念，人们可以对瓜沙地区同时并存两个节度留后的可能性作出否定判断。但这种观念并不是证明仁贵、议金本为一人的客观证据。

又从曹仁贵与曹议金当政时间出现重叠这一现象，人们推测曹仁贵可能是曹议金。但也只能说是可能，因为其中又包含着不可能的因素。为了证明曹仁贵就是曹议金，还需另有证据。

（一）唐耕耦先生曾揭出 P.3556 号范和尚及陈和尚两人邈真赞中的"吏部尚书"乃指曹仁贵[1]。荣新江氏亦同此说，并进而揭出

---

[1]唐耕耦录文，《敦煌研究》1987 年第 2 期。

P.3262《建窟功德记》之文：

> 有谁施作，时则我河西节度使尚书……大梁帝主，永治
> 乾坤，愿照边陲，恩加无滞。次为尚书已躬鸿寿，应山岳而永
> 昌。

认为是"曹仁贵末年"的文书。曹仁贵，"一直以尚书为其称号"①。这是很有见地的论断。我在这里要进一步指出的是，荣新江氏所说的曹仁贵，其实也就是曹议金。请看下面几件文书：

P.3781(1)《河西节度使尚书庆窟功德文》(拟)：

> 大梁帝主，永坐蓬莱，十道争驰，誓心献款。又持胜福，
> 伏用庄严我河西节度使尚书贵位，伏愿荣高一品、同王母之
> 延龄，位极王侯、比麻姑之远寿。东开凤阁、成圣主之腹心；
> 西定戎烟、镇龙沙而永固。天公主宝朗、常荣松柏之贞；夫人
> 闺颜、永贵琴瑟之美……

文中的"天公主"就是曹议金的回鹘夫人，P.4638《曹议金妻宋夫人邈真赞》记宋夫人病危时"辞天公主，嘱偏照于孤遗"，就是指这位天公主。她的画像和题名在莫高窟第22、25、55、61、90窟和榆林窟第16、22(张大千编号为10、15)窟都有保存。曹议金去世后，被称为"国母天公主"。据此，我们很容易认出这位"河西节度使尚书"就是曹议金。

如果说人们以为别人也可以取一位"天公主"，这位尚书并不一定是曹议金，那么下面的一件文书又可以作出进一步的回答：

---

①荣新江：《沙州归义军历任节度使称号研究》〔打印稿〕1988年北京敦煌吐鲁番学术讨论会论文。后刊于《敦煌吐鲁番学研究论文集》，汉语大辞典出版社，1990年。

P.3781（3）《转经设斋度僧舍施功德文》：

梁朝圣帝、德业茂于尧时，退迩瞻风、溥洽还同舜日……次为我尚书贵位、日降河右之欢，寿比王公、布宣风以齐七政……北方圣天公主、佳游敬顺三从，广平宋氏夫人、闲（娴）明深闺四德……

上引 P.4638《宋氏夫人邈真赞》云："夫人者，即前河西陇右一十一州节度使曹大王之夫人也"，"广平鼎族，暂诞河湟"，"广平"为宋氏郡望。曹议金共有三位夫人：一、索氏，即索勋女；二、宋氏，即此文的"广平宋氏夫人"；三、甘州回鹘夫人李氏（赐姓）。由于索氏去世较早，所以文中没有提到她，但在世的两位夫人回鹘公主和宋氏夫人都提到了。那么文中的"尚书"乃指曹议金则是确定无疑，莫可他属了。

就在荣氏所引的 P.3262《造窟功德记》中，同样有"公主、夫人，宠荣禄而不竭；郎君、娘子、受训珪璋"之语，公主即天公主，夫人亦指宋氏。荣氏有所忽略，放过了这一重要信息，妨碍了对曹仁贵的认识未能进一步与曹议金加以沟通。

（二）上引 P.3718《阎子悦邈真赞》，已指出所谓"五制侍主"是指张淮深、张淮□、索勋、张承奉、曹议金。粗看似可当成否定曹仁贵作为一代节度使的资料。但我们既已通过第一节的论证肯定了曹仁贵确为一代节度使，又通过第四节的论证知道仁贵、议金二人在职时间发生重合；此后曹仁贵之名突然消失而曹议金之名突然出现。这么以来，《阎子悦邈真赞》不提曹仁贵这一代节度使，其实正表明仁贵、议金本是一人，并非两代节度使。这样，阎子悦"五制侍主"既可得到合理解释，又可作为仁贵、议金本系一人的证明资料。

前引《张善才和尚邈真赞》《范海印和尚邈真赞》中将曹议金紧接张承奉，而未提曹仁贵之名，皆可依此观之。那么，这些似乎否定曹仁贵为一代节度使的材料，反而为仁贵、议金本系一人提供了信息。

（三）P.2945 号共有八件函启，前三件都署有"权知归义军"，盖未抄全，我推断这一组义书都属曹仁贵。现在又说曹仁贵即曹议金，那么曹议金有没有过与曹仁贵相同的"权知归义军节度兵马留后"的官衔呢？《册府元龟》卷一百七十《帝王部·来远》载：

> 后唐同光二年五月，以权知归义军节度兵马留后、金紫光禄大夫、检校尚书左仆射、守沙州长史、兼御史大夫、上柱国曹议金，为检校司空、守沙州刺史，充归义军节度使、瓜沙观察、处置、管内营田、押蕃落等使。

表明到后唐同光二年五月，他还是"权知归义军节度兵马留后""守沙州长史"，后唐庄宗才授给他节度使之官。在曹仁贵二《状》中，他用曹仁贵这个名字时，署衔为"权知归义军节度兵马留后，守沙州长史、银青光禄大夫、检校吏部尚书，兼御史大夫、上柱国"，与同光二年的署衔相比，只是散官虚衔有所提高，原来的"银青光禄大夫"提高到"金紫光禄大夫"，"检校吏部尚书"提高到"检校尚书左仆射"，P.2178《破魔变文》末附七言唱词云："自从仆射镇一方，继统旌幢左（佐）大梁"，表明"仆射"可能是后梁授予的。那么同光二年时他旧衔有"仆射"之称则是符合实际的。其余的实职（"权知"和"守"）以及上柱国勋都没有变化。这意味着终梁之世，他一直是"权知归义军节度兵马留后、守沙州长史"，只不过散衔有所提高而已。

他给朝廷呈文，只能按朝授的官职名位如实而写，但在瓜沙境内，却自我吹嘘，不仅径称河西节度使，大约在龙德二年还自称"拓西大王"①。敦煌曲子词"曹公德，为国托（拓）西关"大约就是这时的作

①莫高窟401窟主室东壁北侧五代画观音像旁墨书云："南无观世音菩萨，壬午年（按即龙德二年）五月五〔日〕，画毕功记也。"此窟甬道南壁第一身男供养人像题名为"敕……拓西大王谯□（曹）议金一心供养"。

品。

在前引 P.3262、P.3781(3)等件文书中,他只称"河西节度、尚书",还没有用"仆射""大王"称号,尤其是 P.3781(1)"伏愿荣高一品……位极王侯"之语,确切表明当时还不到"一品""王侯"之位。笔者判断这几件文书都写于龙德二年之前(见后述)。S.3691、S.4240、P.2312、北羽 24、散 797、散 1070 等贞明六年所写《佛名经》卷末题记都称"府主尚书曹公",与 P.3262 及 P.3781 的署衔处于同一平面,大约都属同一时期的写卷。"府主、尚书",有人说所指为曹议金,有人说所指为曹仁贵,基本上都是对的。但说是曹仁贵,稍微有欠准确,这是因为曹仁贵大约在贞明四年顷就改名曹议金了(说见下)。

通过上述讨论,把曹仁贵曹议金认作一人,或许不至过于武断吧。

知道了曹仁贵曹议金本系一人二名,再来看曹仁贵作为节度使一晃即逝,却又同曹议金结衔一致而时代重合等一连串问题,就都可以豁然贯通了。

六、曹仁贵改名议金的时间及原因

曹仁贵改名议金的时间以及为什么改名,在敦煌遗书中,笔者还没有发现直接的证明材料。这里,仅将个人的一些推测提出来以供参考。

前曾根据对 P.2945 归义军节度留后的一组函启,推断瓜沙地区归奉后梁的时间在贞明四年。又进一步论证 P.4638(2)《曹仁贵仲秋状》在贞明二年。而曹仁贵改名曹议金,必在贞明二年(916 年)仲秋后无疑。莫高、榆林二窟有曹议金画像和题名的洞窟约有 9 个(莫高窟 55、98、100、108、244、401、454 窟,榆林窟第 6、16 窟),最早之窟,一般认为是莫高窟 401 窟,题有"壬午年(龙德二年,922)六月五

〔日〕画毕功记也"。但此窟不仅出现"曹议金"之名,而且还加上了"拓西大王"的高衔,这表明曹仁贵改名议金更在龙德二年之前。

根据上述理由,我把曹仁贵改名曹议金的时限,界定在贞明二年到龙德二年(916—922年)的七年之间。这七年之间,哪一年的可能性最大呢?笔者以为贞明四年的可能性最大。这里又牵涉到曹仁贵为什么改名的问题。

《资治通鉴》后梁乾化二年载:乾化二年(912)六月初二日(戊寅),郢王朱友珪勾结左龙虎军统军韩勍,突入宫中。时梁太祖朱全忠病危在床。"友珪仆夫冯廷谔刺帝腹,刃出于背。友珪自以败毡裹之,瘗于寝殿,秘不发丧"。命均王朱友贞杀皇位继承人博王朱友文。次日友珪矫诏"权主军国之务"。同月十五日,得知朱友文已被杀,才宣布太祖死讯及假造的遗诏,登上皇帝宝座。次年二月十七日(庚寅),均王朱友贞命左龙虎统军、侍卫亲军都指挥使袁象先等帅禁兵数千突入宫中,朱友珪自度不免,"令廷谔先杀妻,后杀己,廷谔亦自刭"。均王友贞继皇帝位。

朱友珪只当了七个月的皇帝,却永远被钉在耻辱柱上。《旧五代史·梁末帝纪》载乾化四年诏称:"去岁,郢王友珪,常怀逆节,已露凶锋,将不利于君亲,欲窃窥于神器。此际,值先皇寝疾……俄行大逆……又矫诏书,枉加刑戮……致遐迩之共怒。寻平内难,获剿元凶。""逆节""凶锋""大逆""元凶"都加到了这个朱友珪头上。这个朱友珪乃是太祖朱全忠收留的养子,"其母,亳州营娼也"。瓜沙曹氏的郡望谯郡就是当时的亳州。这就意外地同朱友珪沾上了腥臊,尤其惹人忌讳的是曹仁贵的贵字不巧适与朱友珪的珪字同音,就是古人说的"嫌名"。说是"嫌名不讳",其实免不了心里有个疙瘩。从个人的角度来说,一提起朱友珪,会让人联想成郢王"朱"某的朋"友"曹仁"贵",从皇族的角度考虑,又会让人联想成"元凶"伪帝"朱"氏的朋"友"曹仁"贵",还似乎有点颟顸皇室,无尊无卑之嫌。这就有必要改掉"仁贵"这个名字了。

当然,避朱友珪的嫌,必是通梁之后才出现的新情况。通梁以前,瓜沙地区没必要避梁朝的大不韪,当归义军成为大梁藩镇之后,要常同朝廷交道往来,须处好同朝廷的关系,不避嫌就会招嫌。以此度之,仁贵改名亦当在贞明四年或稍后不久。

仁贵改名,为什么选中"议金"二字①? 这又得从"仁贵"二字的含义说起。

《说文》:"仁,亲也","贵,物不贱也"。"仁贵"二字合言,若云以亲为贵也。

《说文》:"议,语也,一曰谋也。"段玉裁注云:"议者,谊也;谊者,人所宜也。言得其宜之谓议。"《说文》:"金,五色金也,黄为之长。久埋不生衣,百炼不轻,从革不韦,西方之行,生于土,从土。"用现代话解释,意为:金有五色品类,即所谓五金。其黄色者最贵重,所以五金中只有它的名字才叫"金"。金的特点是:埋在土中很久不会生锈,用火烧多少次不会减轻分量;它还可以按照人意变形改制成各种合意的器皿。从五行属性来说,有西方庚辛之性(《月令》郑玄注:"庚之言、更也,辛之言、新也"),动静应谊。从土而生,字亦从土(小篆作金,上即今字,声读今,下象金在土中形)。议金二字合言,若云:谋求更新也。

曹仁贵继承张承奉之后,改敦煌国为归义军是一大更革,再变离群孤立之状,重返大朝,以奉皇王之化,是又一大更革。此两大更革举措,为瓜沙中兴树起两块丰碑。曹仁贵审时度势(所谓"合谊")不墨守

---

① 《旧五代史》《册府元龟》《资治通鉴》《宋会要辑稿》《新五代史》《续资治通鉴长编》《文献通考》及《宋史》皆作义金,或作曹义,《宋会要辑稿》更讹作义全。莫高、榆林二窟供养人题名及敦煌遗书皆作曹议金。

"亲者"之旧制,以弃旧图新为己任。适遇改名之机,即取了"议金"为名。一则明更卓之志,二则纪更卓之功。"议金"之名行,而仁贵之名废。原题"仁贵"之名处,使可改者,或亦改之,故敦煌石窟中"仁贵"之名不存;初以"仁贵"之名主政瓜沙多不过五年,而以"议金"之名主政瓜沙十六七年,所以敦煌遗书"仁贵"之名极少见,固势之所然,可缘情而揆之也。关于改名出于避朱友珪之嫌,以及改"议金"二字取义于"谋求更革",只是笔者的推测。精宏之论,唯期于高明。

师友谈论之间,也有人猜想仁贵、议金盖一名一字。假使果真如此,也只能认为名仁贵、字议金。贞明四年后,本名废,改以字行。如此,笔者关于改名取义的推测未免多事。但退一步说,即使"一名一字"说为是,则余所推断,使用二名一先一后、前隐后显而同系一人之论仍无所动摇。

(台湾《第二届敦煌学国际研讨会论文集》,台湾汉学研究中心,1991 年;又收入笔者《敦煌史地新论》,台湾新文丰出版有限公司,1996 年)

悄然湮没的王国
——沙州回鹘国

　　瓜沙曹氏归义军终结后,瓜沙地区有没有一个回鹘统治时期?近数十年来,中外学者从不同角度进行了讨论,研究逐步深入,视野日益开阔,成绩显著。本文着重讨论沙州曹氏归义军政权消失后,沙州回鹘政权统治瓜沙以及西夏真正据有瓜沙的起始年代等问题。时间从公元1036年到1067年,即11世纪中期。用作论据的材料,主要取自北宋和南宋前期的著述。南宋后期及其之后的转引和来源不甚可靠的资料,本文未用作论据。

一、从所谓沙州回鹘说起

　　瓜沙地区自从晚唐大中二年(848年)张议潮起义及建立归义军政权之后,到北宋景祐三年(1036年)归义军政权垮台为止,延续188年。其间尽管节度使之职迭更张、索、曹三姓13人,而归义军政权一直掌握在汉族领袖的手中。张、索、曹三姓13位节度使全系汉族自不待言,就连历任节度使属下的文武官员,也绝大多数是汉族人氏。归义军辖区(后来仅有瓜沙二州)之内,除作为主体民族的汉族居民之外,还有少量吐蕃族、回鹘族、龙家族、沙陀族、嗢末族、吐谷浑族以及粟特族居民。居民民族成分尽管如此复杂,而归义军政权的性质却一直是以汉族为主体的政权。历任节度使无不认为自己是"大汉衣冠""中原鼎族",谁也不认为自己是异族血统。这一地区的文化,以汉族文化为主流：归义军的职官设置，是汉官系统；官方语言文字，是汉语汉文。境内少数民族也受到汉化的影响，例如取汉姓、学汉文、与汉人通婚等，吸收不少汉文化成分。总之，瓜沙地区是远离中原的一个汉人统治区。这一点，敦煌石窟和敦煌遗书中大量资料可以充分证明。

然而，北宋某些史官对瓜沙情实多所暗昧，错误地把瓜沙曹氏政权称为"沙州回鹘"。这样的称呼，最早出现于太平兴国元年（976年）：

"太平兴国元年冬，遣殿直张璨；赍诏谕甘、沙州回鹘可汗外甥，赐以器币、招至名马美玉，以备车骑琮横（璜）之用。"（《宋会要辑稿·蕃夷四》之二，又《宋史·回鹘传》载此事作太平兴国二年冬）。

这里所说的"甘、沙州回鹘"就包括了瓜沙曹氏归义军政权在内。再通过下面两条材料的比较，就更为明确：

"[太平兴国]五年闰三月二十六日，甘、沙州回鹘遣使裴溢的名似等来贡橐驼、名马、珊瑚、琥珀、良玉。"（《宋会要辑稿·蕃夷七》）

"太宗太平兴国五年，元忠卒；三月，其子延禄遣使裴溢的名似四人来贡玉圭、玉碗、玉橱、波斯宝毡、安西细毡、茸褐、斜褐、毛罗、金星矾石等。"（同上书《蕃夷五》之一）

这两条资料，尽管所记时间及贡品名色略有参差，但从使者同为裴溢的名似加以判断，所记无疑是同一回事。前条合记"甘、沙州回鹘"，举出一个使节的名字作代表；后条专记沙州进贡，明指沙州使裴溢的名似乃是归义军节度使曹延禄所遣。这就毫不含糊地表明：上条中的"沙州回鹘"，无疑是指的沙州归义军政权。

此后的史料中，有时说"沙州归义军"，有时说"沙州回鹘"。表明北宋人渐渐把沙州归义军与回鹘画上等号。其实，这并不符合实际情况，实际情况是曹氏政权确系汉人政权，并非回鹘政权。我们在利用北宋人留下的瓜沙史料时，不能不对此有个清醒的认识。

元朝人对宋人的这一错误未加辨别,接受了宋人的错误观念,在编撰《宋史》《辽史》时,径直把归义军汉人政权说成"沙州回鹘"。明、清及现代人也跟着错下来。清吴广成《西夏书事》更把曹贤顺说成"回鹘瓜州王",近人戴锡章《西夏记》等书又从而和之,影响越来越深。

元朝人在承袭宋人误解的同时,更进一步发展了这种误解,索性改称沙州归义军节度使曹延禄为"沙州蕃族首领",他们在《宋史·仁宗纪》咸平二年条末写道:"是岁,沙州蕃族首领,邛部川蛮、西南蕃、占城、大食国来贡。"元人这条记事,其史料来源出自《宋会要》。《宋会要辑稿·蕃夷七》咸平二年记云:

> 二年,二月十五日,沙州节度使曹延禄遣使贡美玉、良马(同书《蕃夷五·瓜沙二州》亦载);二十八日,占城国王杨甫俱毗茶逸施离遣大使陈尧、副使蒲陀婆、判官黎姑伦来贡犀牙、玳瑁、香药(同书《蕃夷四·占城、蒲端》亦载);六月二十七日大食国蕃客蒲押提黎遣其判官文戍来贡(同书《蕃夷四·大食》亦载);九月十九日,邛部川蛮帅部的等来贡文犀、名马。(同书《蕃夷五·邛部川蛮》亦载)

又,同书《蕃夷五·西南蕃》载:

> (咸平)二年九月,(西南蕃)都首领张黔等来贡名马六十五匹,朱砂八百八十两,又山子一重十六两、草豆蔻二万枚。诏赐锦袍、袭衣、银带、幞头、银碗、丝绒缎等。

元人编修《宋史》时,对《宋会要》关于本年二、六、九月五处来贡的记载加以概括,合为一条,缀于《仁宗纪》本年记事之末。元人所谓"沙州蕃族首领",毫无疑问是指《宋会要》中的"沙州节度使曹延禄"。

现代个别学者对《宋史·真宗纪》所谓"沙州蕃族首领"未进行史源学考察,不知其所指乃曹延禄,误认为沙州另有一位同曹延禄分庭抗礼的蕃族首领,并据以论述当时瓜沙形势,说"沙州蕃族首领单独朝贡于宋,也证明曹延禄统治之不稳"①。未免同吴广成氏一样受了元人谬说的愚弄。

当我们改正了宋元以来称瓜沙归义军政权为"沙州回鹘"的谬说之后,却又要告诉读者:归义军汉人政权完结后,在瓜沙地区的确出现过 30 来年的回鹘政权统治时期。不幸的是,这个真正名副其实的沙州回鹘统治时期,反而缺乏明确记载,以至造成瓜沙地区一个重要历史时期的悄然湮没。下面,将对瓜沙归义军之后真正的沙州回鹘统治时期进行一番钩稽,为宋人的疏漏补上一笔。

二、曹氏归义军的消失与回鹘政权的继起

瓜沙曹氏归义军最后一任节度使是曹贤顺。曹贤顺政权何时终止,宋人没有留下明确记载,元代史家又未加以豁清,所以一直成为瓜沙历史上的一个悬案。

《宋史·夏国传》记"[天圣八年]瓜州王以千骑降夏"。是说瓜州王带领千骑远投西夏,并未说以瓜州降夏;降夏的瓜州王,也并未说是曹贤顺。曹贤顺身为归义军节度使,循父祖成例,自当袭称敦煌王,辽朝于开泰八年(宋天禧三年,公元 1017 年)也曾授予他"敦煌郡王"号。他是瓜沙二州的主宰,却从来不是自己辖下的支郡之王——瓜州王②。

《宋会要辑稿·蕃夷七》及《群书考索后集》卷 64 还记载天圣八年十一月和天圣九年正月瓜沙政权遣使朝宋。表明天圣八年之后,曹贤顺政权仍然统治着瓜沙二州。景祐三年(1036 年)十二月,西夏破瓜、

①贺世哲:《从供养人题记看莫高窟部分洞窟的营建年代》,《敦煌莫高窟供养人题记》,文物出版社,1986 年,第 230 页。

②《续资治通鉴长编》卷 18,太平兴国二年八月条李瀚言:"始唐及五代,节镇皆有支郡。"

沙、肃三州①,曹贤顺政权当是垮台于此役。这个认识有什么根据呢?

第一,天圣八年到景祐三年,统治瓜沙二州的除了曹贤顺之外没有别人②。那么,景祐三年西夏破瓜沙,被"破"的其实就是曹贤顺政权。

第二,次年(1037 年),沙州又遣使朝贡。《宋会要辑稿·蕃夷五》载:

"景祐四年六月,沙州大使杨骨盖、副使翟延顺入贡。"同书《蕃夷七》记为:"沙州遣使、副杨骨盖靡是。"

这次朝贡,有两个与前不同的特异现象,从中可以测知曹贤顺政权已经垮台:

(一)此次贡使杨骨盖靡是,其姓似汉,其名实胡。胡人充使,可能表明沙州政权的民族性质有变。

(二)以往瓜沙朝贡使团,为首者仅只称"使",从来未见有"大使""副使"之称。而甘州、龟兹两回鹘国贡使则往往有此二称。例如:

1. "天圣元年五月二十九日甘州可汗王夜落纥遣使、副王阿葛之、王文贵贡方物。"(《宋会要辑稿·蕃夷七》)

2. "[天圣]六年二月十五日甘州可汗王宝国夜落隔遣使、副、都督贡玉、琥珀、乳香。"(同上)

---

①西夏破瓜沙的时间,北宋时已有不同说法。此取南宋李焘《续资治通鉴长编》、彭百川《太平治迹统类》及元佚名《宋史全文》之说。

②有的学者由于受到吴广成《西夏书事》所谓曹贤顺以瓜州王名分降于西夏这个错误说法的影响,循着吴广成的思路更往前一步,推测天圣八年左右归义军已失去沙州,仅保有瓜州;甚至有人更进一步推测以瓜州王降夏为标志,表明回鹘人从此取代归义军而占领了瓜沙二州。这两种说法在吴广成氏之说被否定后,就失去了根据和依托。此外,他们拿不出否定天圣八年以后归义军统治瓜沙二州的证据,故本文不取。

3. "景德元年九月,甘州夜落纥遣进奉大使宣教大师宝藏、副使李绪……等百二十九人来贡。"(《宋会要辑稿·蕃夷四·回鹘》)

4. "大中祥符三年闰二月,[龟兹]国王可汗遣使李延胜、副使安福等贡乳香……"(同上书《蕃夷四·龟兹》)

5. "景祐四年六月,[龟兹回鹘]遣大使李延贵、副使李沙州入贡。"(同上)

6. "神宗熙宁四年九月,[龟兹回鹘]遣大使李延庆、副使曹福等入贡。"(同上)

景祐四年(1037年)沙州朝贡般次突然出现东西二回鹘国习用的大使、副使之称,这一前所未有的现象,同样意味着沙州政权的民族性质有变。

根据上述两个突然出现的反常现象,加上去年(景祐三年)西夏破瓜沙的记载。笔者认为景祐四年及其以后的沙州统治者已非曹贤顺政权,而是回鹘政权。

第三,《宋会要辑稿·蕃夷五》载:康定"二年二月,沙州遣大使安谞支、副使李吉入贡。"

这里沙州使团再一次出现大使、副使之称。此外,更值得注意的是安谞支和李吉这两个人的族属。安氏一门是甘州回鹘国的外交世家。早在五代后唐时,甘州朝贡使就有安千想(又作安千箱或作安千)、安黑连、安末思(或讹作安求斯);后汉时有安铁山;宋大中祥符间有安进、安密、安福、安殿民(或作安殿门);天禧间有安信;天圣间有安万东等安姓人士屡次充任甘州朝贡大使或副使。康定二年沙州朝贡大使安谞支(疑即天圣元年甘州使阿葛之之异译),虽不能肯定是甘州回鹘外交世家安氏家族中的一员(西州回鹘国亦多次见有安氏外交人员),但不妨根据姓氏推测为回鹘族人。

至于副使李吉,作为甘州回鹘国的旧人却是无可怀疑的。《宋会要辑稿·蕃夷四·回鹘》载：

> ［大中祥符］九年五月，泰州言："奉职杨知进自甘州
> 回。"初，知进以大中祥符五年正月与译人郭敏伴送翟符守
> 荣般次赴甘州……留止甘州。至［大中祥符］八年五月先遣
> ［郭］敏还。今年三月，［甘州］可汗遣首领李吉等九人送知进
> 归汉境……时，郭敏以补借职，复赏赐可汗器币（原注：《宋
> 史》：九年，遂遣郭敏赐宗哥诏书，并甘州可汗器币），入蕃，
> 为立遵所邀留，及止李吉等。遣回鹘语可汗曰："杨奉职在甘
> 州住五年，今郭借职去，若更留住，则又烦朝廷取接。令可汗
> 急写领赐物表来，兼取所赐物，当遣李吉等回。"

李吉于大中祥符九年（1016年）充任甘州回鹘伴送使，经吐蕃界，被其首领立遵扣留。天圣六年，西夏破甘州、杀可汗、灭甘州国，甘州回鹘国余部逃散，看来李吉逃到了沙州。西夏军队在景祐三年打垮归义军之后，未能立足扎根，又被沙州回鹘赶走。重新收复瓜沙二州的回鹘人，在沙州建立起新政权。李吉在这个沙州回鹘新政权中仍然担任外事工作，康定二年奉命赴宋朝贡，充任副使。假设大中祥符九年李吉30岁，至康定二年不过55岁，完全堪任奉使之劳。

这里值得注意的是，沙州新政权用甘州回鹘旧人充任外交使节，必是执政者同甘州回鹘存有旧谊。

据史料可知，沙州归义军自从曹宗寿谋杀叔父节度使曹延禄和节度副使曹延瑞、篡夺归义军大权之后，甘州回鹘即与沙州关系失和。曹宗寿不得不采取近拒远交的策略，同甘州背后的辽朝建立关系。宗寿死，子贤顺继掌归义军，仍未同甘州改善关系，继续同辽国保持友好，并于大中祥符九年（1016年）冬亲赴辽京以加强关系。辽亦派兵至沙州接应。对此，甘州深为不满而且疑虑重重。同年十二月上表宋朝告状。并请求制止沙、辽勾结，表云："契丹即日多益兵马于沙

州往来,未知何计使? 即目断绝。"(见《宋会要辑稿·蕃夷四·回鹘》)①辽朝也在卄泰八年(1019 年)遣韩橁至沙州封贤顺为敦煌郡王。②

除此之外,《辽史》记载辽朝与曹贤顺贡使往来还有多次。表明贤顺继续奉行远交辽国、近拒甘州的政策,同甘州仍旧交恶。

曹贤顺政权垮台后,沙州回鹘掌握了瓜沙政权,出于同种同族的血缘关系,自然会起用因丧家失国投奔沙州回鹘的原甘州回鹘国的人才。李吉就是其中的一员,同时不排除安谔支亦是其中一员的可能性。

从瓜沙新政权重用甘州旧人这一迹象看,同样表明瓜沙新政权不会是与甘州交恶的曹贤顺政权,而应是沙州回鹘政权。

第四,《宋会要辑稿·蕃夷五》和《蕃夷七》载,康定二年(1041 年)和庆历二年(1042 年),有沙州北亭可汗者两次以沙州名义贡宋。可以肯定地讲,这位北亭可汗绝不是曹贤顺或曹贤顺的后人。因为曹氏向以"大汉衣冠"自诩,怎么会突然放弃"敦煌王"的称号而改称"可汗"呢,曹氏及瓜沙汉官汉民能够接受这种叛祖背汉的称号么? 从"可汗"之称,我们完全可以排除曹氏的可能性,相反的基本上可以肯定为回鹘族首领。

---

①曹贤顺赴辽的具体时间,史料失载。《辽史·圣宗纪》载"[统和六年六月]乙酉,夷离堇阿鲁勃送沙州节度使曹恭顺还。"罗继祖《辽史校勘记》卷 12 有考证:一是统和六年时,沙州节度使为曹延禄,非贤顺;二,统和六年六月丙辰朔,小尽,无乙酉。而开泰六年(1017 年)六月为戊辰朔,十八日为乙酉。结论是"殆开泰六年事,误系于此。"罗说甚是。据此来看,大中祥符九年(1016 年)冬辽兵于沙州往来一事,当是接应贤顺赴辽。

②韩橁赴沙州宣命的具体年代,史无明载。《辽史·圣宗纪》:开泰八年(1019年)正月壬戌"封沙州节度使曹贤顺为敦煌郡王。"《韩橁墓志》记橁"奉使沙州,册主帅曹恭顺为敦煌王……适及岩[宕]泉,立傅王命。"故知此次所遣使为韩橁,又知时为开泰八年。

关于这位沙州北亭可汗的身份，日本安部健夫和森安孝夫先生等以为"北亭即是北庭，11世纪北亭可汗一定是西回鹘王国的可汗，不然，也是与他有直接关系的人"①。近来，钱伯泉先生亦主此说②。但笔者认为，这位沙州北亭可汗与西回鹘可汗有某种关系是可能的，至于说"一定是西回鹘王国的可汗"，怕是未必。

理由之一：安部先生等认为北亭就是北庭，北亭可汗就是北庭可汗。那么既如此，为什么又在北庭之前加上沙州二字成为"沙州北庭可汗"呢？这位可汗，究竟是沙州可汗，或是北庭可汗？或者又是沙州、北庭二地可汗？如果设想是沙州可汗兼领北庭，名号就应当叫作"沙州北庭可汗"了。但是，根据当时的历史情况而言，这两种设想都不可能成为事实。若是北庭可汗兼领沙州的话，不会把"北庭"地名降后而把"沙州"地名升前；至于沙州可汗，作为一小方可汗，根本没资格兼领西回鹘国国都庭州。于此可见把北亭理解为北庭既没有道理，又不符合事实。

笔者认为，北亭就是北亭，它可能是沙州境内的一个地名，也可能是这位沙州可汗的专有名号，无法断定必为北庭。

理由之二：根据宋代史料，西回鹘国同沙州始终是西陲各自独立的两个不同的政权。

北宋的西州回鹘国，亦称高昌回鹘国，又称龟兹回鹘国，名异实同。《宋会要辑稿·蕃夷四·高昌》载："真宗景德元年（1004年）六月，西州回鹘遣使延金福（同书《蕃夷七》作金延福）以良玉、名马、方物来

---

①高然译、森安孝夫著：《回鹘与敦煌》，《西北史地》1984年第1期，第120页。安部健夫的观点，见所著《西回鹘国史的研究》，宋肃瀛、刘美崧、徐伯夫译本第356—359页，新疆人民出版社，1985年。

②钱伯泉：《回鹘在敦煌的历史》，《敦煌学辑刊》1989年第1期。

贡。"《玉海》卷 154 记此为高昌贡良玉名马(见该书《建隆高昌贡方物》),《宋会要辑稿·蕃夷四·龟兹》记此作龟兹国"[景德元年]六月遣使金延福来"。同条又载:[天禧]五年七月,殿直白万进上言:"昨龟兹使延福等,诈为外使,邀冀恩赏,及乞赐经藏、金像等物……"所云延福,即金延福。这里更明确地说他是龟兹使。同条亦明言:"或称西州回鹘,或称西州龟兹,又称龟兹回鹘,其实一也。"上引材料,足以证明北宋的西州、高昌、龟兹三回鹘国其实是一国三名,或者退一步讲,至少宋人是这样看待的。

有的研究者认为,11 世纪到 12 世纪初,龟兹回鹘(即西州回鹘)占领了沙州,所以又称沙州回鹘云云。此说,最早是受清人吴广成谬说的影响。他在《西夏书事》卷 9 大中祥符元年正月条写道:

> 甘州地逼西夏,其可汗夜落纥与沙州可汗禄胜数出兵为保吉难。保吉死,德明思报怨,遣将张浦率骑数千钞略其境,夜落纥出兵拒之,浦不能胜。

吴广成这段记事中,有两点是无中生有的伪史,一是所谓"沙州可汗禄胜",在宋人第一手资料例如《宋会要辑稿》《续资治通鉴长编》《文献通考》以及元人编修的《宋史》等书中都记载禄胜为龟兹可汗(或写作西州可汗),从来没有说是沙州可汗的,吴广成所谓沙州可汗禄胜,实属张冠李戴。

二是所谓"[甘州]可汗夜落纥与沙州可汗禄胜,数出兵为保吉难。"甘州可汗的确曾多次同夏国交战;而禄胜,只是在咸平四年(1001 年)向宋廷表示过"愿……得缚继迁以献"(《宋会要辑稿·蕃夷四》之十三)。其实禄胜仅仅是说说大话而已,却并不曾真的出兵攻夏。至于说他"数出兵为保吉难"更是无稽之谈。

宋代史料,对龟兹回鹘与沙州回鹘是分得很清,并不含糊的。这里至少可以举出五条证据:

1.《宋会要辑稿·蕃夷四》之十五："天禧五年(1021年)七月诏自今西州、甘、沙州进奉人使,更一、二年不许赴阙。"这里把西州(即龟兹回鹘)、甘州、沙州分别指称,表明三者各为不同邦国。若西州与沙州本是一国,自无分别指称的必要。

2.《续资治通鉴长编》卷110载,天圣九年(1031年)正月"己未,龟兹国、沙州并遣使贡方物"(《宋会要辑稿·蕃夷七》之二四亦载此事,较详)。龟兹、沙州于同年同月同日各派使者(所谓"并遣使")到达朝廷进贡方物,又一次表明是两个不同的邦国。若是同一邦国,或者按照吴广成和近年某些学者的说法,龟兹可汗就是沙州可汗的话,那么有什么必要同时派遣两般贡使而又分别用龟兹和沙州两种不同名义进贡呢?

3. 天圣九年正月"庚申,资政殿学士晏殊言:占城、龟兹、沙州、邛部川蛮夷,往往有挈家入贡者,请如先朝故事,委馆伴使询其道路、风俗及绘人物衣冠以上史官,从之。"(《续资治通鉴长编》仁宗天圣九年正月条①)这里,晏殊同样把龟兹、沙州视为不同的两个邦国。

4.《宋会要辑稿·蕃夷七》之二五:"景祐四年(1037年)正月九日,龟兹国遣使李延贵贡花蕊布、褐、乳香、硇砂、玉、独峰驼、马;沙州遣使、副杨骨盖靡是贡玉、牛黄、棋子、绿黑皮、花蕊布、琥珀、乳香、硇砂、梧桐、黄矾、名马。"(《续资治通鉴长编》卷120所载同)这里又是龟兹与沙州两个使团、两种名义同日进贡。

5.《群书考索后集》卷64:"皇祐四年(1052年)正月癸巳,龟兹国、沙州并遣使人贡物。"这条记事,若省掉"并"字,很容易让人理解成"龟兹国的沙州遣使人贡物",作者特意加一"并"字,让读者不会发

①《宋会要辑稿·蕃夷七》亦载上二事。但将晏殊上言误系于大中祥符九年。

生混淆。

上引资料表明,无论在康定二年(1041 年)和庆历二年(1042 年)"沙州北亭可汗"两次贡宋之前或之后,沙州、龟兹(即西回鹘)一直是各自独立存在于西陲的两个邦国,这是毫不含糊的。

近年,在吐鲁番发现的木简祈愿文,关于高昌国的疆域有"东自沙州,西至簸赤巴尔浑"之说〈据宋肃瀛等译安部健夫《西回鹘国史的研究》第 267 页节引〉;同上地区发现的另一木简文中又有"胡禄伊难珠沙州将军"之称(据岑仲勉《吐鲁番木柱刻文略释》一文转引)。原已受吴广成所谓"沙州可汗禄胜"谬说影响,又受到上引吐鲁番木简文的影响,于是更使西州回鹘占有沙州一说振振有词。

其实,上引吐鲁番木简文至今仍有三点未明:一是此二文之时代至今未能论定;二是所谓"东至沙州"是否包括沙州? 三是所谓"沙州将军"或同于辽朝虚设"沙州刺史""归义军节度使"之类的名号,或是管领沙州的实职,同样未能确定。有此三疑,所以无法据以论史。目前能够确认的资料,却表明西州回鹘从来不曾占有过沙州。

根据上面的分析,完全有理由认为沙州北亭可汗就是沙州回鹘可汗,不是西回鹘可汗。沙州回鹘,自是居住在瓜沙地区的土著回鹘族人。大约天圣六年(1028 年)甘州回鹘国灭亡后,其残部之一支投奔沙州,融入沙州回鹘群体之中。前述李吉就是一证。当然,从沙州常同龟兹回鹘结伴入贡来看,沙州回鹘可能同龟兹回鹘有着亲密关系。但不能因此而使两者混淆不分,从而否认两者各自屹立于西陲的事实。

第五,《续资治通鉴长编》卷 131 载,庆历元年四月(同年十一月始改元庆历,其四月实为康定二年之四月)甲申:徙秦凤都部署、知秦州、定国〔军〕留后曹琮为陕西副都部署,兼经略安抚缘边招讨副使……琮欲诱吐蕃犄角图贼(贼,指西夏),得西州旧贾,使谕意。而沙州镇国王子遣使奉书曰:'我本唐甥,天子实吾舅也。自党项破甘凉,遂与汉隔。今愿率首领为朝廷击贼。'上善琼策,故使副[陈]执中,寻加步军副都指挥使。"原注:"琼本传载此二事皆不得其时,今附见,更须考之。除步军副帅乃五月己巳,今附见。"

从李焘原注得知,沙州镇国王子上书的确切时间大体在庆历元年即康定二年(1041年)四月之前不久。从这位沙州镇国王子所谓"愿率首领为朝廷击贼"来看,他应是沙州回鹘首脑人物;自称"镇国王子",似乎可以理解为沙州回鹘可汗之子。大约老可汗新死不久,其子继立镇国,尚未加封"可汗"称号,故称"镇国王子"。如果这个理解不错的话,那么笔者推测沙州镇国王子遣使奉书的时间可能就是康定二年(1041年)二月安谔支、李吉所率领的朝贡般次。稍后,同年十月十五日沙州朝贡已用"北亭可汗"名义,大约是由于二月上书纳忠请封,并得到宋朝封授,十一月遣使赴朝谢恩并再次进贡。庆历二年(1042年)二月再次以"沙州北亭可汗"名义进贡(北亭可汗两次贡宋的资料详后)。这么看来,沙州镇国王子当在数月后被加号为沙州北亭可汗,二名本是一人。

从沙州镇国王子上书所谓"我本唐甥,天子实吾舅也"来看,可以肯定地认为不是归义军曹氏。因为曹氏同中原王朝向以君臣相称而不以甥舅相称。此既称甥舅,可以断定必是西北少数民族首领。瓜沙地区势力较大,有可能掌握瓜沙统治权的少数民族,唯有回鹘族差堪当之。其他少数民族,如吐谷浑、沙陀、龙家、吐蕃、嗢末等部都不足以成为瓜沙统治者。据此,笔者认为沙州镇国王子应是沙州的回鹘王子。这样,又有一条信息告诉人们,当时的瓜沙政权既不是曹氏政权,也不是西夏政权,而是回鹘政权。

第六,《宋会要辑稿·蕃夷五》载:

皇祐二年(1050年)四月,沙州符骨笃末似婆温等来贡玉。

此事又见于同书《蕃夷七》《续资通鉴长编》卷 168 及《玉海》卷 154，贡使"符骨笃末似婆温"之名绝非汉名。清浙江书局刊本《续资治通鉴长编》根据《钦定三史国语解》改译为"普克多木萨本"。萨本即萨温（或写作"婆温"），为回鹘职官名称。由此推测此人是回鹘官员。回鹘官员充任正使又一次表明沙州政权可能是回鹘政权。

通过上面六点论证，有充分的理由判断这一时期的瓜沙政权已是真正的回鹘政权。这个政权以沙州名义向宋朝贡，表明它已取代曹氏归义军并且成为瓜沙地区的主宰者。

三、西夏破瓜沙之后，并未能长期占领并统治瓜沙地区

这个问题从上面的论述中已可以看到眉目。但是由于人们一向认为西夏打垮归义军之后便在瓜沙二州建立了西夏统治，这个观念影响已深入人心，特别是治西夏史者几乎众口一词。所以有必要专门加以讨论。

最早说到西夏陷瓜沙的是北宋康定二年（1041 年）赵珣所撰《陕西聚米图经》。此书已佚，有关记述，南宋李焘有所引述。《续资治通鉴长编》卷一一九景祐三年十二月辛未条李焘注云："《聚米图经》谓元昊既屠牦牛城，筑凡川会，诱胁唃氏诸部酋豪。厮啰二子猜沮，徙哩沁城，元昊无吐蕃之患，始再举兵攻回纥，陷瓜、沙、肃三州。"这里只是分析元昊先着手解除吐蕃威胁，然后才敢于向西用兵，攻陷瓜、沙、肃三州，但未说西夏既陷瓜沙，是否从此占据瓜沙之地。

百余年之后出现的《隆平集》一书，却肯定地说：

至曩霄（即元昊）破瓜沙肃三州，遂尽得河西之地。

《隆平集》初刊于南宋绍兴年间[旧本有绍兴十二年（1142 年）赵伯卫序]，题宋曾巩撰。对此书的作者，宋人已有怀疑。巩弟曾肇所撰

曾巩《行状》，说曾巩"生平无所玩好，顾喜藏书，至二万卷，仕四方，常与之俱。手自雠对，至老不倦。又集古今篆刻为《金石录》五百卷。公未尝著书，其所论述，皆因事而发。既没，集其稿为《元丰类稿》五十卷，《续元丰类稿》四十卷，《外集》十卷。后之学者，因公之所尝言，于公之所不言，可推而知之。"他如曾巩《墓志》《神道碑》（俱见《元丰类稿·附录》）皆同，俱不言巩另有《隆平集》。南宋衢州刊本晁公武《郡斋读书志》卷六云："《隆平集》二十卷，记五朝君臣事迹，其间记事多误。如以《太平御览》与《总要》为两书。或疑非巩书。"（据余嘉锡《四库提要辨证》卷五《隆平集》辨证条转引）。《四库提要》亦云此书"记载简略琐碎，颇不合史法。"李焘《续资治通鉴长编》卷四十九、六十九两引《隆平集》而不书撰者，又卷九十一引"曾氏《隆平集》"而不名，似李焘亦疑其作者非巩。但此书毕竟刊于南宋初期，又以曾巩之名流传。"元昊破瓜沙肃三州，遂尽得河西之地"之说遂广为传播。南宋彭百川《太平治迹统类》、李焘《续资治通鉴长编》、王偁《东都事略》以及元修《宋史》皆采其说，遂成定论。

但人们从更靠近"西夏陷瓜沙"的宝元、庆历时人的著作言论和瓜沙出土文物中，找不到西夏于景祐三年陷瓜沙之后便扎根住下并设官施治的任何证据。相反，却有大量资料证明景祐三年西夏既破瓜沙却未能继续占据瓜沙，最迟在景祐四年元月，瓜沙地区的主宰者已是回鹘政权。

笔者这一看法，主要可以从两个方面加以论证。

第一，景祐三年十二月西夏破瓜沙，几十天后，就是景祐四年（1037年），从景祐四年元月起，又有沙州政权向宋朝贡。迹象表明这个政权已不是曹氏政权，但却继承曹氏政权宗奉宋廷的一贯政策。从景祐四年到皇祐四年（1037—1952年）史有明载的沙州朝宋不下 11 次（《宋史·沙州传》云"自景祐至皇祐中凡七贡方物"。未确）。今简述如下：

1. 景祐四年正月九日，沙州遣使、副杨骨盖靡是至宋贡方物。（《宋会要辑稿·蕃夷七》之五，又《续资治通鉴长编》卷一二〇）

2. 景祐四年（1037 年）六月，沙州遣大使杨骨盖（或作杨骨盖靡是），副使翟延顺贡宋。（《宋会要辑稿·蕃夷五》之三）

3. 康定元年（1040 年）四月，沙州遣使贡方物。（《宋会要辑稿·蕃夷五》之三）

4. 康定二年（1041 年）二月，沙州遣使安谔支、副使李吉贡物。（同上）

5. 康定二年十一月十五日，〔沙州〕北亭可汗奉表贡玉、乳香、硇砂、名马。（同上书《蕃夷七》之二六）

6. 庆历二年（1042 年）二月，沙州北亭可汗王遣大使密、副使张进零、和延进、大使曹都都、大使翟入贡。（同上书《蕃夷五》之三）

7. 皇祐二年（1050 年）四月八日，沙州符骨笃末似婆温等来贡玉。（同上书《蕃夷七》之二八及《蕃夷五》之三，又《玉海》卷一五四及《续资治通鉴长编》卷一六八）

8. 皇祐二年十月，沙州遣人来贡方物。（《宋会要辑稿·蕃夷五》之三，又《宋史·仁宗纪》作十二月）

9. 皇祐三年（1051 年），沙州来贡方物。（宋李攸《宋朝事实》卷十二）

10. 皇祐四年（1052 年）正月，龟兹国、沙州并遣使贡方物。（《群书考索·后集》卷六十四）

11. 皇祐四年十月十二日沙州遣使来贡方物。（《宋会要辑稿·蕃夷七》之二九）

瓜沙坚持朝宋，有力地表明这个政权的政治态度是亲宋的。在宋、夏敌对的当时，亲宋就意味着仇夏。仇夏的瓜沙政权绝不会是西夏的地方政权，执政者也绝不会是西夏官员，假若瓜沙政权是西夏的地方政权,就不可能一次又一次地单独向宋朝贡。否则无疑是里通外国的叛逆大事,必会受到西夏王朝的严厉处置。宋朝和西夏史官也都不会漏掉这么大的叛服事件而要大书一笔的。但事实是,十年余间瓜沙地区尽管从容向宋朝贡,宋夏双方谁也没有异常反应,这就令人信服地表明:瓜沙政权是一个自立于西夏统治区域之外,不属西夏管辖的独立自主的政权。

第二,对于瓜沙政权独立自主的性质,同时期的北宋人士皆所共知。只是由于像《隆平集》那样并不确切的叙述,使得稍后本来已对瓜沙情实存在隔膜的史家形成了误解。把西夏破瓜沙当成了西夏统治瓜沙的开始。

这个误解,不仅导致瓜沙地区一个回鹘政权统治时期被悄然抹掉,同时,莫须有地把西夏对瓜沙地区的统治提前了30来年。

笔者之所以认为当时的北宋人士了解瓜沙政权的独立性质,了解西夏并未占有瓜沙,不过是从当时人留下的记录中得到的信息。下面我们读一读当时的记录,听一听当时人是怎样说的。

1. 宝元二年(1039年)元昊上表自夸夏国威势云:"吐蕃、塔坦、张掖、交河莫不服从。"(《续资治通鉴长编》卷一百廿三及《宋史·夏国传》皆载此表),元昊此表写于西夏破瓜沙之后的第三年。表文透露:瓜沙东南的吐蕃、以东的张掖(即甘州)、东北的塔坦(即鞑旦,在肃州以北)、西北的交河(即西州回鹘)都已服从夏国,唯独不提瓜沙地区,表明瓜沙地区虽然孤悬危处,仍未投向夏国怀抱。既然夏国三年前已破瓜沙,而三年后元昊反而不把瓜沙划入自己的势力范围,必是夏国既破瓜沙,又得而复失。除此之外还能作出怎样的解释呢?既然元昊在宝元二年还没有说自己领有瓜沙,别人又根据什么硬把瓜沙地区从景祐三年起就划入西夏版图呢?

2. 康定元年(1040年)四月,"大理寺丞、秘阁校理石延年……又言：'去年授唃厮啰节制［宇按：此指宝元元年（1038 年）十二月授唃厮啰保顺军节度使一事］，命讨元昊。宜募愿使其国者护发其兵……又，回鹘在唃厮啰西，唐用其兵定吐蕃，亦可兼诱之，使犄角兴师以分贼势。'"（《续资治通鉴长编》卷一百廿七康定元年四月丁亥条）。

这里所说在唃厮啰以西的"回鹘"，从"唐用其兵定吐蕃"来看，所指为张议潮逐蕃归唐的根据地瓜沙地区无疑。石延年建议招诱瓜沙，以分西夏兵势，显然是从这样一个不言自明的前提出发的：即瓜沙政权并非西夏政权，瓜沙首领亦非西夏官员。这就再一次表明，此时（康定元年）的瓜沙二州确乎不属西夏。

3. 康定二年（1041 年）沙州镇国王子上书宋廷说，瓜沙地区"自党项破甘凉，遂与汉隔"。只讲"遂与汉隔"，不言被西夏侵占。亦可证明此时瓜沙仍是自主之"国"，即"镇国王子"所镇之国。镇国王子作为沙州首脑，表示"愿率首领为朝廷击贼"，从而可知沙州回鹘政权还拥有相当强大的武装力量。

4. 庆历二年（1042 年）十月"戊辰，御史中丞贾昌朝上疏言：'……其四曰制戎狄。今戎狄荡然与中国通……宜度西戎诸国，如沙州、唃厮啰、明珠、灭藏之族，近北如黑水女真、高丽、新罗之属，旧通中国，今为二虏（指辽、夏）远隔，可募人往使，诱之来朝。'"（《皇朝文鉴》卷四十五；又《宋名臣奏议》卷一百廿三及《续资治通鉴长编》卷一百三十八）

贾昌朝把沙州说成被"虏"远隔的"西戎诸国"之一，表明此时（庆历二年）的瓜沙地区仍是一"国"，只是由于被西夏"远隔"才不与中国通，贾昌朝建议"募人往使，诱之来朝"。这里又一次表明瓜沙地区并非西夏所辖。

其实就在贾昌朝上表前八个月即庆历二年二月，沙州北亭可汗还遣使入贡，并非"不与中国通"。贾昌朝的话，或许可作这样的理解：

或是沙州回鹘在数月前即庆历二年二月朝贡时可能表示过由于西夏作阻以后将不得不停止朝贡。后来的事实,正是如此,果然从这一年二月朝贡之后,直到皇祐二年(1050年)四月,八年之间沙州未来朝贡。这个迹象,似乎可以印证上述的推测。从宋朝人士希望沙州继续朝贡来看,瓜沙政权必是仍然自立于西夏之外的独立政权。

5. 庆历三年(1043年)七月"甲午,枢密使韩琦上疏:'……又元昊父祖以来,蓄养奸谋,招纳亡命,虽外示臣节,而内完兵力。至元昊,则好乱逞志,并甘、凉诸蕃,以拓境土。自度种落强盛,故僭号背恩,北连契丹,欲成鼎峙之势,非如继迁昔年跳梁于银、夏之间尔"。(《宋名臣奏议》卷一百三十四,又见《续资治通鉴长编》卷一百四十二)

时至庆历三年,韩琦仍只说元昊"并甘、凉诸蕃",不言并瓜沙。透露此时瓜沙地区仍然未入西夏版图。

6. 庆历三年(1043年)十一月,右正言知谏院孙甫上言:"自元昊拒命,终不敢深入关中,以沙州、唃厮啰等族素所不附,虑为后患也。"(《续资治通鉴长编》卷一百五十四)

孙甫的话,不仅反映了沙州回鹘政权一向坚持独立自主,对西夏"素所不附"的政治态度对西夏所起牵制作用,以及在宋、夏角兵中对宋朝所起的支援作用。还有一点不应忽视,他是在庆历三年冬说这番话的,反映的是景祐年代西夏一度攻破瓜沙之后至庆历三年冬这八年之间瓜沙回鹘政权的政治态度。这里孙甫又一次为我们提供了瓜沙地区不属西夏的证据。

2. 莫高窟第444窟窟檐外北壁题记云:"庆历六年丙戌岁十一月座上□□□□□□□记也。"①。

时至庆历六年(1046年),瓜沙仍宗奉北宋正朔,使用北宋年号。

①此系笔者录文,与《敦煌莫高窟供养人题记》一书所载稍异。

这条题记是瓜沙本地的资料，它更有力地证明着瓜沙地区不属西夏统辖。

3. 成书于庆历八年的《武经总要》①记述西夏疆域，至庆历八年（1048年）仅抵肃州，同样不及瓜沙。原文云：

德明死，子元昊康定初复叛，遂封夏国以绥怀之，今有夏、银、绥、宥、灵、会、盐、兰、胜、凉、甘、肃十二州地。（《武经总要》卷十八下《西蕃地界》。《文渊阁四库全书》本）。

诸史既云景祐三年西夏已破瓜沙，何以十二年之后，西夏仅领有肃州以东十二州地，而不云兼有肃州以西的瓜沙二州？度之仍如前述理由：必是西夏既破瓜沙，却未能在瓜沙立脚扎根又被逐出：瓜沙仍是一个独立地区，未入西夏版图。《武经总要》的编者曾公亮、丁度等皆系当时朝要，对此了如指掌，故据实载之如上。后世以为西夏既破瓜沙，势必占有瓜沙，对《武经总要》的记述未认真对待。问题出在后人的粗疏，不怪当时人未加记述。

4. 庆历之后仍有资料证明瓜沙不属西夏，这就是皇祐二、三、四年（1050—1052年）这三年间连续朝贡达五次之多（见前引），如果此时西夏已占有瓜沙，那么出现瓜沙朝贡的事件就是不可理解的了。

5.《续资治通鉴长编》卷一百八十八载，仁宗嘉祐三年（1058年）九月"乙亥，秦凤经略司言：西蕃唃厮啰与契丹通姻。先是，唃厮啰、纳克垒阿匝尔等叛归夏国，谅祚乘此引兵攻掠境上。唃厮啰与战。败之，酋豪六人，收橐驼战马颇众，因降陇逋、公立、马颇三族。会契丹遣使送女妻其少子董毡，乃罢兵归。契丹既与唃厮啰通姻，数遣使由回鹘

---

①旧说以为《武经总要》成书于庆历四年。近孙继民氏考证，此书实撰成于庆历八年。孙继民：《〈武经总要〉的编纂和版本》，《魏晋南北朝隋唐史资料》第6期，1984年12月。

路至河湟间,与厮啰约举兵反河西——河西,谓夏国也。欲徙董毡凉州与之相近。唃厮啰辞以道远,兵难合,乃止。"(原注:此据高永年《陇右日录》并王藻《青唐录》)

这里讲到辽国多次遣使至唃厮啰境,皆绕过夏国向西,由回鹘路通过。这里所指的回鹘路有两个可能,一是指取道西州回鹘,一是指取道瓜沙回鹘。就道路险易远近来说,经由瓜沙远比经由西州近便。可以认为所指应为瓜沙回鹘。如果这个推测不错的话,这就意味着,晚至嘉祐三年(1058年),西夏仍未占有瓜沙地区。

有上引十证可以证明:自景祐四年至嘉祐三年,瓜沙并非西夏所有。证据非一,当无可疑。

四、西夏对瓜沙的统治始于治平四年

旧史误记西夏对瓜沙的统治始于景祐三年,前已据实而证其非。瓜沙地区出土文物也没有发现景祐三年到治平三年(1066年)间西夏统治瓜沙的任何证据和西夏统治瓜沙的任何影子。那么,西夏对瓜沙的统治实应始于何时,便是一个值得探讨的问题。

根据瓜沙当地资料加以分析,至迟在公元1070年西夏的确已对瓜沙实施统治。有两条资料可以确切证明:

(一)西夏文草书《瓜州判案记录》[1],是西夏统治下瓜州百姓李某等数人有关驴马纠纷发生争讼的连续案记,残存五页,有三处西夏纪年题记:

第1页第12行题:"天赐礼盛国庆(原译作"国安",下同)二年二月日。"

---

[1]译文见《国立北平图书馆馆刊》四卷三号,西夏文专号王静如《引言》,1930年6月出版。

第 4 页第 8 行题："天赐礼盛国庆二年六月日。"

第 5 页第 1 行题："天赐礼盛国庆二年六月日。"

"天赐礼盛国庆"为西夏惠宗年号,其二年,为公元 1070 年,相当于北宋神宗熙宁三年。此时瓜州诉讼案卷使用西夏文草书,并用西夏纪年,可为西夏对瓜州实施统治的直接证据。

(二)瓜沙地界相接,休戚与共。瓜州既属西夏,沙州亦不克自保,无独有偶,沙州发现最早的西夏纪年资料恰巧与《瓜州判案记录》同属一年。莫高窟第 444 窟窟檐门南柱内侧汉文墨书题记云:

天赐礼盛国庆二年/师父□□……盖以重佛……①

从这条题记开始,莫高、榆林二窟陆续出现西夏国庆五年(1073 年)、大安十一年(原误写作"甲丑",史金波先生校正为乙丑,为公元 1085 年)、永安二年(1099 年)、贞观三年(1103 年)、雍宁甲午(1114 年)、雍宁二年(1115 年)、正德戊申(1128 年)、仁庆五年(1148 年)、乾祐二十四年(1193 年)、天祐四年(1197 年)、天庆九年(1202 年)和光定己卯年(1219 年)等十余条汉文或西夏文的西夏纪年题记②。瓜沙石窟中的西夏纪年题记从国庆二年(1070 年)到光定九年(1219 年),延续 149 年,距蒙古占领敦煌(1228 年)仅仅九年。瓜沙地区最早的西夏纪年国庆二年虽不一定是西夏统治瓜沙的开始,却证明着西夏对瓜沙的统治不晚于国庆二年。

司马光治平四年九月二十四日上疏说:

俟百职既举,庶政既修,百姓既安,仓库既实,将帅既选,军法既立,士卒既练,器械既精,然后惟陛下之所欲为。

①敦煌研究院编:《敦煌莫高窟供养人题记》,第 168 页。

②此处所载莫高、榆林二窟西夏题记之纪年资料,取自于史金波《西夏佛教史略》第 131 页和 289—305 页。

复灵、夏，取瓜、沙，平幽、蓟，收蔚、朔，无不可也。(《司马光传家集》卷四十一《论横山疏》。原注"治平四年九月二十四日上"。)

司马光这时既说"取瓜沙"，必是瓜沙已沦陷于西夏。这是北宋王朝高级官员最早透露瓜沙沦陷消息较为可靠的资料。根据上疏时间加以推测，瓜沙沦陷必在治平四年（1067 年）九月廿四日之前。前到何时，尚难肯定，但估计时间不会太长，因为在敦煌遗书中发现有治平元年之后的写卷，即谭真先生揭示的 P.3810《神仙粥食方》。该方已改称薯蓣为山药，应是避宋英宗赵曙名讳，这在文献上是有案可稽的①。

西夏占有瓜沙的起始时间，在史料中也并非未留下一点蛛丝马迹。前引辽国经由回鹘道与唃厮啰交往，到了治平四年（1067 年）冬，出现一条值得注意的信息。《辽史·道宗纪》云：

咸雍三年（1067 年，相当于宋治平四年），冬十一月壬辰，夏国遣使进回鹘僧、金佛、《梵觉经》。(《辽史·夏国传》同)。

西夏国怎么在此时用"回鹘僧"向辽进贡？这里面当有一段文章。笔者推测，可能是对辽、唃相结对付西夏一事有关。沙州回鹘在辽、唃交往中起了通道作用，西夏在对辽、唃无可奈何的情况下，迁怒于沙州回鹘，出兵占领瓜沙，将其所俘之瓜沙回鹘僧及金佛、《梵觉经》之类战利品，送给辽国，一来表示尊辽奉贡，二来打消辽国通过瓜沙地区与唃厮啰勾结谋夏的念头。此次贡辽的时间是辽咸雍三年十一月，相当于宋治平四年十一月，同司马光《论横山疏》为同一年。据此推测，西夏占有瓜沙大约就在这一年夏秋之际。

---

① 谭真：《从一份资料谈藏经洞的封闭》，《敦煌研究》1988 年第 4 期。

瓜沙沦陷之后，宋王朝并没有立即把瓜沙的外事管理工作从尚书省主客司工作项目中勾销，甚至二十多年之后，仍保留着瓜沙事务项目。元丰五至八年(1090—1093年)担任尚书主客郎中的庞元英，在其任职期间所作《文昌杂录》卷一《主客所掌诸蕃》条记云：

> 主客所掌诸蕃……西方有九：其一曰夏国……其七曰瓜沙门(宇按："门"字疑当作'州')，汉敦煌郡故地。

好多年过去了，瓜沙地区虽然不来朝贡，而朝廷仍然保留着虚设的瓜沙事务项目，大约反映了宋王朝对西夏占有瓜沙坚持不予承认的态度。

然而，西夏毕竟占有了瓜沙，从治平四年(1067年)起，西夏对瓜沙的统治一直延续到公元1228年。这一年春季，蒙古兵占领瓜沙地区[①]。从此，瓜沙地区进入了蒙古及其后所建元朝的统治时期。

这样，西夏对瓜沙地区的统治，应是开始于公元1067年、终止于公元1228年，首尾不过162年。同过去认为西夏统治瓜沙长达192年的说法相比，缩短了三十来年。

五、本文小结

1. 宋人称瓜沙曹氏归义军政权为"沙州回鹘"，属于误解，应予澄清。

2. 曹氏归义军政权大约于公元1036年在西夏远征军的猛烈打击下垮台，从此结束了曹氏归义军在瓜沙地区长达122年的统治。

3. 西夏军队打垮曹氏归义军政权之后，占领瓜沙地区不到一年，

---

①[元]杨恽《秋涧先生大全文集》卷五十一《大元故大名路宣差李公碑》云："戊子春(一二二八年春)，从攻沙州，破之。"《元史·地理志三·沙州》亦云："元太祖二十二年(1228年)破其(沙州)城。"本文据此。

就被沙州境内的回鹘势力驱逐出境，建立了名副其实的沙州回鹘政权。

4. 沙州回鹘政权于公元 1036 年从西夏手中夺取了瓜沙统治权，到公元 1067 年终于亡于西夏之手。沙州回鹘政权统治瓜沙地区的时间首尾 31 年。

5. 公元 1067 年，西夏打败沙州回鹘，占领瓜沙地区，开始了西夏在瓜沙的统治。到公元 1228 年，蒙古人攻占瓜沙地区，从此瓜沙地区开始了蒙古·元朝的统治时期。

（收入《1990 年敦煌学国际研讨会文集·史地语文编》，辽宁美术出版社，1995 年；又收入杨富学、牛汝极编：《沙州回鹘及其文献》，甘肃文化出版社，1995 年；又收入赞丹卓尕主编：《裕固族研究论文续集》（上册），兰州大学出版社，2002 年）

敦煌文学研究

《敦煌廿咏》探微

　　《敦煌廿咏》是晚唐时期流寓敦煌的某一位诗人创作的托物言志的组诗①。组诗由一篇短序和二十首五言律诗组成。它正面题咏的是敦煌"山川""古迹"中的二十个景观，而内中寄托着对敦煌时事的见解感触，"言在耳目之内，情寄八荒之表"②。通过自然景观的题咏，透露出归义军初期敦煌社会的政治风云和复杂的世情。从这样的角度来看，《敦煌廿咏》又是一组敦煌史诗。

　　本文拟从考订《敦煌廿咏》的写作年代入手，进而探讨它的时代内涵，最后谈一谈组诗总体结构方面的匠意安排。

一、《敦煌廿咏》的写作时代

　　关于《敦煌廿咏》的写作时代，国内研究者已经提出两种不同的推断。

　　第一种推断，认为作于敦煌陷蕃前夕。李鼎文和马德先生主张此说，李鼎文先生主要根据组诗中的《望京门咏》加以推测，认为诗中"不见中华使，翩翩起房尘"句表明"此时沙州以东通向长安的道路已

---

　　①王重民先生据《敦煌遗书》保存的《敦煌廿咏》的六个残抄本校订成完本，辑入《〈补全唐诗〉拾遗》，刊于《中华文史论丛》1981年第4辑。后收入王重民《敦煌遗书论文集》，中华书局，1984年，第48—53页。

　　②钟嵘《诗品》评阮籍语。

经不通了",据此推断"作诗的时间,最早在广德二年凉州被占以后,最晚在建中二年沙州被占以前"①。马德同志根据诗中的褒贬进行分析,认为褒扬的是河西节度使杨休明,贬斥的是杨休明的继任者周鼎,因此认为"《敦煌廿咏》大约是唐大历二年(767)四、五月间的作品"②。

第二种推断,认为作于吐蕃占领敦煌期间。阴法鲁先生说:《敦煌廿咏》"从内容看,大概作于吐蕃占领沙州之后"③。

由于断年不同,随之而来的是对作品内容的时代内涵进行了各自不同的阐释,分歧是很大的。

笔者根据诗的内容和敦煌地方史料进行分析,认为《敦煌廿咏》的写作,上限早不过张议潮起义的大中二年(848年),下限晚不过咸通十二年(871年)。

先谈《敦煌廿咏》创作的上限。

《敦煌廿咏》中的《水精堂咏》最后两句"可则弃胡塞,终归还帝乡",用的是淮南裨将谭可则困蕃六年、累受折磨、终于逃归长安的故事。唐·赵璘《因话录》卷四记载此事甚详:

> 元和十五年,淮南裨将谭可则因防边为吐蕃所掠。初到蕃中,蕃人未知宪宗弃天下,日夜惧王师复河湟,不安寝食。可则既至,械系之,置地牢中,绝其饮食,考问累至。可则具告以大行升遐,蕃人尚未之信。其傍有知书者,可则因略记遗诏示之,乃信焉……先是,每得华人,其无所能者,便充所

---

① 李鼎文:《读佚名〈敦煌廿咏〉》,《西北师院学报》(社会科学版)1983年第4期。

② 马德:《〈敦煌廿咏〉写作年代初探》,《敦煌研究》创刊号,1983年12月。

③ 阴法鲁:《敦煌唐末佚诗所反映的当地状况》,《西北史地》1982年第2期。

在役使,辄黥其面;粗有文艺者,则涅其臂,以候赞普之命。得华人补为吏者,则呼为舍人。可则以晓文字,将以为知汉书舍人,可则不愿……可则前后数逃归,辄为候者所得。蕃帅虽不杀,以皮鞭榜之凡数百,竟得脱。凡在蕃六年。及归,诣阙自陈。敕付神策军前驰(驱)使。未及进用,为军中沙汰,因配在浙东,止得散将而已,竟无官。开成四年(839),余于越州遇之。见其步履不快,云于蕃中走时冻损足。视其臂,一字尚存,译云"天子家臣"。可则亦细言河湟可复之状。听其语,犹微染戎音。①

谭可则于元和十五年(820年)被吐蕃俘虏,"凡在蕃六年",逃回长安时已经是敬宗宝历二年(826年)。谭可则逃蕃归唐的故事,具有强烈的反蕃性质。处在吐蕃统治下,谭可则逃蕃归唐故事纵使可能暗地里口耳相传,却不敢明目张胆地载诸诗篇。我们从吐蕃统治时期敦煌遗书中,看到的只有"神圣赞普""大蕃圣朝"以及"复旧来之井赋,乐已忘亡;利新益之园池,光流竟岁"一类的恭维话,尽管可能是言不由衷,却毕竟是公开的口头禅和门面经。只有当张议潮起义赶走吐蕃统治者之后,谭可则的故事才有了公开流传的社会条件。而且,张议潮率领敦煌人民逐蕃归唐这一事件本身,就是发生在敦煌的"弃胡塞""还帝乡"的壮举,是谭可则故事的精装再版。谭可则精神,也就是张议潮起义的精神。在这样的情况下,谭可则故事自然成为敦煌人喜闻乐道的熟典,可能而且理所当然地被诗人采之入诗。

从谭可则"终归还帝乡"诗句判断,《敦煌廿咏》只能产生在宝历二年之后,而据谭可则故事公开流传和作者进而敢于载诸诗篇的社会背景加以推断,《敦煌廿咏》的写作又当在大中二年张议潮起义归

①[唐]·赵璘:《因话录》卷四。

唐之后。

假如认为组诗作于陷蕃前夕,那么组诗流露的麻痹懈怠(《敦煌廿咏·阳关戍咏》"马色无人问,晨鸡吏不听")和闲适宁静的情绪(如《敦煌廿咏》中《半壁树咏》"森森神树下,祈赛不应赊",《安城祆咏》"更看零祭处,朝夕酒如渑",《莫高窟咏》"洗心游胜境,从此去尘蒙",《三攒草咏》,"芳菲观不厌,留兴待诗人",《墨池咏》"长想临池处,兴来聊咏诗",《分流泉咏》"况逢佳景处,从此遂忘疲')就不可理解了。当时敦煌四面被围,一城孤悬,大难临头的危机压得人们透不过气,人们的心情怎么反而如此平静!诗中虽然有"风雨暗豁谷,令人心自伤"(《敦煌廿咏·三危山咏》)的诗句,但"自伤"的原因很多。固然可以理解为战争的风雨袭来,但是,也可以理解为内政的风雨飘摇。究竟理解成什么"风雨",找不出足以坐实的根据。所以可以排除《敦煌廿咏》作于陷蕃前夕的可能。

又,假如认为《敦煌廿咏》作于蕃占期间,那么不可理解的是,二十首诗中为什么一点不带吐蕃统治时代的社会烙印?

有人认为《敦煌廿咏·瑟瑟咏》可能是吐蕃统治时代的作品。根据是:吐蕃最高官阶"大瑟瑟告身"以瑟瑟为佩饰。于是以为《瑟瑟咏》抨击珍爱瑟瑟,不重人才,可能是讥刺吐蕃统治者的。其实,这并不确切。因为:第一,珍爱瑟瑟并非吐蕃独有的习尚,汉人也珍爱瑟瑟。郑处诲《明皇杂录》记明皇于华清宫"汤中垒瑟瑟及丁香为山",又记虢国夫人"以金盏瑟瑟三斗"重赏匠人;李肇《唐国史补》记赃官卢昂"有瑟瑟枕,大如半斗……宪宗令市人估其值,或云至宝无价"。怎么能断定《瑟瑟咏》的讥刺对象独指吐蕃统治者呢?第二,《瑟瑟咏》:"为珠悬宝髻,作璞间金钿",只是说用瑟瑟作妇人首饰,并非用作官阶佩饰,显然同吐蕃的"大瑟瑟告身"的章服制度无关,反而是唐人服饰用瑟瑟的习尚。

《敦煌廿咏·安城祆咏》:"一州祈景祚,万类仰休徵",反映了祆教信仰之盛。但吐蕃统治之下,不见祆教活动的记载,吐蕃占领时,"一州祈景祚,万类仰休徵"的只能是佛,不是祆神。《安城祆咏》的出现,足以表明其时的敦煌不属独崇佛教的吐蕃统辖。

我们不否认吐蕃统治下的汉人怀有向唐之志,但那只能藏之于心而缄之于口。《敦煌廿咏》的作者却独独不顾忌讳,又是歌颂汉将李广利"讨匈奴",又是登上敦煌东门(望京门)巴望"中华使",更大书谭可则忍苦冒险、赍志归唐。如果作者不是硬拿脑壳往吐蕃刀刃上撞,那么可能的解释只能是《敦煌廿咏》并非作于吐蕃统治之下,而是作于张议潮起义之后。

上面我们谈了《敦煌廿咏》写作的上限,接着,谈谈这一组诗写作的下限。

《敦煌廿咏》P.3870 号写本,末尾款题云:"咸通十二年十一月廿日学生刘文端写记读书索文□"。据此,确知《敦煌廿咏》的写作时间必在抄写时间"咸通十二年十一月廿日"之前。那么,"咸通十二年(871)十一月廿日"应是《敦煌廿咏》写作下限的极限。

本文首先讨论《敦煌廿咏》的创作年代,是因为这个问题决定着《敦煌廿咏》的时代精神和思想意蕴,对理解和阐释《敦煌廿咏》具有决定性意义。

二、《敦煌廿咏》的时代内涵和社会意义

根据上面的分析,笔者将《敦煌廿咏》的写作年代定在大中二年到咸通十二年(848—871 年)这二十四年间。在这个时限范围内,《敦煌廿咏》中有几首诗的写作可能早一些,如《李庙咏》《分流泉咏》;有几首诗的写作可能晚一些,如《白龙堆咏》《阳关戍咏》《望京门咏》《莫高窟咏》《墨池咏》等。写作有先有后,并非一气呵成。作者为组诗写的

《序》中说："仆到三危,向逾二纪。略观图录,粗览山川,古迹灵奇,莫可详究,聊申短咏,以讽美名云尔矣。"作者观图录、览山川、寻古迹、讽美名,并非一日之事,他有观而感,有闻而记,有兴而作,亦必非一役而功毕。这篇《序》显然是整理编定组诗之后加写的。下面,我们联系敦煌史事对组诗中的几首诗进行一些探索。

1. 关于《李庙咏》和《贰师泉咏》

> 昔时兴圣帝,遗庙在敦煌。叱咤雄千古,英威静(靖)一方。牧童歌塚上,狐兔穴坟旁。晋史传韬略,留名播五凉。（《李庙咏》）

> 贤哉李广利,为将讨匈奴。路指三危迥,山连万里枯。抽刀刺石壁,发矢落金乌。志感飞泉涌,能令士马苏。"（《贰师泉咏》）

吐蕃在贞元四年(788年)占领敦煌后①,为了把富饶的敦煌变成巩固的后方,不能不致力于推行吐蕃同化政策。例如,废除唐朝建置,建立部落组织,改变汉人固有的衣冠服饰、风俗礼仪,提倡学习蕃语蕃文等。通过种种措施,消磨汉人的民族意识。汉人的祭祖祀宗活动则是维系民族意识和保持民族传统的一种重要形式,成为吐蕃统治者推行同化政策的一大对抗因素,理所当然地受到吐蕃当局的嫌忌。在这种政治气候中,汉人对宗祠祖茔的经营活动不得不大大降温。世家豪族则把自己念祖怀宗的活动代偿地转移到开凿家族佛窟的活动上来,利用吐蕃倡导佛事活动的合法外衣作掩护,借以表达"报恩君亲"的情怀。今日莫高窟仍保留下吐蕃时代开凿的洞窟44个,其中就

---

①吐蕃占领敦煌的起始时间曾有建元二年(781年)、贞元二年(786年)、贞元三年(787年)等多种说法,笔者考为贞元四年(788年)。见拙文《沙州贞元四年陷蕃考》,《敦煌研究》2007年第4期。

有这种性质的"家窟"。这样一来,原有的家庙祖茔逐渐失修破落。经过吐蕃六十年的统治,连大名鼎鼎的西凉武昭王李暠之父与子的祠庙坟茔也失去经营而荒凉不堪。"牧童歌塚上,狐兔穴坟旁",就是这种景况的写照。

李暠父与子的祠庙坟墓建于西凉或稍后。开元年间续修的《沙州都督府图经》(P.2005)记载当时的李庙已"屋宇除毁,阶墙尚存。"玄宗天宝二年(743年)追尊李暠为"兴圣皇帝",世居敦煌的李暠别支子孙不免要大大张扬一番,少不了对李庙、李墓进行一番修葺。《李庙咏》中所说的李庙荒凉冷落的景象,当是天宝年代重修之后复经吐蕃占领时期的再度荒废了。

张议潮起义之初,敦煌外则四面寇仇,内则百废待兴。但是,东征西讨以求壮大巩固,毕竟是奠基立业的大事,还谈不上礼乐文明之类的太平盛举。《李庙咏》描写李庙、李坟的荒凉景象,正反映敦煌光复初期的破烂摊子。它在一定程度上反映着敦煌拨乱反正后百废待举的现状。自称"西凉武昭王之系"的、后来的归义军要员李明振弟兄,此时还很年轻,当他们长大成人、身居归义军要职之时,当然会有兴趣也有力量对李庙、李坟重予修葺,但那毕竟是以后的事。

《贰师泉咏》中的贰师泉,又名悬泉。P.2005《沙州都督府图经》载贰师泉"在州东一百卅里,出于石崖腹中,其泉傍出细流,一里许即绝。人马多至,水即多;人马少至,水即少。《西凉异物志》云'汉贰师将军李广利西伐大苑(宛),回至此山,兵士众渴乏。广[利]乃以掌拓山,仰天悲誓,拔剑刺山,飞泉涌出,以济三军。人多皆足,人少不盈。侧出悬崖,故曰悬泉'。"

《图经》引《西凉异物志》说李广利"西伐大菀(宛),回至此山",《贰师泉咏》说"贤哉李广利,为将讨匈奴",将"伐大菀(宛)"改为"讨匈奴",这意味着什么呢? P.2962《张议潮变文》载:

敦煌北一千里镇——伊州城,西有纳职县。其时回鹘及吐浑居住在彼,频来抄劫伊州,俘房人物,侵夺畜牧,曾无暂安。仆射(按:指张议潮)乃于大中十年六月六日,亲统甲兵,诣彼击逐伐除。不经旬日中间,即至纳职城。贼等不虞汉兵忽到,都无准备之心。我军遂列乌云之阵,四面急攻。蕃贼獐狂,星分(奔)南北,汉军得势,押背便追。不过五、十里之间,煞戮横尸遍野处:

敦煌上将汉诸侯,击却西戎朝凤楼。

圣主委令权右地,但是凶奴尽总仇。

昨闻猃狁侵伊镇,俘劫边氓旦夕忧。

元戎叱咤扬眉怒,当即行兵出远收(搜)……

《变文》说白中的"回鹘""贼""蕃(番)贼",就相当于唱词中的"匈奴""猃狁"。《新唐书·回鹘传》载:"回纥,其先匈奴也。"看来,唐人往往称回鹘为匈奴。《贰师泉咏》把李广利"伐大宛"改为"讨匈奴",乃是有意识地同张议潮伐回鹘相比附。敦煌人认为,汉朝将军李广利同"敦煌上将汉诸侯"的张议潮,都有过"讨匈奴"的业绩,这两位民族英雄,一前一后,彪炳敦煌,辉映史册,同是敦煌的骄傲,可以比美同誉。所以《贰师泉咏》出现于此时,就不单是"思古良将",而兼有讴歌今时英雄的含义。前引《张议潮变文》在叙述大中十年伐纳职回鹘之后,接着叙述大中十一年大唐册立回鹘使御史中丞王端章出使,"行至雪山南畔,遇逢背逆回鹘一千余骑,当被劫夺国册及诸敕信",张议潮闻之,"心生大怒",便欲讨伐。"犹未出兵之间,(大中)十一年八月五日,伊州刺史王和清差走马使至,云有背叛回鹘五百余帐,首领翟都督等将回鹘百姓已到伊州侧",行文至此,因写卷残断而失却下文。参考北图菜字25号《瑜珈师地论》卷背题记:"大中十二年八月二日,尚书大军发,讨番开路,四日上碛。"似乎大中十一年亦未大张挞伐,到大中十二年八月始大兴"讨番"之师。张议潮从大中二年起义直到大中十二年,十年之内,东征西讨,连年不已。就今所知,这十年间较大的征讨之举计有:

1. 大中二年沙州起义,紧接着西克寿昌、东收瓜州(S.788、S.3329);

2. 大中三年,东收张掖、酒泉(S.3329);

3. 大中四年,北收伊州(S.367);

4. 大中五至十年之间某年,南征退浑(P.2962);

5. 大中十年六月回鹘进犯纳职,进兵讨之(P.2962);

6. 大中十二年八月北征进逼伊州的"背叛回鹘"(北图菜字25)。

以上十年间七次大规模征讨活动中,有三次是征讨回鹘的战争,可见回鹘对敦煌侵扰、威胁之严重,难怪敦煌人把回鹘看作类同汉代最大边患的匈奴。

《贰师泉咏》"贤哉李广利,为将讨匈奴"喻指的,其实就是征讨回鹘的张议潮;"志感飞泉涌,能令士马苏",又流露出对连年东征西讨的士卒的同情以及人心思安的渴望。

2. 关于《分流泉咏》和《渥洼池天马咏》

　　地涌澄泉美,环城本自奇。一源分异派,两道入汤池。波上青蘋合,洲前翠柳垂。况逢佳景处,从此遂忘疲。(《分流泉咏》)

　　渥洼为小海,伊昔献龙媒。花里牵丝去,云间曳练来。腾骧走天阙,灭没下章台。一入重泉底,千金市不回。(《渥洼池天马咏》)

分流泉在沙州城西南。P.2005《沙州都督府图经》载:"一所濠堑水,阔卅五尺深九尺,壕绕城四面。右,其壕西南角,有一大泉,分为两道,流绕四面周匝,至城东北隅合流,北出。去城七里,投入大河。"

（按：大河指甘泉水，即今党河）据 P.4640《归义军纸、布破用历》庚申年（光化三年，公元 900 年）三月三日记云："三水池、百尺下、分流泉等三处赛神用钱财，粗纸壹帖。"可知分流泉作为敦煌"地灵"之徵成为敦煌人祈福赛神的场所，当年是个热闹的地方。它之所以成为敦煌地灵之徵，从《沙州都督府图经》的记载来看，主要有两大事功：一是此泉居于城濠上首，是敦煌"汤池"取给之源；赖有此泉，敦煌"汤池"才常满不竭，得以发挥护卫州城的作用；二是分流泉涵养青蘋，溉滋州城，丽三春之佳景，俾劳者以栖迟，对邦城具有荣养之功。《分流泉咏》即抓住这两大事功作文章，塑造出一个捍卫敦煌、滋养敦煌的寓言形象，明显地象征和比附张议潮、张议潭兄弟（"一源分异派，两道入汤池"）。P.2762 号《张淮深碑》说议潮、议潭"推夷齐之让，恋荆树之荣"；"手足相扶，同营开辟"，就是《分流泉咏》"一源分异派，两道入汤池"的实质性注脚。

《渥洼池天马咏》作为吟咏古迹之诗，李鼎文先生引《文物参考资料》二卷五期阎文儒先生《敦煌史地杂考》之文，作了很好的解释，读者自可参稽，本文不再重赘。这里，要谈的是这首诗复指双关的那部分含意。

从西汉乐府《天马》辞以后，天马的形象往往用作杰出人物的化身和代指，借天马写良材成为文学创作的传统手法之一。《渥洼池天马咏》也是指咏良材的诗。不过，这首出自敦煌诗人之手的作品，却不同于一般泛泛而咏无所实指的天马诗。它写的是一位产自敦煌、贡于帝京的良材，"渥洼为小海，伊昔献龙媒"就点明了这个意思。笔者认为这首诗是悼念张议潮之兄张议潭的。

敦煌起义第四年——大中五年十一月，张议潭肩负着敦煌起义者的重托奔赴长安，"先身入质，表为国之输忠；葵心向阳，俾上帝之诚信。"宣宗"加授左金（吾）卫大将军"，"每参凤驾，接对龙舆"。咸通七年，"寿终于京永嘉坊之私第"，"春秋七十有四"，"葬于月登阁北茔"①。这就是诗中借现成用语"龙媒"所概指的内容。当时敦煌人正是用"渥洼龙种"来称誉张议潮家族②，此诗用"渥洼池天马"来比喻张议潭。这种比喻，当时敦煌人心领神会、妇孺皆知。

"花里牵丝去"，"牵丝"一词取自谢灵运《初去郡》诗"牵丝及元兴，解龟在景平。"李善注："牵丝，初仕；解龟，去官也。"此指议潭初挂印绶始任沙州刺史，大中七年（853 年）奔赴京师，"先身入质"（所谓"花里牵丝去"）；咸通七年（866 年）卒于长安，即"一入重泉"之谓。

"云间曳练来"，字面上从《韩诗外传》颜回登泰山，遥望吴门之马，唯见一疋练的典故而来，用切天马的故事，而双关的含意则是追悼亡灵。《礼记·檀弓》《曾子问》《杂记》《丧服大记》《丧服四制》诸篇皆有"练"为丧服。《淮南子·说林训》"墨子见练丝而泣之"，许慎注曰："练，白，悯其化也"。P.2547《书议·吊马死范文》云："不谓浮云灭影，吴门无曳练之徵"。知此诗句乃意指议潭丧报传至敦煌。

"腾骧走天阙"，谓议潭生前驰骋于帝都；"灭没下章台"，《史记·樗里子、甘茂列传》："樗里子卒，葬渭南章台之东。"此谓议潭死后下葬于京华。

"一入重泉底，千金市不回"二句，"重泉"即九泉，为人死所归之处。敦煌当地亦习用之，如 S.1438 背《吐蕃沙州守使书仪》云："重泉即启，九地同葬，白玉将埋，黄金入藏。"这两句诗对议潭的逝世深致悼惜。

①引文俱见《张淮深碑》（藤枝晃据 S.6161+S.3329+S.6973+P.2762 缀合本，载日本《东方学报》三十五册藤枝晃《敦煌千佛洞之中兴》）。

②P.3770《张族庆寺文》及 P.3554 背《悟真谨上河西道节度公德政及祥瑞五更转兼十二时并序》皆云："尚书渥洼龙种，丹穴凤雏。"

《渥洼池天马咏》明写敦煌传说的渥洼池天马,暗寓对张议潭的悼念,是一首咏古吊今双关,叙事言情兼有的诗。写作时间当在咸通七年张议潭去世之后,至写卷题记"咸通十二年十二月廿日"之前①。《分流泉咏》歌咏二张,似在二张并世之时,写作时间大约早于《渥洼池天马咏》。

3. 关于《阳关戍咏》和《望京门咏》

万里通西域,千秋尚有名。平沙迷旧路,眢井引前程。马色无人间,晨鸡吏不听。遥瞻废关下,昼夜复谁扃?(《阳关戍咏》)

郭门望京处,楼上起重闉。水北通西域,桥东路入秦。黄沙吐双堆,白草生三春。不见中华使,翩翩起虏尘。(《望京门咏》)

阳关在沙州西南120里,是沙州的西南大门。它外达西域、吐蕃、退浑等边地民族王国,内主呵察出入的关禁。在和平时期是内地同西域经济文化往来的门户;在多事之秋,则是敦煌西边的要塞。大中二年张议潮起义,迅速收复了沙州、瓜州以及阳关所在的寿昌县;大中三、四年间,东边收复了甘州(张掖)、肃州(酒泉),把敦煌辖区的边界向东扩展了千里以远。吐蕃势力东边受到来自长安方面的军事压力,西边受到归义军的攻击,被压缩到河湟地区的狭小范围内,腹背受敌,自顾不暇。此时敦煌地区解除了吐蕃从东部突袭敦煌的威胁。大中四年,张议潮分兵西收伊州,设官施治。但阳关以南的吐蕃势力、退浑势力和伊州以西的回鹘势力经常对伊州和沙州侵扰掠夺,成为归

---

①张议潭卒于咸通七年,而 P.3870《敦煌廿咏》卷末有刘文端"咸通十二年十一月廿日"的抄写题记,从知《渥洼池天马咏》之作不早于咸通七年,不晚于咸通十二年。

义军背后大患。大中十年前后,张议潮统军西出,西南赶走吐蕃、退浑,西北击败回鹘叛逆。基本解除背后大患之后,咸通二年,归义军才得以挥师东进,收复凉州(武威)。咸通七年十月,回鹘首领仆固俊击溃了盘踞在廓州(今青海化隆自治县)的吐蕃余部,擒杀吐蕃大将尚恐热,河湟地区终于平定。此时,河西节度使的辖区"西尽伊吾,东接灵武,得地四千余里,户口百万之家,六郡山河,宛然而旧"①。敦煌则是"三边无警,四人(民)有暇",当地军民都大大松了一口气。长期动荡后的和平安定,具有特别迷人的陶醉作用。对外防御不由得松弛下来,关防要塞的呵察出入似乎也无所谓了。"马色无人间,晨鸡吏不听",就是种麻痹情绪的写照。但是,此时敦煌以西兄弟民族同敦煌的关系并未得到真正的改善,互相敌视隔绝,阳关以西仍旧是路断人稀。"平沙迷旧路,智井引前程",反映的就是这种不战不和状态下的现实,诗人认为,对西部存在着的危险因素不可掉以轻心。"遥瞻废关下,昼夜复谁扃?"表达了作者的担心和委婉的批评。

关陇地区的平定,不仅给敦煌地区带来了安全感,同时给内地也注射了麻醉剂,全国似乎都陶醉了,麻痹情绪普遍滋长起来。咸通七年,诗人皮日休下第东归,行经函谷关,也看到同样的关禁废弛现象。他在《古函关》诗中写道:"破落古关城,犹能扼帝京。今朝行客过,不待晓鸡鸣。"这首诗同《阳关戍咏》一东一西,遥相呼应,不约而同地批评了流行全国的政治麻痹症。由此可见,《阳关戍咏》反映的麻痹心理,并不是孤立的现象,它是咸通七、八、九年间蔓延全国的普遍症候,是这一时期社会思潮的表现,具有鲜明的时代特征。

当人们和平宁静的迷梦尚未苏醒时,中原地区果然一声惊雷带

①引文出自 S.6161、S.3329、S.6973 及 P.2762《张淮深碑》。藤枝晃:《敦煌千佛洞之中兴》,日本《东方学报》三十五册。

来疾风暴雨。咸通九年七月到次年九月,发生了举国震惊的庞勋大起义。起义军一年之内从桂州打到淮北,攻占数十州县,杀死朝廷节度使以上的大员四名,朝野一片惊慌。唐王朝为了镇压起义,调集义成、魏博、鄜延、义武、凤翔、横海、泰宁、宣武、忠武、天平等十军镇的兵力和吐谷浑、达靼、契苾及沙陀三部落的军队,组成围剿大军,专门任命了都招讨使、北面招讨使、南面招讨使和西北面招讨使,对庞勋起义军进行大规模围剿。当唐王朝集中力量对付庞勋起义时,西北地区的回鹘人乘机起而攻掠,大约咸通十一年左右,"回鹘叩榆林,扰灵、盐……又寇天德"(见《新唐书·沙陀传》)阻断了河西同长安的交通。"不见中华使,翩翩起虏尘",作者登上敦煌东城楼,翘首东望,不禁忧从中来,悲怆满怀。诗中所说的"虏",即指回鹘。从《望京门咏》"白草生三春"之句,可知此诗作于暮春三月。如果这个推断不错的话,那么《望京门咏》可能作于咸通十一年三月,恐怕是《敦煌廿咏》中较晚的一首了。

4. 关于《白龙堆咏》和《相似树咏》

　　传道神沙异,暄寒也自鸣。势疑天鼓动,殷似地雷惊。风削棱还峻,人跻刃不平。更寻掊井处,时见白龙行。(《白龙堆咏》)

　　两树夹招提,三春引影低。叶中微(非)有字,阶下已成蹊。含气同修短,分条德且齐。不容凡鸟坐,应欲俟鸾栖。
(《相似树咏》)

《汉书·地理志》云"(敦煌)正西关外,有白龙堆沙"。此谓白龙堆在敦煌故玉门关以西。但我们从《白龙堆咏》中的"神沙""自鸣""风削""人跻""掊井"云云来看,所咏似乎并非"玉门关外"的白龙堆,却是敦煌城南的鸣沙山。《沙州都督府图经》记鸣沙山"其山流动无定,峰岫不恒,俄然深谷为陵,高崖为谷。或峰危似削,孤岫如画;夕疑无地,朝已干霄。中有井泉,沙至不掩;马驰人践,其声若雷。"S.5448《敦煌录》又载："鸣沙山去州十里，南北四十里，高度五百尺，悉纯沙聚起。此山神异，峰如削成，其间有井，沙不能蔽；盛夏自鸣，人马践之，声振数十里。风俗：端午日，城中士女，皆跻高峰，一齐蹙下，其沙声吼如雷。至晓看之，峭崿如旧。古号鸣沙，神沙而祠焉。"作者可能把鸣沙山比附为白龙堆。

《白龙堆咏》从声、形两个侧面描写了鸣沙山的神异奇景。但这只是这首诗显露在外的直观内容，它还有另一种内在隐藏的曲折含蓄，必须进行深层探索才能得其实际。

诗的第一句"传道神沙异"，点明此地传说之神异。所谓"传道"，意指其"异"闻诸人言。第二句"暄寒也自鸣"，"暄"，《玉篇》云"春晚也"；"寒"，《玉篇》云"冬时也"。此举冬春以概四时。四时"自鸣"，尤见其"异"。两句联系起来体会，犹云不仅闻诸人言，且已宣言自我矣。以下四句，分别从形势、动静、外力、内性四个方面进一步喻指其"异"。其中第三句"势疑天鼓动"，《史记·天官书》云："天鼓，有音如雷非雷，音在地下而及地。其所往者，兵发其下。"这句诗，曲折地指出"兵发其下"的形势已成。第四句"殷似地雷惊"，意谓其音已在地中振响，主司者当可闻而察之。《史记·天官书》"夫雷电、虾虹、辟历、夜明者，阳气之动也，春夏则发，秋冬则藏，故候者无不司之。"第五、六两句"风削棱还峻，人跻刃不平"，暗示自然之力已不能制，人为之功亦难易移。第七、八两句"更寻掊井处，时见白龙行"，"掊井"，深井也，殆指鸣沙山下之月牙泉，唐代谓之"沙井"（见《元和郡县图志》卷四十《沙州·敦煌县·鸣沙山》条）。《晋书·五行志》："吕纂末，龙出东厢井中……或曰：龙者阴类，出入有时，今而屡见，必有下人谋上之变。后，纂果为吕超所杀。"白龙见于深井，被困受制之征。这两句结处点睛，隐晦地暗示一桩已成必然之势的下人谋上之变。由于事涉凶险，故言之不得不极为含蓄隐晦。

以往，人们只知道晚唐大顺、景福间（890—893年）短短的四年之内敦煌闪电式地发生过一反一复两次政变，先是张议潮的继任者张淮深及其六子一时被害，而张淮深之后的继任者索勋，也很快一命呜呼，却从来不知道咸通十二年前的这次下人谋上的阴谋。由于史料放佚，我们目前还不清楚这次阴谋相关的双方究为谁何以及阴谋事件的发展情形如何。笔者颇疑张议潮咸通八年（867年）以69岁高龄匆遽"束身归阙"，或与此"下人谋上之变"有关欤①？

《白龙堆咏》隐晦地揭露了这次阴谋，而《相似树咏》则斥责了下人的非分之想。诗人把相似树拟人化，赞美两棵树"含气同修短，分条德且齐"。这种同体一气、齐德双美之赞，似乎是喻指一对手足兄弟。"叶中微（非）有字，阶下已成蹊"。是说众望攸归，人心所向。末云"不容凡鸟坐，应欲俟鸾栖"，则是正告阴谋者：无德之人不足当此，当然，也不应该觊觎此位。综观此诗，可能是赞美张议潮、张议潭两兄弟的。有人觊觎河西重权，阴谋取而代之，《敦煌廿咏》作者拥护二张，反对谋篡。《贺拔堂咏》"峻宇称无德，何曾有不亡。"大约也是对阴谋家借题发挥的诅咒。

三、《敦煌廿咏》组诗的结构脉络

《敦煌廿咏》中的二十首诗，每首各咏一个景观，本系独立成篇；所咏对象，皆为敦煌胜迹，故得以地相系、合组成编。诸诗在内容上各有分合，互为补充，存在着内在的联系，把它们编在一起，不是形式上

---

① 《资治通鉴》卷二五〇载，咸通八年（867年）"二月，归义军节度使张议潮入朝"。敦煌去长安3759唐里。当时交通不便，大约耗时两月方可到达。则知张议潮起身赴朝当在咸通七年十二月。张议潮以时届岁末而年届古稀之时，匆促赴京，或另有不得已然者。

的凑合,而是脉络相贯、逻辑相通的组合。

这一组诗,以意念为脉络,按内容编次第,总分三个部分。第一部分《三危山咏》,是组诗的总纲提领。第二部分自《白龙堆咏》到《凿壁井咏》共十八首,逐题分咏,即景抒怀,是组诗的中心部分。第三部分《分流泉咏》,为组诗殿卷收尾之作。

第一部分咏三危山,作者首先写它挺拔凌峻之势,接着分别从时间和空间的角度夸张地描写它的僻远荒寒,从而表现它非同中原之四时有序、古今承统;最后,点出风雨如晦、令人忧心的现实。这首诗,是把三危山作为敦煌的地望标志加以吟颂的,通过写三危山,艺术地概括敦煌的历史和现实。把它置在编首,作为全篇的总冒,给组诗确立头脑和定调,实为理解组诗的出发点。

第二部分十八首诗,每首指咏一处胜迹,每两首结合成姊妹篇,表达一个相关的命题,可以称之为九分咏。现分述如下:

第一分咏,包括《白龙堆咏》和《莫高窟咏》。指咏的是敦煌境内最著名的两大胜迹。白龙堆、沙鸣峰削、白龙时见,故州人视为"神沙"而祠焉;莫高窟昔有金光、状若千佛,因于此凿窟塑绘,成为导凡趣圣的"灵岩"。这两大胜迹,皆所谓"古迹灵奇,莫可详究"者。《白龙堆咏》写人世阴私之莫可详究者;《莫高窟咏》写佛国神通莫可详究者。作者把这两首诗放在分咏之首,从中可以体味出作者在编辑次第方面是以抒怀寄意为指归的。

第二分咏,包括《贰师泉咏》和《渥洼池天马咏》。指咏的是敦煌境内最有名的两大神水。渥洼池所产天马,上贡朝廷,以供天子服御;贰师泉所出泉水,下解渴乏,以救众人之急难。作者借此两大神水,联系出两个伟大人物,一个是对敦煌早期辉煌促推声势的李广利,一个是与张议潮"同营开辟"、再造敦煌的张议潭①。

第三分咏，包括《阳关戍咏》和《水精堂咏》。这两首诗之所指咏者，皆为敦煌西境的要冲。阳关戍是界分内外的关防；水精堂为透映贞贰的明鉴。

第四分咏，包括《玉女泉咏》和《瑟瑟咏》。指咏的是敦煌境内的两起物妖：一个是水妖②，一个是饰妖。《玉女咏》申斥淫祀水妖，而民受其害；《瑟瑟咏》抨击珍视饰妖，而使野有遗才。

第五分咏，包括《李庙咏》和《贞女台咏》。指咏的是敦煌历史上两

———————

①张议潮功业、声望高于张议潭，更值得歌颂、悼念，但笔者将《渥洼池天马咏》属之于张议潭者，盖鉴于张议潮卒于咸通十三年，而《敦煌廿咏》写作上限止于咸通十二年是也。

②《沙州都督府图经》《瓜沙两郡大事记》及《宣室志》《太平广记》都记载了沙州玉女泉水妖的故事。其中，敦煌遗书 P.3721《瓜沙两郡大事记》记载较详，今引录于下（原文讹夺衍脱之处，笔者皆作校订）：

"开元三年（公元 715 年），张[孝]嵩刺史赴任敦煌。到郡日，问人曰：'此州有何利害？'郡人悲泣而言：'州城西八十五里，瓜沙二州水尾下，有一玉女泉，每年各索童男童女二人祭享。如若不依，即降霜雹，损害田苗。其童男童女，初闻惊惧，哀恋父母，既出城外，被神收摄魂魄，全无顾恋之情，第相把手，自入泉中。太守怒曰：'岂有妖怪，害我生灵？'乃密设坛场，兼税钢铁百万余斤，统领军兵，诣其泉侧，告神曰：'从我者福，逆我者殃。请神出现就坛，我欲面自祭享。'其神良久不现。太守怒曰：'神若不现，我即将污秽之物抛入泉中，兼遣三军推沙石填却此泉'。其神怕惧。乃现一龙，身长数丈，出现就坛，嗜于牲酒，久而不去。或则旁瞻人物，或则仰望云空，摆头摇尾，都不敛身。刺史遂乃密索弓箭，射著龙喉，便即拔剑砍下龙头，其尸犹有神通，却入泉内。将军遂置炉冶六所，销铜铁汁灌入泉中。其龙尸发声，腾空而走。至州西二里，遗却'二茎肋，恐为后患，便于龙肋上置佛图两所；茨其铺遗下小肋一条，又置佛图一所，至今号为龙肋佛图。自此以后，一郡黎人并无生离之苦。遂差衙前总管李思敬，赍表进其龙头。皇帝大悦，敕令所司断其龙舌，却赐张(孝)嵩，永为勋荫，乃锡号曰'龙舌张氏'，并赐明珠七颗及锦彩、器皿、敕书等，优奖仍轻(经)，不烦申谢。遂差中使就敦煌送其舌也。"

位人中楷模：一位是西凉国王李暠，一位是敦煌烈女张氏①。

第六分咏，包括《安城祆咏》和《墨池咏》。指咏位于州城外东北 1 里的祆庙②和位于州城内东北隅的草圣张芝墨池。《安城祆咏》讽刺愚氓雩祭求雨而不惜洒酒如绳（渑）③；《墨池咏》赞美张芝精习绝艺，致染池水尽墨④。

第七分咏，包括《半壁树咏》和《三攒草咏》。指咏敦煌两处奇草异木。一是扎根半壁，高柯密叶的半壁树；一是翠色出泥、潜惊钓鳞的三攒草。

第八分咏，包括《贺拔堂咏》和《望京门咏》。指咏矗立城东的两所著名楼堂。贺拔堂是割据者留下的劣迹，堪以垂戒后世⑤；望京门是瞻

---

①《太平御览》卷三四九《贞女上》引《后凉录》："初，吕绍之死也，美人敦煌张氏，年十四，为沙门，清辩有姿色。吕隆见而爱之。遣中书郎裴敏说之。张氏善言理，敏为之屈。隆亲逼之。张氏曰：'钦乐至法，故投身道门，且一辱于人，誓不毁节。今逼如此，岂非命也！'升门楼自投于地，二胫俱折；口诵佛经，俄而卒。"又P.4640 背《归义军布、纸破用历》载，庚申年"八月十日，赛张女郎神，用麁（粗）纸叁拾张"。张女郎神即后凉之"敦煌美人张氏"，敦煌人把她列为本地祭赛对象。

②P.2005《沙州都督府图经卷第三》"四所杂神"条载："祆神，右，在州东一里，立舍，画神主。境内亢旱，因即祈焉。不知起于何代。"

③抄本原作"绳"当校作"渑"。《左传·昭公十二年》："晋侯以齐侯宴……齐侯举矢曰'有酒如渑，有肉如陵。'"杜预《春秋释例》卷七：渑水"出齐国临淄县北，经乐安博昌县南界，西入时水。"[唐]·陆德明《经典释文》卷十九《左氏音义之五》云"渑音绳。"

④《沙州都督府图经卷第三》载"张芝墨池，在（敦煌）县东北一里。"

⑤贺拔堂，贺拔行威所建殿堂。按《新唐书·高祖纪》武德三年"十二月己酉，瓜州刺史贺拔行威反"。武德五年月"庚寅，瓜州人王幹杀贺拔行威以降"。《旧唐书·地理志》河西道敦煌县条云"武德三年置瓜州，武德五年改为沙州"。武德年间的瓜州即敦煌。这个贺拔行威只当了一年半的反叛"英雄"，故《贺拔堂咏》云："英雄传贺拔，割据王敦煌……竣宇称无德，何曾有不亡。"

恋京华的象征,引人时萦帝阙之思。

第九分咏,包括《相似树咏》和《凿壁井咏》。指咏的是敦煌两处地灵之征。树则欲巢鸾凤,水则善利万物①。

第三部分用《分流泉咏》一首作结。这首诗抓住分流泉"一源分异派,两道入汤池"的特征,巧妙地象征对敦煌有重生之德、再造之劳和捍卫之功的张议潮、张议潭兄弟。敦煌能够从吐蕃占领下回归父祖之邦,重序祖祢,再建家园,安居乐业,使"古迹"重焕光华,是托了张议潮、张议潭兄弟之福。用《分流泉咏》一诗结卷殿尾,寓有饮水思源的深义。

全组二十首诗,从山开始,到水结束,中间历写神沙、佛窟、奇泉、灵湖、古关、名楼、忠臣、烈女、神祇、才艺、瑞草、异木,并且明指暗涉敦煌古今、男女多名著名人物,作者尽情地抒发了忧虑、嗟叹、赞扬、斥责之情,亦是怀古,亦是吟今,亦是咏物,亦是抒怀;题材多般,视野开阔。在晚唐敦煌诗坛上达到的水平无疑应列上第。此诗兴自目前,寄托遥深。内容上涉及的人和事,有助于我们对归义军前期社会生活和政治风云的了解。有位先生评论《敦煌廿咏》"全系应景之作",对其价值意义一笔抹杀,不免过执一偏了。

(1984 年 6 月初稿,原为提交 1984 年 10 月中国敦煌吐鲁番学会语言文学分会成立大会的论文。刊于杭州大学古籍研究所编《古文献研究》,哈尔滨师范大学《北方论丛》编辑部,1989 年 6 月出版。收入本书时略有修订。)

---

①《凿壁井咏》云"玄言称上善","玄言"指《道德经》,"上善",(《道德经》第八章"上善若水,水善利万物而不争"。此诗可能是赞美张议潮委任佺淮深留守归义军而身自入质长安事。

试论敦煌遗书《禅师卫士遇逢因缘》
——兼谈诸宫调的起源

　　敦煌遗书中有一篇盛唐时期的佛教文学作品,形式奇特,失题篇名,类似宋、金、元时代的《诸宫调》,但早于《诸宫调》三百多年,可以说是《诸宫调》之祖。共发现三个写卷,编号分别为 S.3017、S.5996、P.3409。饶宗颐先生指出 S.5996 与 S.3017 笔迹书法相同,而且上下文正好衔接,应为同一抄件之断裂(饶宗颐《敦煌曲》116 页);两号缀合后,仍前残后缺,仅存中间的 35 行。P.3409 存 90 行。开头八行,行缺 7—14 字,共缺 48 字,但文意仍可根据存留文字加以揣摩领会。其余 82 行完整,基本上是这篇作品较为完整的抄本。

　　此外,在 P.4623 背《禅宗语录略抄》(拟名)中,有这篇作品中两首偈的摘抄①,具有一定的校勘价值。

　　白化文先生以 P.3409 为底本,参考 S.5996、S.3017 及刘铭恕、饶宗颐两位先生的部分录文,进行了整理校订,拟名为《六禅师七卫士酬答故事》(《敦煌学辑刊》1986 年第一期)。

　　关于这篇作品,最早的报道者是王重民、刘铭恕两位先生。刘先

---

　　①P.4623 背所摘抄的两首《偈》是:"五荫山中有一殿,七宝琉璃作四院。内有一佛二菩萨,长时人不见。""五荫山头有〔一〕持(池);理(里)有金沙人不知,海水湛湛人皆用,施法药与贫而(儿),贫而(儿)得时叹(安)乐,善知识门前脚迹希(稀)。"

生在《斯坦因劫经录》中对 S.3017 号写卷,题名为《五更转、劝诸人偈、行路难》,并作了说明和摘录。其说明是:

> 此为所谓第六禅师某与修道人众所作诗文。前二种为禅师作,后一种为众人作,但互相联系,未可分割。

又对 S.5996 号写卷题名为《五更转》,未作说明。

当年,刘先生匆匆未及细审,故未发现这两卷可以缀合,更因当时未见 P.3409 这个较为完整的抄件,所以仅能对 S.3017 及 S.5996 作如此的介绍。

王重民先生在编制《伯希和劫经录》时,对 P.3409 号写本未题篇名,可能是由于一时把握不准,不好骤然给予拟名,故仅作简记云:

> 此卷当是记一文字游戏,应予重视。记一人在五荫山中逢六个禅师,每禅师先各作一《偈》,又各作一《五更转》,于是逢者作《行路难》。

白化文先生则认为这篇文字是“规模传奇的雏型作品,可戏称之为‘和尚传奇’”。[1]

从内容来看,这篇作品实属佛教随缘故事一类,而其体裁形式,则前所未闻,可方之宋、金、元《诸宫调》,然而唐代又无《诸宫调》之名,实属何体,有待探讨,仅就内容拟其名曰:《禅师卫士遇逢因缘》。

下面就其内容、形式、创作年代及价值意义等方面的问题进行若干探讨。

一、《禅师卫士遇逢因缘》的基本内容与形式特点

《禅师卫士遇逢因缘》的故事梗概是:习州进城县人常贵贱等七

---

[1]白化文:《对可补入〈敦煌变文集〉中的几则录文的讨论》,《敦煌学辑刊》1986年第1期。

人,为"□善府"卫士,值番数年,思念父母,告假回乡省亲。天色将晚,行至路口,遇逢远尘、离垢、广照、净影、智积、园明等六个禅师从五荫山中出来。七卫士问禅师何往,禅师回答 ……(以下因文字残缺,回答内容不详,但从上下文揣摩,大约是说欲入城化缘)。七卫士爱慕禅师,请求禅师暂留一日夜,以请教山中事意。禅师们欣然答应,个个以《偈》和《五更转》讲述禅悦之妙。七卫士受禅师启迪,个个以《行路难》一首表明愿随禅师学道。禅师接受了七卫士的请求,答应共住修道。共十三人,"尊一有德为师,两个亲近承事,十个诸方乞食"。最后,为首的"有德"和尚叹《安心难》,用戒徒众制勒贪欲、专心修禅,以求定慧妙境。

白化文先生说,"通观本文整体,是以故事形式贯穿僧偈佛曲","故事只是一种手段"[1],所论甚是。这篇作品,在内容上,说不上有什么特殊价值,而在作品体裁结构上,特别值得注意。

全篇经校订整理后,共存 1819 字,另有残缺及脱漏者推测约 58字,两者加在一起,原文当有 1877 字。用散文和韵文两种文体相间组成。散文显然为讲述,韵文显然为吟唱。

其中散文部分存 262 字,加上推测残缺的字共 320 字,分作大小11 个段落。各段多是三言两语,十分简略,仅对故事背景和关目情节作简单介绍,语言性质为讲唱者的叙述体,其作用主要是为全篇搭骨架、作依托。韵文共 1500 字,分别为《偈》7 首、《五更转》5 首、《行路难》7 首、《安心难》1 首, 共 20 首。是全篇的中心和主要部分。语言性质为作品人物的代言体;其作用主要是展示作品人物的思想活动。

从韵、散两部分文字分配比例上看,韵文几乎是散文的五倍。从

---

①白化文:《对可补入〈敦煌变文集〉中的几则录文的讨论》,《敦煌学辑刊》1986 年第 1 期。

而表明,韵文是作品的主要部件,而散文则是组合这些部件的结构材料,其组合的方式是以散文说白带动韵文唱吟。

写作方法上,多用双关、譬喻,使深奥、枯涩的禅学义理,借助双关和譬喻得以通俗化、形象化,并且引人回味反思,有哲理性的含蓄。

二、《禅师卫士遇逢因缘》的创作年代

这篇作品,没有题款,不知何人何年所作,从作品的主旨思想——宣传禅理加以推测,可以认为大约是禅宗和尚的作品。从作品的时代印痕进行推考,这篇作品大约创作于盛唐时期。

我们说作品创作于盛唐时期,主要是从以下三个方面进行推断:

第一,故事以初盛唐府兵制度为背景故事中的七个俗人常贵贱等是隶属于"□善府"的"卫士"。"卫士"是唐代府兵制度下对士兵的统称。《旧唐书·职官二》:"凡兵士隶卫,各有其名……总名曰卫士。皆取六品以下子孙及白丁无职役者点充……成丁而入,六十而免。"读者据此可以推想作者为虚拟的人物常贵贱等七人所设计的隶属、身份、年龄等方面的情况。

"□善府",是唐代府兵制度下军府之名。府兵制最早始于西魏,为宇文泰所创立,大统八年(542年)置二十四开府,由六柱国分领。隋大业三年(607年),增改左右翊卫等为十六府。但西魏至隋,军府多以官号或职掌名府,至唐贞观十年(636年),"凡五百七十四府,分置于诸州",方才"多因其地,各自为名"(以上引文分别见于《大唐六典·折冲府》及《通典·职官十一》)。作品中的"□善府",就是因地为名的军府。查唐代府名"×善府"者计有业善府、安善府、修善府、嘉善

府、从善府、慕善府、翊善府、积善府等①,说不定"□善府"即是其中的某一府名。退一步讲,如白化文先生所说,这篇作品中的地名人名大抵"虚拟",那么"□善府"至少也是"以地名府"的反映。如此看来,这篇作品大约产生于贞观十年之后。又据《新唐书·兵志》的记载,"自高宗、武后时,天下久不用兵,府兵之法浸坏"。下至天宝八载(749年)"折冲诸府至无兵可交,李林甫遂请停上下鱼书。其后,徒有兵额、官吏,而戎器、驮马、锅幕、糗粮并废矣。故时府人目番上宿卫者曰'侍官'……京师人耻之,至相骂辱必曰'侍官'。"以此推之,作品依托的背景,当为天宝八载之前,其时府兵制尚未尽毁,而卫士身份尚未被人"耻之"若此,又《通典》卷二十九、《旧唐书·玄宗本纪》及《唐会要·军杂录》皆载:"天宝十一载八月一日甲寅,改诸卫士为武士",从此以后,卫士之名遂废不用。以此推之,《禅师卫士遇逢因缘》的创作下限当不晚于天宝十一载(752年)八月。

第二,作品中《行路难》第七有"获得菩提勋""差作巡境使"之句,涉及唐代勋官制度及左右金吾卫的职掌。与前一条件(府兵制度)互相参稽,应是唐代背景的又一烙印。这在《大唐六典》《通典》及两《唐书》中都有记载,这里就不一一征引了。

第三,从抄卷中的避讳字和当讳而未讳的字看,作品创作时间亦应在盛唐时期,而其抄写时间则当在吐蕃占领敦煌的建中二年(781年)之前。

抄卷中出现的避讳字,有以下几种情况。

1.讳虎字。唐高祖李渊的祖父名李虎,唐人因而避讳此字。在写卷中,"虎"字变体作"虝",例如:"虝狼师(狮)子易伏捺。"(P.3409《安心难》)

---

① 参见劳经原《唐折冲府考》、罗振玉《唐折冲府补考》《唐折冲府补考拾遗》及谷霁光《唐折冲府考校补》。

又凡"屮"头,无不变体作"𡳞" P.3017 及 P.3409 两抄本中的"屮"头字有虚、處二字,凡出现七次,无一不变体写作𧆛𧆁。

按:"屮"头作"𡳞",并不始于唐代,北朝已杂见之。但是到了唐代,由于避讳,遂成法定字头;至于楷体"𠧸"字,则是唐代才成为通行字体的,见《干禄字书》。

2. 避"世"字。唐太宗名李世民,故唐人避"世""民"二字。写卷中,凡"世"字皆省笔作"世""廿"。

3. 避"民"字。写卷中没有"民"字,但由"民"字组成的字却省体变形。例如六朝以来流行体"昬"字,字头作"民",唐张参《五经文字》云:"缘庙讳,偏旁准式,省从氏。"故抄卷中的"昬"字,"昬昬长夜睡","六识昬波",皆一例省从"氏"。

4. 除了上述避讳字外,写卷中还出现穆宗李恒和敬宗李湛这两个皇帝之名的讳字。例如:"言说行恒空""无定无安是湛然""海水湛湛人皆用"。

这两个帝讳字赫然在目不予避讳,表明作品抄写时间应在穆宗即位的公元 821 年之前。

敦煌于德宗建中二年(781 年)被吐蕃占领,蕃占期间有些习以为常的避讳字,有时还会在写卷中出现,但不像本篇那样每讳必避。因此,可以认为抄写的下限年代在建中二年(781 年)之前。

三、《禅师卫士遇逢因缘》与几种相近的讲唱体裁之比较

本文开头已经指出,这篇作品形式奇特。奇特在哪里呢?奇特在既不像《变文》,又不像《鼓子词》;类似宋、金、元时代的《诸宫调》,但

又不等于《诸宫调》。在我国文学史上，找不出第二篇与之相埒的作品①。以至于我们不可能用文学史上已知的任何体裁名称来给它定名。空前绝后，独一无二，这就是它奇特之所在。

这篇作品由散文和韵文两种文体穿插组成，这一点比较其他讲唱作品并不奇特。奇特之处主要在于韵文部分由若干个固定调名的唱词组成，这乃是前所未闻的。此外，也还有其他一些特殊之处，通过同它相近的若干讲唱作品的比较，可以看得更清楚。

（一）与讲唱体变文比较

讲唱体变文是韵散穿插、兼说兼唱的文体。在这一点上，《禅师卫士遇逢因缘》与之类同。因此，《禅师卫士遇逢因缘》亦同属于讲唱作品。但二者又有几点不同：

第一，唱词曲调方面。《禅师卫士遇逢因缘》皆规定曲名，这是讲唱变文所没有的。有若干篇说因缘的变文，例如 P.2324《难陀出家缘起》，P.3375 背《欢喜国王缘》和一篇类似变文但题名《秋吟》（P.3618）的讲唱作品，其唱词部分往往注有"吟""断""侧"等字。可能是声腔标志术语。其他变文的唱词，竟连声腔亦不标，表明变文唱调的随意性很大。②《禅师卫士遇逢因缘》则没有这种随意性，它的每一首唱词皆

---

①《太平广记》卷五十《嵩岳嫁女》，叙元和中，洛阳士人田璆、邓韶被仙人邀至嵩山，为上清神女及玉京仙郎赞婚故事。文中穿插诸仙人往返吟唱的歌词九首。诸词虽是分首，但各首皆未标曲名，故亦不同于《禅师卫士遇逢因缘》。后人将《嵩岳嫁女》歌词又从故事析出，独立成篇，载于《全唐诗》卷三十一，题曰《嵩岳诸仙嫁女词》。

②敦煌发现的讲经文，同变文一样，唱词不标曲名，有些则标有"平""侧""断""吟"之类的字样。因讲经文是阐演佛经的讲唱作品，与讲唱故事的变文和《禅师卫士遇逢因缘》性质显然不同，所以本文没有把它拿来同《禅师卫士遇逢因缘》加以比较。

须按照指定的曲调演唱。

第二，与这一特点相关的是，《禅师卫士遇逢因缘》的唱词是分首的，而变文的唱词则无所谓章、首之分。有的研究者根据其换韵情况划分章首，其实是今人的以意度之。并不反映其篇章体制之实际。

第三，在韵散比重上差异甚大。变文的散文讲述部分，字数无不大大超过其韵文唱吟部分。《汉将王陵变》散文占全文字数的五分之四，《大目乾连冥间救母变文》散文部分字数最少，但也占全文的五分之三。而《禅师卫士遇逢因缘》散文字数，连同其残缺脱漏之字一并计算在内，还不到全文的五分之一。总的来说，讲唱变文是散多韵少，随之而来的是说多唱少，而《禅师卫士遇逢因缘》则恰恰相反，是韵多散少，唱多说少。这表明它是以唱为主的作品。以唱为主，却不一唱到底，又不同于一唱到底的"词文"，如《大汉三年季布骂阵词文》。

第四，从韵、散职能作用来看，变文的唱词，多是重复散文部分已经讲述过的内容，个别韵文段落，偶有超出散文已经讲述过的内容，但这样的韵段，在变文中只是偶尔出现，可以说是变文唱词固有职能的一种新起的因素，但它还未发展成为变文唱词的主要职能，毕竟未从根本上改变变文唱词敷演散文讲说这一基本定式。《禅师卫士遇逢因缘》则大大不同，它的韵文唱段，则是散文所说部分的接续和递进，没有一首是重复散文讲述内容的。从韵散关系来说，变文的唱词，基本上是散文部分的歌唱化，而《禅师卫士遇逢因缘》的唱词，已不是散文部分的化身，而是各有所司，犹如人之双足，一前一后，交替前进。

(二)同说唱鼓子词比较

宋代鼓子词，传世有两类作品。一类是文人拟作的联章歌体，仅有唱词，没有散说，例如：

1.欧阳修《采桑子鼓子词》十一首，咏颍州西湖景物，篇前仅有小序(欧阳修《六一词》，又载曾慥辑《乐府雅词》)。

2.欧阳修《渔家傲·十二月鼓子词》十二首,咏十二月景物(杨绘辑《时贤本事曲子集》)。

3.洪适《生查子·盘州曲》十四首,咏盘州(今贵州省盘县)一年景物(载洪适《盘州乐章》)。

4.吕渭老《圣节鼓子词·点绛唇》二首(载吕渭老《圣求词》)。

另一类是韵散相间的说唱体,例如:

1.赵德麟《商调·蝶恋花》(载赵德麟《侯鲭录》)。据元稹《会真记》改编,说唱张生与莺莺爱情故事。

2.无名氏《商调·醋葫芦》,演蒋淑珍放荡杀身事。①

后一类鼓子词兼说兼唱地演述故事,同《禅师卫士遇逢因缘》较为接近。但是,从根本上说,仍然不同,其不同点主要有二:

第一,唱词所用曲调方面:赵德麟《商调·蝶恋花》通篇重复使用一曲一调,即原序所谓"调曰商调、曲名《蝶恋花》";无名氏《商调·醋葫芦》基本上也是一调(商调)一曲(醋葫芦),只是在篇末缀加了一首《南乡子》。《禅师卫士遇逢因缘》的唱词则是多调多曲,其歌唱声腔或者说音乐手段则更为丰富多彩。

第二,唱词与散文的关系方面:《商调·蝶恋花》和《商调·醋葫芦》的唱词仍然是散文部分的歌唱式概括和复现,而《禅师卫士遇逢因缘》的唱词,则是散文部分的补充和递进,构成曲白相生的关系。今各摘录一段,以资对比:

---

① 载明洪楩《清平山堂话本·刎颈鸳鸯会》中,又收载于《警世通言》第三十八卷,题《蒋淑真刎颈鸳鸯会》。

赵德麟《商调·蝶恋花》	《禅师卫士遇逢因缘》
是夕红娘复至，持彩笺以授张，曰，"崔所命也。"题其篇云《明月三五夜》。其词曰："待月红厢下，迎风户半开。拂墙花影动，疑是玉人来。"奉劳歌伴，再和前声：	第六禅师默然无《更》可转，即作劝诸人一《偈》：
庭院黄昏春雨霁，一缕深心，百种成牵系。青翼蓦然来报喜，鱼笺微喻相容意。待月西厢人不寐，帘影摇光，朱户犹慵闭。花动拂墙红萼坠，分明疑是情人至。	劝君学道莫言说，言说行恒空。不断贪痴爱，坐禅浪用功。用功计法数，实是大愚庸。但得无心想，自合大虚空。

通过对比，可以看出《禅师卫士遇逢因缘》尽管早于宋代鼓子词三百多年，但它的音乐成分远远超出了鼓子词独调单曲的局限；其歌唱部分，不是作为散说的化身而再现，乃是作为表达新内容的一种手段而存在。它在鼓子词前，而艺术手段远较鼓子词丰富。

（三）同诸宫调的比较

目前我们所能见到的宋、金、元诸宫调，可以分为两类。一类是长篇大部的作品，有〔金〕·无名氏《刘知远诸宫调》①；〔金〕·董解元《西厢记诸宫调》；〔元〕·王伯成《天宝遗事诸宫调》②。另一类是小段短篇，例如保存在《永乐大典》中的元代南戏《张协状元》，开头"末色"踏场说唱张协身世及辞家应举、山中遇盗的一篇《诸宫调》③。这篇《张协状元诸宫调》，在形式结构上，同《禅师卫士遇逢因缘》最为相近，二者都是

---

①《刘知远诸宫调》为西夏时流传于我国西部地区的作品。作者佚名。1907—1909年俄国科兹洛夫在额济纳旗黑水城发现其残卷，1958年北京文物出版社影印出版。

②原本已佚，《雍熙乐府》及《太和正音谱》《北词广正谱》《九宫大成南北词宫谱》和《北词纪》中有节载。

③《永乐大典》卷13991《戏》字韵内载有全文。

在散说之后来一段指定曲名的唱段。《张协状元诸宫调》的末尾,比《禅师卫士遇逢因缘》多了一段散文说白,那是由于这篇诸宫调并非独立的篇制,而是作为《张协状元》全剧的冒头引子,为了引出下面的正本戏文而特设的。请看:

> (白)强人不管它说,怒从心上起,恶向胆边生:左手揪住张协头稍,右手扯住一把光霍霍、冷搜搜、鼠尾样刀,番(翻)过刀背,去张协左胁上劈、在右胁上打,打得它大痛无声,夺去查果(扎裹)金珠。那时张协性分如何?慈鸦共喜鹊同枝,吉凶事全然未保,以恁唱说诸宫调,何如把此话文敷演?后行脚色,力齐鼓儿,饶个撺掇,末泥色饶个踏场。

显然这段说白并不是上文所述故事的结束,而主要是为推出《张协状元》正本戏文卖个"关子"。从形式结构上看,属于前面的诸宫调;但从性质和作用上看,无疑是为揭开后面戏文之幕而特设的。

再从诸曲所用宫调上看,两篇作品共同的特点是,诸曲皆不限属同一宫调,而是由若干个宫调变换组成。《张协状元诸宫调》所用五曲,据杨荫浏《中国古代音乐史稿》所考,〔风时春〕为南仙吕调,〔小重山〕为南双调引子,〔浪淘沙〕为南越调引子,〔犯思园〕未详何调,〔绕池游〕为南商调引子;《禅师卫士遇逢因缘》所用四曲,据笔者粗考,〔偈〕和〔安心难〕皆属佛曲,大约都是梵调(天竺调),〔五更转〕为商调,〔行路难〕大约为商角调。

不同的宫调合组成篇,是诸宫调的特点,也是诸宫调得名之由。元曲套数,系同一宫调的诸曲合组成篇,与诸宫调恰恰是在宫调的变与不变方面划清界限的。把若干个宫调合组成篇的作品称为《诸宫调》。那么,由一个宫调若干曲或同一曲名的若干首词组成的作品,例如唐人大曲、法曲、宋人转踏、赚词、元曲套数以及李贺《十二月乐词并闰月》十三首,欧阳修《采桑子·鼓子词》十一首,敦煌遗书中的《五更转》《十二时》《十恩德》《普劝四众依教修行》（一百三十四首）之类的作品都可以认为是"独宫调"。不过古人没有称之为独宫调，而是个个给予不同的命名罢了。

《禅师卫士遇逢因缘》中的七首《偈》、五首《五更转》、七首《行路难》，各用一支同名曲子歌唱，各是一曲多词，同曲叠唱。宋代诸宫调也有类似现象。即在同宫调的套曲内一支曲子词可以叠唱若干遍，称之为"煞"或"叠"，有的还加上"尾声"。无论"叠""煞"或"尾声"都有另制的歌词，与《禅师卫士遇逢因缘》中的《偈》《五更转》《行路难》同样都是一支曲、数首词。

通过上面的比较可以看出《禅师卫士遇逢因缘》的形式结构，同后来的诸宫调几乎没有什么区别。如果不是鉴于没有发现唐代有诸宫调之名，我们简直可以说它就是诸宫调了。

四、从《禅师卫士遇逢因缘》看诸宫调的起源

关于诸宫调的起源，最早的记载是南宋绍兴年间王灼《碧鸡漫志》：

> 熙、丰、元佑间（1068—1094）……泽州有孔三传者，首创诸宫调古传，士大夫皆能诵之。

与王灼同时代的孟元老，在所著《东京梦华录》卷五《京瓦伎艺》条中记载，北宋后期孔三传曾在汴京（开封）说唱《耍秀才诸宫调》。南宋端平二年（1235年）成书的《都城纪胜》也说：

> 诸宫调，本京师孔三传编撰，传奇灵怪，入曲说唱。

其后，吴自牧《梦粱录》除转录《都城纪胜》的说法之外，还记载了南宋末杭州说唱诸宫调的著名女艺人。该书卷二十《妓乐》条云：

> 说唱诸宫调，昨汴京有孔三传，编成传奇灵怪，入曲说唱；今杭城有女流熊保保，及后辈女童皆效之，说唱亦精。

根据上述记载，所以我国文学史家把北宋时汴京说唱艺人孔三传作为诸宫调的创始人。他的作品《耍秀才诸宫调》早已失传。现在所能见到的最早的诸宫调作品，是俄国探险家科兹洛夫于 1907—1908 年在额济纳旗黑水城发现的无名氏《刘知远诸宫调》残本，同时出土的文书中有西夏仁宗乾祐二十年和二十一年（1190—1191 年）的纪年。这篇作品，在音乐手段的应用上远不如董解元《西厢记诸宫调》那么充分和富于变化（参阅杨荫浏《中国古代音乐史稿》第十四章第二节关于刘知远诸宫调音乐形式的论述），文学技巧也远较《董西厢》质疏幼稚。因而推断其创作年代远在《董西厢》之前，可以认为是金章宗以前的作品。

前面说的《张协状元诸宫调》，研究者一般认为是保存在南戏中的宋人作品。其写作年代尚难断定，但从其音乐手段的运用来看，应是传世诸宫调最为原始的形式。它的每段唱都仅有一支曲子，一首词，不仅没有出现一词多曲、后接尾声的《缠令》形式，甚至单曲之重复叠唱也还没有，而且篇幅短小，情节和人物刻画没有充分展开。所以尽管不能说这篇作品是最早的诸宫调。但它所代表的形式，却是初期诸宫调难得的样品。

过去我们没有发现早在孔三传之前三百多年的盛唐时代已经有了像《禅师卫士遇逢因缘》那样堪称诸宫调雏形的作品流传于世，因而无法对诸宫调的来源作出正确判断，现在我们发现并重新认识了《禅师卫士遇逢因缘》，才知道北宋后期"诞生"的诸宫调，其孕育期至少已有三百多年。

前面我们通过对比，知道《禅师卫士遇逢因缘》的形式体裁已为宋代的诸宫调创立了基本的规模，只需对《禅师卫士遇逢因缘》的曲子标上所属宫调，岂不就成了名副其实的《诸宫调》？换句话说从《禅师卫士遇逢因缘》到《诸宫调》，不必更衣，只需戴帽就完成了转变。可见二者之间的过渡,只剩下小小的一步。而这小小的一步,竟用了三百多年的时间,前进的步伐多么迟滞缓慢。

值得人们深思的是,这小小的一步,不是由别人,而是由北宋说唱艺术家孔三传完成的。我想不外乎主客观两个方面的原因:

第一,客观上,北宋商业经济进一步发展,汴京在短短的几十年内迅速发展成为全国独一无二的大都会,市民的文化娱乐需要和欣赏水平亦随之越来越高,促使艺人们一方面努力提高演技水平,一方面追求对旧的曲艺形式推陈出新。这样,才能赢得听众和观众,自己才能够在京城站住脚。不这样,就会被观众抛弃、成为失败者而被淘汰。观众越来越高的要求,促使艺人必须有所前进,而同行之间的竞争所造成的危机感,更迫使艺人们不得不去刻意求新。这种时代的大潮,促进了曲艺事业的百花齐放和推陈出新。诸宫调的产生便是孔三传推出的一"新"。当然还有其他艺人推出的各种"新",例如乐工杜人经在市井各种歌吟和叫声的基础上创立了又一新的曲艺形式《十叫子》,亦名《叫声》或《叫果子》。(参见宋灌园耐得翁《都城纪胜》及高承《事物纪原》)。

第二,主观上,孔三传是一位出色的艺术家,他既精于说唱演出,又能执笔编写。据《碧鸡漫志》记载,孔三传为泽州(今山西晋城县)人。这一地区,从北朝以来一直是曲艺发达之乡,名家辈出。精通音律的唐玄宗、好俳优又能度曲并曾亲扮优戏的后唐庄宗,都在这一带居住活动过,善舞知音的杨贵妃、赵丽妃、名优黄幡绰、敬新磨等都是这一附近地区的人。1987年5月24日《光明日报》载,在晋东南地区新发现明代万历二年(1574年)《迎神赛社礼节传簿四十宫调》手抄本,表明这个地区歌乐传统确是经久不衰。孔三传生长在这样一个乐舞之乡,自幼受到曲艺熏陶,终于成长为一名杰出的说唱家和曲艺编撰者。《禅师卫士遇逢因缘》中常贵贱等人籍贯"习州进城县",很可能是

"隰(古体作隰)州晋城县"的谐音,晋城县属泽州,隰州为泽州西边近邻;常贵贱等七卫上隶属"□善府",这一地区及其附近就有修善府(隰州)、嘉善府(汾州)、从善府(上党郡)。意味着这篇作品有可能是这一地区的产物,或者相同的曲艺形式在此地民间早有流传。孔三传对这种曲艺体裁予以加工,在京城演出,汴京人初不知此种形式,孔三传的演出,使京师人耳目一新,于是以为此调即孔三传所创。殊不知可能在汾、晋、泽、潞,民间早已流传。

虽然如此,孔三传之功亦不可没:(一)他对此种体裁曾进行加工提高,使民间未登大雅之堂的艺术形式取得了在大都会演出的资格;(二)他把这种民间曲艺引入京城,并赢得了士大夫和广大市民的喜爱,丰富了京师人民的文化娱乐生活;(三)由于他的继往开来,使这种艺术形式得以广传远播,从此流行宋、金、元三朝二百余年,并对杂剧、戏文及其他曲艺形式发生过重大影响。孔三传在我国文学史、曲艺史上的地位是不可动摇的。

(刊于《文学遗产》1989 年第 3 期)

论"敦煌曲子"

唐五代时期,敦煌兴起并流行一种融文学、音乐和舞蹈为一体的综合性文艺品种。它就是本文所说的"敦煌曲子"。

"敦煌曲子"由词、曲、舞三大要素合成,通过演出,供人观听,是一种表演艺术。

词,就是"敦煌曲子"的歌词,今人泛称为"敦煌曲子词"。有的学者称为"敦煌歌辞"①。

曲,就是"敦煌曲子"的声腔。记录这些声腔的文献,今人泛称为"敦煌曲谱"。

舞,就是"敦煌曲子"的舞容。记录这种舞容及其节律拍段的文献,今人称之为"敦煌舞谱"。敦煌曲子的这三个成分,个个发挥其特有的作用:词以抒其意、曲以咏其声、舞以形其容。三者又结合在一起,互为补充,互为烘托,发挥感人心志、悦人耳闻、娱人目观的整体作用。对于不带歌唱的白说,不加舞蹈的徒歌(亦称"但歌")以及不兼歌唱的"哑舞"来说,"敦煌曲子"无疑是更加复杂化的仅次于戏剧的高级艺术形态。

这种综合性的"曲子",唐五代时期曾在我国各地广泛流行,并非敦煌所独有者。但是由于其他地区留下的资料残缺散乱隐晦不明,后

---

① "敦煌曲子"的唱词,王重民先生校辑本称为《敦煌曲子词集》,任半塘先生汇辑校释本称为《敦煌歌辞总编》,饶宗颐先生辑本则标作《敦煌曲》。

人从中难以获得完整的信息并形成立体的认识,因而"曲子"这种综合艺术形式在后世学者脑海里似存非存,模糊朦胧。另一方面,由于"曲子"的三个构成部分之一的"词",传世资料独多,后世更独立发展成为文学创作体裁,于是进一步模糊了"曲子"的完整概念。

宋与唐五代相接,但"曲子"中的舞蹈部分似已脱落,而词与歌这两部分,也仅仅在一部分"曲子"中得以保留。北宋后期沈括说:

> 今声词相从,唯里巷歌谣及《阳关》、《捣练》之类稍类旧俗。(《梦溪笔谈》卷五)

元明以来,歌词与声曲彼此进一步分离。歌词单纯朝向文学方向发展,以至完全"蜕化"为文学创作之一体——词。唐五代时期盛行的词、曲、舞三位一体的"曲子"终于完全沦没。

清末从敦煌石室中出土了反映这种三位一体的艺术形式的资料,但人们由于受到唐宋词成见的影响,也仅注意了词章与歌唱的结合,没有察觉到它所包含的舞的成分之存在,以至于未能形成对"敦煌曲子"的完整认识。"敦煌曲子"这一综合的高级的艺术形式竟继续湮没不彰。只有任半塘先生早在 20 世纪 50 年代对此已有觉察,他说:

> 在唐代,乐歌与舞容,均重于文字,当时一部分杂曲,由大曲而来;方其来也,不但摘取其声,亦且兼撷其舞。至于独立形成之杂曲,复不仅有声,而且有容。观于敦煌曲三十余卷中,曲辞之外,并有"工尺谱"与"舞谱"二事,可以为证。①

任先生又在该书的《后记》中说:

> 自来研讨隋唐以后之乐曲歌辞者(或谓"音乐文艺"),显然面对内容不同的六部门:辞、歌 、乐、舞、演与考据整理

---

① 任二北:《敦煌曲初探》,上海文艺联合出版社,1954 年,第 141—142 页。

是。今以考据整理为务,原则上仍必须兼顾辞、歌、乐、舞、演五事,而后方得其全面。

但是,任先生似乎仅在于强调词与歌、舞关系密切,不可割裂,而没有进一步把唐五代的"曲子"作为一种综合性的歌舞品种看待,观念仍然未臻明确。数十年来,研究者只意识到敦煌曲子可歌可舞,而未意识到"敦煌曲子"就是唐五代一个兼包词、歌、乐、舞多种艺术手段综合构成的歌舞品种。

曲子同唐五代的拨头、代面、合生、参军戏、傀儡戏之类并存于世。然而"曲子"由于具有不拘场地、道具简单、易于表演等特点,因而它的流行更为广泛普及,上自宫廷,下至民间,举凡国家庆典、节日游乐,乃至私人筵宴都可随时表演,因而它的教化和娱乐作用必然更为广泛。"曲子"这一艺术品种,可以称为唐五代之一绝,应该给予足够的重视。

一、判断"敦煌曲子"为诗乐舞合成艺术形式的依据

"敦煌曲子"之发现,首先是从这种艺术形式中的歌词写卷开始的。"敦煌曲子"的歌词,据任二北《敦煌歌辞总编·凡例》所载,已知"约二四〇件""一千三百余首"。其中标有"曲子"二字者,据我所知有以下三十八种:

原卷题名卷号

曲子喜秋天 S.1497

曲子恭怨春 S.2607

曲子临江仙 S.2607

曲子□□□□ S.2607

曲子送征衣 S.5643

曲子同前 S.5643

曲子同前 S.5643

曲子一本 S.5852

曲子别仙子 S.7111

曲子望江南 S.5556

曲子一首寄在定西番 P.2641

曲子菩萨蛮 P.3128

曲子浣溪沙 P.3128

曲子浪淘沙 P.3128

曲子感皇恩 P.3128

曲子名目 P.3718

曲子名感皇恩 P.3821

曲子名浣溪沙 P.3821

曲子名谒金门 P.3821

曲子生查子 P.3821

曲子更漏子 P.3836

孟〔姜女〕曲子捣练子 P.3911

曲子长相思 P.4017

曲子鹊踏枝 P.4017

曲子望远行 P.4692

曲子浣溪沙 P.4692

曲子捣练子 P.4692

曲子还京洛（乐）L.1465

五台山曲子六首 S.467

云谣集杂曲子 S.1441

婆罗门曲子 S.1589

五台山曲子 S.1080

御制曲子 S.2607

伤蛇曲子 S.2607

婆罗门曲子 S.4578

云谣集曲子 S.2838

大唐五台曲子五首寄在苏莫遮 P.3360

咏月婆罗门曲子四首 P.4578

以上标名为曲子者,所抄悉皆相应调名之词章。歌词是词,而偏偏标名为"曲子",表明这些歌词属于"曲子",是"曲子"的一部分。敦煌曲子词已发现八十多个调名①,大部分歌词仅标调名,未标"曲子"二字,如《望江南》《定风波》之类,乃是一种省便略抄。也有少数抄卷,连调名亦不标,则属于特殊现象。这是由于抄写者目的只是抄记其歌词,未着意于反映其艺术类型的整体性罢了。

与歌词标名"曲子"的现象互相呼应,敦煌舞谱亦发现有标名"曲子"者:

S.5613《南歌子》残舞谱   题为《上酒曲子南哥(歌)子》;

S.785《荷叶杯》残舞谱   题为《曲子荷叶杯》;

P.3501 舞谱残卷《风归云》舞谱之三   序词中有《送破曲子》四字说明。

舞谱是记录拍段、节奏及舞蹈动作态势的文献,本应题作《南歌子舞谱》《荷叶杯舞谱》之类,以示此舞合此乐,却题作《曲子XXX》之类,表明这些舞谱乃是属于"曲子",是"曲子"这一艺术品种的组成部分。

敦煌发现的古代舞谱有四个残卷:S.5643、P.3501、S.5613、S.785,另有 P.3719 及 S.7111 两件亦包含有舞谱的部分内容。以上共六个抄

---

①"敦煌曲子"的调名数,基本参照任半塘《敦煌歌辞总编》所载统计而得。

卷,共著录《遐方远》《南歌子》《南乡子》《双燕子》《浣溪沙》《风归云》《蓦山溪》《荷叶杯》《别仙了》及《佚名》等十个舞名二十七谱。这些具名舞谱,皆有同名的歌词与之相应。敦煌卷子中保存者计有《南歌子》词十首,《浣溪沙》词十九首,《风归云》词四首,《别仙子》词三首。此外,《遐方远》《南乡子》《荷叶杯》《双燕子》《蓦山溪》五调,敦煌写卷中不见其词,而唐代崔令钦《教坊记》载有《遐方怨》(应即《遐方远》)、《南乡子》《荷叶杯》三个曲名,知为唐教坊曲无疑。晚唐温庭筠、李珣、韦庄等人也分别撰有同调名的歌词。《双燕子》《蓦山溪》二词,据《词谱》《词律》及《词律拾遗》载,《双燕子》一名《双燕儿》,又名《化生子》。《教坊记》即载有《化生子》,亦教坊曲;宋张先、杨无咎亦有此词。《蓦山溪》一调,唐五代之作已佚,宋人程垓、傅自得、辛弃疾、俞国宝诸人皆有此词,而不云新曲新调,必亦唐代旧曲旧调。

总之敦煌舞谱所存十舞,都有相应的歌调与歌词。可知舞与词、曲亦是联体产儿。

曲谱是记录歌曲声腔的文献。敦煌发现的曲谱有 P.3808 号卷,载《品弄》等曲谱二十五首,又 P.3719 号卷,载《浣溪沙》曲谱一首。

在 P.3808 号二十五首曲谱中,亦有标题"曲子"者,如《慢曲子西江月》《慢曲子心事子》《慢曲子伊州》,此外还有不同的《曲子》二首,不同的"慢曲子"四首,不同的《急曲子》三首。

歌谱与曲谱,本是可以相通的,所以曲谱题作《曲子》或《急曲子》《慢曲子》之类并不出乎意外。但是,须进一步指出的是:这些歌曲的背后,又有着相应的歌词。正如清人刘熙载所说:

> 词曲本不相离,惟词以文言,曲以声言耳。(《艺概》卷四《词曲概》)

词与曲合,方谓之"歌"。而古人歌与舞常合而为一,即唐五代之敦煌亦莫不如是。P.3719《浣溪沙》谱就是一例。此卷著录:

浣溪沙　　慢二急三　　慢三急三

七復 乀 一　七　凡復　十復 幺 入

幺　七　乜

除此之外,S.7111抄卷更足以引起人们深思。此卷首题《曲子别仙子》,题名之下接写此舞拍节序词云:

拍段(段),慢三急三,慢二急三。

序词之后,另提行抄写歌词三首,转录于下:

此时桙(模)样,酸(算)来是,秋天月。无一事,堪惆怅。随圆缺,穿窗牖,人寂静,满面蟾光如雪。照泪痕,何把两眉双结。　　晓楼锺(钟)动,握纤手,看看别。移银烛,猥(偎)身泣,声哽咽。家私事,频付嘱,马上临行说:早回事,莫负小(少)年时节。绝乙

玉将(浆)酒泉,田(提)襕衣,下曹朝(曹疑作僔。《说文》:僔,终也。钱坫《说文校诠》:"今人谓事一终为一僔。声同遭。")君王催奏乐,方响逐云箫。鸳鸯帐地笙歌舞,善劝王子归本路。天同荣,白金映(原写"迎刀兵"三字涂去,添改此"白金映"三字。正行"迎刀兵"下又有"人串铮,马悬铃"六字,亦涂去,旁改添小字"水者是,迎刀兵,人穿铮,马点"十一字,再次涂去。)人串(穿)铮,马悬铃,树雀儿,迎刀岳(兵)。海晏河清罢征战,三边烟火灭妖精。共送。

同前。昨来侥幸,人说道,心(相)思苦,交(教)挐(奴)嗔,含惆怅,扶腮泣,灯穿牖。(写至此而止。参稽下文,知为废稿。)

曾(从)来不信,人说道,相思苦。如今现,嗔(怎)交(教)我,劳情与,赘(攒)眉立。歌枕川(穿),日夜悬肠各(割)肚。随玉柱,直代(待)寄(倚)门朱户。忆君直得如痴醉,容言语,

胸(腰)裙上,红罗带上("上"字疑衍),啼恨(痕)污。过(果)然得,从(重)相见,刁(依)旧还同一处。归罗帐,特地再论心苏。

以上三词,第一首即《别仙子》,又见于 S.4332 抄卷。第二首改变了调子,似不属《别仙子》,属何调名,待考。第三首又回到《别仙子》调。

这里要特别提请读者注意的是:第一首词末尾小字旁记"绝乙"二字,第二首词末尾旁写"共送"二字。

"绝乙"即"绝止"。遍检敦煌写卷,没有发现一首诗或词抄完之后缀以"绝乙"二字之例者。此处"绝乙"二字,必非表示一首词抄竟之意。从本卷特性考虑,可能是有关歌唱或属于乐曲终了的标志。

"共送",敦煌写卷亦未发现于诗词之末缀此二字之例。度之,当为舞蹈或歌唱动作的标记。歌唱方面有所谓"送声"。《乐府诗集》卷三十《平调曲一·总论》引张永《元嘉技录》云:"歌弦一部,竟辄作送。"《通典》卷一四五载:"乐府奏正曲之后皆有送声。"那么第二首失调名词末尾所注"共送"二字,大约就是"正曲"别仙子之后的"送声"标语。敦煌舞谱亦发现用别调作送声之例,今举 P.3501 舞谱卷内五例于下:

1. 南乡子拍常,令挼三拍,舞据一拍,一拍前后三拍。当打《浣溪沙》紧,慢拍遐送。

2. 风归云准前,令挼三拍,舞单据,打《浣溪沙》拍改送。

3. 风归云准前,拍常,令至据,令至据三拍,打段(段)前一拍,送《破曲子》。

4. 遐方远〔准〕前,遐方远,各三拍,打《五段子》送,送不单行。

5. 遐方远……准前,令至据三拍,打《浮图子》送。

上举诸例,表明某一特定曲名之舞,常用另一相关的曲子作补充。舞蹈中的这种补充,不仅是曲调音乐和舞蹈动作的变换,同时又必须有与之相应变换的歌词作伴。"别仙子舞"在歌唱和表演过正曲

《别仙子》之后，改用另一待考调名的歌词和音乐作送声，这就是我们从 S.7111 抄卷所见到的情形。这样看来，S.7111 号卷子在某种程度上可以说是曲子《别仙子》舞、乐、词的合抄本，为"敦煌曲子"作为诗、乐、舞综合合成文艺形式提供了确切的实物证据。因此，我们说 S.7111 号写卷具有极为重要的文献价值。

二、"敦煌曲子"本地源流的推测

敦煌曲子是唐五代曲子的一个地方分支。它同全国流行的曲子形式无疑有着许多基本的共同点。例如这种艺术形式由歌词、音乐和舞蹈三大要素构成，自娱和娱人两大作用兼而有之，化妆与否随条件的变化而灵活决定，等等。这些基本的东西应该是"曲子"这种文艺形式全国共有的。但是，敦煌是属于中原却远离中原，千百年间形成了自具特点的文化传统而又同西域及周边民族交往频繁的特殊地区，"敦煌曲子"也必然带有浓郁的地方特点。

早在东汉时期，敦煌已是乐教流被之乡。敦煌文士侯瑾写过著名的《筝赋》，成为古代流传广远的音乐文学作品。一直到唐代《艺文类聚》《初学记》和《白氏六帖》都还予以节载。赋中名句所谓"若乃上感天地、下动鬼神、享祀祖宗、酬酢嘉宾、移风易俗、混同人伦，莫有尚于筝者矣。"是我们认识汉代敦煌音乐文化的重要资料。

前凉时敦煌人索丞是当时著名的音乐家，"善鼓筝。悲歌能使喜者堕泪；改调易讴能使戚者起舞"，足见其艺术功力之深厚。当时人们把他比为战国时期齐国著名的音乐家"雍门周"（《太平御览》卷五七六引《敦煌实录》语）。

北魏时期，敦煌人宋游道也是嗜歌出名的人，唐李延寿撰《北史》，在《宋繇传·附游道传》中还特别记载了这么一件事：

（游道）后除司州中从事。时将还邺，会霖雨，行旅拥于

河桥。游道于幕下朝夕宴歌。行者曰"何时节作此声也？固
大痴！"游道应口．"何叶节不作此声也？亦大痴。"

最迟在 6 世纪初敦煌已形成本地的乐舞体系，被称为《敦煌乐》。
《乐府诗集》卷七十八收有《敦煌乐》诗三首：北魏温子升一首，隋王胄
二首。温子升诗云：

> 客从远方来，相随歌且笑，自有敦煌乐，不减安陵调。

此诗记载了敦煌来人表演的敦煌乐，并给敦煌乐很高的评价。隋
王胄诗云：

> 长途望无已，高山断还续，意欲此念时，气绝不成曲。

诗中提到《敦煌乐》中的"曲"，值得注意。它同唐五代的"敦煌曲
子"有没有直接的血缘关系今天已难以言之，但隋代尚存的《敦煌
乐》，在紧承隋朝之后的唐代当不会突然消失绝无影响。南宋郑樵《通
志·乐略一》载《遗曲》有《敦煌子》调，郝毅认为《敦煌子》应是大曲《敦
煌乐》摘出来的一支"子曲"（见郝毅《西凉乐舞史》44 页，甘肃省文化
艺术研究所内部排印本）。是很有道理的。

五代时敦煌又有"本俗舞"，公元 940 年曾在辽朝宫廷表演。《辽
史·太宗纪》会同三年纪云：

> 五月庚午，以端午宴群臣及诸国使。命回鹘、敦煌二使
> 作本俗舞，俾诸使观之。

敦煌本俗舞又称"本国舞"。《辽史·乐志·诸国乐》载：

> 会同三年端午日，百僚洎诸国使称贺如式，燕饮。命回
> 鹘、敦煌二使作本国舞。

此时敦煌正属曹氏归义军节度使的第二代曹元德执政末期，是
敦煌政治、经济、文化进入强盛的时期，也是"敦煌曲子"最为盛行的
时期。这一时期，敦煌除了"敦煌曲子"之外别无什么足以称为"本俗
舞"的文艺品种。敦煌使节在辽朝表演的敦煌本俗舞，笔者推测很可

能就是歌舞兼作的"敦煌曲子"。

我们再从"敦煌曲子"本身的情况讲,的确会有不少的"本俗""本国"特征。

(一)首先,敦煌石室保存下来的上千首歌词中,大部分是敦煌本地的创作。这些歌词,使用敦煌的方言俗语、叶押敦煌方音韵脚、歌咏敦煌的人和事,抒发敦煌人的思想感情,表达敦煌人的喜怒哀乐,具有十分浓郁的敦煌地方特色。把敦煌词同唐五代中原词掺和混编在一起,摆在熟悉敦煌史地、方言的行家面前,大部分可以不甚费力地一一体认出来。这主要是由于敦煌词"姓敦""属敦",渗透着"敦"家气息,具有地道的敦煌本俗风貌。

(二)其次,敦煌曲子的音乐,同样会使用敦煌所特有的乐汇、乐句。敦煌本地从东汉以来出了不少著名的音乐家,而且从北魏以来已形成了本地乐舞《敦煌乐》,并且冲出本地,传入中原,如北魏温子升所见的《敦煌乐》,郑樵所记的中原遗声《敦煌子》是。敦煌人在音乐创作方面必然有着自己的特殊语汇和表现手法。不然的话,它就不可能被中原人称为《敦煌乐》《敦煌子》。

乐曲的格调同歌词的格律是互为照应的。因而从敦煌词格律的特点可以探索敦煌乐曲格调的某些特点。敦煌词的格律特点,除了章法、句法之外,最关乐曲的,莫过于四声和叶韵的变化运用。敦煌词在四声和叶韵方面,有不少大与中原相异者。饶宗颐先生在所著《敦煌曲韵谱》(载在《敦煌曲》一书)中,对此作过重要的归纳和揭示。例如:

平声韵有不少异部通用而异于中原者;

上去同部异调通用而异于中原者;

上去异部异调通用而异于中原者;

入声异部通用而异于中原者;

平仄通押而异于中原者；

异部平仄通押而异于中原者。

这些现象不能不对歌唱时的吐字咬腔产生某种影响；词调和语调的变换，又不能不对乐汇组合的升降和乐句音势的上下行结构产生影响；敦煌方言俗语入词，又不能不对曲谱创作产生相应的影响。这些都会给"敦煌曲子"的音乐和歌唱带来明显的地方特点，使它所以成为"敦煌曲子"而异于京洛或其他地方曲子。尽管目前由于对敦煌曲谱(P.3808及P.3719)和乐谱(P.3539)①的研究还不足以具体指明其全部的异同，但我们据其方音运用的情况可以肯定"敦煌曲子"的音乐和歌唱必具某些特殊基质。对此我们深信不疑。

(三)敦煌曲子的舞蹈语言,也同样会有其地方的传统定势。敦煌壁画中保存有丰富的舞蹈图像,包括千姿百态的身姿、手势及腿脚造型和眉眼流盼,其中当然会有一些全国共有的成分,但也必然有着敦煌特有的成分。近年来甘肃舞蹈家根据敦煌壁画创作的敦煌舞剧《丝路花雨》在全国独树一帜,与众不同,其实说到底是敦煌舞蹈与众不同才得以独树一帜。

敦煌发现的舞谱残卷(以S.5643和P.3501为代表),其记述舞容的术语残存"令、送、舞、接、据、头、摇、奇(寄)、与、约、请、揖、打、拽"

---

①P.3539背面抄有不知名乐谱一首,录之于下:

散打四聲　　　　　**頭指四聲**　　　　**中指四聲**

一 乚 小 上。　ユ ス 乚 ル　　ル 十 匕 丿。

名指四聲　　　　**小指四聲**

コ 乁 丨 系。　丿 乀 之 乜。

本卷正文为音高字谱,小字注文为指法与弹奏说明。据此判断,此谱当属乐曲弹奏谱,与歌唱曲谱有所不同。

等十四字，又有多种迭现及承接、转变方式，其中："令、挼、送、舞、摇、据、头、打"等字亦见于唐宋人的记述，其余诸字皆不见载籍，其中除文献散失而失传者外，未必没有敦煌所特有的术语。敦煌特有的舞姿术语，表示着敦煌特有的舞蹈，乃是敦煌"本俗舞"得以成立并区别于外地舞蹈的基质因素。

总之，从"敦煌曲子"所包含的词、曲、舞三大构件的分析中，可以得到敦煌"本俗"乐舞的不少信息。这些信息意味着从北魏《敦煌乐》到唐代"敦煌曲子"，到五代敦煌"本俗舞"一脉相沿的传承与流绪。所以我们说，"敦煌曲子"并非孤立的产物，它上接有源，下沿有流，只是由于文献记载不够周备或周备的文献记载多所散失的缘故而湮没不彰罢了。

三、"敦煌曲子"消亡的原因

任何事物的消亡皆不外乎内因、外因两个方面的作用。"敦煌曲子"的消亡，也应当从这两个方面进行探讨。

（一）首先从内因方面来说。"敦煌曲子"是由词、曲、舞三个成分组合而成的，但词、曲、舞这三个成分各有其特殊性，任何一个成分都不以其他两个成分的存在为自己生存的前提。这个问题可以从两种意义上加以理解。一是一套"敦煌曲子"的产生，有时可能先有词，有时可能先有曲，有时又可能先有舞。三者并非同时分娩，一霎毕工的；二是词、曲、舞又都可以分解脱钩，各自单独存在。比如，词可以单独当成文学作品进行阅读；曲可以通过乐器演奏当作音乐作品欣赏；舞可以不带歌唱，不要伴奏，"哑舞"一番。三者各自分离单独存在的事实，早在"敦煌曲子"盛行的唐代已经开始。例如敦煌遗书中的歌词抄本、歌曲谱本、舞蹈谱本多是各自单行的；敦煌发现的《云谣集杂曲子》和五代后蜀赵崇祚编选的《花间集》，更是流传全国的歌词专集。

北宋以来,出现了更多的歌词专集、选集,也出现了很多擅长写作歌词的名家。于是歌词渐与歌曲分道扬镳,以至完全独立发展,终于成为一种新的文学体裁,就叫作"词"。随之,又出现了专谈"词"艺的"词话""词学",词作家被称为"词家"。可见,词首先从"曲子"及舞蹈中分离出来。词是"曲子"之词、乐、舞合成体的主脑,《诗大传》说:

> 情动于中,而形于言;言之不足,故嗟叹之;嗟叹之不足,故永(咏)歌之;永(咏)歌之不足,不知手之舞之,足之蹈之。

似乎可以这样理解,词是皮,曲与舞是毛。皮既改变了性质成为单纯的文学体裁,不让曲与舞继续附着在自己身上,那么曲与舞也自然由于失去依附而脱落消亡。这样,"唐曲子"和"敦煌曲子"这一由诗乐舞组合而成的艺术形式也就消亡了。

(二)从外因方面看:大约在公元1036年,敦煌曹氏归义军政权被西夏打垮,沙州回鹘继起统治了瓜沙地区,建立起回鹘族的统治。大约11世纪60年代末期,西夏又打垮了沙州回鹘政权,建立了西夏族的统治①。公元1227年蒙古灭夏,敦煌归蒙古统治。总之,敦煌,1036年到1227年近三百年间先后处于回鹘、西夏、蒙古统治之下。在统治民族同化政策作用下,敦煌固有的传统文化受到了极大的冲击。"敦煌曲子"大约在屡次强大而持久的回鹘、西夏和蒙古民族文化冲击下逐渐没落终至消亡了。

(收入台湾《第二届国际唐代学术会议论文集》,台湾文津出版社,1993年)

---

①参照拙撰:《悄然湮没的王国——沙州回鹘国》,《1990年敦煌学国际研讨会文集·史地语文编》,辽宁美术出版社,1995年。

叫卖文学之祖
——敦煌遗书两首店铺叫卖口号

一

西周初,成王制定职官之令说:"司空掌邦土,居四民,时地利。"(《尚书·周官》)孔安国解释所谓"四民",是指"士、农、工、商"。商人地位被排在"四民"之末。春秋时代,齐相管仲进一步制定管理四民"勿使杂处"之法,曰:"处商,就市井。"连商人的居住地点都加以限制规定。稍后,孔子把人群分为"君子""小人"两类,倡言"君子谋道不谋食"(《论语·卫灵公》),"君子喻于义,小人喻于利"(《论语·里仁》),商人被视为"谋食""趣利"的"小人"。西汉初,刘邦得天下,进一步对商人实行歧视、压抑政策,"令贾人(贾音 gu。贾人即商人)不得衣丝、乘车,重税租以困辱之。"(《史记·平准书》)形成了"法律贱商人"的格局。汉文帝时,中大夫晁错上奏说:"商贾大者积贮倍息,小者坐列贩卖。操其奇(音 jì)赢,日游都市;乘上之急,所卖必倍。故其男不耕耘,女不蚕织,衣必文采,食必粱肉;无农夫之苦,有阡陌之得;因其富厚,交通王侯;力过吏势,以利相倾;千里游遨,冠盖相望;乘坚策肥,履丝曳缟。此商人所以兼并农人,农人所以流亡者也。"(晁错:《论贵粟疏》)指斥商人不耕不织,却赚大钱,吃的香、穿的光,甚至提到政治高度予以上纲上线,说他们上络王侯,下坑农人,蠹害国家,无益社会。对商贾的偏见,从歧视几乎升级到敌视。士大夫们戴着有色眼镜看商人，一味指责商人的种种不是，看不到他们在社会生产与消费之间所起的桥梁作用，然而事实上，在物资交流环节中商人却承担着互通有无的社会重任。

在漫长的封建时代，"儒者"自命清高，不屑言商言利，不正眼看待商人，不愿意描写商业活动，更不欲渲染市廛之事。所以在我国古代典籍中，以积极态度正面反映货卖活动的资料极为罕见。

笔者从敦煌遗书 P.3644 号《学童杂抄》中却意外发现两首唐五代时期"渲染市廛之事"的店铺叫卖韵语（插图1），为之拟名曰《市声吟叫口号二首》。今予校录、标点、阐释于下：

其一曰：

ㄙ乙铺上新铺货，要者相问不须过。交关市易任平章，卖〔买①〕物之人但且坐。

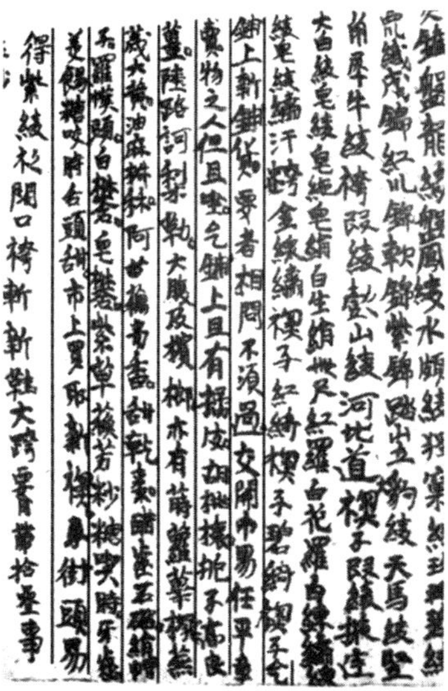

图1　P.3644《市声吟叫口号二首》

"ㄙ"即"某"字，"某乙"，义同"某甲"，即现代话"某某"；"铺上"即店铺里；"新铺货"即刚刚上市的新货；"交关"，本指官营出入口贸易，此当指由官府授权商店经营的出入口交易；"市易"指国内市场的买卖交易；"平章"即商量，指讨价还价。

本篇显然是货店经营者的招徕口号，宣传本店有新到货品，招徕顾客前来购买，价格可以商量，机会不可错过。"某乙铺上新铺货，要者相

————————

① 卖：按句义，"卖"字当校作"买"。敦煌写本中"卖、买"二字常混用不分。

问不须过。"亦犹唐人李涉《春山三褐来》诗所谓"都市广长开大铺,疾来求者无相误。"①其殷勤招揽之状,可感可亲,让人"偶从店前过,不得不留连"。特别有意思的是"厶乙铺上新铺货"一句。按照今日的习惯,可以转写成"××铺上新铺货"。"某乙"是个无定代词,它有点像代数学中的"x",不同经营范围的商店或不同名号的店铺都可以根据自己的情况加以套用,只需转换成特指性实词即可,例如"厶乙铺"可以转换为张家铺、李家铺、兴隆铺、广惠铺,或绸缎铺、衣帽铺、金银铺、香药铺、果品铺、星货铺(即杂货铺)……之类铺名。

敦煌文献反映,晚唐五代时期,敦煌商业、手工业兴旺发达,店铺林立。诸如行商、坐贾、举贷、质典、牙郎、牙婆、金银匠、铁匠、木匠、泥匠、塑匠、画匠、革鞍匠、皮韦匠、缝鞋匠、缝衣匠、擀毡匠、铜鍱匠(即小炉匠)、烧陶匠、制瓦匠、医生、乐人、经生(抄经出售者)、脚夫、砲店、油坊、磨店、酒店、食店应有尽有。王梵志诗"行行皆有铺,铺里有新货",可以用来形容敦煌店铺林立,商业、手工业发达的情况。

这种可供各个店铺套用的宣传品,如今并不少见。但谁能料到唐、五代时期敦煌已有流传?

其二曰:

厶乙铺上且有:桔皮胡桃瓢,栀子高良姜,陆路诃黎勒,大腹及槟榔。亦有荜萝荜拨,芜黄大黄,油麻椒祘〔蒜〕,河藕弗〔佛〕香;甜干枣,醋齿石榴;绢帽子,罗幞头;白矾皂矾,紫草苏芳;籹糖吃时牙齿美,饧糖咬(嚼)时舌头甜;市上买取新□袄,街头易得紫绫衫;阔口裤,斩(崭)新鞋,大銙腰带拾叁事。

①此据翟灏《通俗编》卷十所引。[宋]·计敏夫《唐诗纪事》卷四十六及《全唐诗》卷四七七(中华书局,1985年,第14册)作"都市广长开大铺,疾来求者多相误"。

这是又一首同样具有格式化或样本程式的店铺叫卖口号。所言桔皮、胡桃瓤（核桃仁）、栀子、高良姜（简称良姜）、陆路（即陆路通）、诃黎勒（即诃子）、大腹（即大腹皮，为槟榔的外壳）、槟榔、莳萝（即小茴香）、荜拨、芜荑、大黄、油麻、椒（胡椒）、祘（大蒜）、河藕（莲藕）、佛香（供奉神佛、亡灵及焚化所用的香）、白矾、皂矾、紫草、苏芳（即紫苏。《本草纲目》卷十四《苏》条引陶弘景曰"苏叶下，紫色，而气甚香。"故谓之"苏芳"。医家以为，其芳香之气可以宣通郁气。叶可煮食，又可调味）、秒糖（即沙糖）、饧糖（俗称"糖醯"。醯音 xǐ）、干枣、石榴等，多属药材。其中桔皮、高良姜、莳萝、荜拨、油麻、胡椒、大蒜、秒糖、饧糖等又是常用的调味品；胡桃瓤、河藕、秒糖、饧糖、干枣、石榴等亦可常食。此外又有绢帽子、罗幞头、新□袄、紫绫衫、阔口裤、崭新鞋及大銙腰带等服用佩带之物。这些货品，有的出自本地（如胡桃、油麻、大蒜、干枣、秒糖、饧糖）；有的来自龟兹、于阗（如石榴、莳萝，唐代敦煌尚未种植）；有的来自中原（如芜荑、大黄、河藕、佛香、白矾、皂矾等），既有疗病药、调味品，又有时鲜干果、衣帽服饰，吃的、用的、穿的、戴的，一应俱全，"总有一样适合您"。有的来自江南或岭南（如桔皮、栀子、陆路通、高良姜）；有的来自中亚、南亚（如诃黎勒、荜拨）；有的来自南洋（如大腹、槟榔）。这就是说，既有本地土产，又有新疆和内地产品，还有远从波斯、印度、南洋等外国进口的舶来洋货，透露出敦煌物资丰富、市场繁荣、贸易发达的盛况。

敦煌保存下来的两首《市声吟叫口号》，在我国唐宋文学史资料库中竟找不到堪与比肩的同类作品。可谓前无古人，后启来者，成为我国文学史上叫卖文学之祖，为我国唐宋文学史平添了一个新的文学样式和文学品种，具有独特的价值。

二

市肆叫卖,传说殷商时代已有之。屈原《天问》:"师望在肆昌何志,鼓刀扬声后何喜?"东汉王逸注:"'师望',谓太公也;'昌',文王名也。言太公在市肆而屠,文王何以识("识",一作"知")之也?'后',谓文王也。言吕望鼓刀在列肆,文王亲往问之。吕望对曰:'下屠屠牛,上屠屠国。'文王喜,载与俱归也。"这里记载了殷纣王时,吕望以屠宰为业,在市上高声叫卖("鼓刀扬声")。这类"市上高声叫卖"的事一定后来愈多,可惜五代以前除了敦煌文献这两首《市声吟叫口号》之外,其他各地都未能保存下来。

北宋首都汴京,商业空前发达,各地除了各种店铺之外,也有不少流动售卖的"货郎"。他们或背负包袱,或肩挑货担,或手推货车,巡街串巷,售卖日用小商品。为了吸引身居宅院的少妇、少爷、小姐、儿童,货郎们有的敲打着铜锣,有的摇动着"串鼓儿",用动听的曲调,高声喊唱着所卖物品,招徕买主。《水浒传》第七十四回有一段文字记"浪子燕青"请求前往泰安州打擂,扮作山东"货郎"。文云:

次日,宋江置酒与燕青送行。众人看燕青时,打扮得村村朴朴,将一身花绣,把衲袄包得不见,腰里插着一把串鼓儿,挑着一条高肩杂货担子。诸人看了都笑。宋江道:"你既然装做货郎担儿,你且唱个山东货郎转调歌与我众人听。"燕青一手拈串鼓,一手打板,唱出货郎太平歌,与山东人不差分毫来去,众人又笑。

这里所说的"货郎转调歌""货郎太平歌"的歌词及曲谱虽未能留存下来,但可知货郎们确有自己的叫卖歌曲。[清]华广生编《白雪遗音》收有一首《货郎儿》,云:

货郎儿,背着柜子绕街串,鼓儿摇得欢。

生意虽小，件件都全。听我声喊。

喊成一声，杂色带子花红钱，博山琉璃盏；

还有那、桃花宫粉胭脂片，软翠花冠；

红绿梭布，杭州绒纂，玛瑙小耳圈；

有的是、木梳墨篦，火朝扭扣，玉容香皂擦粉面，头绳似血鲜；

新添的白铜顶指，上鞋锥子，广条京针，时样高低梅花瓣，并州柳叶剪。

这首清代货郎歌，与前举唐五代敦煌《市声吟叫口号》之第二首何其相似！然而亦有不同。所不同的是，唐五代敦煌《市声叫卖口号》是店铺招徕叫卖之词，而清代《货郎儿》则是走街串巷的货郎招徕叫卖之词。店铺招徕叫卖之词，只在自家店铺门前喊唱；货郎招徕叫卖之词，则走街串巷、边走边唱。换句话说，有坐商、游贩之别而已。

宋代曲艺艺人模仿市肆各种叫卖之声，制为曲艺，名曰"叫声"①。《都城纪胜》对这种"叫声"伎艺曾有简略的描述，云：

叫声，自京师（指北宋汴京）起撰。因市井诸色歌吟、卖物之声，采合宫调而成也。若加以嘌唱为引子，次用四句就入者，谓之'下影带'；无'影带'者名'散叫'；若不上鼓面、只敲盏者，谓之'打拍'。②

另据《事物纪原》载，"叫声"又有"叫紫苏丸""叫果子""十叫子"

①吴自牧《梦粱录》卷二十"伎乐"条记载南宋临安（杭州）："今街市与宅院，往往效京师（汴京）'叫声'，以市井诸色歌叫卖物之声，杂合宫商成其词也。"

②灌园耐得翁《都城纪胜·瓦舍众伎》。

"吟叫"诸异名①。此伎久已失传,后世从宋人的记述中只能对它进行一些揣摩,终于难得其详。今人见《梦粱录》有"学像声叫声"之语,于是以为类似相声演员模拟货郎吆喝叫卖进行表演的曲艺段子。但那种相声段子一无"宫调""歌吟",二不敲打鼓板、盏碟伴奏,因知这种比附,难称允当。

今得敦煌出土的两首市声吟叫韵语,使北宋"瓦舍伎艺"之一的"叫声"不仅从而找到了上源,而且这种失传已久、难以捉摸的曲艺形式也突然变得可以捉摸了。根据《都城纪胜》的描写提示,可作如下推测:

1."嘌唱为引子":"嘌唱"即高声喊唱,此谓表演"叫声",开始时吆喝一句长声高调的引子,用以吸引行人的注意。

2."次用四句就入":此谓接着有四句歌唱,进入表演(谓之"下影带")。宋人未记录"四句"的形式内容如何,幸好有敦煌《市声吟叫口号》之第一首"某乙铺上新铺货,要者相问不须过。交关市易任平章,买物之人但且坐"提供了"四句"的样板。这"四句",就是所谓的"下影带"。

3."无'影带'者名'散叫'":"无'影带'者",似乎是指或不使用"四句"嘌唱,径用四句以上乃至多句唱词叫唱谓之'散叫'。这就应是敦煌《市声吟叫口号》之第二首"某乙铺上且有:桔皮胡桃瓢,栀子高良姜,陆路诃黎勒,大腹及槟榔……"云云。这后一首唱词共22句,却7次换韵。根据"杂合宫调"的提示,其"7次换韵"意味着分别采用7支不同宫调的曲子进行演唱(即"杂合宫调"之谓),与后来元杂剧用

①宋高承《事物纪原》卷九博弈嬉戏部:"市井初有叫果子之戏,其本盖自至和、嘉祐之间'叫紫苏丸'泊乐工杜人经'十叫子'始也。京师凡卖一物必有声韵,其吟哦俱不同。故市人采其声调,间以词章,以为戏乐也,今盛行于世。又谓之'吟叫'也。"

同一宫调统摄诸子曲的章法颇有不同。

4.“若不上鼓面、只敲盏者,谓之‘打拍’”:意谓在歌唱表演中,常有敲打锣鼓以充伴奏,即所谓“上鼓面”;假使不敲打锣鼓“只敲盏”伴奏者,就只叫作“打拍”。由此度之,宋代的“叫声”表演,应有简繁两式,繁式是演唱者另有锣鼓伴奏,简式似由演唱者自敲盏碟伴奏。

通过上面的阐述,借助于敦煌两首《市声叫卖口号》,又使失传数百年的古代“叫声”伎艺得以复活重现,使千载之后的今人可以重闻昔日叫卖之声,亲切地感受古代店家的殷勤招呼。

宋人记下了当时流行有“叫声”,而“叫声”作品却未能加以记录保存,幸有敦煌这两首招徕顾客兼有广告性质的作品保存下来,为我国古代诗歌、古代曲艺以及广告文学都填补了一项空白,堪称古代文艺作品之一绝。

敦煌两首《市声叫卖口号》,为后唐同光年代(923—926 年)学郎习字时的抄录本。所据原本,情况不明,推测其原创年代当不晚于唐代。既堪以视为北宋“叫声”的上源,又可以视为今日“广告文学”之祖。为古代诗歌研究、古代曲艺研究乃至近时兴起的广告文学研究、商业文化研究提供了难能可贵新的资料,意义十分重大。

(原刊郑州《寻根》杂志 1997 年第 4 期;增订本刊于兰州《丝绸之路(理论版)》2012 年第 16 期。此为再订本)

敦煌佛教研究

再论晚唐五代北宋时期的敦煌佛教

《瑞应本起经》说,释迦牟尼降生后,举右手而言曰:"三界皆苦,何可乐者。"(《佛说太子瑞应本起经》卷上),其他多种佛经亦屡屡明言人生是"无边大苦海",教导人们"厌世弃俗""出世脱俗""离世绝俗","忍辱"于内外("内"谓心之所感,"外"谓身之所受);"宁受今生万般苦,唯求来世登极乐"。

但事物的发展,往往走向其反面。佛教的发展也是如此。佛教传入中国后,逐渐背离了佛经"忍辱""忍苦"的教导,日益谋求今世利乐。试想,佛教若一味教人"身剜千灯""割肉贸鸽""舍身饲虎"……让人望而生畏,何足吸引大众? 那样的话,佛教不仅无法发展壮大,甚至难于立足人间。因此,佛教不得不正视现实、面向人生、靠拢社会,这就势必朝世俗化方向转变。这种状况,晚唐五代北宋时期的敦煌佛教,表现尤为突出,堪称典型。

早从北魏以来,敦煌佛教已经开始面向人生,企求现世功利。①隋

---

① 日本书道博物馆藏敦煌写经《观世音经》北魏尹波题记称:"……扈从主人东阳王殿下届临瓜土,瞩(属)遭离乱,灾夭(妖)横发,长蛇竞炽,万里含毒。致使信表罕隔,以径(已经)年纪;寻幽寄矜,唯凭圣趣。辄兴微愿,写《观音经》卌卷,施诸寺读诵。愿使二圣慈明,永延福祚;九域早清,兵车息钾(甲)。戎马散于茂苑,干戈辍为农用。文德盈朝,哲士溢阙;锵锵济济,隆于上日。君道钦明,忠臣累叶;八表宇宙,终齐一轨。愿东阳王殿下体质康休,洞略云表;年寿无穷,永齐竹柏。保境安蕃,更无虞寇;皇途寻开,早还京国。敷畅神讥(机),位升宰辅;所愿称心,事皆

唐时期,敦煌佛教继续向世俗化方向发展。①吐蕃占领敦煌后,在吐蕃早期佛教及吐蕃苯教的影响下,敦煌佛教迅速进入世俗化境地。从公元788年吐蕃占领敦煌,到公元1036年曹氏归义军终结,这250年间的敦煌佛教,已经变成一种新型佛教——世俗佛教。

一、敦煌世俗佛教的性质

敦煌世俗佛教的性质,基本上可以概括为:入世合俗,戒律宽松;既求来世,尤重今生;亦显亦密,亦禅亦净,和合众派,诸宗兼容;不别真伪,众《经》皆奉。

敦煌壁画、莫高窟供养人题记及敦煌遗书写经题记、造窟记、功德文、僧俗邈真赞、寺院文书、佛事斋愿文中,保存有晚唐至北宋时期敦煌佛教世俗化的丰富资料,足以显示这一时期敦煌佛教世俗化的状况。诸如僧尼多住俗家,少住寺院,身为家庭眷属,籍属乡司百姓;

如意。合家眷大小、亲表内外、参佐家客,感(咸)同斯佑。又愿一切众生,皆离苦得乐。弟子私眷,沾蒙此福,愿愿从心,所求如意。大魏孝昌三年(527年)岁次丁未四月癸巳朔八日庚子,佛弟子、假冠军将军、乐城县开国伯尹波敬写。"(引自[日本]池田温教授编《中国古代写本识语集录》,日本东京大学东洋文化研究所,1900年版,第114页)题记反映,所求于佛者,率皆世俗之愿。表明此时的佛教信徒,已把现世功利及人生安乐的追求置于最重要的位置。意味着当地佛教已经开始向世俗化方向转变。

①S.0087《金刚般若波罗蜜经》末题:"圣历三年(700年)五月廿三日,大斗拔谷副使、上柱国、南阳县开国公阴仁协写经。为金轮圣神皇帝(武则天)及七世父母,合家大小,得六品,发愿月别许写一卷;得五品,月别写经两卷。久为征行,未办纸墨,不从本愿。今办写得,普为一切转读。"又,S.3354《狱冤得平庆答文》云:"顷者,枉罹视听,横被縈维。请佛日以照临,仰法云而垂荫。冀得理明人镜,事洁随珠;寒松肃而更贞,秋水皎而愈净。故于今日,庆答鸿恩。"反映敦煌佛教继续向世俗化方向转变。

孝养双亲,恋念亲情;僧人公然经商贩利,捉钱放债,拥有庄田,服牛乘马,役奴使婢,占卜吉凶,结契兄弟,邻朋结社,与人争讼,较量是非,饮酒食肉,甚至娶妻生子,从政从军。诸多现象表明,敦煌佛教已从超世脱俗,转变为入世合俗的新型佛教。举例来说:

①僧尼多半出家不离家。僧尼作为出家人,戒律规定须脱离俗家,栖身寺观。①而晚唐北宋时期,敦煌僧尼长住寺中者大约不到三分之一,三分之二的僧尼虽挂籍寺院,却常年居住于乡里俗家②,户口属乡司,身份为百姓。③只是在夏安居(4月15日—7月15日)及某些特殊有限的日子里才暂时聚居于隶籍寺院。长住寺内的僧尼,又有一些是别灶而炊、别房而居,过着世俗家庭生活。这一特殊现象,郝春文教授在其专著《唐后期五代宋初敦煌僧尼的社会生活》中已作详论,这里不烦赘言。那些长住寺内并且过着寺院集体生活的僧尼,却又难以割舍世俗情缘,对骨肉亲情无限眷恋。敦煌遗书中有一首题为《好住娘》的僧人歌赞曰:

> 好住娘,好住娘!
>
> 娘娘努力守空房。好住娘!

①《四分律藏》卷十一载:佛云"若比丘与未受大戒人共宿,过二宿至三宿,波夜提。"《四分律比丘戒本》《十诵比丘波罗木叉戒本》《五分戒》《比丘尼戒本》等皆有此戒。唐王朝也曾申令僧尼须住寺院,明令禁止僧尼居住俗家。《唐会要》卷四十九"释道杂录"载:"开元十九年六月二十八日敕:'惟彼释道,同归凝寂,各有寺观,自宜住持……或妄说生缘,辄在俗家居止,即宜一切禁断。'"

②S.2729《吐蕃辰年(788)三月沙州僧尼部落米净辩牒》列载永安寺住寺僧十一人,P.3600V2《吐蕃戌年(794)十一月永安寺状上》列载该寺"应管主客僧三十六人",该寺住寺僧人不到应管僧人总数的三分之一。

③S.4710《九世纪后期沙州阴屯屯等户口簿》载刘再荣户共有人口28人,其中刘再荣女钵钵、妹觉意花为尼,妹胜娇之女□娘为尼,刘再荣侄女金吾、鹰鹰、瘦瘦皆为尼,刘再荣侄明明为僧。该户著籍户口28人中有僧尼7人。

儿欲入山修道去,好住娘!

兄弟努力好看娘。好住娘!

……

上到高山望四海,好住娘! 眼中落泪数千行。好住娘!

……

耶(爷)娘忆儿肠欲断,好住娘! 儿忆耶(爷)娘泪千行。好住娘!

舍却耶(爷)娘恩爱断,好住娘! 且须袈裟相对时。好住娘!

舍却亲兄与热弟,好住娘!

且须师生同戒伴。好住娘!

舍却金瓶银叶盏,好住娘!

切须钵盂清锡杖。好住娘!

舍却槽头龙马群,好住娘!

且须虎狼师(狮)子声,好住娘! 舍却织毡锦褥面,好住娘!

且须乱草与一束。好住娘!

……

对父母、兄弟、金瓶银盏、槽头马群、织毡锦褥的难割难舍,竟至声泪俱下! 这些栖止寺院、身着袈裟的僧人,并不自乐于青灯黄卷,依然倾情于世俗生活及家庭人伦之乐。看来他们不仅没有割断尘缘,反而尘缘甚浓。

②僧尼置产、蓄婢。P.3410《唐咸通年代(840前后)沙州释门教授索崇恩析产遗嘱》载,崇恩和尚拥有"宅一驱(区)","舍四口并院落",无穷渠耕地 "两突"(20亩),"瓜渠上地贰拾亩","车壹乘","草马壹疋",又"剥(驳)草马壹疋","五岁草驴壹头","肆岁父驴壹头","牸牛

(母牛)壹[头],母子翻折为五头","四岁特牛(公牛)壹头",又有实同婢女的近事女一人,还"买得小女子壹口"(即婢女),又有农具、家具、诸多锦帛、衣物等,表明崇恩和尚富有资产。

③僧人饮酒。P.2049背《后唐同光三年(925年)正月沙州净土寺直岁保护手下诸色入破历算会牒》:"麦三硕(石)捌斗,西库内付酒本,冬至、岁,僧门造设兼纳官、冬座局席并西库覆库等用。""粟壹硕(石)肆斗,卧(沃)酒。二月八日(释迦逾城节)侍佛人及众僧斋时用。""粟壹硕(石)肆斗,卧(沃)酒。寒食祭拜及修园用。""粟陆斗,其日近夜沽酒,看后座及众僧食用。""粟柒斗,卧(沃)酒。众僧造春座局席用。""粟贰斗,僧官窟上、下彭(棚)回来日,沽酒众僧用。"该寺本年用于沽酒、卧(沃)酒的麦、粟、豆高达27石2斗5升。其酒,除僧人饮用外,还用以招待、献纳、祭祀。此外,更有僧人开设酒店者,敦煌遗书S.6452(5)《辛巳—壬午年(981—982年)某寺付酒本粟麦历》载有"氾法律店""郭法律店"。氾、郭二僧身任释门法律,职在护持律戒、纲纪非违,自己却公然开设酒店,这在正统佛教不可想象,而在敦煌则见惯不怪、视为平常,否则,氾、郭二僧何得仍任释门法律?

④僧人吃肉。P.4909《沙州净土寺辛巳年(981年)十二月十三日后诸色破用历》:"(辛未年正月)二日解斋,面柒斗,炒臛油二升。"二月八日……"炒臛油一升。"三月五日"炒臛油两合。"P.3490《辛巳年(981年)沙州报恩寺油破历》:"油伍胜(升)两抄,北院修造中间肆日众僧及工匠斋时解斋夜饭,炒臛、□□等用。""油半抄,驼(驮)淤日造馎饦、炒臛,众僧斋时用。"敦煌诸寺账册中僧人吃臛的记载多不胜举。《说文·肉部》:"臛,肉羹也。"慧琳《一切经音义》卷六十一:"臛者,无汁而炒曰臛。"可知唐代以来所谓"炒臛"即炒肉。表明敦煌僧人吃肉为平常事。

敦煌诸寺皆有羊群,由寺属人户(寺户)放牧,向寺院交纳羊毛、羊皮、羊腔(宰杀、剥皮并去除内脏的羊体)及酥酪,供寺院及僧人消用。S.1519《辛亥年(861年)沙州某寺诸色斛斗出破历》载"面壹斗,牧羊人纳羊腔与用。"寺院收纳的羊腔,可供寺僧食用,寺院也用肉饷神及招待工匠,S.4373《癸酉年(913年)六月一日碨户董流达园碨所用抄录》载:"八月三日……麦七斗,渣(榨)头赛神羊买(贾=价)用;①羊一口,酒两瓮,细供四十分,去碨轮局席,看石匠及众僧吃用。"请食(石)匠除碨,五人逐日三时用面三斗;十日中间条(调)饭羊壹口;逐日料酒壹斗。椓下手日赛神酒壹斗,至十日工作了,羊壹口,付石匠用。"

僧人吃肉,为戒律之所禁。但在敦煌,僧人除在六斋日(每月之初八日、十四日、十五日、二十三日、二十九日、三十日)及其他佛事活动日不得食肉,其余时间,包括诸斋日解斋时,并不禁止肉食。

⑤僧人从军、从政,参与世务。晚唐敦煌名僧悟真在张议潮酝酿反蕃起义时曾参与密谋;起义成功后,则"随军驱使,长为耳目,修表题书;大中五年(851年)入京奏事,面对玉阶。特赐章服,前后重受官告四通。"(见P.3720《悟真行实集抄(拟名)》)不少僧人亦投身起义军东征西讨,赴战厮杀。P.3249《大中、咸通间(848—874年)归义军队兵名籍》残存归义军某部8队队头及队兵175人名单,其中僧人身份者有"僧曹道珪""僧邓惠寂""僧李达""僧石胡胡""僧价(贾)明因""僧明振""僧法义""僧李智成""僧康灵满""僧裴昙深""僧王顺顺""僧杨神赞""僧建绍""僧安多王""僧安信行"等15名,占见载人数的11.6%强。五代时,敦煌三界寺僧智德则状请"镇守雍归"(见S.528《三界寺僧智德状》)。"雍归"为敦煌东南境一军镇名;敦煌大云寺僧保性亦自愿镇守新乡镇(见荣新江《英国图书馆藏敦煌汉文非佛教文献残卷目录》S.8516A+C《广顺三年(953年)归义军节度使牒》及牒末列

---

①据文意"買"当校作"賈","買、賈"形近而误,而"賈、價"二字互通,故"羊買用"当校作为"羊買(賈=價)用"。简化字转写为"羊买(贾=价)用"。

名)。又有僧人兼任官府政事者,如吐蕃统治时期敦煌僧智照兼任"大蕃瓜沙境大行军衙知两国密遣判官"(见 P.3726《故前释门都法律京兆杜和尚写真赞》作者款署);晚唐大中年代沙州僧正慧菀兼任州学博士;①后唐清泰四年(937 年)沙州节度使曹元德东征甘州回鹘,释门都僧统龙晋(辩)等被指派"奉守城治",襄理政务(见 P.4638《清泰四年应管内外释门都僧统兼佛法主赐紫沙门龙辩等献酒状》)。至于僧人受命奉使中原、西州、甘州及于阗国者,更屡见不鲜。僧人参与政事,投身俗务,同出家离俗的僧人身份均不相称,故为戒律所禁,但在唐宋时期的敦煌,则被视同寻常。

⑥晚唐、五代至北宋时期敦煌有些僧人可以有妻有子、娶妻生子。例如:

P.3730《吐蕃申年十月报恩寺僧崇圣状上》,本件为沙州报恩寺老僧崇圣请求辞去管理都司果园及果物分配职务的辞呈。都教授(即都僧统)乘恩的批语云:"老人频状告投,意欲所司望脱……若也依状放脱,目观众果难期。理宜量功,方当竭力。虽则家无窘乏,孝子温情,然使人合斯以例来者可否? 取尊宿大德商量处分。乘恩。"据"家无窘乏,孝子温情"之语,可知老僧崇圣有儿子。

P.3394《唐大中六年(852 年)沙州僧张月光博地契》:"大中六年壬申十月廿七日……僧张月光子父将上件宜秋平都南枝(支)渠园舍地、道、池、井水计贰拾伍亩,博僧吕智通孟授总同渠地伍畦共拾壹亩……壹博已后,各自收地,入官措案为定,永为主己(记)……或有人忓恪(按"忓恪",义谓干扰)园林舍宅田地等,称为主记者,一仰僧张月光子父知(祇)当……"文末田主、见人等款名押月光之子张儒奴的款名,确知僧张月光亦有儿子。

---

①杜牧:《敦煌郡僧正慧菀除大德制》,《全唐文》卷 750,中华书局,1983 年。

P.2032 背（3）《后晋时代沙州净土寺诸色入破历算会稿》："布八尺，索教授弟亡，吊索僧正小娘子用。"索僧政小娘子，即索僧正妻。从知索僧正有妻。

同上号文书背(1)："布二尺，张阇黎新妇亡时吊用。""新妇"即敦煌俗语谓"妻"。从知张阇黎有妻。

P.2040 背《后晋时代沙州净土寺诸色入破历算会稿》："布九尺，高僧政新妇亡时吊孝索校检、索僧政、高僧正（政）用。""高僧政新妇"即高僧政妻。从知高僧政有妻。

S.4120《壬戌年—甲子年（962—964 年）沙州某寺布褐等破历》："索僧统新妇亡吊孝及王上座用。""索僧统新妇"即索僧统妻。从知索僧统有妻。

这些有妻室儿女的僧官，虽已削发，实同居士，过世俗家庭生活。唐宋时期，内地亦有僧人娶妇者，但被讥诮为"火宅僧"。但在敦煌却不遭非议，无人讥诮。否则，上举之索教授、索僧政、高僧政、索僧统等安得擢任僧官？僧人娶妇而不受谴责，是敦煌特有现象。

上面略举敦煌僧尼种种入世合俗行为。以下略举世俗信徒祈求佛、菩萨佑其达成种种现世利乐愿望之例：

①求莫入涅槃，安住世间。P.T.134 吐蕃文《赞普神子吾东丹功德回向愿文》："祈请莫入涅槃，安住世间……亦远离妨碍寿命之魔，获寿自在。"[1]

②为皇帝、节度使、国家、百姓祈福。日本书道博物馆藏敦煌写经《瑜珈师地论卷五十二》卷尾沙州僧明照题记："大唐大中十三年（859年）己卯岁正月廿六日，沙州龙兴寺僧明照就贺拔堂，奉为皇帝陛下

---

[1] 汉文译文转引自黄维忠：《8—9 世纪藏文发愿文研究》，民族出版社，2007年，第 94—95 页。"吾东丹"即吐蕃末代赞普朗达玛。

(此指唐宣宗)宝位遐长,次为当道节度(此指沙州归义军节度使张议潮),愿无灾障,早开河陇,得对圣颜,及法界苍生同沾斯福……"

S.5973《宋开宝七年(974 年)归义军节度使、检校太师兼中书令、敦煌王曹元忠施舍回向疏》:"布三疋充大众,布壹疋充大像,绵绫壹匹充法事。右件施舍所申意者,先奉为龙天八部,拥护敦煌;梵释四王,保安社稷;中天帝主(此指宋太祖),永坐蓬莱;十道争驰,三边伏款;大王(此指曹元忠)禄位,等劫石而恒坚;夫人(此指元忠妻)花容,同桂兰而永茂。然后,道途谧静,兵甲休行;刁斗收音,干戈弥灭。今因讲畅(疑为"场"字),渴仰慈门,伏乞能仁,希重回向。谨疏。开宝七年二月日,归义军节度使检校太师兼中书令敦煌王曹元忠疏。"

③求国安人泰,社稷恒昌,四路通和,八方归伏。S.4601《佛说贤劫千佛名经卷上》题记:"雍熙贰年(985 年)乙酉岁十一月廿八日,书写押牙康文兴自手并笔墨写记。清信弟子幸婆袁愿胜、幸者张富定、幸婆李长子三人等发心写《大贤劫千佛名(经)卷上》,施入僧顺子道场内。若因奉为国安人泰,社稷恒昌,四路通和,八方归伏;次愿幸者、幸婆等,愿以乘生净土;见在合宅男女,大富吉昌福力(利)。永充供养。"

④求敦煌本境康宁、百姓安乐及自身寿禄、合宅庆吉。上海图书馆藏敦煌写经 112 号《佛说佛名经卷第二》末题:"敬写《大佛名经》贰佰捌拾捌卷,惟愿城隍安泰,百姓康宁,府主曹公(曹议金)已躬永寿,继绍长年,合宅枝罗,常然庆吉。于时大梁贞明陆年岁次庚辰(920 年)伍月拾伍日写记。"按,相同的题记还见于北 0616《佛说佛名经卷第三》、北1227《佛说佛名经卷第八》、S.3691《佛说佛名经卷第十五》、S.4240《佛名经卷第四》、P.2312《佛说佛名经卷第十三》、日本山本悌二郎旧藏敦煌写经《佛名经卷第四》、日本京都博物馆藏敦煌写经《佛名经卷第五》、日本二乐庄藏敦煌写经《佛名经卷第五》、上海图书馆藏敦煌写经 109 号《佛名经卷第六》、日本书道博物馆藏敦煌写经《佛

名经卷第六》、日本东京大学文学部东洋史研究室藏敦煌写经《佛说佛名经卷第七》，罗振玉旧藏敦煌写经《佛说佛名经卷第九》，日本三井八郎右卫门旧藏敦煌写经《佛说佛名经卷第十五》，日本松山与兵卫旧藏敦煌写经《佛说佛名经》等卷。

⑤求出征得胜。P.2854《祈愿文》云："(前略)厥今转金经于宝地，集四众于莲宫，并画弥勒变一躯、毗沙门天王两躯，事无疆之福者，则我释门教授和上(尚)爰及郡首都督等，奉为尚书北征、保无灾难之所为也。唯愿以兹转经功德、画像胜因，先用庄严尚书贵位，伏愿波澄瀚海，雾廓燕山，克树功名，保无灾难。然后兵雄陇上，勇气平原，士马无伤，旋还本部，摩诃般若，利乐无边，大众虔诚，一切普诵。"

⑥求降雨丰收。北0686《金光明经卷第三》卷末题记："弟子信悟持此经。乾宁四载丁巳岁(897年)二月八日，因行城，于万寿寺请得，转读乞甘雨。其年甚熟。后五[月]亦少雨，更[读]一遍，亦熟。不可思议。"

⑦求合家平安，无诸灾障。日本矢吹庆辉引敦煌遗书《新菩萨经》末题："乙未年(815年)二月七日佛弟子赵什德谨依原本写。愿合家大小永保平安，无诸灾障。"

⑧求诸佛、菩萨其他神灵保佑疾病痊愈，增益寿命。P.3135《四分戒》末题："乙卯年(955年)四月十五日，弟子索清儿为己身忽染热疾，非常困重，遂发愿写此《四分戒一卷》。上为一切诸佛、诸大菩萨摩诃萨及太山府君、平等大王、五道大神、天曹地府、司命司录、土府水官、行广鬼王、疫使、知文籍官院长、押门官专使、可嗑官[判]并一切幽冥官典等，伏愿慈悲救护，愿疾苦早得痊平，增益寿命。所造前件功德，唯愿过去、未来、现在数世已来所有冤家债主、负财负命者，各领受功德，速得生天。"

S.980《金光明最胜王经卷二》卷末题记："辛未年(971年)二月四日，弟子皇太子(李暅(geng))为男弘忽染痢疾，非常困重，遂发此愿，写此《金光明最圣王经》,上告一切诸佛、诸大菩萨摩诃萨及太山府君、平等人士、五道大神、天曹地府、司命司录、七府水官、行圹鬼王、疫使、知文籍官院长、押门官专使、可嗌官判并一切幽冥官典等,伏愿慈悲救护。愿弘疾苦早得痊平,增益寿命。所造前件功德,唯愿过去、未来、现在数生已来,所有冤家债主、负财负命者,各愿领受功德,速得生天。"发愿者,乃于阗王李圣天之子,已故归义军节度使、托西大王曹议金的外甥,现任归义军节度使、瓜沙州大王曹元忠的姑表兄弟李暅,其子名李弘。又,P.3668《金光明最胜王经卷九》卷末题记全同此文。日本龙谷大学藏敦煌写经《妙法莲华经卷六》卷末题记亦同此文,唯"辛未年二月四日"作"辛未年二月七日"。

S.3252《般若心经》卷末题记:"弟子押衙杨英德,为常患风疾,敬写《般若多心经》一卷,愿患消散。"

P.3115《佛说续命经》卷末题记"天复元年(901年)五月十六日,母氾辰、女弘相病患。资福喜(续)命,敬写《续命经》一本。灵图寺律师法晏写记。"

P.3135《四分戒一卷》末题:"乙卯年(955年)四月十五日,弟子索清儿为己身忽染热疾,非常困重,遂发愿写此《四分戒》一卷……愿疾苦早得痊平,增益寿命……"

⑨求避瘟疫。罗福苌《古写经尾题录存·新菩萨经》末题:"乾德五年(967)七月廿二日,疫疾,写经榜门上。题记。"

⑩求充使早回及病患得瘥。北京大学图书馆藏敦煌写经102号《佛说天地八阳神咒经一卷》末题"甲戌年(914年)七月三日,清信佛弟子兵马使李吉顺、兵马使康奴子二人奉命充使甘州,久坐多时,发心写此《八阳神咒经》一卷。一为先亡父母神生净土;二为吉顺等一行无之(诸)灾彰(障),病患得差(瘥),愿早回戈(过),流传信士。"

⑪求远行早达乡井,怀胎分娩母子平安,一切贫穷速得珍财,盲

聋音(喑)哑心眼早开。罗振玉旧藏《佛说如来相好经》《天请问经》题记:"愿已写经功德,回施一切有情,离苦得乐,烦恼山崩,无明海竭。若欲远行,早达乡井;若有弯簸,日进前程;生生世世,见闻佛法,早悟真宗,成等正觉。辛未(岁)(971年)塑匠马报达在伊州作客,写记之耳。"

⑫求常年平安。P.3576《宋端拱二年三月敦煌王曹延禄设斋施舍回向疏》:"绢壹疋充经㠹,袈裟带□玖拾副充见前僧㠹,纸壹帖充法事。右件设斋舍施所申意者,伏为弟子常年心愿,竖福禳灾,伏乞法慈,甫垂回向。谨疏。端拱二年(989年)三月日,弟子归义军节度使检校太师兼中书令敦煌王曹延禄疏。"

⑬求灭诸罪,无愿不果。S.4406《般若波罗蜜多心经》卷末题记:"诵此经,破十恶五逆九十五种邪道。若欲报十方诸佛恩,诵《观自在般若》百遍千遍,不虚。昼夜常诵,无愿不过(果)。"S.6667《佛说八阳神咒经》末题:"天福柒年(942年)岁在壬寅五月廿八日……弟子令狐富昌敬写《八阳经》一卷,奉为龙天八部,长为护助;盲者聋者,愿见愿闻;跛者哑者,能行能语。次愿父母,日增日盛;亡过父母,不历[三]途之难。永充供养。"

⑭为流落异乡祈求平安。S.2992《观世音经》末题:"清信弟子、女人贺三娘,为流落异乡,愿平安。申年(九世纪前期)五月二十三日写。"

⑮为身在异番(蕃),愿两国(唐、吐蕃)通和,兵甲休息得早还乡。S.1963《金光明经卷第一》末题:"清信女佛弟子卢二娘,奉为七代仙(先)亡、现存眷属,为身陷异番(蕃),敬写《金光明经》一卷,唯愿两国(唐、吐蕃)通和,兵甲休息,应没落之流,速达乡井,共卢二娘同沾此福。"

⑯逢本命年,求避冲煞。罗福苌《古写经尾题录存·佛顶尊胜陀罗尼经》末题:"信心弟子释门法律绍进(五代时敦煌僧人),比爱年当相充(冲),月忌本命,恐有妖灾逼逐。此身迎新,敬写此经。愿怨家欢,更

莫相仇。年衰厄月,逐经音而霞(雾)散;福集云臻,随佛声而赴会。田蚕倍收,六畜愿无宪厄。当来此世,同共众生,普获福分。"

此外,还有祈求官事得解者,如 S.3354《官事得免庆答文》云:"顷者,枉罹视听,横被絷维。请佛日以照临,仰法云而垂荫,冀得理明人镜,事洁随珠。寒松肃而更贞,秋水皎而愈净。故于今日,庆答鸿恩。"向佛菩萨求佑官事得解的观念,早已广泛流行于社会,P.2491《燕子赋》载:"雀儿叹曰:'有(古)者三公危(厄)于狱卒,惟须口中念佛,心中发愿:若得官事解散,验(念)写《多心经》一卷。'"

上述的举例,充分反映出这一时期的敦煌佛教尽管仍将"绝尘""去欲"挂在口头,而实际上却是关切人生,面对现实,倾情世欲。敦煌佛徒所有的奉佛行为,如供佛、礼佛、诵经、写经、修寺、造窟、起塔、造像、施舍、忏悔、奉斋、履戒、斋僧、济贫、宽恕、释仇、修桥、造井、恤老、怜幼及其他诸种善行,虽也欲求来生极乐,但更关切今生现世的福乐利益。

综上而言,表明晚唐至北宋时期的敦煌佛教绝异于释迦牟尼时期的原始佛教,又异于初传东土的汉晋佛教,而是与"离世脱俗"背道而行的"入世合俗"的佛教。

这种佛教,在晚唐至北宋时期敦煌所有寺院率皆奉而行之,其信徒,上自节度使、敦煌王、都僧统,下至平民、奴婢,囊括全社会,体现出上自王侯、下至百姓,大到国家、小到己身的种种世俗愿望;佛法成为晚唐至北宋时期敦煌全民实现世俗愿望的助力。同出世离俗的"正统"佛教比较起来,入世合俗的佛教无疑成了信徒们最为乐趋骛赴的法门。

这种流行于晚唐至北宋时期的佛教,显然超出了"民间"阶层,故不得仅仅视为流行于社会下层的"民间佛教"。笔者根据其"入世合俗"的特性,把它称之为"敦煌世俗佛教"。这是出现于中国佛教史上的一种新型佛教。它丰富了中国佛教史的内容,足以为中国佛教史补缺。

以往,不少研究者见有上举某些现象,认为敦煌佛教有"世俗化倾向"。笔者则认为,上述现象充分表明:这一时期的敦煌佛教,已与佛经"离世脱俗""弃世绝俗"的精神背道而驰,转变为入世合俗的"世俗佛教",显示出当地佛教性质的巨大变化,何仅只是"世俗化倾向"而已!

信仰主义者或许以为,世俗欲望的增长,将会导致佛教信力的削弱。但事实并非如此。在敦煌世俗佛教信徒的观念中,诸佛菩萨不仅是西方极乐世界之主,还能变苦海世界为人间净土,成为人间净土的缔造者。从而打破了《佛经》过分宣扬佛菩萨只救人于来世,不支持信徒追求现世功利的狭隘局限。这样一来,在信徒心目中,佛菩萨的慈悲与法力更加广大。信徒们对佛菩萨的信力不但毫无削弱,反而大大加强了。这么来看,敦煌世俗佛教不仅没有把佛教引向死胡同,反而别开生面,为佛教打开了更为广阔的天地,吸引更多的人涌入佛教大门。

作为一种宗教,若对现实人生采取排斥态度,一味引导人们厌弃人生、超脱现实,它就会失去对现实中摸爬滚打着的人们的吸引力。另一方面,佛教若不能与时俱进,仍停留在释迦牟尼所创的原始佛教阶段(如我国历代西行求法高僧之主张),不仅不能促使佛教发展壮大,反而会导致佛教日益萧条,甚至丧失立足之地。

二、晚唐至北宋时期的敦煌佛教的特点

上举敦煌佛教"入世合俗"的种种现象,既展示出敦煌佛教性质的变化,同时也显示敦煌世俗佛教的突出特点。此外,与内地佛教比较而言,这一时期的敦煌佛教迥异他地者,还有几个突出特点:

（一）晚唐至北宋时期的敦煌佛教，诸《经》皆奉、无别真伪

中国佛教传统观念认为，佛经有真经、伪经（包括疑伪经）之别，主张尊奉真经，排斥伪经，以为"伪经者，邪见所造，以乱真经者也……伪造诸经，诳惑流俗，邪言乱正"（唐·智升《开元释教录》卷十九）。但晚唐至北宋敦煌佛寺、僧尼及信众的观念意识中，则不分真经、伪经、疑经，都一视同仁，不加褒贬，一体尊奉，无所抑扬。敦煌寺院经藏中，同时置备真经及疑伪经以供僧尼诵习流通。

S.1612《丙午年（946年）十月廿七日比丘愿荣报四恩三有敬发心所转得经抄数》，载敦煌净土寺僧愿荣所转读佛经28种，其中疑伪经竟有11种。

当地高僧、僧官及地方长官及广大信众，使用疑伪经的频率及对疑伪经关爱的程度，甚至远在真经之上。尤有进者，在唐宋时期敦煌佛教信徒的心目中，所有宣演、赞扬佛法的作品，例如讲经文，佛教变文，佛家辞赞（如《太子五更转》《法体十二时》《归极乐去赞》《十恩德赞》之类），灵验记，乃至佛、菩萨、天王像及壁画等等，也都视为神圣庄严、具有法力，视同佛经一般进行供养、观瞻、诵读、抄写或施舍流传。举例于下：

①修造佛窟以为功德。莫高窟144窟西壁龛下五代供养人北向第一身题名："管内释门都判官、任龙兴寺上座龙藏，修先代功德，永充供养。"

②塑佛菩萨像以为功德。莫高窟180窟西壁龛外南侧菩萨像旁供养人题记："清信佛弟子张承庆，为身染患，发心造二菩萨。天宝七载五月十三日毕功。"

③绘制画壁以为功德。莫高窟160窟南壁窟口前上方中央墨书《功德记》："佛师高悬，度济有情。清信弟子、前河西招抚监张敬通，敬造斯窟像一躯及二上足；东壁绘释迦；西壁画一千佛变及二散花圣

福,唯资亡考成佛果设。"

④供养尊像以为功德。P.4060 五代末至宋初墨绘观音菩萨像一帧。后款:"施主、会稽镇遏使罗佑通一心供养。"

⑤念诵佛教辞赞以为功德。P.3113《法体十二时》卷末题记:"时后唐清泰贰(三)在(载)丙申(936 年)三月一日,僧弟子、禅师索佑住发心敬写《法体十二时》一本,日常念诵。愿一切众生,莫闻怨任之声,早建(见)佛日,令出苦海。"

⑥抄写流传《灵验记》以为功德。P.2094《持诵金刚经灵验功德记》末题:"于唐天复八载岁在戊辰(908 年)四月九日,布衣翟奉达(敦煌历法家)写此经赞功德记,添之流布。后为信士兼往亡灵及见在父母、合邑等,福同春草,罪若秋苗,必定当来,俱发佛会。"

⑦抄写流传变文以为功德。北 7707《大目犍连变文一卷》末题:"太平兴国二年岁在丁丑(977 年)润六月五日,显德寺学仕郎杨愿受一人思微(惟),发愿作福,写尽此《目连变一卷》。后同释迦牟尼佛一会弥勒,生作佛为定。后有众生,同发信心,写尽《目连变》者,同池(持)愿力,莫堕三途。"

⑧抄写佛教祈赞文以为功德。P.2483《祈赞文一本》(含《归极乐去赞》《兰若赞》《印沙佛文》《临圹文》等十二种),末有题记称:"维大宋太平兴国四年己卯岁(979 年)十二月三日保集发信心写《亲(祈)赞文》壹本,记耳"。

讲经文、佛教变文、佛家辞赞、灵验记及塑像、壁画之类本非佛经,但对敦煌广大信徒来说,这些却是他们学习佛经的直观教材。由此,讲经文、佛教变文、佛家辞赞、灵验记及塑像、壁画也就从佛教宣传品,升格为佛经代用品,终至成为广大信徒心目中的佛经了。这一时期的敦煌佛教"千经并宣,万论兼阐",正如佛经所说:"是法平等,无有高下。"(《金刚般若波罗蜜经》卷一)

（二）晚唐至北宋时期的敦煌佛教，兼容诸宗，不专一宗

上举敦煌净土寺僧愿荣所转读佛经28种，其中不仅有净土宗尊奉的《观无量寿经》《阿弥陀经》，还有禅宗尊奉的《维摩诘经》，法华宗尊奉的《佛说普门品经》《大般涅槃经》，法相宗尊奉的《大乘密严经》，密宗的《大陀罗尼经》《佛说大吉祥天女经》《诸星母陀罗尼经》《十一面观世音神咒经》《十一面神咒经》，以及杂集诸宗的《大宝积经》。此外又有为正统佛教所排斥的伪经《证明经》《大慈教经》《佛说报恩奉盆经》《佛说父母恩重经》《赞僧功德经》《佛说斋法清净经》《佛说法句经》《佛说禅门经》《佛说大辩邪正经》《大方广华严十恶品经》《佛说像法决疑经》等十一种，伪经竟占该僧全部转经数的三分之一。不仅表明净土寺僧愿荣诸宗皆尊，不专一宗，同时又表明僧愿荣所在的净土寺，亦不属净土宗，对其他宗派亦不排斥。

敦煌莫高窟壁画，往往集不同宗派的信仰于一窟。如莫高窟148窟画有法华宗信仰的《涅槃经变》，有华严宗信仰的《报恩经变》，有净土宗信仰的《药师经变》《无量寿经变》，有密宗信仰的《如意轮观音经变》《不空绢索观音变》，还有禅宗信仰的《天请问经变》，五大宗派信仰集于一窟之内。表明此窟的营造者亦显亦密、亦禅亦净，和合众派，不专一宗。

正统佛教有不同的部派宗支，宗奉不同的经典，信守各自的法门；各以自己的宗派相标榜，而对其他宗派具有不同程度的排他性。唐宋敦煌世俗佛教则对佛教各宗派都相敬兼容，一视同仁，不加排斥。敦煌世俗佛教总体上属于大乘教，但也吸收、行用小乘教的某些主张，如对自己人行大乘教的自利利他，而对寇仇则行小乘教的利己不利他；法门颇似净土宗的易行道，但又颇多吸收禅宗法门。净土宗主张专修往生阿弥陀净土法门，而敦煌佛教则并不专修往生阿弥陀净土法门，它更希求阿弥陀净土降临今世，使国土常安，五谷盈仓，衣

食丰乐,无灾无病,跛者能行,哑者能语,无愿不果,普得今生当世的利乐;净土宗倡导念佛与愿力,而敦煌佛教在念佛之外又十分看重律宗的"止持""作持",倡导"诸恶莫作,诸善奉行";在"家家阿弥陀,户户观世音"的信仰中,同时诸神皆奉,S.3427《结坛散食回向发愿文》云:

> 右弟子厶甲自结坛散食、诵咒转经、焚香燃灯三日三夜者,遂请 下 方 窈冥神理("理"余校作"灵"。敦煌方音"灵"读读作"理"),阴道官寮、阎摩罗王、察命司录、太山府主(君)、五道大神、左膊右肩、善恶童子、鉴(监)斋巡使、行道大王、吸 气 收魂、判命主吏、六司都长、行病鬼王、内外通申、诸方狱卒,又请四神八将、十二部官、太岁将军、黄幡豹尾、日遊月 建 、黑赤星神、八卦九宫、阴阳之主、井电碓磑、门户妖精、街坊巷神、仓库执捉、山河灵异、水陆神仙、 宫 殿非人、楼台魑魍等并诸眷属,并愿舍于所乐,离于所居,来就道场,领斯福分。

又如 P.3135《四分戒》末题:

> 乙卯年(955)四月十五日,弟子索清儿为己身忽染热疾,非常困重,遂发愿写此《四分戒一卷》。上为一切诸佛、诸大菩萨摩诃萨及太山府君、平等大王、五道大神、天曹地府、司命录录、土府水官、行疒鬼王疫使、知文籍官院长、押门官专使、可嗑官[判]并一切幽冥官典等,伏愿慈悲救护,愿疾苦早得痊平,增益寿命。所造前件功德,唯愿过去、未来、现在数世已来所有冤家债主、负财负命者,各领受功德,速得生天。

上引二文表明,这一时期的敦煌佛教,除了信奉佛教的"一切诸佛""诸大菩萨摩诃萨""阎摩罗王""四神八将"之外,又有道教的"天

曹地府""司命司录""土府水官""八卦九宫""阴阳之主""太岁将军"，
也有不少非佛非道的神灵妖鬼"门户妖精""街坊巷神""宫殿非人"
"楼台魍魎""行疒鬼王疫使""知文籍官院长""押门官专使"，甚至还
有少数民族的可嵫官［判］等，远远超出了佛教"真经"祈拜范畴之外。
这种兼事佛、道及非佛非道诸杂神灵妖魅的佛教，人们能判断它属于
佛教何宗何派？只能得出晚唐北宋时期的敦煌佛教"兼容诸宗，不专
一宗"的结论。

（三）晚唐至北宋时期的敦煌佛教，戒律非常宽松，盛行忏悔救
赎

《佛垂般涅槃略说教诫经》（一名《佛遗教经》）说：'特净戒者不得
贩卖贸易，安置田宅，畜养人民奴婢畜生，一切种殖及诸财宝，皆当远
离，如避火坑。不得斩伐草木、垦土掘地、合和汤药、占相吉凶、仰观星
宿、推步盈虚、历数算计，皆所不应。节身时食，清净自活。不得参预世
事、通致使命、呪术仙药、结好贵人、亲厚媟嫚，皆不应作。"《四分律》
云："例不听蓄如田产、奴婢、畜牲、金宝、谷米、船乘等。妨道中最，不
许自营。"表明佛经强调持律守戒。而唐宋时期敦煌僧尼、信徒则追求
现世利乐，不甘受清规戒律的束缚，于是有种种突破清规戒律的行
为。例如，佛经主张寺院置产兴利，目的在于以"所得利物还于三宝，
以作供养"（《根本说一切有部毗奈耶》卷三十二）；但禁止僧尼私人置
产、牟利。敦煌僧尼则无视此禁，却要置产、放债、蓄奴、佣仆、饮酒、食
肉、杀生、诅咒、娶妻生子、参与政治、兼任官吏。这些非违戒律的行
为，在敦煌却被佛徒（包括僧侣）纳入正常生活之内。僧尼是佛教徒敬
信的"三宝"之一，僧尼的所作所为，对广大俗人信众无疑具有极大的
影响，足以反映唐宋时期敦煌佛教界的风气。前面曾举僧尼行事为
例，以见大概。

就上所述，唐宋时期的敦煌佛徒与非佛徒几无分别。所不同者，

则是敦煌佛徒意识中保留着对佛门清规戒律的敬畏，生活中却有种种突破佛门清规戒律的行为。而对种种突破佛门清规戒律的行为，敦煌佛徒则通过不断的"忏悔""回向"，予以救赎。

敦煌遗书保存有数量可观的僧俗信众留下的《忏悔文》《回向文》《斋愿文》《转经文》及相关的写经题记，是这一时期盛行"忏悔""回向"的物证。

"忏悔""回向"本是为信徒改恶从善设置的方便法门，其原意是"陈露先恶，改往修来"。但后来泛用为"除罪"的方便法门。凡有违戒犯戒，皆可通过忏悔予以救赎。但忏悔法不曾限定信徒一生可以忏悔多少次，换句话说，不曾限定信徒一生可以违戒多少次。屡次违戒、可以屡次忏悔，如此循环往复，竟为违戒打开了方便之门。忏悔法的盛行，有力冲击着戒律的威严，使戒律形同虚设，不免造成对戒律最大的破坏。

（原刊《南京晓庄学院学报》2013 年第 6 期）

唐宋时期敦煌佛经性质功能的变化

佛教认为尘世恶浊不净,充满烦恼,所以教人看破红尘、厌世脱俗。而敦煌佛教从十六国时期开始,逐渐冲出"厌世脱俗"理念的束缚,朝入世合俗方向发展。到了唐宋时期,敦煌佛教进一步面向世俗,进一步靠拢社会,进一步贴近人生,基本上摆脱了"厌世脱俗"理念的束缚,完全变成了"入世合俗"的佛教,笔者把它称作世俗佛教。从"厌世离俗"到"入世合俗",是多么了不起的变化!但认识和理论总是落后于实践的,当敦煌佛教实际上已变成"入世合俗"的世俗佛教之时,却没有提出相应的理论,仍在虚张着"厌世脱俗"的大纛。一方面"厌世脱俗"的大纛迎风猎猎,一方面"入世合俗"的活动如火如荼。

与世俗佛教性质相应,唐宋时期的敦煌佛教经籍的涵盖及其使用与流通也发生了一系列"入世合俗"的变化。主要表现在以下三个方面:

1. 经藏界限匡范的突破与泛化;

2. 使用取向的功利化;

3. 传播方式的大众化。

以上三点,形成了唐宋敦煌世俗佛教经籍及其使用和流通的特殊体系,为佛教经籍增添了新的活力,从而在更大程度上发挥了佛教经籍的作用。这个变化,无疑是"多闻第一"、首述佛经的阿难和初将梵经汉译的高僧大德所始料不及的。

一、唐宋敦煌佛教经藏匡范的突破与泛化

公元 1900 年，敦煌莫高窟藏经洞出土古代文献 50000 多卷，其中，佛教典籍有 40000 多卷，占总数的 85% 左右，佛教各种经、律、论、疏、注、史传、讲经文、佛教变文、因缘、功德文、愿文、辞赞及其他杂撰著等，品种繁多，不烦细数。唐宋时期敦煌寺院经藏中，大乘、小乘及唐宋时期佛教各宗派所宗奉的经典几乎都有发现。致使有的学者误认为唐宋时期佛教各宗派都在敦煌有着相当的发展。其实，唐宋时期的敦煌佛教是兼崇诸宗，并不独专某宗的。

正统佛教十分重视并加意维护佛教经藏的规范性。从［梁］·僧佑《出三藏记集》，［隋］·费长房《历代三宝记》，道宣《大唐内典录》，明佺等《大周刊定众经目录》，智升《开元释教录》，圆照《贞元新定释教目录》，到［宋］·赵安仁等《大中祥符法宝录》及吕夷简等《景祐新修法宝录》，这些南宋以前具有代表性的佛经目录，一向注意析别正经、疑经和伪经。对混入藏内的疑经和伪经，加以说明，尤将混入藏内的伪经视为"法秽"，必予剔除；而对社会上流传的更多的疑经和伪经，则索性视而不见，不予著录，以期达到弘扬正经、排斥疑伪经、维护佛教正统的目的。但唐宋时期的敦煌佛教，在对待疑经和伪经的态度上，与正统佛教大不相同。它不分什么正经、疑经、伪经，不论它是正经、疑经或伪经，只要标明是佛经，便一视同仁，同等崇奉，兼取并用，无所轻重。它无视正统佛教只奉受正经、排除疑经、伪经的一贯主张，打破了传统相沿的经藏标准和规范，在本地官府、寺院及一般信徒等公私藏经中，不仅置备正经（或曰"真经"），也同样置备伪经和疑经，乃至讲经文、佛教变文、因缘、功德文、愿文、辞赞及其他杂撰者。在当地观念中，经藏的概念实际上已经泛化，经藏的范围亦随之拓宽，大大突破了佛经目录学家的规范。在官府、民间及寺院中，疑经、伪经与正经

并肩流通不受歧视；当地高僧、军政首脑及广大信徒，对那些疑、伪经关爱的程度、使用的频率甚至在正经之上。敦煌发现的伪经《金刚经纂》(P.3024v 十 S.2565v)大言宣称："持此《金刚经纂》一遍，如转《金刚经》三十万遍。"表明敦煌信徒对伪经的崇奉，较之正经有过之而无不及。这是唐宋时期敦煌佛教的一个突出特点。由此，我们看到那些被正统佛教排除藏外的疑经、伪经在唐宋时期的敦煌反而广泛流行、十分走红。

现已获知敦煌流行的疑伪经不下六七十种，如：

《佛说佛母经》(S.0153v)①

《佛说天地八阳神咒经》(北.7629)

《佛说孝顺子修行成佛经》(北.8300)

《佛说延寿命经》(S.2428)

《佛说续命经》(S.1215)

《父母恩重经》(S.0149)

《佛说救护身命经》(P.2340)

《佛说要行舍身经》(S.1060)

《救护疾病经》(P.4563)

---

①本文引用敦煌文献编号缩略号之说明：

S. 指英国伦敦图书馆藏斯坦因(A.Stein)所获敦煌文献；

P. 指法国巴黎国民图书馆藏伯希和(P.Pelliot)所获敦煌文献；

Дx. 指俄罗斯圣彼得堡东方研究所藏敦煌文书；

Ф 指俄罗斯圣彼得堡东方研究所藏敦煌文书中福楼格编号文书；

北.指北京图书馆旧藏敦煌文书缩微胶卷编号；

北.奈、北周.指北京图书馆旧藏敦煌文书《千字文》编号及续加《千字文》编号；

北新.指北京图书馆藏续收敦煌文书《敦煌劫余録续编》之编号；

散.指诸家散藏敦煌文献。下举"散368"，为李盛铎旧藏敦煌文书。

《决罪福经》(S.4526)

《佛说无量寿宗要经》(P.2142)

《佛说十王经》(S.3961)

《佛说赞僧功德经》(S.1549)

《新菩萨经》(S.0136)

《佛顶心观世音菩萨救难神验经》(P.3236)

《救苦观世音经》(S.4456)

《佛说善恶因果经》(S.0714)

《佛说如来成道经》(S.1032)

《佛说消灾除横灌顶延命真言经》(S.2037)

《佛说安宅神咒经》(S.2110)

《佛性海藏智能解脱破心相经》(S.2169)

《现报当人受经》(S.2076)

《山海慧菩萨经》(S.2538)

《瑜珈法镜经》(S.2423)

《七千佛神符经》(S.2708)

《法王经》(北.8278)

《佛说北方大圣毗沙门天王经》(S.5560)

《大丈夫经》(北.7259)

《佛说禅门经》(北.8224)

《佛说法句经》一卷十四品本(P.3924)

《破昏怠法》(北.8387v)

《佛说劝善经》(P.3036v)

《首罗比丘经》(S.2697)

《佛说咒魅经》(S.0418)

《僧伽和尚欲入涅槃说六度经》(S.2576)

《七阶佛名经》（S.0059）

《佛说大辩邪正经》（P.2263）

《佛说天公经》（S.2714）

《普贤菩萨说证明经》（北.8698）

《观世音三昧经》（北.8281）

《佛说证香火本因经》（北.8293）

《坛法仪则》（P.3913）

《妙法莲华经·度量天地品》（北.6189）

《相好经》（S.4678）

《妙法莲华经·马鸣菩萨品》（S.2734）

《高王观世音经》（P.3920）

《佛说无量大慈教经》（北.8228）

《救诸众生苦难经》（北.8285）

《金刚经纂》（P.3024v+S.2565v）

《佛说斋法清净经》（S4548）

《决定罪福经》（S.4526）

《像法决疑经》（S.2075）

《净度三昧经》（北.8654）

《大通方广经》（S.4553）

十六卷本《大佛名经》（北.0818）

《定光佛预言》（S.2713）

《现在十方千五百佛名并杂佛号》（S.2180）

《地藏菩萨经》S.431）

《大方广华严十恶品经》（北奈 59）

《三厨经》（S.2673）

《楼炭经略》（北潜 2 号）

《佛图棠[澄]所化经》(敦煌研究院新收藏)

《清净法行经》及《须弥四域经》①

上面，每种仅各举一个卷号作代表，其实有的抄本多达数十本、数百本。这些疑、伪经，有的属官府及官员所有，有的属寺院及僧官、僧尼所有，有的属社会平民所有。表明疑、伪经在敦煌社会各阶层中广泛流行。在寺院藏经目录中伪经与正经同等对待、同帙庋存。如S.2079《沙州龙兴寺藏经目录》将伪经《申日经一卷》收入"大乘重译经"类中，且与《稻秆经》同在一帙。北新.329号《见一切入藏经目录》是后唐敦煌名僧道真为三界寺所修复配补佛经的目录。在这份目录中，开列了他所修复的172部佛经，其中就有《佛母经》《救护身命经》《八阳神咒经》《大佛名经》《阎罗王受记经》《父母恩重经》《无量大慈教经》《相好经》《要行舍身经》《续命经》《证明经》等十多部伪经。S.1612《丙午年(946年)十月廿七日比丘愿荣转经历》载愿荣转诵的28部经中，就有伪经《佛说救护身命经》《证明经》《佛说要行舍身经》《大慈教经》《佛说父母恩重经》《赞僧功德经》《斋法清净经》《法句经》《禅门经》《佛说大辩邪正经》等十部。龙兴寺是沙州都僧统驻锡的直属寺院，位居敦煌诸寺之首，道真和尚是沙州释门僧政，愿荣是沙州

---

① 北周道安《二教论·服法非老第九》载："《清净法行经》云：'佛遣三弟子震旦教化，儒童菩萨彼称孔丘，光净菩萨彼称颜渊，摩诃迦叶彼称老子。'"又引《须弥四域经》曰："宝应声菩萨名曰伏羲，宝吉祥菩萨名曰女娲。'"敦煌遗书中尚未发现此二经抄本，但莫高窟《大周李君修慈悲佛龛碑并序》(又名《李克让碑》，.2551有此碑残抄本)云"至若吉祥菩萨、宝应真人，效灵于太古之初，启圣于上皇之始，或练石而断鳌足，立□□□□，□□□而察龟文，调五行而建八节；复有儒童叹凤，生震旦而郁玄云；迦叶犹龙，下闻浮而腾紫气。或因山起号，或□□□□，□□□□□风，删《诗》《书》而立训，莫不条分共贯，异派同源。是知法有千门，咸归一性。"表明此二经确曾在敦煌流行，并有着巨大影响。

释门法律,此等寺此等僧对待疑伪经的态度,很能说明问题,足以表明敦煌诸寺及僧众意识中完全不存在什么正经、疑经、伪经的概念。至于俗人信众,尤当过无不及。这一现象充分表明,敦煌佛教界显然并不歧视伪经,完全没有什么"正经""伪经"的分别及去取扬弃的概念。在敦煌只要是佛经,不管它是正经、疑经或伪经,都同样受到尊奉,并肩流行,畅通无阻。

在正统佛经及疑、伪经并肩流行的同时,经咒、真言也越来越多地从本经中分离出来,独立成篇,单行流通,成为唐宋时期敦煌经藏中具有独立资格的成员。北.周.四十二号就是一件《佛咒目录》专篇①,载有佛咒 64 种。从残卷标序"□""九""十"推测,原卷至少当有十个部分。残存部分,大约不到原卷的三分之一。由此推知原卷所载佛咒当在 200 种左右。现将敦煌遗书中留名的经咒、真言略举如下:

敦煌流行的各种经咒

《金刚经陀罗尼神咒》(北.4355)

《金光明经咒》(北.2005)

《金光明最胜王经咒》(S.5434)

《观世音菩萨咒》(S.5801)

《观世音菩萨头痛咒》(S.6978)

《金刚童子心咒》(S.2498)

《观音菩萨大悲随心陀罗尼神咒》(北.7682)

《金刚儿咒》(北.7681)

《观世音菩萨行道求愿咒》(北.7679)

《阿弥陀咒》(北.7682)

---

①北·周四十二号卷子的释录,见方广錩:《敦煌佛教经录辑校》(上册),江苏古籍出版社,1998 年 10 月第二次印刷本,第 542—545 页。

《金刚童子随心煞鬼咒》（S.2498）

《陀罗尼咒》（P.3137）

《金刚童子随心咒》（S.2498）

《七佛咒》（S.4456）

《佛顶尊胜陀罗尼神咒》（S.2498）

《十地菩萨咒》（S.2928）

《世尊所说咒语》（北.8728）

《佛顶心咒》（P.3835v）

《青颈观音大悲心咒》（北.8643）

《大佛顶神咒》（北.7671）

《佛说护诸童子陀罗尼经咒》（S.0988）

《日光菩萨咒》（S.2498）

《月光菩萨咒》（S.2498）

《佛母咒》（北.7681）

《大悲心结护身印咒》（P.4098）

《六臂童子咒》（S.2498）

《春时菩萨供养香咒》（P.2104v）

《十金刚结界咒》（P.2575）

《如意轮陀罗尼咒》（P.2941）

《入定咒》（S.2669v）

《除一切怖畏说如是咒》（P.2104v）

《求梦咒》（P.2322）

《八日念药师佛咒》（S.6330v）

《三时咒》（S.0281）

《地狱摧碎咒》（P.2104v）

《结界咒》（P.2104v）

《饿鬼地狱摧碎咒》(P.2104V)

《散食咒》(P.2104v)

《畜生地狱摧碎咒》(P.2104v)

《除睡咒》(S.2669v)

《大佛顶尊胜出字心咒》(P.2104V)

《驱恶鬼咒》(S.5797)

《释迦牟尼佛心咒》(P.2104V)

《佛母咒》(北.7681)

《千手千眼随心咒》(S.2498)

《元帅神咒》(北.3414)

《佛说消灾吉祥陀罗尼咒》(P.6034)

《六波罗蜜咒》(北.7686)

敦煌流行的各种真言:

《释迦牟尼佛真言》(P.3834)

《多宝如来真言》(北.7677)

《释迦牟尼请佛真言》(北.7672)

《十方神真言》(P.3162v)

《普礼十方诸佛真言》(北.7578)

《大悲真言》(P.2105)

《释迦牟尼心中真言》(北.7681)

《般若真言》(北.7675)

《毗沙门天王真言》(P.3834)

《大力金刚真言》(P.4075v)

《报父母恩重真言》(P.2322)

《离怖畏如来真言》(北.7677)

《报父母施主恩真言》(P.2322)

《金刚解脱真言》(P.2322)

《金刚般若心中真言》(S.5586)

《金刚三身真言》(S.5621)

《金刚藏菩萨数珠真言》(P.2014v)

《弥勒佛真言》(P.3834)

《金刚莲华大摧碎真言》(北.7668)

《咒生真言》(P.2322)

《妙色身如来真言》(P.3835v)

《得食真言》(北.7667)

《金轮佛顶心真言》(北.5751v)

《随心真言》(P.2876)

《文殊菩萨一字王真言》(P.2322)

《大身真言》(P.2876)

《文殊菩萨三身真言》(北.7678)

《入髑真言》(P.3835v)

《文殊菩萨心中真言》(北.7681)

《文殊破宿曜真言》(P.2322)

《普贤菩萨三身真言》(北.7678)

《十方神真言》(P.3162v)

《四天王发愿了头真言》(S.0426)

《日光菩萨真言》(P.3834)

《铁身金刚童子心真言》(S.2498)

《月光菩萨真言》(P.3834)

《甘露王如来真言》(P.3835v)

《舍水真言》(北.7677)

《大功德天富贵欢喜真言》(P.2322)

《大轮真言》(S.2498)

《五佛心避毒真言》(北.7681)

《长命真言》(P.4670)

《五天献剑真言》(S.2498)

《净口真言》(P.5042)

《念养佛真言》(P.2322)

《安土地真言》(P.5042)

《广转身如来真言》(北.7677)

《甘露真言》(北.7677)

《佛吉祥天女真言》(北.7677)

《变食真言》(北.7677)

《二十八宿真言》(P.2322)

《请佛真言》(P.4679)

《忏悔出罪真言》(P.2322)

《念供养真言 KP.2322)

《消常住食真言》(P.4679)

《净饭时真言》(P.3162)

此外,还有不以"咒"或"真言"为名,径按梵音直译其名为《xx 陀罗尼》者,亦不下数十种。

咒、真言及陀罗尼,译名不同,其义一也,具属"四陀罗尼"之一的"咒陀罗尼"。据说是佛菩萨在不同场合所说的"奥旨妙语",在本经中多半只有很少几句。由于含义微妙,莫测高深,被称为"秘密言句"。密宗特重经咒、真言,认为经咒、真言具有超过本经万倍的功德。北.4355《金刚般若波罗密经咒》(十世纪敦煌写本)末题:"若有人诵此咒一遍,胜诵《金刚经》一万九千遍。"北.3503《大身真言》题记亦称:"诵此经(真言)一遍,胜诵本经功德一万九千遍。"北.7348《大陀罗尼》称:

"念我语者,受我语者,用我语者,我若不救,誓当不转。若见此经,尽敬供养。"经咒和真言的地位既然如此高不可比,当然会受到人们的偏爱,得以广泛流行。在敦煌,经咒、真言之广泛流行还有势所必然的另一因素,即绝大多数信徒目不识丁,文字写成的佛经,他们既不能读,而冗长的经文又难通过口授、记住背诵。经咒、真言则篇幅短小,一般不过三五十字。口授方便,易学易记。至于真言、经咒讲些什么,一般信众没必要打破砂锅问到底,要紧的是只要知道念一遍真言、经咒,胜过"念一万九千遍"本经的功德就足够了。所以,经咒、真言成为佛经中最为流行的部分,P.3854(2)《道场僧□□人三日转经念诵数》将转经数与诵经数分别列记①,计转《大方广华严经》《六门陀罗尼经》等 14 部,各经所转遍数不等,合计共转经 350 遍;念诵《大佛顶陀罗尼》《大佛顶心咒》等 14 种,各咒念诵遍数亦不等,合计念诵 46321 遍之多。念诵经咒要比佛经转经率高出 130 多倍。至于广大信徒,对真言、神咒熟悉的程度和应用频率,同样比本经高得多。这一现象表明,在敦煌广大信徒中真言、咒语实际上成了本经的普及本。

除了正经、疑伪经、经咒、真言之外,还有那些偈、赞、法、符之类所有宣演、赞扬佛法的作品,例如讲经文、佛教变文、佛家辞赞(如《太子五更转》《法体十二时》《归极乐去赞》《十恩德赞》)、灵验记,乃至佛、菩萨、天王像、佛教壁画等等,在敦煌广大信徒心目中也都同佛经一样神圣庄严、具有法力,皆被视同佛经一般进行供养、诵读、抄写或施舍流传。略举数证如下:

(1)抄写流传变文以为功德例:北.7707《大目犍连变文一卷》末题:"太平兴国二年岁在丁丑(977 年)闰六月五日,显德寺学仕郎杨

---

①转与诵是两种不同的"读经"方式。"转"是将某经装入转轮藏(俗称"转经桶"),每转动一圈,代表着读此经一遍;"诵"是出声朗读。

愿受一人思微(惟),发愿作福,写尽此《目连变一卷》。后同释迦牟尼佛一会弥勒,生作佛为定。后有众生,同发信心,写尽《目连变》者,同池(持)愿力,莫堕三途。"

(2)念诵佛教辞赞以为功德例:P.3113《法体十二时》卷末题记:"时后唐清泰贰(三)在(载)丙申(936年)三月一日,僧弟子、禅师索佑住发心敬写《法体十二时》一本,日常念诵。愿一切众生,莫闻怨任之声,早建佛日,令出苦海。"

(3)抄写佛教祈赞文以为功德例:P.2483《祈赞文一本》(含《归极乐去赞》《兰若赞》《印沙佛文》《临圹文》等十二种),末有题记称:"维大宋太平兴国四年己卯岁(979年)十二月三日保集发信心写《亲(祈)赞文》壹本,记耳。"

(4)抄写流传《灵验记》以为功德例:P.2094《持诵金刚经灵验功德记》末题:"于唐天复八载岁在戊辰(908年)四月九日,布衣翟奉达写此经赞验功德记,添之流布。后为信士兼往亡灵及见在父母、合邑等,福同春草,罪若秋苗,必定当来,俱发佛会。"

(5)供养尊像以为功德例:P.4060墨绘观音菩萨像一帧。后款:"施主、会稽镇遏使罗佑通一心供养。"

(6)修造佛窟以为功德例:莫高窟144窟西壁龛下五代(按:疑当作吐蕃统治时期)供养人北向第一身题名:"管内释门都判官、任龙兴寺上座龙藏,修先代功德,永充供养。"

(7)塑制佛菩萨以为功德例:莫高窟180窟西壁龛外南侧菩萨像旁供养人题记:"清信佛弟子张承庆,为身染患,发心造二菩萨。天宝七载五月十三日毕功。"

(8)绘制壁画以为功德例:莫高窟160窟南壁窟口前上方中央墨书《功德记》:"佛师高悬,度济有情。清信弟子、前河西招抚监张敬通,敬造斯窟像一躯及二上足;东壁绘释迦;西壁画一千佛变及二散花圣福,唯资亡考成佛果设。"

讲经文、佛教变文、佛家辞赞、灵验记,及塑像、壁画之类本非佛经,但对敦煌广大信徒来说,这些却是他们学习佛经的直观教材。由此,讲经文、佛教变文、佛家辞赞、灵验记及塑像、壁画也就从佛教宣传品,升格为佛经代用品,成了广大信徒尤其是文盲信徒心目中的佛经。

二、唐宋敦煌佛经使用取向的功利化

佛教的经,本是用来教导人们究明佛理,贯通佛法,养成佛性之用的,后世信徒逐渐将其神圣化。世俗佛教更在其神圣化的基础上进一步赋予其神通法力,佛经简直成了佛祖的化身,以至渐渐上升成为一种信仰——佛经信仰(方广锠先生称作"经典崇拜"),佛经竟同佛祖一样被人尊崇,受到供养,即所谓"三宝供养"之一的"法供养"。而在唐宋时期的敦煌,"法供养"则进一步变成了佛经(包括真经及伪经)、经疏、变文、佛家辞赞甚至佛经目录一总在内的"泛佛经供养"。S.1032《佛说如来成道经》末题:"若有信此,天必覆之;若当不信,寒冻无衣。若写一卷,家富丰财;若写两卷,聪明智开。教人读诵,横病不来。空中赞曰:不可思议。"告诉人们信仰佛经、读写流传以及教人读诵佛经都能得到极大的福佑。P.2987《西天大小乘经律论并及现在唐国内都数目录》,列载佛经 39 种,经名下简注部数、卷数及大唐所译卷数。这么一篇疏阔简略的佛经目录也被视同法宝加以供养。该卷题记称:"世有见前三宝,此是法宝。但供养,如一藏经在家,长福无量。"S.3565 为同卷之另一抄本,将原来的文末"题记"改成"序言",位置提前到卷名后、正文前,云:"世有现前三宝,此事须殷重供养,得福无量,永无灾祸;出入行藏,常蒙观音覆护;灭罪恒沙,福□延永。"在这种泛佛经信仰驱动下,塑造、绘制各种佛像与抄写、供养、置备佛经、讲经文、变文、佛家辞赞等等,成为唐宋时期的敦煌僧俗十分热衷的两大事功。莫高窟发现的数以累万的各种佛菩萨塑像、画像、绣像、拓模像、印本像和数万卷佛教经、律、论、疏、讲经文、变文、佛家辞赞，便是当年敦煌信众热衷其事的物证。

佛经以文字为载体而赋形，只有识文断字的信徒才有条件直接阅读，消化领受。所以，寺院对出家童儿及沙弥、沙弥尼都要教他们学字识文，为他们创造读诵佛经的条件。至于目不识丁的信徒，他们不具备阅读佛经的起码条件，只能通过别人的讲述，耳食一二，间接、部分地接触佛经。在敦煌佛教信徒中，目不识丁的信徒占百分之九十五以上，是敦煌信徒中的绝大多数。由于难以逾越的文字障碍，使他们与佛经之间存在着无法消除的隔膜，理所当然地与佛经相对疏阔。但在"佛经信仰"及"泛佛经信仰"盛行的敦煌，情况却有不同。敦煌世俗佛教通过多种手段打破佛经同信众间的隔膜，在信众同佛经之间架起一座座便桥，大大改善、沟通了各阶层信徒同佛经的关系，使广大信徒包括文盲信徒都同佛经结下了密切的缘分。那就是通过请人写经、请僧转经、讲经，以及个人供养经、施舍经、流布经、修补破故经等等不同的途径，都可以为自身、先亡及在世的一切生灵除罪免灾，使其过去、现在及未来三世都能获得利乐，无愿不果。因此，写经、用经以及为佛经流通传播做有益的事，都成为最方便的利乐津梁。略举数例于下：

（1）读经

北.4466《般若心经》题记称："谁能读此金刚神经者，一日诵五遍，远行来者；诵九遍，[除]道路险苦；诵三遍，除却千劫已来无量罪……此经虽小，大有威神。亦胜《法华》，亦胜《涅槃》；亦如大海，亦如大山；入海采宝，随其多少，皆得重来；入山斫木，随其长短；谁能霸（把）此经，手中罗文成；谁能看此经，眼中重光生；谁能读此经，六国好音声。大罪得灭，小罪得除。若入刀山，刀山摧折；[若]入剑树，剑树崩缺；若入镬汤,镬汤自煞;若入炉炭,炉炭自灭;若入地狱,地狱枯竭。……诵此经,破十恶、五逆、九十五种邪道。若欲供养十方诸佛,报十方诸佛恩,诵《观自在菩萨般若》百遍千遍,灭罪不虚;昼夜常诵,无愿不果。"

自写佛经而别人诵读者,亦可为写经人消灾灭罪。如北.6190 号《妙法莲华经·度量天地品》末题:"天宝三载(744 年)九月十七日,玉门行人在此襟(禁)经二十日有余,于狱写了。有人受持读诵,楚(樊?)客除罪万万劫。记之……樊客记。"

识字的信徒可以直接阅读佛经,而不识字的信徒或虽识字却无暇读经或不耐读经的信徒(如官员、商人),又可以通过别人诵读我所置备的佛经,同样使我获得诵经功德。

(2)写经

S.3691《佛名经卷第十五》末题:"敬写《大佛名经》贰佰捌拾捌卷,惟愿城隍安泰,百姓康宁;府主尚书曹公己躬永寿,继绍长年;合宅枝罗,常然庆吉。于时大梁贞明六年(920 年)岁次庚辰伍月拾伍日写讫。""府主曹公"即五代时归义军节度使曹议金,为敦煌当地最高统治者。

P.3135《四分戒》末题:"乙卯年(955 年)四月十五日,弟子索清儿为己身忽染热疾,非常困重,遂发愿写此《四分戒一卷》。上为一切诸佛、诸大菩萨摩诃萨及太山府君、平等大王、五道大神、天曹地府、司命司录、土府水官、行疒鬼王、疫使、知文籍官院长、押门官专使、可嚧官[判]并一切幽冥官典等,伏愿慈悲救护,愿疾苦早得痊平,增益寿命。所造前件功德,唯愿过去、未来、现在数世已来所有冤家债主、负财负命者,各领受功德,速得生天。"

那些无暇写经或不会写经的信徒,可以请人或雇人抄写,也可以出资购买现成的佛经用来供养或施舍。例如:

P.2893《报恩经卷第四》题记:"僧性空与道圆雇人写记。"

P.2912 吐蕃统治时期《某年四月八日康秀华写经施入疏》云："写大般若经一部——施银盘子三枚共卅五两,麦壹佰石,粟伍拾石,粉肆斤。右施上件物写经。谨请炫和尚收掌货卖,充写经直,纸笔墨自供足。谨疏。四月八日弟子康秀华疏。"

写经供养,以求福佑,敦煌早在十六国时期已肇其端,至唐宋时期尤为盛行。上自当地最高长官,下及平民百姓,都热衷于写经供养,或自写,或请人代写或雇人代写。这样,就为各阶层善男信女普遍与佛经结缘打开了又一扇方便之门。从这个意义来看,佛经已非识字阶层独有的专利。

(3)延请僧尼转经

转经是将某种或多种经本装入转轮藏中,经过一定的法事程序,把转轮藏转动一圈,就相当于将该种或多种佛经诵读一遍。这是一种变通形式的简单易办的读经功德。P.3556《清泰三年(936 年)正月廿一日曹元德回向疏》云："请大众转经五日。一十一寺每寺施麦三石,油五升,充转经僧斋时;绁壹疋,充法事。右件转经施舍所申意者,先奉为龙天八[部],布瑞色卫护敦煌;梵释四王,逐邪魔帖清莲府。中天圣主,睿哲钦明;玄德化于遐方,垂衣伏宁于款塞。司空禄位荣宠,共七宿长晖;福荫咸宜,芳名以(与)五星争朗。阖宅长幼,喜庆来臻;远近枝罗,俱沾福佑。然后龙沙管内,灾殃雾散于他方;玉塞域中,疫瘴奔驰于异境。年丰五稼,家家透满于仓储;岁富三农,户户殷盈而廪实。东西道泰,世路就于和平;南北路开,关山通而结好。今将寡鲜,投仗福门。渴仰三尊,希垂回向。清泰三年(936 年)正月廿一日,弟子归义军节度留后使、检校司空曹元德谨疏。"

又如,S.5855《归义军节度都头阴存礼为亡考七七追念请僧疏》:"三界寺:请都僧录,周僧正,刘僧正,张僧正,法华大师,张大师,刘大师,松大师,大张法律,小张法律,罗法律,成子阇黎,曹家新戒。右今

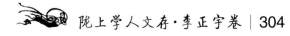

月廿日奉为故慈父都知,就弊居七七追念、设供。幸望法慈依时降驾,并巾钵。谨疏。雍熙三年岁[次]丙子(986年)六月日哀子、弟子节度都头阴存礼疏。"

(4)讲经

P.2079《净名经关中释批卷上》卷末题记:"壬辰年(872年)正月一日,河西管内都僧政、京城进论、朝天赐紫、大德曹和尚,就开元寺为城隍禳灾,僧讲《维摩经》。当寺弟子僧智惠并随听写此《上批》,至二月廿三日写讫。"

讲经亦可"为城隍禳灾",表明僧人讲经在敦煌不仅是一种宣传活动,进而具有通神法力性质了。

(5)供养、礼拜佛经

P.2208背《大乘稻秆经随听手镜记》背题:"大中十三年(859年)八月廿日听经手抄记。此年三月廿日,因此台上设廨供养讫。"

又如,S.4240《大佛名经卷第四》下题:"曹元德礼已。"

上例表明,佛经不仅只供人读诵,同时又是礼拜、供养对象。

(6)施舍经

北.0163《阿弥陀经》末题:"施主清信佛弟子、三窟教主兼五尼寺判官法宗、福集二僧,同发胜心,写此《阿弥陀经》一百卷,施入十寺大众,故[使]三业清净,罪灭福生,莫逢灾难之事。比来生之时,共释迦牟尼佛同其一绘(会)。"

P.3878《撰集百缘经》背题:"孔目官汜佑祯施入报恩寺《撰集百缘经》一帙。"

向寺院施舍佛经也是一种功德,可获得所求福果。

(7)置备、流布佛经

S.3115《佛说无量寿观经》末题:"盖骨笔传经,远求甘露之味;剪皮写偈,深种般若之因。沙门昙皎,普化有缘,敬写此经千部。冀使一闻一见,俱得上品往生;一念一称(按,"称",谓称佛菩萨名号),同入弥陀之国……"

北.8224《佛说禅门经》末题:"……吾诵读此经,忽然得悟。发愿诵三万遍,及写三百卷,普及一切,受持读诵。沙门慧光聊述意怀,题之于后。"

P.3398《金刚经》末题:"大晋天福捌年癸卯(943年)十一月十一日,学仕郎阴彦清发心自手写此尊经,流传士信。"

(8)修补破故佛经

北新.0329号《见一切入藏经目录》题云:"长兴伍年(934年)岁次甲午六月十五日,三界寺比丘道真,乃见当寺藏内经论部帙不全,遂乃启颡虔诚、誓发弘愿,谨于诸家函藏、寻访古(故)坏经文,收入寺中,修补头尾,流传于世;光饰玄门,万代千秋,永充供养。愿使龙天八部,护卫神沙;梵释四王,永安莲塞。城隍泰乐,社稷延昌。府主大王,常臻宝位。先亡姻眷,超腾会遇于龙花(华)。见在宗枝,宠禄长沾于亲族。"

流布佛经、修补佛经,都属善行功德,都可得到美好的果报。无论穷人富人,识字的不识字的,都可以找到一些与佛经结缘的机会。在这一意识的促动下,佛经的传写、供养及流布自然火旺起来,敦煌藏经洞发现的数万卷唐宋写经即其明证。

目不识丁的文盲信徒,虽不能直接阅读佛经,却可以借助别人的口授,学会背诵数十字的简短经咒。公元六七世纪以来,密教渐兴,经过玄奘、义净、不空等高僧的倡导宣传,到八九世纪已成为北传佛教的主流。密教鼓吹经咒比本经具有更大的法力,由此,经咒、真言在我国北方大为流行,敦煌亦不例外。公元788—848年,吐蕃占领敦煌六十年,藏传密教给敦煌带来更大的影响,念诵经咒更加盛行。其流风,在晚唐大中二年(848年)张议潮起义归唐以后,乃至五代、北宋一直盛行不衰。在汉译佛经中,有些经咒用汉字直译梵音,佶屈聱牙,读之不成文句。不懂梵文的人自然难明其义,至于连汉字不识的广大文盲信徒就更不知其所云了。唯其如此,更显出真言、咒语的高深莫测,为其披上一袭神秘外衣,更能引发信徒对其神通法力的无边驰想,从而加强了它的神秘性,烘托了它的神通法力。又因经咒一般都很短小,易教易学,易熟易记,成了广大信众尤其是不能阅读佛经的文盲信众可以借助别人口授而熟读背诵的佛经。故为广大信众尤其是不识字的信众所钟爱。

敦煌佛教还接受了净土宗倡导的念佛法门,只要反复念诵"阿弥陀佛"或"观世音菩萨"名号,就可以灭诸罪障、所祈如愿,获得与诵经同等的效力。如此简易的佛、菩萨名号,人人会念,尤为信众特别是不识字的信众大开了变通读经的方便之门。甚至可以说"阿弥陀佛"及"观世音菩萨"名号,也成了广大文盲信徒的"佛经"。

通过上述举例,我们在看到敦煌佛经广泛应用的同时,也看到了敦煌应用佛经之功利化、世俗化的部分情况。它毫不掩饰地在佛经之读、写、讲、供养、施舍、流布种种善事功德中注入种种世俗功利的目的。如祝愿皇帝、府主睿哲治化、万代千秋,或求国境帖静、城隍安泰,或求东西道泰、南北路开,或求境无灾障、域绝疾疫,或求年丰五稼、岁富三农,或求疾患早痊、增算添寿,或求怨家债主解怨释结,或求今生罪灭福生、来生同登佛会等等。如果说祈求"来生同登佛会"还算有佛性闪光的话,那么这点佛性闪光却在世俗欲望的汪洋中淹没下沉了。

在现实生活中,敦煌僧俗信徒的世俗欲望何止上举种种,还有很多很具体的世俗欲望寄托于佛经的读、写、供养、施舍、流通之中。例如:

为亡灵追福超度 P.2881《妙法莲华经卷第一》末题:"总章三年

（670 年）三月廿四日，清信女孙氏为亡母敬写《法华经》一部。愿亡者神生净域，面睹弥陀。法界含灵，俱登佛道。"

S.3855《妙法莲华经卷第七》末题："咸亨元年（670 年）闰九［月］，崔安居为锺氏亡姊敬造。"

S.2215《妙法莲华经卷第二》末题："咸亨元年十二月，弟子氾怀信为亡妻赵、亡侄阿奴写。"

S.114《妙法莲华经卷第七》末题："上元三年（676 年），清信士张君彻为亡妹敬写。"

P.2055《佛说善恶因果经》末题："弟子朝议郎检校尚书工部员外郎翟奉达，为亡过妻马氏追福，每斋写经一卷，标题如是：

第一七斋写《无常经》一卷

第二七斋写《水月观音经》一卷

第三七斋写《咒魅经》一卷

第四七斋写《天请问经》一卷

第五七斋写《阎罗经》一卷

第六七斋写《护诸童子经》一卷

第七斋写《多心经》一卷

百日斋写《盂兰盆经》一卷

一年斋写《佛母经》一卷

三年斋写《善恶因果经》一卷

右件写经功德，为过往马氏追福。奉请龙天八部、救苦观世音菩萨、地藏菩萨、四大天王、八大金刚以（与）作证盟，一一领受福田，往生乐处，遇善知识。一心供养。

求升官 S.0087《金刚般若波罗蜜经》末题："圣历三年（700 年）五月廿三日，大斗拔谷副使、上柱国、南阳县开国公阴仁协写经。为金轮圣神皇帝及七世父母、合家大小，得六品，发愿月别许写一卷；得五品,月别写经两卷。久为征行,未办纸墨,不从本愿。今办写得,普为一切转读。"

酬官事得免 S.3354《官事得免庆答文》云:"顷者,枉罹视听,横被萦维。请佛日以照临,仰法云而垂荫,冀得理明人镜,事洁随珠。寒松肃而更贞,秋水皎而愈净。故于今日,庆答鸿恩。"

求分娩平安 P.2900《药师经》末题:"上元二年(675 年)十一月廿七日,弟子女人索八娘为难月(孕妇分娩之月),愿无诸苦恼,分难平安。"

P.2805《佛说摩利支天经》末题:"天福六年辛丑岁(941 年)十月十三日,清信女弟子小娘子曹氏敬写《般若心经》一卷,《续命经》一卷,《延寿命经》一卷,《摩利支天经》一卷。奉为己躬患难,今经数晨,药饵频施,不蒙抽减,今遭卧疾,始悟前非。伏乞大圣济难拔危,鉴照写经功德,望仗厄难消除,怨家债主,领资(兹)福分,往生西方,满其心愿。永充供养。"

流落异乡,乞求平安,或早还乡关 S.2360《七阶佛名经》末题:"清信弟子石禄山敬写此经,愿所有罪障愿皆消灭,合家大小平安;远行之子,早得见面。"S.2992《观世音经》末题:"清信弟子女人贺三娘,为落异乡,愿平安。申年(792 年?)五月廿三日写。"

S.1963《金光明最胜王经卷第一》末题:"清信女佛弟子卢二娘,奉为七代仙(先)亡、见存眷属,为身陷在异番,敬写《金光明经》一卷。唯愿两国通和,丘(兵)甲休息;应没落之流,速达乡井,共卢二娘同沾此福。"

北京大学图书馆藏敦煌写经 102 号《佛说天地八阳神咒经一卷》末题:"甲戌年(914 年)七月三日,清信佛弟子兵马使李吉顺、兵马使康奴子二人奉命充使甘州,久坐多时,发心写此《八阳神咒经》一卷。一为先亡父母神生净土;二为吉顺等一行无之(诸)灾彰(障),病患得差（瘥），愿早回戈（过），流传信士。"

求护居宅　S.4479《救诸众生一切苦难经一卷》末题："谨请比（毗）沙门天王护我居宅。请（清）信佛弟子刘英全一心供养。"

逢本命年，求避冲煞　罗福苌《古写经尾题录存·佛顶尊胜陀罗尼经》末题："信心弟子释门法律绍进，比爱年当相充（冲），月忌本命，恐有妖灾逼逐。此身迎新，敬写此经。愿怨家欢，更莫相仇。年衰厄月，逐经音而霞（雾）散；福集云臻，随佛声而赴会。田蚕倍收，六畜愿无宪厄。当来此世，同共众生，普获福分。"（罗氏《录存》，收入罗振玉：《永丰乡人杂著续编》）

乞求长寿、宗族庆吉及百姓康宁　上海图书馆藏敦煌写经112号《佛说佛名经卷第二》末题："敬写《大佛名经》贰佰捌拾捌卷，惟愿城隍安泰，百姓康宁，府主曹公（曹议金）已躬永寿，继绍长年，合宅枝罗，常然庆吉。于时大梁贞明陆年岁次庚辰（920年）伍月拾伍日写记。"按，相同的写经题记还见于北.0616《佛名经卷第三》，S.4240及日本山本悌二郎旧藏敦煌写经《佛名经卷第四》，日本京都博物馆藏敦煌写经《佛名经卷第五》，日本二乐庄藏敦煌写经《佛名经卷第五》，上海图书馆藏敦煌写经109号及日本书道博物馆藏敦煌写经《佛名经卷第六》，日本东京大学文学部东洋史研究室藏敦煌写经《佛说佛名经卷第七》，北.1227《佛说佛名经卷第八》，罗振玉旧藏敦煌写经《佛说佛名经卷第九》，P.2312《佛说佛名经卷第十三》，S.3691《佛说佛名经卷第十五》，日本三井八郎右卫门旧藏敦煌写经《佛说佛名经卷第十五》，日本松山与兵卫旧藏敦煌写经《佛说佛名经》等卷。①

S.6667《佛说八阳神咒经》末题："天福七年（942年）岁在壬寅五

①俱见池田温：《中国古代写本识语集录》，大藏出版株式会社，1990年，第459—463页。

月廿八日……弟子令狐富昌敬写《八阳经》一卷。奉为龙天八部长为助护；盲者聋者，愿见愿闻；跛者哑者，能行能语。次愿父母曰增曰盛；亡过父母，不历〔三〕途之难。永充供养。"

患病求瘥或辟除疾疫　S.3252《般若心经》卷末题记："弟子押衙杨英德，为常患风疾，敬写《般若多心经》一卷，愿患消散。"

P.3115《佛说续命经》卷末题记："天复元年（901年）五月十六日，母氾辰、女弘相病患。资福喜（续）命，敬写《续命经》一本。灵图寺律师法晏写记。"

P.3135《四分戒一卷》末题："乙卯年（955年）四月十五日，弟子索清儿为己身忽染热疾，非常困重，遂发愿写此《四分戒》一卷……愿疾苦早得痊平，增益寿命。"

罗福苌《古写经尾题录存·新菩萨经》末题："乾德五年（967年）七月廿二日，疫疾，写经榜门上。题记。"

S.980《金光明最胜王经卷二》卷末题记："辛未年（971年）二月四日，弟子皇太子为男弘忽染痢疾，非常重困。遂发愿写此《金光明最胜王经》，上告一切诸佛、诸大菩萨摩诃萨及太山府君、平等大王、五道大神、天曹地府、司命司禄、土府水官、行病鬼王、疫使、知文籍官院长、押门官专使、可嘬官判并一切幽冥官典等，伏愿慈悲救护。愿弘疾苦早得痊平，增益寿命。所造前件功德，唯愿过去、未来、现在数生已来所有冤家债主、负财负命者，各愿领受功德，速得生天。"按：此系于阗皇太子李眰为其子李弘染疾所修写经功德。是时，哈喇汗王朝侵袭于阗，于阗王族与敦煌归义军节度使曹氏数世联姻通好，故于阗王族家小移住敦煌避难，因亦写经禳患。李眰同一祈愿题记，还见于P.3668《金光明最胜王经卷第九》及日本龙谷大学图书馆藏敦煌写经《妙法莲华经卷第六》卷尾。

为全城或全境禳灾　俄罗斯藏 Дχ566《大佛顶如来密因修证了

义诸菩萨万行首楞严经》卷末题记："天复二年壬戌岁（902 年）正月廿三日,归义军节度使张公[承奉]发心敬写。为城隍禳灾,贮入龛中供养。"

北新.1429《大般若波罗蜜多经卷第二百七十七》末题："清信弟子、归义军节度监军使、检校尚书左仆射兼御史大夫曹延晟,搏割小财,写《大般若经》一秩并锦秩子,施入显德寺者。奉为军国永泰,祖业兴隆,世路清平,人民安乐……"

乞降雨丰收 北.0686《金光明经卷第三》卷末题记弟子信悟持此经。乾宁四载丁巳岁（897 年）二月八日,因行城,于万寿寺请得,转读乞甘雨。其年甚熟。后五[年?]亦少雨,更[读]一遍,亦熟。不可思议。"

求出征得胜 P.2854《祈愿文》云："(前略)厥今转金经于宝地,集四众于莲宫,并画弥勒变一躯、毗沙门天王两躯,事无疆之福者,则我释门教授和上(尚)爰及郡首都督等,奉为尚书北征、保无灾难之所为也。唯愿以兹转经功德、画像胜因,先用庄严尚书贵位,伏愿波澄瀚海,雾廓燕山,克树功名,保无灾难。然后兵雄陇上,勇气平原,士马无伤,旋还本部,摩诃般若,利乐无边,大众虔诚,一切普诵。"

老人自求速死 P.2876《金刚般若波罗蜜经》卷末题记天佑(祐)三年岁次丙寅（906 年）四月五日,八十三[岁]老翁刺血和墨,手写此经,流布沙州一切信士,国土安宁,法轮常转。以死写之,乞早过世,余无所愿。"

其至还有为役使或宰杀牛、羊、狗,而求解怨释结、超度追福者,读来使人浮想联翩.

S.5544（1）《金刚经》末题："奉为老耕牛神生净土,弥勒下生,同在初会,但闻圣法。"

S.5544（2）《佛说阎罗王受记令四众送终生七斋功德往生净土经》

末题:"奉为老耕牛一头,敬写《金刚》一卷、《受记》一卷。愿此牛身领受功德,往生净土,再莫受畜生身。天曹地府,分明分付,莫令更有仇讼。辛未年(911年)正月。"

S.2650《般若心经》末题:"为官羊一口写此经一卷。莫为怨对;弥勒初会,同闻般若。"

P.3448《佛说多心经》末题:"奉为羯羊一口敬写尊经,流传万代,解怨释结。"

S.4441《心地法门经》末题:"奉为母羊两口、羔子一口写经一卷。领受功德,解怨释结。"

日本书道博物馆藏敦煌写经《妙法莲华经·普门品》末题:"天成五年(930年)庚寅二月十六日,信士弟子尹幸通发心彩画八阳菩萨、观音菩萨玖躯,兼写经两卷。缘父□□□所作罪业,三冬重煞(杀)牛羊犬等,总领功德,并得人身,莫令仇对,永充供养。"

由上举例可以看出,在敦煌佛教信徒心目中,"佛经"(此指"泛佛经")无所不能,无论对活人、死人,无论是已经遭遇或可能遭遇的所有不幸,通过写经、读经或供养佛经都能一概化解。佛经简直同如来佛及观音菩萨具有同等大法力,在敦煌佛教信徒信仰中,除了大慈大悲、救苦救难的诸佛菩萨之外,又多了千百部(篇)佛经、咒语、真言、偈赞及禁符。唐宋时期,敦煌佛教信徒可以求助的指靠及解除各种苦难的救星空前大增。这对唐宋时期敦煌佛教的兴盛无疑起了极大的推动作用。

三、唐宋敦煌佛经传播方式的大众化

佛经的传播,若只采取文本形式进行流通,自然会受到文本属性的局限而不可能广泛流传于广大民众中。唐宋时期的敦煌,佛经文本的传播,并不是传播佛经的主要方式,更不是唯一的方式,还另有其他更为广泛、深入而又影响深远的大众化传播方式,那就是打破佛经

文本形式的限制,对佛经文本加以改编,变成形象化、艺术化、通俗化和大众化的形式,使各阶层信众都能够轻松愉快地接触佛经,熟悉佛经的内容,领会佛经的义理,于不知不觉中受到佛经的熏陶。这种改编,大致有三种形式:

(1)将某些重要的佛经或佛经中的某些部分改编成通俗易懂的讲经文、变文;为某些最为流行的佛经如《金刚经》《金光明经》《阿弥陀经》《观音经》等编写各种动人的《灵验记》。前者,见王重民先生等编《敦煌变文集》及潘重规先生编《敦煌变文集新书》;后者,如 S.381(3)《龙兴寺毗沙门天王灵验记》、P.2904《持诵金刚经灵验功德记》。这类《讲经文》《变文》《灵验记》故事生动,情节跌宕,行文活泼,群众喜闻乐见;通过僧人动听的讲唱及大众的口耳相传,广泛流布于社会各个阶层,使人闻之于耳会之于心,对大众有极大的教化作用。

(2)将释迦故事或某些深奥义理改编成通俗易懂、句式整齐、音节铿锵、腔调动听、深情感人的唱词、俗曲。例如 S.2440《八相押坐文(押座文)》、P.3411《十恩德赞》、P.3409《禅师卫士遇逢因缘》、P.3065《太子入山修道赞》、P.4895《归去来》《入山学》、S.427《禅门十二时》、S.6631《归极乐去赞》《兰若赞》《辞父母赞》《九相观诗》《维摩五更转十二时》、P.3892《出家赞》《佛母赞》《高声念佛赞》、P.3839《西方净土赞》等等。

上述两种形式,基本上都是通过僧人或其他讲唱者之口讲唱给人听的。另一方面,也可以写成文本,供人传抄读诵。在后一情况下,这类通俗辞曲虽同佛经一样采取了文本形式,然而,在语言风格、表述手法、气质神采及传感路径等方面,二者迥然相异。佛经语言生涩、句法板滞、枯燥乏味,难适口耳;通俗辞曲则语言流畅、句法活泼、富于情趣、适于口说耳听。对广大信徒特别是比例最大的文盲信徒来说,后者的感染作用远远优于一本正经的说教,因此受到广大信众的欢迎。在当时人的心目中,讲经文、变文、灵验记、佛教辞曲这类通俗化作品被视同佛经一样具有法力、受人供养,前引北.7707 背《目连变文》只是演绎佛经中目连救母故事的讲唱文,并非佛经,但杨愿受题记自云:"发愿作福,写尽此《目连变》一卷,后同释迦牟尼佛一会弥勒,生作佛为定。后有众生,同发信心写尽《目连变》者,同池(持)愿力,莫堕三途。"表明《目连变文》在敦煌被视同佛经一样抄写流传。又有径将《讲经文》《变文》叫作《××经》者。如 P.3808《长兴四年(933 年)中兴殿应圣节讲经文》,内容为讲唱《仁王护国般若波罗蜜多经·序品》起始一段经文者,而卷末题作《仁王般若经抄》;俄藏 Φ.096《双恩记》内容为讲唱《大方便佛报恩经》者,残存第三、七、十一等三卷,其第七卷末题《佛报恩经第七》,其第十一卷前题《报恩经第十一》,末题《佛报恩经第十一》;台北"中央"图书馆藏敦煌卷子 32 号《盂兰盆经讲经文》,原卷末题《盂兰盆经》;P.2999 本是演绎佛传的"变文",原卷则题作《太子成道经一卷》。又多见讲经唱变者径称自己的讲唱为"真经""经文""圣教",称听讲为"闻经""闻法"之例。如:

Φ.365《妙法莲华经讲经文》云:"若要听得真经,须藉法师都讲。"又云:"奉劝门徒用意听,还似匣中稳安置。闻经入寺近花台,还似收身匣里排。"

S.6551《阿弥陀经讲经文》开头的押座辞唱道:"此日既能抛火宅,暂时莫闹听经文。三乘圣教实堪听,句句能教业障轻。"又云"朝朝只是忧家业,何曾一日得闻经"。

P.2193《目连缘起》卷末解座辞云:"今日为君宣此事,明朝早来听真经。"上举所谓"真经""经文""圣教""闻经"云云,其实所指不过都是讲经唱变而已。这些,确实表明《讲经文》《变文》在敦煌僧俗心目中视之如经。

(3)将流行的佛经或其中的重要情节、故事,改编成彩绘壁画、绢帛画之类的艺术品。根据各种佛经绘制的经变画，是佛经的"图解本"。于是，文本的佛经转化为光艳绚丽的画面，成为"图解式佛经"。它通过生动的故事、形象的画面，调动人的感官，直觉感受佛经意境，使人赏心悦目又能入目寓心，不论识字或不识字的人都能看也喜欢看。尤其是不识字的信徒（这是信徒中的绝大多数）不能读经却能看画。他们也只有通过观赏壁画才得直观进入佛经境界。对他们来说，壁画的作用远比佛经大得多。从这个意义来讲，敦煌壁画可以说是敦煌文盲信徒的佛经，是文盲信徒学习佛经的特制读本。如今，敦煌莫高窟、西千佛洞，安西榆林窟、东千佛洞，肃北蒙古族自治县五个庙石窟等处保存下来的约六万平方米的佛教壁画，在当时可说是敦煌佛经的形象性读本。在传播佛教知识、灌输佛教信仰、激发佛教感情、扩大佛教影响等方面，发挥着无与伦比的作用。

四、小　结

根据以上论述，我们对唐宋敦煌佛教的经典及其流通使用，可以进行如下的概括：

1. 敦煌佛教的经典，由正经、经咒、真言、论、疏、疑经、伪经及佛教杂撰等共同组成。突破了正统佛教"灭情去欲"思想的束缚，为佛教经典注入了面向人生、贴近现实、接纳求告的成分，大踏步行进在"入世合俗"的道路上，从而大大增强了佛教经籍的活力，反过来更加推动着敦煌佛教向世俗化方向的发展。

2. 敦煌佛教大大加强了佛经的神圣性和神通性，从而提高了佛经的价值和使用率，在很大程度上消除了佛经同广大文盲信众的隔膜。为把佛经变成信徒的精神甘露起了巨大的作用。

3. 把佛经改编成通俗易懂的讲经文、变文、灵验记、歌辞、俚曲，或转化成绚丽悦目的画面、图像和造型，打开了佛经广泛传播的又一形式和通道,为广大文盲信众学习佛经开启了最为方便的法门。而讲经文、变文、通俗辞曲及壁画、彩塑,也成为广大不识字信众心目中的佛经,至少可以视为敦煌世俗佛教经藏的亚种或附类。

4.从唐宋时期敦煌佛教经典流行使用的实际情形考虑,对唐宋敦煌世俗佛教经典的分类如果换个角度——从流布和使用的角度重新加以分类。大致可以分为以下四类:

(1)供养类:大部分佛经主要是作为神圣品和神通物加以供养,而主要价值不在于读诵。尤其是那些大部头的和义理艰深的经律论,如六百卷本《大般若波罗密多经》,二百卷本《阿毗达摩大毗沙论》,一百二十卷本《大宝积经》,百卷本《大智度论》及《瑜珈师地论》,八十卷本《大方广佛华严经》,六十卷本《中阿含经》及《昙无德律》等等,在唐宋时代的敦煌,绝大多数信徒并不拿来读诵,主要是用于供养。其原因,一是唐宋时期敦煌95%以上的信徒不识字,缺乏起码的读经条件,而且大多数信徒忙于世俗营生,也没有工夫去读大部头佛典;二是唐宋时期敦煌世俗佛教注重信行、不重义理哲思。那些探赜入幽、思辨机微的论著自然不为广大信众所习嗜;三是广大信徒无力置备大部头佛典,从上引 P.2912《康秀华写经疏》可知,请人写一部六百卷的《大般若经》,要支付 35 两白银,100 石小麦,50 石粟和 4 斤脂粉,一般信众怎能有这种财力? 且不说一般信众, 即使专业的神职人员——僧尼,又有几人置办得起? 试问又有多少僧尼通读过上述一类的大部头经律论? 说到底,那些大部头佛经实际上只能成为极少数人的读物。对绝大多数信徒来说,那些大部头佛经充其量只能拆零摘写一两卷以充供养。如此,那些大部头佛经最大的作用乃是用来供养,凭借着供养功德体现它的实用性,从而保持着它的神圣性和庄严性。

(2)读诵类:在僧尼及有文化的信徒中,主要是读诵那些文字不多、篇幅短小的佛经,例如《金刚经》《阿弥陀经》《心经》《观音经》(以上为真经),《新菩萨经》《劝善经》《十王经》《八阳神咒经》《父母恩重经》(以上为伪经)以及各种简短的真言、咒语等等。这类篇幅短小的佛经同时也可作供养之用。而广大文盲信徒,由于不识字,除了通过别人口授、学诵真言、咒语之外,就连那些短篇佛经也不能读,所以大部分信徒是不读佛经的。从这个角度来说,除真言咒语之外的那些尽管篇幅短小的佛经,对于占敦煌信徒 95%以上的广大文盲信徒而言并不具有读诵意义。

(3)讲唱类:即讲经文、佛教变文及佛教辞曲之类,可列入杂藏。在唐宋时期的敦煌,这类著作很受欢迎,当地名僧大德都很重视并参与编撰、讲唱,为当地弘扬佛法作出过很大贡献。敦煌变文 P.3051《频婆娑罗王后宫彩女功德意供养塔生天因缘变》的结束语云:"佛法宽广,济度无涯,至心求道,无不获果。但保宣空门薄艺,梵字荒才,经教不便(辨)于根源,论典罔知于底漠(谟)。辄陈短见,缀秘密之因由;不惧羞惭,缉甚深之缘喻。"王重民先生据此指出,"保宣当是此变文的作者",笔者曾对保宣其人作过考证,知其为五代后晋时敦煌灵图寺僧人,大约在后汉至后周时升任沙州释门法律。笔者还在 P.3165 文书中发现他撰写的七首《讲经通难致语》从而知其为五代时敦煌一位著名的俗讲僧[1]。

(4)礼拜、观瞻类:主要指敦煌佛教造像、壁画、绢帛画及其他佛教遗画。它的作用主要在于供人礼拜、观瞻、感受、领会。从制作者及持有者方面来说,它同时又是重要的佛事功德。我国古代典籍目录中早有图像入录的先例,《汉书·艺文志·兵书略》《兵技巧后序》记有《图

---

[1]李正宇:《敦煌俗讲僧保宣及其〈通难致语〉》。见《程千帆先生八十寿辰纪念文集》,江苏古籍出版社,1992 年,第 210—219 页。

四十三卷》，其《数术略》又载有《耿昌月行帛图》；《隋书·经籍志》以下著录图像著作愈来愈多。日本《大正新修大藏经》亦有《图像部》。那么我们把敦煌佛教造像壁画、绢帛画之类纳入敦煌世俗佛教经藏之中可谓顺理成章；现代电子扫描技术也已经解决了这类图像及文本的制作、保存、检索、阅读、复制、出版等相关问题，为我们把敦煌佛教图像及文本文献纳入敦煌佛藏提供了可能性与现实性条件。

以往正统佛教关于经藏的收录范围及部类规范，只反映正统佛学的意旨主张，并不足以反映敦煌世俗佛教的实际情况。对于敦煌世俗佛教经藏，我们应当根据实际情况量体裁衣，岂必拘执正统佛学的经藏规范去削足适履！

通过上面的探讨，我们看到唐宋时期敦煌佛教经藏的范围内容、价值意义及传播方式方法，与正统佛学的观念同中有异，变化很大。这种变化，反映出唐宋时期的敦煌佛教，已非佛学家笔下的"正统佛教"，而是与佛学家描绘的"正统佛教"大不相同的中国化、民族化、地方化、社会化和时代化的世俗佛教。它的中国化和民族化特点，使它不同于印度佛教；它的地方化和时代化特点，使它不同于别时异地的佛教；它的社会化特点又使它具有全民性，不同于以往研究家所说的"平民佛教""庶民佛教"或"民间佛教"。因为它席卷了敦煌社会的各个阶层，早已超出了"平民""庶民""民间"的层次局限，所以笔者认为最合适的界定应当叫作"世俗佛教"。

唐宋敦煌佛教经藏的范围、内容、价值功用及其传播手段等方面的变化，从一个特定的侧面充分反映了敦煌世俗佛教的客观存在与日常活动，值得我们去重新认识和研究。但是，笔者并不认为世俗佛教仅仅是唐宋时期敦煌一地特有的现象，它早在佛教传入我国的初期就有了苗头，不过不如后来逐渐增多、如此壮大；唐宋时期其他地区的佛教也无不都是世俗佛教，不过没有保存得像敦煌那样丰富的资料罢了。直到今日,我国佛教基本上就是这种世俗佛教,而不是佛学家笔下那种理想中的"正统佛教"。佛学家笔下理想型的佛教,只存在于佛学家口中笔下,而实际上是并不存在的。不然的话,朱士行、法显、宋云、玄奘、义净、悟空、道圆、行勤等人,何须一再跋涉西域求"真经"、求"正道"? 但话说回来,这些西行求法的大德高僧,又何能真地跳出三界、出世绝俗,不仍然是身在庐山、入世合俗的么?

佛学研究与佛教研究两者关系十分密切,但两者毕竟不是一回事,不能画上等号,更不能互相取代。佛学研究重在究明佛理,佛教研究则重在考察其信行奉持。二者侧重有所不同。这种不同,导致二者的差别与矛盾,使佛学研究与佛教研究得以互相区别。佛学家们的佛学研究,无疑具有十分重要的价值意义,也取得了很大的成果,今后仍将继续存在并日益发展。本文则从佛教研究的角度观察、讨论问题,与以往佛学家的认识颇有不同。是耶非耶,有待高明指正。

(原刊《戒幢佛学》第二卷,苏州戒幢佛学研究所编,长沙岳麓书社,2002 年 12 月)

晚唐至北宋敦煌僧尼普听饮酒
——敦煌世俗佛教系列研究之二

佛教禁止信徒饮酒,《经》《戒》屡有明载。《出曜经》云:"为优婆塞,尽其寿命不得饮酒,不得尝酒,不得教人饮酒。"①《佛说尸迦罗越六方礼经》进而告诫信徒不要"与喜酒人为伴",不要"与嗜酒人相随"。对僧尼二众,要求更为严格,《根本说一切有部毗奈耶》卷十六载:"佛告诸比丘、比丘尼:汝等若以我为师者,凡是诸酒,不应自饮,亦不与人……若故违者,得越法罪。"②"越法罪"属于当堕阿鼻地狱的重罪。可见此事非同小可。梁武帝特撰《断酒肉文》③,以帝王之力,造成舆论声势,推行断酒肉之戒。然而,亦有僧人阳奉阴违,暗自偷饮,个别僧人甚至公开饮酒而无所顾忌。但这样的僧人被视为不守戒行的"酒肉和尚"或"疯僧""狂僧"。

在敦煌,佛教信徒抄写了不少戒经、戒律、戒本,如《僧祇律》《四分律》《五分律》《十诵律》《十诵律比丘戒本》《菩萨戒本》《四分律删繁补阙行事钞》《六度集经》《梵网经》《贤愚经》之类,其中都有戒酒的条文,此外,还编有不少戒酒的通俗辞曲,宣演传唱,一首名为《和菩萨戒文》的唱辞道:"诸菩萨,莫沽酒,沽酒洋(烊)铜来灌口。足下火出焰

---

① 《大正新修大藏经》第 4 卷,第 673 页。
② 《大正新修大藏经》第 23 卷,第 859 页。
③ 《广弘明集》卷 11,上海古籍出版社,1989 年,第 305—309 页。

连天,狱卒持鈇斩两手。总为昏痴颠倒人,身作身当身自受。仍被驱将入阿鼻,铁壁千重尤处走。"此辞,敦煌遗书中发现有晚唐至宋不下15 个抄本,可见在敦煌僧人中曾广为流传。

然而,与佛教频申酒戒适呈反差的是,从吐蕃统治敦煌时期开始,历经晚唐、五代,直到北宋曹氏归义军政权终结的 248 年间(788—1036 年),敦煌僧人却普遍饮酒。当地军政首脑、僧界领袖、乡老耆旧乃至一般人等,见惯不怪,视为平常,这在中国佛教史上是极不寻常的现象。敦煌莫高窟藏经洞保存下来的同一时期敦煌诸寺帐历、牒、帖及其他有关文书中关于僧人普遍饮酒的现象有着非常充分的反映。这一极不寻常的现象,成为吐蕃统治及晚唐五代北宋时期敦煌世俗佛教特殊表征之一而具有重要意义,值得加以探讨。

一、敦煌佛寺酿酒、用酒及僧尼饮酒有五十多件账册作证

从吐蕃统治到晚唐五代及北宋初期,敦煌佛寺账册中有大量反映寺院卧酒①、用酒及僧尼饮酒的账目,确切而具体地反映这一时期敦煌佛寺酿酒用酒及僧尼饮酒的事实。

这些账册大体分为五类:一为《付酒本历》,即寺院为卧酒、沽酒支付麦粟的专账,实即酿酒、沽酒的专账;二为《酒破历》,即酒的消费破用专账;三为《算酒历》,即酒的收支结算账;四为《诸色斛斗破用历》,即寺院的《出入流水日记帐》,其中有不少关于酿酒用酒及僧尼饮酒的明细记载;五为《算会牒》("会"音 kuài),即今所谓《决算帐》,其中亦有不少关于酿酒用酒及僧尼饮酒的记载。上述五类账册,笔者

————————

①"卧酒"即酿酒。"卧"谓催化发酵。"卧""沤"二音旁转,义近。《齐民要术》有"卧酪""温卧""卧之令生黄衣"之文,其语古已有之。唐宋时,蒸煮麦粟米粮,拌以曲,使之发酵,加水澄汁而成酒,味酸甜。是时,敦煌所饮即此等白醅酒,尚非今日之蒸馏酒。

初步普查,共得 52 件。今分别列举卷号如下:

(一)敦煌寺院《付酒本历》残存一件,即:S.6452(5)《辛巳—壬午年(981—982 年)净土寺付酒本粟麦历》(见唐耕耦等编《敦煌社会经济文书真迹释录》第二辑,243 页)。

(二)敦煌寺院《酒破历》发现有以下 4 件:

1. P.5032 背《丁巳年(957 年)九月廿五日某寺酒破历》(《敦煌社会经济文书真迹释录》第三辑,211 页);

2. P.5032《某寺酒破历》(同上 212 页);

3. S.6452(3)《壬午年(982 年)净土寺常住库酒破历》(同上 224—226 页);

4. S.1398 背《壬午年(982 年)某寺酒破历》(同上 227 页)。

(三)敦煌寺院《算酒历》发现 1 件:S.5786 背《甲申年(984 年?)十一月算酒讫欠酒凭》(同上 538 页);

(四)敦煌佛寺《诸色斛斗破用历》载有寺院卧酒、沽酒、用酒及僧尼饮酒账目者,发现有 27 件:

1. S.6452(2)《辛巳年(981 年)十二月十三日周僧正于常住库借贷油面物历》(同上书第二辑 239—241 页);

2. 伯希和非汉文文书 336 号《年代不明某寺麦粟入破历》(《敦煌社会经济文书真迹释录》第三辑,132 页)。

3. S.6981《辛未—壬申年(911—912)净土寺愿真手下领得历》(同上 138 页);

4. S.6981A 背《十世纪初某年某寺诸色斛斗破历》(同上 142 页);

5. S.2228《九世纪前期辰年巳年某寺麦布酒付历》(同上 149 页);

6. S.6233《九世纪前期(?)某寺诸色斛斗破用历》(同上 172—173 页);

7. S.1519（1）《辛亥年（951年）某寺诸色斛斗破历》（同上177页）；

8. S.1519（2）《辛亥年（951年）十二月七日后某寺直岁法胜所破油面酒等历》（同上178页）；

9. S.4373《癸酉年（913年）六月一日碨户董流达园碨所用抄录》（同上183页）

10. S.4899《戊寅年（978年）某寺诸色斛斗破历》（同上184页）；

11. P.4909《辛巳年（981年）十二月十三日后某寺诸色破用历》（同上185页）；

12. P.4674《乙酉年（925年）十月某寺麦粟破用历》（同上192页）；

13. P.4907《庚寅年（960年）九月十一日—辛卯年七月九日某寺诸色斛斗支付历》（同上205页）；

14. P.4697《辛丑年（941年？）某寺粟酒破历（同上，208页）；

15. P.2642《九世纪某年九—十二月某寺诸色斛斗破用历》（同上209页）

16. S.4649 + S.4657《庚午年二月十日沿寺破历》（同上，215—216页）；

17. P.3875背《丙子年（976年）修造及诸处伐木油面粟等破历》（同上217—221页）；

18. S.6452（1）《十世纪某年（981—982年）净土寺诸色斛斗破历》（同上222—223页）；

19. S.5039《十世纪某年某寺诸色斛斗破用历》（同上228—229页）；

20. S.6217《十世纪某年某寺诸色斛斗破历》（同上230页）；

21. P.4542《十世纪某年某寺粟麦豆破用历》（同上231页）；

22. P.4906《十世纪某年某寺诸色破用历》(同上 233—235 页);

23. P.2930(1)《十世纪某年某寺诸色破用历》(同上 237 页);

24. P.3555B(10)《寺院破用历残片》(同上 238 页);

25. S.4705《十世纪某年某寺诸色斛斗破用历》(同上 289 页);

26. S.5883《十世纪某年某寺粟入破历》(同上 290 页);

27. S.5050《十世纪某年某寺诸色破用历》(同上 534—535 页);

(五)敦煌寺院《算会牒》载有寺院卧酒、沽酒、用酒及僧尼饮酒账目者,发现有以下 19 个写卷:

1. S.4782《寅年乾元寺堂斋、修造两司都师文谦诸色斛斗入破历算会牒》(见唐耕耦等编《敦煌社会经济文书真迹释录》第三辑,309—312 页);

2. P.6002 (1)《辰年某寺诸色入破历算会牒》(同上 313—315 页);

3. P.4957《申年某寺诸色入破历算会牒》(同上 316—319 页);

4. P.2838(2)《唐光启三年(886 年)安国寺上座胜净等诸色斛斗入破历算会牒》(同上 328—332 页);

5. P.2049 背《后唐同光三年(925 年)正月净土寺直岁保护手下诸色入破历算会牒》(同上 347—366 页);

6. P.2049 背《后唐长兴二年(931 年)正月净土寺直岁愿达手下诸入破历算会牒》(同上 369—389 页);

7. P.2040 背 《后晋时期某年净土寺诸色入破历算会稿》(同上 401—434 页。酒的决算内容集中在 415—418 页"麦破""粟破"部分);

8. P.3234 背 (8)《十世纪中期某年净土寺西仓粟破》(同上 445 页);

9. P.2032 背 《后晋时代某年净土寺诸色入破历算会稿》(同上 455—509 页);

10. P.3763 背《十世纪中期某年净土寺诸色入破历算会稿》(同上 513—520 页);

11. S.5008《十世纪中期某年某寺诸色入破历算会牒》(同上 555—556 页);

12. P.2846《甲寅年(945 年)都师愿清等交割讲下所施麦粟麻豆等破除现在历》;

13. S.1053 背《己巳年(969 年?)某寺诸色入破历算会牒》(同上 339—341 页);

14. S.4657 背《十世纪后期某年(970 年?)某寺诸色入破历》(同上 530 页);

15. P.3165 背《十世纪某年某寺入破历算会牒》(同上 540—541 页);

16. S.366《十世纪某年某寺诸色入破历算会牒》(同上 546 页);

17. S.4642(1—8 背)《十世纪某年某寺诸色斛斗入破历算会牒》(同上 547—554 页);

18. S.5071《十世纪某年某寺诸色入破历算会牒》(同上 557 页)。

19. S.6330《十世纪某年某寺诸色斛斗入破历算会牒》(同上 562 页)。

除上举账册之外,其他某些牒、状、转帖中也有关于敦煌寺院备酒用酒及僧尼饮酒的反映,不烦一一列举。

二、敦煌寺院账册中关于寺院卧酒用酒及僧尼饮酒的种种记录

卧酒沽酒所用麦粟谓之"酒本"。S.6452(5)《辛巳—壬午年(981—982 年)净土寺付酒本粟麦历》就是敦煌净土寺用麦粟支付酒本的专账。这类账册尽管只有孤本独存,却显示出重要的学术价值。它的存在足以说明,酒的置备与使用确已成敦煌佛寺一项重要收付项目,有着为之建立专账的必要,所以才会出现这样的专账。

该账反映，净土寺从辛巳年十二月二十六日到次年十二月十七日这一年间为卧酒沽酒支出酒本麦粟共 32 笔，合计麦粟 77 石 8 斗，平均每月出付酒本麦粟 6 石 4 斗 8 升。按当时粟酒兑换率 1:0.857 的比率加以折算①，共得酒 66 石 5 斗 7 升 4 合 6 勺，这是该寺全年耗酒量。由此推知该寺每天平均消耗酒将近 1 斗 8 升 5 合。这一年间，为净土寺供酒的店家有盐子磨店、汜押牙店、刘万定店、富昌店、幸通店、兴子店、定员押牙店、汜法律店、郭法律店等 9 家，往来最频繁、给付酒本最多的是盐子磨店。一年间净土寺支付盐子磨店酒本麦粟共 9 笔，计麦粟 43 石，合应供酒 36 石 8 斗 4 升 1 合。占该寺年用酒量的 55% 强，表明盐子磨店是净土寺最大的供酒店家。兹将本件所载，列表于下，以见其概：

店别	付给酒本粟	付给酒本麦	小计
汜法律店	3 石 5 斗		3 石 5 斗
盐子磨店	4 石 2 斗 4 石 2 斗 7 石 15 石 2 石 1 斗 4 石 9 斗 2 石 4 斗	2 石 4 斗 8 斗	43 石

① P.2846《甲寅年（945 年）都师愿清等交割下所施麦粟麻豆等破除现在历》（见唐耕耦等编《敦煌社会经济文献真迹释录》第三辑，第 525 页）载："酒叁拾瓮，卧用粟式拾壹硕（石）。"据施萍亭先生考证，酒一瓮为六斗（见《敦煌研究》创刊号，第 151 页）。那么"酒叁拾瓮"即 180 斗。粟"式拾壹硕"（合 210 斗）卧酒 180 斗，则粟的出酒率为 1:0.857，即粟一斗，出酒 8 升 5 合 7 勺。

续表

店别	付给酒本粟	付给酒本麦	小计
刘万定店	1 石 4 斗 1 石 4 斗 1 石 4 斗 2 石 1 斗		6 石 3 斗
富昌店	2 石 1 斗 4 斗 7 斗 1 石 4 斗 1 石 4 斗	4 斗	6 石 4 斗
氾押牙店	2 石 1 斗 2 石 1 斗 2 石 1 斗 4 斗	4 斗	7 石 1 斗
兴子店	1 石 4 斗 1 石 4 斗 2 石 1 斗		4 石 9 斗
幸通店	7 斗		7 斗
定员押牙店	3 石 5 斗		3 石 5 斗
郭法律店	1 石 2 斗	1 石 2 斗	2 石 4 斗
合计	72 石 6 斗	5 石 2 斗	77 石 8 斗

　　除了卧酒、沽酒的专账之外，又有酒的破用支付专账及酒的出入结算账。三种酒账分别记载酒之收入、酒之支出及酒的出入收付结算。互为配套，形成完备的酒账体系。寺院中有此系列完备的酒账，尤

其耐人寻味。此外,酒的置备、支出又在日记流水总账及综合性财务结算与年度决算账中反映出来,各自单行而又互为交叉地证明着敦煌寺院备酒用酒及僧人饮酒的事实。上举 52 件账册,所记敦煌寺院卧酒、沽酒、用酒以及僧尼饮酒的种种事由名目,让人大开眼界,大增见闻。仅 S.6452(3)《壬午年(982 年)净土寺常住库酒破历》就有如下的记载:

1. 僧人饮酒 壬午年正月"廿二[日],酒式斗,又沽酒粟四斗,指扬、孔目、僧正三人,老宿、法律等吃用";三月"廿五日,酒壹斗,大张僧正东窟来,迎用。"四月"二日,酒壹斗,和尚官渠来吃用。"同月"廿八日,酒壹瓮,众僧吃用。"五月"三日,酒壹斗,迎少(小)张僧正用。"五月八日"来酒半瓮,众僧吃用。"[①]八月"十六日,酒式斗,东窟看大张僧正用。"十月八日"同日夜间,酒壹角[②],周僧正东窟来,迎用。酒五升,李僧正就少(小)汜家吃用。"同月"十三日,酒壹斗,张僧正、僧子法律吃用。"同月"十六[日],粟式斗,沽酒,看侍僧录大师来,酒壹斗。"十一月十三日"周和尚麦酒叁瓮,李和尚麦酒两瓮,大张僧正麦酒壹瓮,小张僧正麦酒壹瓮。"同月"十九日,麦酒两瓮,僧正、法律等吃用。"十二月"六日,酒壹斗,众法律东窟来,迎用。"——以上所记,除"指扬""孔目"为政府官吏外,其余僧正、僧录、法律、老宿、和尚等皆高层僧人,众僧则指下层一般僧众。由此可知僧门上下皆饮酒。

2. 僧入酒店饮酒 壬午年正月"十六日,酒壹斗,就店二和尚吃用";同月"廿九日,酒壹斗,宋僧正就店吃用";"五月一日,酒壹斗,张僧正,李校(教)授就店吃用";同月"十九日,酒五升,周僧正、李僧正就店吃用";同月"廿日,酒壹斗,二和尚就店吃用";同月"廿五日,酒

---

①"来酒":此谓本寺僧众自东窟礼佛返寺之接风酒。

②施萍亭先生考证,酒壹角为 15 升。见《敦煌研究》创刊号,第 151 页。

式斗,僧正、法律就店吃用";同月"廿六日,酒壹角,僧正三人、法律二人就店吃用";十一月"四日,酒壹斗,周(僧正)、李(僧正)就店吃用";十二月"五日,酒壹斗,二和尚、教授等就店吃用"。——佛经屡申酒戒,且有身不入酒家之禁,《佛开解梵志阿飏经》云:"沙门不得饮酒……及诣酒家。"而在敦煌,寺院僧正、法律、教授、和尚等公然身入酒店畅饮,不受呵责,寺院且为之支付酒钱。此亦敦煌佛教界一大奇闻。

3. 寺内饮酒 壬午年正月"九日,酒五升,二和尚就院吃用";同月"四日,酒壹斗,二和尚就库门吃用";六月"十日,酒叁斗,僧正、法律就仓门吃用";十月"六日,[僧众]掘葱酒壹斗";同月"八日,酒壹斗,李僧正、张僧正、高僧正、索法律等就院吃用";同月"十四日,看木,酒壹斗,夜间来,酒壹斗";同月"廿四日,东河庄着(斫)木,酒壹角,又来酒壹斗"。"来酒",谓本寺僧人往东河庄斫木回来之慰劳酒;"就院"谓在寺院;"就库门""就仓门",皆谓在寺院仓库门房内;其他如"掘葱""看木""斫木"及看木、斫木回来饮酒等,亦当在寺内设席。在敦煌,佛寺之内可以设席饮酒无损体统,并不有玷佛寺清名。

4. 节日供酒 壬午年"三月四日,寒食酒壹瓮"。此为寺院在寒食节为在寺僧人提供的节日酒食;又,同年七月"十六日,破盆酒两瓮"。此乃为七月十七日盂兰盆节法会结束时慰劳众僧以及供奉先亡、施食游魂所备酒食,对寺僧来说亦属节日设食;又,壬午年十一月十三日"周和尚麦酒叁瓮,李和尚麦酒两瓮,大张僧正麦酒壹瓮,小张僧正麦酒壹瓮","冬至,麦酒壹瓮"。此为寺院于冬至节为僧首及驻寺僧人提供的各有等差的节日特供,谓之"冬至节料酒"。

5. 僧首特供酒 "壬午年正月十一日,酒壹瓮,大张僧正打银椀局席用";二月"十三日,酒壹角,李僧正种麦用";同月"廿四日,酒壹斗,周和尚淘麦用";三月"八日,酒捌杓,李僧正屈人用,又酒壹斗,大张僧正淘麦用";三月十三日"李僧正酒壹斗,造鞍匠吃用";三月廿九日，"同日，酒壹斗，李僧正造鞍局席用"；四月"廿三日，酒壹斗，李僧正淘麦用"；同月"廿六日，酒壹瓮，大张僧正尽局席用"；五月八日"又酒壹斗，小张僧正淘麦用"；七月十四日"酒壹瓮，小张僧正看使君用"；八月"廿日李僧正造后门，博士吃用"。——以上皆属当寺为僧首提供的特别供给，可谓之"特供酒"。此种"特供"，一般僧众则无。

6. 迎送、接风酒 如：三月廿五日"酒壹斗，大张僧正东窟来，迎用"，四月二日"酒壹斗，和尚官渠来吃用"，五月三日"酒壹斗，迎少(小)张僧正用"以及"李僧正东窟来，迎用"，"大众东窟来，迎用"，"东窟看大张僧正用"，"周僧正东窟来，迎用"，"大张僧正东窟来，迎用"，"众法律东窟来，迎用"等皆属迎送、接风用酒。其中有高级僧人，也有一般僧众。

7. 人事往来酒 如：二月"廿九日，看刺史，煮酒五升"；七月十四日"酒壹瓮，小张僧正看使君用"；七月"廿四日，安教练转局来，粟式斗，沽酒用"；十月"十六日，粟式斗，沽酒，看待僧录大师来(用)酒"，十月"十七日，酒壹斗，宋判官家送"(按：此为送宋判官酒)；十一月"二日，酒壹角，杨孔目、周(僧正)、李(僧正)就店吃用"，十二月"二日，酒壹斗，二和尚、羊司就店吃用。"十二月"三日，酒壹角，三界寺二张僧正、周和尚、法律等就店吃用"等是。其中"杨孔目、周(僧正)、李(僧正)就店吃用"，"二和尚、羊司就店吃用"，"三界寺二张僧正、周和尚、法律等就店吃用"，为净土寺僧首在酒店设宴款待政府官员杨孔目、羊司长官及三界寺僧正、和尚，其余未注明"就店吃用"者，皆当属在寺内设宴招待。

8. 暖房、慰问酒 十月"廿八日，周和尚铺暖房酒壹斗"；"十一月一日，李僧正铺暖房酒壹斗。"以上两笔为暖房用酒；七月廿四日"使君脱孝酒，[用]粟式斗。"此为慰问政府官员某使君孝满脱服者。

9. 酬劳赏赐酒 正月"廿七日，酒壹瓮，李僧正就店对(兑)与音声";二月"七日,躭佛人①酒叁斗,丑挞酒叁斗";三月"七日,酒壹瓮,东园造作人吃用";同月八日"酒叁斗,北园造作人吃用","十日,酒叁斗,北园造作[人]吃用";"十一日,酒叁斗,河母造作用";"廿九日,酒叁斗,音声就店吃用";五月"廿一日,北园造作午料酒壹瓮,夜料酒柒杓";五月"廿六日,酒壹角,弘儿、丑挞圈(券)园门吃用";六月"十八日,造函午料酒壹斗,十九日午料酒壹角,廿日午料酒壹斗,廿一日午料[酒]壹斗,廿二日午料酒壹斗,又夜间局席酒壹斗,又手工价酒壹斗";"廿三日,铁匠陈丑子造作酒壹斗";"廿八日,屈董都料,沽酒粟两斗";"七月十三日,酒五升,煮油人②吃用";八月"廿五日,西窟造作酒叁斗";"十月五日,北园造作酒壹角"。——以上为寺院酬劳招待艺人、工匠及赏赐本寺厮儿、人户劳作之酒。

10. 立契约,造破历用酒 "六月三日,酒叁斗,买舍造文书用。"此为买房舍立契约置筵用酒。

S.6452(3)《壬午年(982年)净土寺常住库酒破历》:四月"四日,酒式斗[造]破历用。"七月廿八曰"造破历酒式斗。"造破历即制作寺院支出账,表明执事僧制作账目亦供酒。

11. 吊祭、助葬酒 三月"五日,梁阇梨亡,酒壹瓮";同月"十三日,僧正亡,着主人酒叁斗,送祭盘用";四月"七日,酒壹瓮,刺史亡用";"八月六日,显德寺人助(葬)酒壹瓮";同月"十七日,酒壹瓮,安国寺人助(葬)用";十月"廿二日,酒壹瓮,翟家人助(葬)用";十二月"十九日,张僧正友连亡,[助葬]酒壹瓮"。——以上为寺院吊祭及助葬用酒。助葬用酒皆为一瓮,透露出该寺助葬用酒似乎还有统一的标准。

---

①"躭佛人",一作"担佛人",即抬佛像者。敦煌方言躭(担)、抬同义。担,阳声;抬,阴声。二音对转。

②"煮油人",即制作油炸食品的厨人。

12. 供佛酒 如："（壬午年）二月……十九日，佛食酒壹斗，宋判官家送。"佛食酒即供佛酒，此为宋判官家所献者。又"壬午年（982年）正月……十四日，酒壹角，东窟头用。"同年四月"廿五日，酒壹斗，东窟上用。"五月"八日，酒式斗，东窟用。"五月"十四日，酒壹角，东窟上用"。所谓"东窟头用""东窟上用""东窟用"，是指奉献给东窟（即莫高窟）神佛享用的酒，也就是二月十九日账所谓"佛食酒"。在 P.2040 背《后晋时期某年净土寺诸色入破历算会稿》中称作"神佛食"，又分别谓之"春佛食""秋佛食"。——由此知敦煌佛寺供献的"佛食"中有酒。佛倡酒戒，而敦煌佛寺却用酒供佛，此亦敦煌特有之事。此外，S.5039《十世纪某年某寺诸色斛斗破用历》载："粟叁斗，沽酒，判官检佛食用。"此一记事反映，执事僧检视佛食也要饮酒。

S.6452（3）《壬午年（982）净土寺常住库酒破用历》所载本年内酒的开支账目，笔者统计共有 107 笔，付出麦粟数为 77 石 8 斗，得酒 68 瓮 3 斗零 23 勺，此外另付沽酒粟 13 斗未载沽酒数量，按敦煌粟酒兑换率 1∶0.857 的比率加以折算，粟 13 斗合得酒 11 斗 1 升 4 合。那么该寺壬午年用于卧酒沽酒的麦粟数为 78 石 9 斗 1 升 4 合，合用酒 69 瓮 8 斗 1 升 4 合 23 勺，酒的消耗量之大可见一斑。寺院用酒事由非一，名目多般，五花八门，令人目不暇接，如看使君，看刺史，看刺史娘子，看都衙，看乡官，看判官，看于阗太子，看回鹘使，看僧，看僧官，看行像社人，零散看客，迎令公，迎仆射，迎县令，迎于阗使，屈肃州僧，暖房酒，斋僧，众僧造局席，夜间局席，解火局席，僧人节料酒（节日供酒），大例送酒，午料酒，寒食酒，破盆（盂兰盆节僧人解斋之食）酒，衙内人事，屈都料，立契约，造破历，佛食酒，吊孝酒，脱服酒，墓头造顿，寒食祭拜，渠口祭拜，天使奄世，上梁，刈麦，掘葱，纳物，累墙，缝皮裘，窟上燃灯人饭食，匠人饮用等等，为寺院用酒、僧人饮酒提供了丰富的资料。

其实,敦煌寺院用酒及僧人饮酒的事目远不止此。其他账册中,还透露出更多更重要的资料,进一步展示出 8 至 11 世纪敦煌寺院及僧人用酒饮酒的方方面面。今拣其要,略举数事:

1. 赛杂神、赛天王用酒 S.1519(2)《辛亥年(951 年)十二月七日后某寺直岁法胜所破油面酒等历》载:壬子年(952 年)正月十四日"又酒壹斗,马家庄上应祥将,赛神用。又面肆斗伍升,油壹升壹抄,酒半瓮,十五日东窟上燃灯及赛天王用。"

S.6452(2)《辛巳年(981 年)十二月十三日周僧正于常住库借贷油面物历》载,壬午年(982 年)八月廿五日,"麦壹斗,沽酒,炉头赛神用";S.4373《癸酉年(913 年)六月一日碃户董流达园碃所用抄录》载:"椓下手日,赛神酒壹斗。""又,入碃轮日,酒半瓮,赛神及众僧吃用。"——赛神、赛天王亦用酒。此与前引供佛用酒可互为补充,揭示出敦煌佛寺献给佛、天王及其他杂神的供品中皆有酒的供献。

2. 官府听许佛寺用酒、僧人饮酒 P.6002(1)《辰年某寺诸色入破历算会牒》麦叁斗,粟叁斗,充七月十五日沽酒纳官用";P.3763 背《十世纪中期某年净土寺诸色入破历算会稿》载:"粟一斗,沽酒,就院看候司空用";P.2040 背《后晋时期某年净土寺诸色入破历算会稿》载:"粟壹硕式斗,沽酒,司徒兵马来,迎顿用。"S.5039《十世纪某年某寺诸色斛斗破用历》又载:"麦壹斗,沽酒,就寺看阿郎用"("阿郎"为敦煌百姓对归义军节度使的敬称)。以上为寺院献纳官府、看候、招待官员用酒,由此确知归义军最高当局及州县官员悉知寺院用酒及僧人饮酒而不以为异;又《十世纪后期某年归义军衙内酒破历》(《敦煌社会经济文献真迹释录》第三辑 271—276 页)更载:四月十四日"同日,圣寿寺祭拜酒壹斗。"五月"廿三日,支缚箔子僧两日酒壹斗。"五月"廿七日,供缚箔子僧酒式斗。"六月初"两日缚箔子僧酒壹斗。"六月"三日,支下[箔]两僧酒式斗伍升。"七月十日"支校花树僧酒壹角。

六日供造花树僧逐日酒壹斗。"八月十七日"支永受(即永寿寺)酒壹瓮。"表明归义军首脑及官府也向寺院及僧人提供酒食,同内地官府禁止僧人饮酒者判然相异。又据 P.4957《申年(900 年?)某寺诸色入破历算会牒》:"粟叁斗,充天使巡寺沽酒破用。"寺院接待中央王朝使节亦用酒,则敦煌僧人饮酒的消息,必然会传到内地。对此,敦煌寺院及官府毫不掩饰,充分表明在敦煌官府并不认为僧人饮酒有违世法有亏教戒,否则,官府必加干涉禁止。

3. 释门都僧统酿酒、用酒、饮酒 S.1053 背《己巳年(969 年?)某寺诸色入破历算会牒》载:"青麦壹硕伍斗,僧统卧酒用";P.4674《乙酉年(925 年)十日某寺麦粟破用历》:十月廿三日"东窟上大众迎僧统……沽酒,粟壹斗";P.2032 背《后晋时代某年净土寺诸色入破历算会稿》:"粟式斗,僧统来日,共吴僧政看木,沽酒用";"粟六斗,沽酒,氾僧统开经时看僧官用";"粟肆斗,沽酒,氾僧统开[经]转[经]罢日,解劳荣(营)斋人用。"又 P.4638 有两件《清泰肆年(937 年)都僧统龙辩等上司空(曹元德)牒》,一牒附送"麦酒壹缸",另一牒随献"酒式瓮",牒上同署名者为"都僧统龙辩""都僧录惠云""都僧政绍宗",此三人并为当时沙州释门领袖。——上引资料,表明沙州僧界最高领袖都僧统等人亦酿酒、用酒、饮酒,同一般僧官、僧众无别。敦煌释门无酒禁,于此尤可得证。

4. 尼众饮酒 S.6452(2)《辛巳年(981 年)十二月十三日以后及壬午年(982 年)周僧正于常住库借贷油面物历》载壬午年正月三日……同日酒壹瓮,大乘寺九日打梡局席[用]";"(正月十四日)同日,酒式斗,大乘寺用,取酒人会进";"(四月)廿三日,酒壹瓮,阿师子东窟头吃用";"(四月)廿三日,酒壹斗,[大]乘寺淘麦用。""(四月)廿八日,酒五升,阿师子来吃用";"(五月)十六日,大乘寺垒砲头吃用"。——"大乘寺"为敦煌五尼寺之一,"阿师子"是对尼阇黎的尊称。上引账目记载了敦煌大乘寺尼师、尼众饮酒的事实。又，P.2838（2）《唐光启三年（886年）安国寺上座胜净等诸色斛斗入破历算会牒》载："面柒斗，油肆升，酒壹瓮，徒众、碨户商量打洿口用。""面陆斗，油式升，酒半瓮，人功（工）食用。"安国寺亦为敦煌五尼寺之一，表明安国寺尼众亦饮酒并用酒招待碨户及工匠；S.1519（2）《辛亥年（951年）十二月七日后某寺直岁法胜所破油面酒等历》载：壬子年十二月十二日"又，面式斗，油壹合，酒壹角，两日看造食尼阇梨用"；P.2049背《后唐长兴二年（931年）正月净土寺直岁愿达手下诸色入破历算会牒》载："粟柒斗，二月二日至六日中间，供缝伞尼阇黎酤（沽）酒用"，"粟伍斗，[尼]再缝伞两日酤酒用"。看来尼众饮酒不仅是大乘寺、安国寺，其他尼寺亦同样不禁饮酒。

5. 法会饮酒 S.6981A背《十世纪初某年某寺诸色斛斗破历》：五月廿三日"粟叁斗，沽酒，造水则道场帖，酒拾伍勺"；S.5039《十世纪某年某寺诸色斛斗破用历》载，九月廿三日"麦壹硕，于史丑煞家沽[酒]，转经局席用"；P.2049背《后唐长兴二年（931年）正月净土寺直岁愿达手下诸色入破历算会牒》（同上369—389页）："粟壹斗，散道场日沽酒用。"——此中透露，敦煌寺院举行法会，从造法会道场帖，到转经法会之进行及结束，参与其事的僧人皆饮酒。

6. 斋月饮酒 佛教以正、五、九月为三长斋月。信徒于长斋月内每日皆需守持佛戒，《梵网经下》云："年三长斋月，作杀生、窃盗、破斋犯戒者，犯轻垢罪也。"所谓"破斋犯戒"，包括饮酒食肉。而寺院账册多见僧人在正、五、九三长斋月内饮酒的记事：

记僧人正月用酒饮酒者，如 S.6452(3)《壬午年（982年）净土寺常住库酒破历》：正月"廿二[日]，酒式斗，又沽酒粟四斗，指㧢、孔目、僧正三人，老宿、法律等吃用。"S.1519(2)《辛亥年（951年）十二月七日后某寺直岁法胜所破油面酒等历》：壬子年（952年）正月十四日

"又酒壹斗,马家庄上应祥将,赛神用。又面肆斗伍升,油壹升壹抄,酒半瓮,十五日东窟上燃灯及赛天王用。"S.6452（2）《辛巳年（981年）十二月十三日已后及壬午年（982年）周僧正于常住库借贷油面物历》："壬午年正月三日……同日酒壹瓮,大乘寺九日打榄局席[用]。""（正月十四日）同日,酒弍斗,大乘寺用,取酒人会进。"

　　记僧人五月用酒饮酒者,如S.6452(3)《壬午年（982年）净土寺常住库酒破历》:五月"三日,酒壹斗,迎少（小）张僧正用。"五月八日"来酒半瓮,众僧吃用。"《十世纪后期某年归义军衙内酒破历》(《敦煌社会经济文献真迹释录》第三辑271—276页）:五月"廿三日,支缚箔子僧两日酒壹斗。"五月"廿七日,供缚箔子僧酒弍斗。"S.6452（2）《辛巳年（981年）十二月十三日已后及壬午年（982年）周僧正于常住库借贷油面物历》:五月"十六日,大乘寺垒砲头吃用。"S.6981A背《十世纪初某年某寺诸色斛斗破历》:五月廿三日"粟叁斗,沽酒,造水则道场帖,酒拾伍勺。"

　　记僧人九月用酒饮酒者,S.5039《十世纪某年某寺诸色斛斗破用历》载,九月廿三日"麦壹硕,于史丑煞家沽[酒],转经局席用。"S.6452（1）《十世纪某年（981—982年）净土寺诸色斛斗破历》:九月"十四日,粟壹斗,就氾家店沽酒,周和尚、三界寺张僧正吃用。"P.2642《九世纪某年九一十二月某寺诸色斛斗破用历》:九月某日"粟壹硕（石）肆斗,付武上座贴麦酒用。"

　　上引诸例,足以证知敦煌僧人于三长斋月内饮酒一如常时。

　　7. 斋食饮酒　P.2032背《后晋时期某年净土寺诸色入破历算会稿》载:"又面柒斗,油壹升,酒半瓮,徒众早上拜节造戒斋用。"——早上午前之食被称为"斋食",谓合于食戒之法,亦谓之"戒斋"。此种戒斋居然饮酒,此亦敦煌佛寺特有现象,值得注目。

　　8. 考核经戒置酒罚酒　P.2032背《后晋时期某年净土寺诸色入

破历算会稿》载:"面两石一斗,油七升半,苏半升,粟一石九斗卧酒,试经日造局席、看诸僧官及众僧用。" ——"试经"即寺院考核沙弥读诵经戒功课。本条表明考核经戒之设食亦置酒。而考核内容不排除会有禁止饮酒的戒经,若然,岂不让人匪夷所思! S.371《戊子年(928年)十月一日净土寺试部帖》(《敦煌社会经济文献真迹释录》第四辑,130页)云:"奉都僧统大师处分,诸寺遣徒众读诵经、戒、律、论,逐月两度,仰僧首看轻重科征,于各师主习业;月朝月半,维那告报。集众后到及全不来者,看临时,大者罚酒半瓮(按:半瓮为3斗),少者决丈(杖)十五,的无容免者。"考课经戒对迟到及全不来者罚令纳酒半瓮,可同试经日设食备酒的记事互参,让人浮想联翩。

9. 僧人其他违规罚酒 僧人罚酒为敦煌僧界常见罚则之一,并不仅仅限于试经活动。P.4981《年次未详(约961年)闰三月当寺转帖》云:"右件徒众,今缘裴寺水漂破怀(坏),切要众力修助,僧官各阿钁壹个,散众锹钁一事,又二人落举一枚,帖至,限今月十四日卯时依(于)寺头取齐。捉二人后到,决丈(杖)七下;全[不]来,罚酒壹瓮(酒一瓮为六斗),的无容舍。其帖速付。帖周,却附(付)本司,用凭告罚。"又,S.5406《辛卯年(991年)四月十四日僧正法律徒众转帖》云:"右缘少事商量,幸请诸公等。帖至,限今月十五日卯时于寺内取齐。捉二人[后到],罚酒壹角(酒壹角为十五升);全不来者,罚酒壹瓮。其帖,速递相分付,不得停滞。如滞帖者,准条科罚。帖周,却赴(付)本司,用凭告罚。"其他还有北京国家图书馆藏乃字72号背(2)《年支座社局席转帖》,P.3037《庚寅年(990年)正月三日社司建福转帖》等,皆有后到及全不来者罚酒的规定。此二帖所示诸人多系僧人,表明敦煌僧人违规罚酒乃属常例。

10. 僧官节料兼供麦酒、粟酒 P.2032背《后晋时代某年净土寺诸色入破历算会稿》"粟两硕四斗,冬至卧酒,付节料用。粟肆硕二斗,岁卧酒,付节料酒。"冬至节料,前已言之,此又载岁节料酒,知寺院于岁末亦有节料酒的供应,其供应量且远远高过冬至节的供应标准。又据S.1519(1)《辛亥年(951年)某寺诸色斛斗破历》载:"(十一月)十九日,麦酒壹瓮,粟酒两瓮,僧录、僧政节料用"。由此又知,僧官节料供酒兼有麦酒、粟酒两种,其比例为麦酒一、粟酒二。

11. 僧众春、秋、冬三时座设饮酒 P.2049背《后唐同光三年(925年)正月净土寺直岁保护手下诸色入破历算会牒》载粟柒斗,卧酒,众僧造春座局席用",P.2049背《后唐长兴二年(931年)正月净土寺直岁愿达手下诸色入破历算会牒》载:"粟柒斗,卧酒,众僧秋座局席用";P.2032背《后晋时代某年净土寺诸色入破历算会稿》载:"面壹硕陆斗伍升,秋座局席众僧咕(沽)[酒]用";同上《后唐同光三年(925年)正月净土寺直岁保护手下诸色入破历算会牒》又载:"麦叁硕捌斗,西库内付酒本,冬至、岁僧门造设兼纳官、冬座局席并西窟覆库等用","麦两硕伍斗,卧酒,冬至、岁僧门造设、纳官并冬座局席兼西窟覆库等用"。——表明僧众春、秋、冬三时座设皆饮酒。

12. 祭拜亡僧用酒 S.1519(2)《辛亥年(951年)十二月七日后某寺直岁法胜所破油面酒等历》载:"面伍升,油壹抄,酒伍升,大岁夜祭吴和尚用。"S.1519(1)《辛亥年(951年)某寺诸色斛斗破历》十一月十九日载面伍升,油壹抄,酒伍升,卖(买)纸粟伍升,祭拜吴和尚用。"——祭拜亡僧,供品用酒,意味着此僧生前饮酒,否则,岂不故隳此僧生前之志!

13. 敦煌周边地区僧人饮酒 S.4899《戊寅年(978年)某寺诸色斛斗破历》:十二月"十八日,粟壹硕壹斗,麦叁斗,付丑子卧酒,屈肃州僧用";P.3234背(8)《十世纪中期某年净土寺西仓粟破》:"粟叁斗,沽酒,送路于阗僧用";"粟二斗,六月十七日沽酒,看僧太子。""僧太子"即于阗王太子,此人又是佛教法师,故称"僧太子"。敦研001+董希文旧藏+P.2629《归义军酒破历》(见《敦煌社会经济文献真迹释录》

第三辑,271—276页):七月"廿六日,衙内看甘州使及于阗使僧,酒壹角"。——表明敦煌周边地区肃州、于阗僧人亦饮酒。又 Ch.969—72《唐开元九年(？)于阗某寺支出簿》:"(十月)廿九日出钱壹伯(佰)式拾[文],沽酒叁斗,为厨库舛子□□□、得满等淘(掏)井,寒冻辛苦吃。""十一月一日……出钱壹伯文,新庄先陈状,又请掏山水渠,乡原沽酒,供百姓用。"同日又"出钱壹伯捌拾文,西旧园状请两处掏渠,乡原沽酒,供百姓用。"由此知于阗佛寺早在开元年代已用酒招待劳作人。

14. 僧人开设酒店 S.6452(5)《辛巳—壬午年(981—982年)净土寺付酒本粟麦历》还记下了僧人开设酒店这种在全国都是极为特殊的事例。该卷载:"辛巳年十二月廿六日,氾法律店酒本粟叁硕伍斗。""(十月)廿二日,郭法律店酒本麦壹硕式斗,粟壹硕式斗。""法律"即"维那",为寺院"三纲"之一,氾、郭二人身为寺院法律,职在督察纲纪,却公然开设酒店,酿酒卖酒,并向寺院供酒。佛经一再申明:禁止僧人自饮酒,亦不得以酒与人、教人饮酒①。敦煌僧人悉皆知之。而氾、郭二僧公然自开酒店,招引并供应他人饮酒,净土寺执帐僧则坦然载笔、毫不隐讳地载入寺院账册,僧统司及官府亦不稍加申斥,更无止禁之举。由此逆知敦煌僧界饮酒及僧人开设酒店必不有违于本地世律及当地释门清规,否则,僧人而且是身为释门法律的氾、郭二僧岂敢开店卖酒?敦煌僧人公然开店卖酒一事,为敦煌世律及当地释门规范皆无酒戒之禁提供了证据。僧人饮酒卖酒,僧司不禁,为敦煌佛教之世俗化的一个重要表征,而官府不禁僧人饮酒卖酒,无疑为敦煌佛教之世俗化提供了支持。凡此种种,前所未闻,堪补史志之阙。

----

①见《出曜经》卷第12,载《大正新修大藏经》第4卷;《根本说一切有部毗奈耶》卷42,载《大正新修大藏经》第23卷。

敦煌佛教寺院及僧人之不拘酒戒，僧人饮酒并开店卖酒不受非议等等现象，充分显示出敦煌佛教与正统佛教的巨大差别，为敦煌佛教研究和我国佛教史研究打开一面新的视窗，提出了新的研究课题。

三、敦煌僧人饮酒之风后来愈甚

敦煌遗书中保存有净土寺从后唐同光三年（925 年）到北宋太平兴国七年（982 年）这 52 年间的三件账册，即 P.2049 背《后唐同光三年（925 年）正月净土寺直岁保护手下诸色入破历算会牒》，P.2049 背《后唐长兴二年（931 年）正月净土寺直岁愿达手下诸色入破历算会牒》及 S.6452（3）《壬午年（982 年）净土寺常住库酒破历》。从其中关于该寺卧酒沽酒用酒的记载，可以看到敦煌僧人饮酒之风有增无减、后来愈甚的趋势及事实。

P.2049 背《后唐同光三年（925 年）正月净土寺直岁保护手下诸色入破历算会牒》完整地反映了同光二年（甲申年）正月一日到同光三年（乙酉年）正月一日期间净土寺全年的收入、支破、结存状况，其中关于本寺卧酒、沽酒用酒的账目，记载相当详细，今分类摘录于下：

卧酒（即酿酒）：“麦肆斗五胜（升），卧酒，僧门造设（僧人筵宴）、纳官用。”“麦两硕伍斗，冬至、岁，僧门造设、纳官并冬坐（座）局席兼西库覆库等用。”①“粟壹硕肆斗，卧酒，二月八日侍佛人及众僧斋时用。”“粟壹硕肆斗，卧酒，寒食祭拜及修园用。”“粟柒斗，卧酒，贴僧官、屈画匠局席用。”“粟柒斗，卧酒，众僧造春坐（座）局席用。”“粟壹硕式斗，卧酒，僧门造设、纳官用。”“粟肆硕式斗，付众僧及女人卧酒，冬至、岁，聚粪，西窟交割西仓等用。”“粟叁斗，寒苦卧酒，看洛法律及麻胡博士西行用。”“西库粟捌斗，付愿真卧酒，算仓用。”以上 10 笔，

---

①覆库：谓清仓盘点。

共用麦粟 13 石 6 斗 5 升。

沽酒："粟壹斗，与交历日沽酒用。""粟陆斗，其日近夜沽酒，看后坐（座）及众僧食用。"①"粟弍斗，僧官窟上下彭回来日沽酒，众僧用。"②"粟弍斗，诸判官窟上看画师日沽酒用。""粟弍斗，送大师回来日沽酒用。""粟弍斗，沽酒，僧官上窟时迎当寺僧官及所油（由）用。""粟叁斗，僧官窟上下彭时，沽酒看煮油人及近夜看判官、众僧食用。""粟壹斗，沽酒，修寺院日，看泥匠博士用。""粟弍斗，垒盐团街日沽酒众僧吃用。""粟壹斗，无穷粟车来日沽酒用"③"粟肆斗，西库内取，沽酒看翟都衙用。""粟肆斗，二月七日与行像社沽酒用。""粟柒斗，寒苦及马家沽酒，三日交库用。""西仓粟柒斗，罗家付[酒]本，逐日算会用。"以上 14 笔，计用粟 5 石 3 斗。

"付酒本麦叁硕捌斗，西库内付酒本，冬至、岁僧门造设兼纳官，冬至局席并西库覆库等用。""粟弍斗，马家付[酒]本，垒园墙用。""粟柒斗，亦与马家付酒本卧酒，报恩寺起钟楼人助用。""粟壹斗，马家付[酒]本，剪殺羊毛用。""粟弍斗，寒苦家付[酒]本，七月十四日上窟及十五日纳官用。""粟壹硕肆斗，马家及寒苦卧酒，七月十七日破盆用。"④"粟弍斗，马家付[酒]本，老宿、判官吃用。""粟柒斗，马家卧酒，

---

①"看后坐"：应作"看后座"，谓慰劳后台音声师傅。

②"彭"：今字作"棚"，即工匠之脚手架。搭设脚手架谓之"上彭"，拆除脚手架谓之"下彭"。

③"无穷"：敦煌城北有无穷渠，净土寺在此渠边有田，置寺庄，名无穷庄。本条"无穷粟车"，乃指净土寺无穷庄送粟车。

④"破盆"：盂兰盆节三日法会结束后，七月十七日晚为僧人置备的解斋食物及施舍饿鬼的食物称为"破盆"，可以有酒肉。若细别名目，则施舍饿鬼的食物称"破盆"，供僧人解斋的食物称"小破盆"。参阅李正宇：《晚唐至宋敦煌僧人听食净肉》（《敦煌学》第二十五辑，台湾敦煌学会编印出版，2004 年 9 月，第 182—183 页）。

看侍佛人用。"以上共 8 笔,计用麦粟 7 石 3 斗。总计全年为酿酒、沽酒、付酒本支出共 32 笔,合计用麦粟 26 石 2 斗 5 升。

五年之后净土寺卧酒沽酒及用酒的数量又有进一步地增长。P.2049 背《后唐长兴二年(931 年)正月净土寺直岁愿达手下诸色入破历算会牒》完整地保存了后唐长兴元年(930 年)净土寺全年收入、支破、结存账目。该寺全年支出麦粟的账目共 87 笔,支出麦粟 209 石 9 斗 1 升,其中用于卧酒及沽酒的麦粟开支为 43 笔,共用麦粟 34 石 5 升,占该寺全年麦粟支出总量的 16%。

又 50 年后,S.6452(3)《壬午年(982 年)净土寺常住库酒破历》中用于卧酒沽酒的麦粟数为 78 石 9 斗 1 升 4 合。

兹将上述净土寺三件账册反映该寺卧酒沽酒年支麦粟数列表比较于下:

年代	卧酒沽酒用麦粟数
后唐同光二年(924 年)	26.25 石
后唐长兴元年(930 年)	34.05 石
北宋太平兴国六年(981 年)	78.914 石

从上表可以看到,净土寺酒的消费呈随年增长的走势,从后唐同光二年到北宋太平兴国六年(924—981 年)为 56 年,这期间,净土寺用于酒的开支增长 3 倍。净土寺在敦煌 17 座敕立寺院中,规模居于中等,可作敦煌佛寺的代表。透过净土寺酒的消费随年递增的趋势,可以看出敦煌寺院用酒及僧尼饮酒之风有增无减,后来愈甚。

四、敦煌僧尼普听饮酒起于吐蕃统治时期

吐蕃占领之前,敦煌未发现僧尼公然饮酒的事例。从吐蕃占领时期开始,才发现寺院用酒及僧尼饮酒的相关信息。S.542 背《吐蕃戌年(818 年)六月沙州诸寺丁口车牛役簿》载敦煌尼寺灵修寺有寺户"何伏颠"者,是以酿酒为业的"酒户"。又载大云寺寺户安保德为本寺"煮酒一日"。从寺院有"酒户"又有寺户为寺院"煮酒"的记载,可知是时佛寺不禁酒。S.2228《吐蕃辰年巳年(824,825 年?)某寺麦布酒破历》载:"(巳年)后五月,付宋澄清酒半瓮","(同月)廿五日,又付宋澄清麦六汉斗,又酒半瓮",此为吐蕃统治时期敦煌寺院用酒之明证。以上资料无疑透露了吐蕃统治时期敦煌寺院造酒、备酒、用酒及僧人饮酒的信息。

敦煌佛寺用酒及僧尼饮酒的事为什么会在吐蕃占领时期突然出现? 这需要从当时吐蕃佛教状况谈起。

佛教在吐蕃地区得到初步传播,是松赞干布在位时期的事,时为 7 世纪前半期(松赞干布薨于公元 650 年)。这一时期,吐蕃虽已有人信奉佛教,但"尚未有出家为僧者"(语见法尊《西藏前弘期佛教》);虽已开始翻译佛经,而佛经中的戒经、戒律尚未翻译及流传[1],这时吐蕃本土的所谓"僧"者,其实大多不曾受戒,谈不上什么"戒行"。

8 世纪后期,吐蕃地区才出现第一座剃度僧人出家的佛寺桑耶

---

①据法尊法师《西藏前弘期佛教》一文所述,松赞干布时期,翻译出的佛教经典仅有《宝云经》《观音六字明》《摩诃哥罗法》《吉祥天女法》《集宝顶经》《宝箧经》《观音经续二十二种》《百拜经》《白莲花经》《月灯经》,传说可能还有《十万般若经》。见王辅仁:《西藏佛教史略》附录四,青海人民出版社,1982 年,第 282—283 页。

寺①，直到公元 767 年，吐蕃人始有受戒出家者②。到可黎可足赞普在位期间（815—838 年），才翻译出《根本说一切有部十七事》及《毗奈耶》等小乘戒律。但戒律及戒行的推广，需要一个相当长期的过程，绝非短时期内可以推广奉行的。汉地佛教从东汉明帝时传入以来，经过一百多年的时间，沙门仍有"耽好酒浆，或蓄妻子，取贱卖贵，专行诈绐"者③，可见戒律、戒行之推广需要很长时间。吐蕃占领并统治敦煌的 60 年间（788—848 年），正值赤松德赞（唐译"乞立赞"）、牟尼赞普（唐译"足之煎"）、赤德松赞、赤祖德赞、朗达玛等五位赞普相继在位时期，这一时期，吐蕃佛教存在着大乘、小乘、显宗、密宗许多派别，其中以印度僧人莲花戒为代表的密宗一派最受王室青睐，最占优势。而莲花戒密宗一派主要从事持咒作法，为人禳灾驱祟，他们从本土固有的本教（吐蕃萨满教）吸收了不少作法施咒的东西，"这是佛教为了进入吐蕃社会而采取的必不可少的'化装'手段"④。可知当时吐蕃的密宗相当驳杂不纯⑤，王辅仁先生指出："在阿底峡（982—1054 年）以前，在戒律和密宗方面没有一定的准则，到阿底峡才把戒律和密宗加以系统化。"当时"密宗驳杂不纯"的情况表现在僧人干政、从征、饮

---

　　①桑耶寺建成的时间，诸说不一。王辅仁先生《西藏佛教史略》举出过三种说法：法尊法师认为在公元 762 年，王森先生认为在 779 年，意大利学者伯戴克（C.Petech）认为在 787 年。

　　②法尊大师《西藏前弘期佛教》云："丁未年（767 年），迎请印度说一切有部的十二位持律比丘到藏，比静命论师为亲教师，开始度西藏人出家受戒。第一次受戒的七人，为宝护、智王护、宝王护、善逝护、遍照护、龙王护、天王护（七人之名多诸异说）被称为七觉士。"

　　③《广弘明集》卷 1《牟子理惑论》之十七，上海古籍出版社，1989 年。

　　④王辅仁：《西藏佛教史略》，青海人民出版社，1982 年，第 67 页。

　　⑤同上，第 81 页。

酒①、食肉②,甚至"使用人头骨、人肠、人皮、人血,以及女孩子的腿骨做成的法器或者祭品"③。可见当时吐蕃密宗基本上还处于"有信无戒"状态,远非今人想象的那么成熟健全。

吐蕃占领敦煌后,派来吐蕃官员掌管敦煌军政大权,又派来吐蕃僧人(所谓"蕃大德"者)掌管敦煌佛教事务,他们把吐蕃本土佛教"有信无戒"的特点带到了敦煌,其中包括把"饮酒"之风带到了敦煌,动摇了敦煌地区本来严格的酒戒,促使酒戒松弛、变异,这是敦煌佛教从禁止饮酒到不禁饮酒最为重要的背景和缘由。

吐蕃统治者把吐蕃佛教"有信无戒"的特点带到敦煌的结果,不仅是酒戒遭到破坏,其他一系列的教戒都受到冲击破坏,比如僧人食肉、蓄奴、娶妻、敛财等等,虽不尽由此发端引起,却由此愈演愈甚,促使敦煌佛教发生一系列巨大变化,推动敦煌佛教向世俗化方向急遽发展,迅速变成了别具一格的世俗佛教。

五、对敦煌僧尼饮酒问题的几点认识

第一,在僧尼饮酒问题上,佛教经典虽有禁戒明文,但同时也有饮酒无罪的经文。《佛说未曾有因缘经》载:

> 尔时会中,国王太子名曰祇陀,闻佛所说十善道法、因缘果报无有穷尽。长跪叉手白天尊曰:"佛昔令我受持五戒,今欲还舍受十善法。所以者何?五戒法中,酒戒难持,畏得罪故。"世尊告曰:"汝饮酒时,为何恶耶?"祇陀白佛:"国中豪

---

①《新唐书·吐蕃传》载:吐蕃"喜浮图法,习呪诅,国之政事必以桑门参决,多佩弓刀,饮酒不得及于乱"。又云:"'钵阐布'者,虏(此指吐蕃)浮图豫国事者也。"上海古籍出版社缩印本《二十五史·新唐书》,第 652 页。

②吐蕃地区以畜牧业为主,故肉食为其基本食物。

③王辅仁:《西藏佛教史略》,青海人民出版社,1982 年,第 37 页。

强,时时相率赍持酒食,共相娱乐,以致欢乐。自无恶也。何
以故?得酒念戒,无放逸故。是故饮酒,不行恶也。"佛言:"善
哉,善哉!祇陀,汝今己得智慧方便。若世间人能如汝者,终
身饮酒有何恶哉!如是行者,乃应生福,无有罪也。夫人行
善,凡有二种:一者有漏,二者无漏。有漏善者,常受人天快
乐果报;无漏善者,度生死苦,涅槃果报。若人饮酒不起恶
业,欢喜心故;不起烦恼,善心因缘,受善果报。汝持五戒,何
有失乎!饮酒念戒,益增其福。先持五戒,今受十善,功德倍
胜十善报也。"①

这里,佛陀所说"若人饮酒不起恶业,欢喜心故;不起烦恼,善心因
缘,受善果报","饮酒念戒,益增其福",同其他《经》《戒》绝对禁酒
的精神迥然不同。表明佛教在禁酒问题上存在着不定与两可的矛盾。
佛学理论家为了弥合这一矛盾,说是"此之一教,有权有实"②。但"权"
"实"之别,恰恰是以两者的矛盾为前提并承认这种矛盾之客观存在
的。既然有此矛盾,也就难免有人从"权",有人从"实",有人见仁,有
人见智了。佛说像祇陀那样"饮酒不起恶业,欢喜心故,不起烦恼,善
心因缘……能如汝者,终身饮酒,有何恶哉!"这就是说,饮酒而不为
恶、不迷智,心存警惕,不仅没有过恶,反而"益增其福"。既有佛说"饮
酒不起恶业……受善果报"的教导可凭,自然不难接受吐蕃佛教"饮
酒不得及于乱"的影响了。看来敦煌僧侣饮酒也有经典可凭,并未离
经叛道。

第二,佛教禁酒经典颇多,而《佛说未曾有因缘经》那样的主张极
少,故佛教界颇不愿加以张扬。敦煌僧人何以偏取《佛说未曾有因缘

①〔南齐〕昙景:《佛说未曾有因缘经》卷下,《大正新修大藏经》第17卷,第585页。
②《法苑珠林》卷93《饮酒部》,《大正新修大藏经》第53卷,第971页。

经》允许饮酒的主张，笔者以为，根本的原因不在于某种经典主张的异同，而在于世俗欲望的倾向性选择。饮酒、食肉、蓄奴、娶妻种种世俗人生之欲，对僧侣同样具有诱惑力。僧侣作为活生生的世人，亦难完全排除世欲的诱惑。P.2690《大乘廿二问》背面题诗云："我是沙门僧，本来无怨恶。口解如是理，心多烦恼作。"深切地道出了处在绝欲与染欲矛盾焦点上的僧侣们内心世界的矛盾。他们在七情六欲的诱惑下，难免滋生某些世俗之念。《佛说未曾有因缘经》的教导恰恰打开了"饮酒合经不违戒"的门径，可以满足僧侣饮酒的嗜欲。加上吐蕃佛教不禁饮酒之风为之导引推助，又有禅宗慧能一派"一切无碍"，"但自去非心，打破烦恼碎"的主张[1]，于是敦煌僧人饮酒既合乎世法又无违乎佛陀教导，不存在什么违戒不违戒的问题，可以坦然无憾矣。

第三，我国佛教界自梁武帝颁《断酒肉文》后，僧尼饮酒即被视为犯戒，会受官府、僧司及社会舆论的谴责。《云溪友议》载："婺州陆郎中长源《判僧常满、智真等同于倡家饮酒、烹宰鸡鹅等事》云。'犯尔严戒，渎我明刑。仍集远近僧，痛杖三十处死。'"[2]但晚唐至宋敦煌僧尼普遍饮酒，官府、僧司及民众对之熟视无睹，见惯不怪，充分表明僧尼饮酒不招非议，听许不禁，既不犯释门"严戒"，亦无渎官府"明刑"，同内地加以比较，敦煌的情况实在非常特殊。敦煌从吐蕃统治时期开始至北宋曹氏归义军政权终结，长达两个半世纪。这一时期的敦煌佛教性质形态发生了极大的变化。此前，从十六国时期到唐贞元三年（787年）吐蕃占领敦煌前夕，敦煌佛教尽管已经向世俗化方向发展，而且越到后来世俗化倾向愈加浓重，但其基本性质仍未脱离正统佛教的

---

①潘重规：《敦煌坛经新书》，台湾佛陀教育基金会，1994年，第181页。

②范摅：《云溪友议》卷下，《文渊阁四库全书》子部十二，台湾商务印书馆影印，1986年。

轨道。从贞元四年(788年)吐蕃占领敦煌开始,极大地加快了敦煌佛教向世俗化方向发展的进程,经过十多年的时间,敦煌佛教便发展成为同"厌世脱俗"的正统佛教迥然异趣甚至是背道而驰的"入世合俗"的佛教,笔者称之为"敦煌世俗佛教"。僧尼饮酒只是这种世俗佛教的诸多表征之一。在敦煌,对于酒戒,是只说不行;只管饮酒,不作"饮酒"有理的争论①,你说你的酒戒经,我饮我的般若汤②。从这里我们看到了敦煌佛教与正统佛教的巨大差别。以往不少中外敦煌佛教研究者,忽视敦煌佛寺、僧侣及信众行事、作为的分析研究,却主要根据佛经的观点去妆銮敦煌佛教;多是报道敦煌佛教合于佛经、契乎佛教正统的方面,不谈或很少谈其不合佛教正统的另一面,而这"另一面",恰恰是敦煌佛教最有个性、最具特征的部分。

敦煌佛教之可贵,不在于它对正统佛教作出过多么大的贡献,而在于它与正统佛教同源异流、独树一帜,为中国佛教注入了新鲜活力,为中国佛教史书写了新的篇章。

(原刊《敦煌研究》2005 年第 3期)

---

①《六祖坛经》云:"自悟修行,不在口净;若净先后,即是迷人。"又云:"净是胜负之心、与道违背。"故知敦煌僧人饮酒而不争饮酒之是、戒酒之非,自有其理。

②[宋]窦苹《酒谱》:"天竺国谓酒为酥。今北僧多云'般若汤',盖廋辞以避法禁尔,非释典所出。"台湾商务印书馆影印《文渊阁四库全书》子部九,1986 年。

晚唐至宋敦煌听许僧人娶妻生子

——敦煌世俗佛教系列研究之五

《佛说四十二章经》云："佛言：人怀爱欲不见道。"又说"人系于妻子宝宅之患,甚于牢狱桎梏锒铛"。故出家为沙门者,不得近女色、蓄妻子。

两晋以前,中国人出家为僧尼者极少;两晋以来,出家僧尼人数猛增。僧尼"断婚姻、无子嗣、弃孝养、绝宗祀"的问题成为社会关注的问题。东晋孙绰(314—371)《喻道论》引时论云："周孔之教,以孝为首;孝德之至,百行之本……故子之事亲,生则致其养,没则奉其祀;三千之责,莫大无后;体[得]之父母,不敢夷毁……而沙门之道,委离所生,弃亲即疏;刊剃须髪,残其天貌;生废色养,终绝血食;骨肉之亲,等之行路。背理伤情,莫此之甚!"对此,佛教徒不得不作出回应。东晋慧远指出,僧尼为"方外之宾""遁世以求其志,变俗以达其道。变俗,则服章不得与世典同礼;遁世,则宜高尚其迹"。强调僧尼出家的意义在于"拯溺俗于沉流,拔幽根于重劫;远通三乘之律,广开天人之路"。所谓"一夫全德,则道洽六亲,泽流天下"(俱见《弘明集》卷五慧远《沙门不敬王者论》)。此后,佛教理论家的抗辩一直持续不断。到唐代,尽管佛教理论家依然坚持僧尼不置家室的教义,岭南地区却"间有一二僧,喜拥妇食肉"①,四川成都也有"剔髮若浮屠者,畜妻子自如"的现象②。到宋代,连京城开封著名佛寺相国寺也发生了僧人置室妇的事。陶谷《清异录》载:"相国寺星辰院比丘澄晖,以艳娟为妻。"时人讥称"梵嫂"。上述记事,一方面披露了不少地方确有僧人娶妻的事实,另一方面,记述者无不对这种现象表示抨击。武后时,内史狄仁杰上疏指斥僧人"身自纳妻"(《旧唐书·狄仁杰传》);中宗时,左拾遗辛替否上疏亦指斥僧人"蓄妻养孥"(《旧唐书·辛替否传》),以至官府不得不出面干预。唐文宗太和年代,李德裕为成都尹、知剑南西川节度事,曾对"剔髮若浮屠者,畜妻子自如"的现象下令禁止。宋太宗雍熙二年(985年)颁令"禁……僧人置妻孥"③;元成宗大德七年(1303年)"罢僧官有妻者"④;元顺帝至元元年(1335年)诏"凡有妻室之僧,令还俗为民"⑤;明代律令则规定凡僧道娶妻妾者,杖八十还俗,女家同罪,离异;寺观住持知情,与同罪……若僧道假托亲属或僮仆为名求娶,而僧道自占者,以奸论。"⑥

从吐蕃占领时期开始到北宋,敦煌僧人亦有娶妻生子者,与岭南、蜀地、汴京皆有僧人娶妻之事相比,并不特别令人咋舌。值得称奇的是,岭南、蜀地及中原对所谓"火宅僧""梵嫂",语含讥贬,意在抨击,唐代以来,政府屡令禁止。而敦煌对僧人娶妻生子却视同平常,无论官府、僧司、民众,都不以之为非,既不歧视,又不禁止,同内地讥

———————————

①[唐]房千里《投荒杂录》"南中僧"条,此据《说郛三种》4册,上海古籍出版社,1988年,第1107页。

②《新唐书》卷一八〇《李德裕传》,第5332页。

③《宋史》卷五《太宗纪》,雍熙二年(985)闰九月乙未条,第76页。

④《元史》卷二十一《成宗纪》,大德七年九月条,第455页。

⑤《元史》卷三十八《顺帝纪》,至元元年十二月条,第831页。

⑥《明会典》卷一百四十一《刑部》十六《都官科·婚姻门》,"僧道娶妻"条。

嘲、非议、排斥、禁止者决然而异。这表明敦煌佛教及敦煌社会观念意识颇与内地不同。早在 1989 年，郝春文先生在北京"国际敦煌吐鲁番学术讨论会"上提出的论文《唐后期五代宋初沙州僧尼的特点》中就曾根据 P.3394《唐大中六年十一月廿七日沙州僧张月光父子回博土地契》所载沙州僧张月光有子三人，P.2032V、P.2040V 两件《沙州净土寺诸色入破历》所载吊张阇梨新妇、高僧政新妇、索僧统新妇之丧的记载指出："这起码说明寺院对僧人娶妻生子是不反对的，否则，在僧人新妇亡时他们决不会去吊孝，吊孝的费用也不会堂而皇之地记在帐上。"①笔者将吐蕃统治时期到北宋时的敦煌佛教命题为"敦煌世俗佛教"②。这种"世俗佛教"在当地深得民心，并极大地影响着敦煌官、民、僧、俗的观念意识。僧人婚娶作为"敦煌世俗佛教"特有表征之一而得到敦煌社会的认可，这是内地所无、敦煌特有者。本文将对吐蕃统治以来至晚唐五代北宋时期敦煌僧人娶妻生子、无断情缘之事进一步加以揭示，并对敦煌允许僧人婚娶的原因及意义试作剖析。

一、敦煌僧人可有妻室

敦煌从吐蕃统治时期开始，经晚唐、五代到北宋中期(788—1036

①中国敦煌吐鲁番学会编《敦煌吐鲁番学研究论文集》，汉语大词典出版社，1991 年，第 837—836 页。

②笔者关于敦煌世俗佛教的论述，请参阅拙撰下列诸文：(1)《唐宋时期的敦煌佛教》，见《敦煌佛教艺术文化论文集》，兰州大学敦煌学研究所、南华大学、美国密西根大学合编，兰州大学出版社，2002 年，第 367—386 页；(2)《唐宋时期敦煌佛经性质功能的变化》，2002 年中日敦煌佛教学术会议论文，收入苏州西园戒幢律寺戒幢佛学研究所编《戒幢佛学》第二卷，岳麓书社，2002 年，第 11—29 页；(3)《晚唐至宋敦煌僧人听食"净肉"》，见《敦煌学》25 辑，台湾敦煌学会编印，2004 年，第 177—194 页；(4)《晚唐至宋敦煌僧尼普听饮酒》，见《敦煌研究》2005 年 3 期，第 68—79 页。

年），有不少资料透露这一时期敦煌确有一部分僧人畜有妻室儿女，这部分僧人中，有的是下层僧众，有的是阇梨法师，还有高层僧官，举例如下：

例一：P.2032V（12）《后晋天福五年（940年）前后沙州净土寺算会牒稿》载："布二尺，张阇梨新妇亡时，吊用。"①

例二：P.2040V《后晋某年沙州净土寺诸色入破历算会稿》载："布九尺，高僧政新妇亡时，吊孝索校拣、索僧政、高僧政等用。"②

例三：S.4120《壬戌—甲子年（962—964年）沙州某寺布、褐等破用历》载："癸亥年（965年）二月……布肆尺五寸，索僧统新妇亡，吊孝及王上座用。"③

按："新妇"者，"妻"之谓也。《旧唐书》一〇七《棣王琰传》："棣王琰顿首谢曰：'……臣与新妇情义绝者二年于兹。'"《新唐书》作"臣与妇不相见二年"。"新妇"换文为"妇"，意指己妻。S.2682敦煌变文《太子成道经》载，悉达太子终日忧愁不乐，净饭王十分担忧。大臣启奏为太子取一伴恋之人。净饭王问："何者为伴恋之人？"大臣答："取一新妇，便是伴恋之人。""大王遂排备，便与取新妇。太子闻说，遂奏大王：'若与儿取其新妇，令巧匠造一金指环，〔儿〕手上戴之……若与儿有缘，知儿手上金指环者，则为夫妇。'"④文中多次出现的"新妇"一词，悉皆"妻"义。又P.2032V（3）《后晋某年沙州净土寺算会牒稿》："面三

---

① 唐耕耦、陆宏基编《敦煌社会经济文献真迹释录》，3辑，全国图书馆文献缩微复制中心，1990年，第480页。

② 同上书，第406页。

③ 同上书，第213页。

④ 王重民等编《敦煌变文集》上册，人民文学出版社，1957年，第290页；又见潘重规编《敦煌变文集新书》，台北文津出版社，1994年，第502页。

斗,油一升,义员新妇产时与用。"①在 P.3234V(9)《后晋癸卯年(943年)正月一日已后净土寺直岁沙弥广进面破》中记有:"面三斗,支与义员妇,产用。"②则"义员新妇"即"义员妇"。从而可知上引敦煌寺院账中的"张阇梨新妇""高僧政新妇""索僧统新妇"等,即张阇梨妻、高僧政妻、索僧统妻。

"僧统"者,沙州最高僧官,为一州释门领袖③;"僧政"即"僧正",职在襄助僧统或寺主纠察释门纲纪,乃择僧中"有德望者"为之。《释氏要览》云:"自正正人,克敷政令故。盖以比丘无法,若马无辔勒,渐染俗风,将乖雅则,故择有德望者,以法而绳之,令归乎正,故云僧正。""阇梨"者,《释氏要览》引《南海寄归传》云:"梵语阿遮梨耶,唐言轨范,今称阇梨。"亦称"规范师",谓堪为弟子规范者。从而得知,沙州地区僧界首领"僧统""僧政"及僧界德高望重的"阇梨"都可以有妻室。而这些高层僧人虽有妻室,却无损其德望,依旧堂堂正正地担任着僧官,一如既往地受人尊敬;他们有妻子家室的事实得以坦然载入账册,无须隐讳,毫不掩饰。这一现象充分反映敦煌僧人可以有妻有子,可以同俗人一样过世俗家庭夫妻生活。从而表明,这一时期敦煌听许僧人婚娶。事实确凿,毋庸置疑。

或者以为,在唐宋时期敦煌文书中,"新妇"一词有时亦指儿媳,那么"张阇黎新妇""高僧正新妇""索僧统新妇"者,似不必指张、高、索三僧之妻,也可能是指三僧的儿媳。笔者以为,设如所疑,则上引"张阇新妇亡时,吊用"及"索僧统新妇亡,吊孝",应是向夫父吊儿媳

---

①《敦煌社会经济文献真迹释录》,3 辑,第 461 页。
②《敦煌社会经济文献真迹释录》,3 辑,第 448 页。
③"索僧统"法名待考。笔者推测可能是五代后晋末期到后周年代的沙州释门副僧统。

之死。试问，儿媳死，岂宜向公公致吊？退一步说，即使果真是向公公吊问儿媳之死，必是张阇梨、索僧统有儿。有儿才有儿媳，而有妻方有儿，则张阇梨、高僧正、索僧统皆有妻室亦无可疑。

又或以为上举僧人的妻室，有可能是出家前所娶者，此人后乃出家，其妻则不离夫家，但仅保有"妻"的名分，事实上已非夫妻，不足为僧人娶妻之证。那么，下面一条资料，则可为既已出家、犹可娶妻作出确证。S.528V《沙州三界寺僧智德状稿》云：

> 智德忝是僧人，家无伫（贮）积，自恳（垦）自光，以给资粮。且缘仆从不多，随宜且过。为需僧数，不同俗人，其某出生，便共董僧正同活。慈母在日，阿舅家得甥一人（引者按，此谓阿舅家生一女儿。就智德之母而言，谓之"甥"），其母（引者按：此谓该女之母，即智德舅母）亡后，智德作主，产得儿女三人（引者按，"作主"即"为主"。此谓智德娶其舅之女为妻，生有三个儿女）。并氾和尚劫将，衣食分坏①，针草不与（引者按，此谓智德妻及三个儿女被氾和尚夺占，不给任何补偿）。智德父兼亲情内，并总告报，亦不放入，乃无计思量。（智德）口承边界，镇守雍归。只残老父一人，亦在和尚同活，早夜不离，他乃共庄客一般劮力。今智德发日临近，现要缠裹衣食，尺寸全无……伏乞令公阿郎念见……伏请处分②。

此状反映智德"出生便共董僧正同活"，由此推知，智德之母应是

---

① "分坏"义即破坏。《大智度论》卷八十六："譬如车分坏，故车相亦减，又如轮分坏，故轮相亦灭。"

② 唐耕耦、陆宏基编：《敦煌社会经济文献真迹释录》第4辑，全国图书馆文献缩微复制中心，1990年，第156页。

董僧正的家婢,而智德之父则与"(氾)和尚同活",表明智德父母原来各自住两个不同的主人家。母住董僧正家,故智德"出生便共董僧正同活"。大概受董僧正的熏陶,智德很早就成了僧人。智德受戒为僧之后,其舅父之女(即智德之表姊妹),于母亡后(其父应已先亡),无所依倚,智德乃娶为妻(即所谓"智德作主"),与智德"产得儿女三人"。后,智德之妻及儿女却被氾和尚"劫将"("劫将"即夺占,意谓氾和尚夺占智德之妻为己妻、夺智德之子女为己子女),故而提起诉讼。

诉状明言僧智德娶其表姊妹为妻并生养了"儿女三人",还反映其妻及儿女被"氾和尚劫将"(被氾和尚夺占)而不给智德任何补偿(所谓"衣食分坏,针草不与")。此为僧人可以娶妻生子的事实提供了直接证据,不然的话,僧智德何敢自陈娶妻生子之事,又何敢诉求氾和尚放还被"劫将"的妻、子与己团圆过活?氾和尚恐亦不至于夺人妻为己妻。《沙州三界寺僧智德状》为敦煌僧人出家后仍可置妻室提供了确切的证明。

二、敦煌僧人可有子女

敦煌遗书中又屡屡发现本地僧人自有子女,并同俗人一样保持着父子亲情关系的记载,可为僧人有妻提供旁证。举例于下:

例一:P.2807《吐蕃沙州乾元寺建福功德文》,在赞扬"大德法律阇梨"、敦煌释门都教授("释门都教授"即释门都僧统)金炫和尚"更能崇成梵宇,揩(葺)理蠹宫。变乾元之小堂,状上京之大厦。珠梁粉玉,赫日争辉;宝梵金铃,清风觉响"之后,接云:

次则有子,[披]陈心胆,佐美玄功,四邻求觅,□须得者①。

表明敦煌释门都教授金炫和尚有儿子。

例二:P.3730《吐蕃申年十月沙州报恩寺僧崇圣状》,乃僧崇圣托言年老多病,呈请辞去管理都司果园职务的辞呈。文末有都教授(即都僧统)乘恩的判词,云:

老人频状告投,意欲所司望脱。且缘众僧甘菓监察,及时供拟馨珍,千僧可意。若也依状放脱,目观众菓难期。理宜量功,方当竭力。(崇圣)虽则家无窘乏,孝子温清,然使人合斯,以例来者。可否?取尊宿诸大德商量处分。四日,乘恩②。

判词所谓"孝子温清"之语,透露出僧崇圣亦有儿子。

例三:P.3394《唐大中六年(852)沙州僧张月光、吕智通博地契》云:

大中年壬申(引者按:大中六年干支为壬申)十月廿七日,官有处分:许回博田地,各取稳便。僧张月光子父,将上件宜秋、平都、南枝渠园、舍、地、道、池、井水,计贰拾伍亩,博僧吕智通孟授总同渠地伍畦,共拾壹亩,两段……(以下记两段田亩之位置及四至,略)壹博已后,各自收地,入官措案为定,永为主己(记)。又,月光园内有大小树子少多,围墙壁及井水、开道功直(值),解(皆)出买(卖)与僧吕智通。断作解(价)值:青草驴壹头,六岁;麦两硕(石)壹□(斗);布三丈三尺。当日郊(交)相分付,一无玄(悬)欠。立契[后],或有人忓恼园林、舍宅、田地等称为主记者,一仰僧张月光子父

---

①录文参考了郑炳林教授的释文,见氏著《敦煌碑铭赞辑释》,甘肃教育出版社,1992年,第208页之注⑦。

②《敦煌社会经济文献真迹释录》,4辑,第41—42页。

知(祇)当……恐人无信,故立此契,用作后凭。

　园舍田地主僧张月光(押记)

　保人男坚坚(押记)

　保人男手坚(押记)

　保人弟张日兴(藏文签押)

　男儒奴(押记)

　侄力力 (押记)(此下尚有其他七位见证人的署名及画

押,从略)①

契文两处提到"僧张月光子父","子父"即父子,表明僧张月光有儿子。契尾保人署名见有"男坚坚""男手坚"二名。此处的"男",例指"儿子"。《史记·司马相如传》云,卓王孙"有一男两女";庾信《伤心赋》自序有"二男一女"。至唐,益多用之。韩愈《殿中少监马君志》"有男八人,女二人",《兴元少尹房君志》"生男六人……女三人"②。《张月光、吕智通博地契》所载"男坚坚""男手坚",可以肯定是僧人张月光的两个儿子。

例四:P.3578《癸酉年(913)正月沙州梁户史汜三沿寺诸处使用油历》:"寺内折麻油壹升,付与张法律女。"③知僧人张法律有女儿。

例五:P.2032V (3)《后晋某年沙州净土寺算会牒稿》:"布八尺,索校(教)授弟亡,吊索僧正小娘子用。"④"索僧正小娘子"即索僧正女儿。

例六:P.3489《戊辰年(968)正月廿四日旌坊巷女人社社条》,末

①唐耕耦、陆宏基编:《敦煌社会经济文献真迹释录》第2辑,全国图书馆文献缩微复制中心,1990年,第2页。

②[元]潘昂霄:《金石例》卷七《韩文公铭志括例·书子女例》。

③《敦煌社会经济文献真迹释录》第3辑,第182页。

④同上,第466页。

尾社人署名有"吴阇梨女"①，表明吴阇梨亦有女儿②。

上举诸例之金炫和尚及报恩寺僧崇圣，为吐蕃统治时期敦煌僧人；张月光为晚唐张氏归义军统治时敦煌僧人；张法律、索僧政为五代曹氏归义军时期敦煌僧人；吴阇梨为北宋归义军节度使曹元忠时期敦煌僧人。上述僧人皆有子女，可为诸僧亦有妻室作出旁证，证明敦煌从吐蕃统治时期到晚唐及北宋，皆不禁僧人婚娶。

综观一、二两节之举证，可见敦煌僧人婚娶者，上自僧统（都教授）、僧政、法律、大德阇梨，下至末品僧众，位份高低不限，涵盖僧界上下。从而得知，敦煌僧人娶妻的情况相当普遍。当然，这也并不意味着敦煌僧人悉皆娶妻生子，敦煌僧人娶妻生子者毕竟还是少数，但这里特别不应忽略的是，尽管敦煌僧人娶妻生子者仍属少数，却表明僧人娶妻生子在敦煌乃属合法、公允之事。俗人及信众均无非议，不予歧视；官府不禁，视为正常；僧界不加鄙薄，依然承认其僧人身份，无妨依旧留任僧官。这同内地之民众非议、僧界排斥、官府禁止者绝然不同。不然的话，婚娶诸僧必不得继续荣任僧统、僧政、法律之职，不得依旧被尊称为大德阇梨，甚至不得继续滥竽僧界。敦煌听许僧人娶妻生子的现象十分特殊，为魏晋唐宋间闻所未闻，在此前中国汉传佛教史上称得上石破天惊的大事。

三、敦煌僧人可收养义子义女

敦煌僧人无子女者，又可以收养义子义女。从所见资料来看，敦

①唐耕耦、陆宏基编：《敦煌社会经济文献真迹释录》第 1 辑，书目文献出版社，1986 年，第 276 页。

②以上所举六例，其中二、三、四、五诸例，前揭郝春文教授的论文及专著中皆已引用。

煌僧人收养义子义女的用意有二：一者，僧人除了需要进行佛性修持之外，也需要人间亲情的慰藉，无子女之僧人通过收养义子义女，弥补骨肉亲情方面的失落；二者，为残病余生，需要有子女孝顺侍奉。但不论其具体用意为何，性质上都是作为无子无女的一种代偿举措，悉皆未合僧人断绝妻子之爱的训诫。所见敦煌僧人收养义子义女者，举例如下：

例一：P.3410《沙州僧崇恩处分遗物凭据》载，僧崇恩收有养女名娲柴，数年前已出嫁，遗嘱将婢女留与驱使。文云：

娲柴小女，在哺乳来作女养育，不曾违逆远心。今出嫡（适）事人，已经数载。老僧买得小女子壹口，待老僧终毕，一任娲柴驱使①。

晚唐沙州僧人崇恩历任僧官（引者按，本件载僧崇恩自云"崇恩前后两政为所由"是也），资产颇丰，有僧文信为其"知家事"，有优婆夷清净意及清净意之师兄法住和沙弥尼宜娘料理其家事及生活，又"买得小女子壹口"为使婢，看来，崇恩的生活起居并不乏人料理，崇恩收娲柴为养女，显然并不为料理生活起居，其意不过是需要有子女亲情的关爱，以弥补亲情之乐的缺失而已。

僧人生活，孤单寡欢，尤其老年孤僧，深羡世俗家庭有子女承欢膝下，孝顺侍奉，于是收养义子义女，作为无子无女的代偿，以慰晚景孤寂。这表明敦煌僧人并不厌弃人世亲情，不拘守"离俗"之言教，同俗人一样希望拥有亲情之慰藉，既不厌世弃俗，尤非超世绝俗，反而面向人生，入世合俗，与佛学家观念中僧人应有之守持迥然相异。

例二：P.4525V(12)《宋太平兴国八年(983年)僧正崇会养女契稿》云：

①《敦煌社会经济文献真迹释录》第 2 辑，第 152 页。

太平兴国八年癸未岁×月×日立契僧正崇会今为释子，具是凡夫，□俗即目而齐修，衣食时常而要觅。是以往来举动，随从藉人，方便招呼，所求称愿。今得宅僮康愿昌有不属官女厶（某），亦觅活处，二情和会，现与生女父娘乳哺恩物少多，其女作为养子，尽终事奉。如或孝顺到头，亦有留念衣物；若或半路不听，便还当本所将乳哺恩物，某便仰别去。不许论讼养父家具。恐后无信，遂对诸亲，勒字用留后凭。

（此下有多人署名押记。略）①

本件反映，僧崇会为"往来举动，随从藉人"，生活难以自理，须人"事奉"而收养女。则知僧崇会收此养女，意在料理生活起居，以便安度晚年。此类养女虽同婢女，但以养女待之，不以奴婢视之。虽与崇恩之全为获得亲情关爱之补偿者不同，但以"养女"形式出现，避免"僧人蓄奴"可能引起的非议，间接透露出僧人收养义女不受非议的社会风气。

南北朝时，亦多有僧尼养女之事，但被视为"非法"。萧梁时，郭祖深《上梁武帝封事》云"僧尼多非法养女……请精加检括"是也②。但晚唐北宋敦煌不禁僧人养女，视僧人养女为合法之事，此亦颇异前朝。

通过上面的举证可以肯定，从吐蕃统治时期到北宋中期，敦煌不禁僧人婚娶，听许僧人婚娶，所以不少僧人有妻有子。作为一种社会制度也作为一种释门制度，这在同一时期及此前此后中央王朝统治区内是绝无仅有、十分特殊的。

在讨论敦煌不禁僧人婚娶的问题时，有以下三点须加说明：

---

①同上书，第157页。录文参考了沙知《敦煌契约文书辑校》，江苏古籍出版社，1999年，第360页。

②《南史》卷七十《郭祖深传》，第1722页。

第一，敦煌发现不少僧人婚娶的事例，却未发现尼众婚嫁的实例，似乎尼众仍然禁婚。

第二，敦煌发现有僧人收养义子女的事例，却未发现尼众收养义子义女的实例，似乎尼众仍然禁收义子义女。

第三，敦煌僧人婚娶者，其妻室及子女皆住寺外俗家，不住寺内。北宋汴京相国寺比丘澄晖，娶"艳娼"为妻，同住在该寺星辰院内，以致有人书"勅赐双飞之寺"贴于院牌（寺院匾额）以讥之①。两者绝然不同。《鸡林志》记高丽国"僧娶妇者不得居寺"②。则高丽国似亦允许僧人娶妇，只不许"僧娶妇者"居住寺内。敦煌、高丽，一东一西，遥相呼应，但《鸡林志》关于高丽国"僧娶妇者不得居寺"的记事，乃是北宋末期之所见，即便与敦煌相近或相同，却比敦煌晚了三百多年。

四、敦煌僧人婚娶的形成原因

敦煌允许僧人娶妻，起始于吐蕃统治时期。因此，探讨敦煌听许僧人娶妻的原因和由来，首先不能不考虑吐蕃佛教影响的问题。

吐蕃早期佛教，相当"驳杂不纯"，远非今人想象的那么健全规范。779 年桑耶寺建成之前，吐蕃人尚无受戒出家者，而为该寺建寺选址并被后世尊奉为宁玛派祖师的莲花生大师，就娶了寂护之妹为妻③。这显然表明吐蕃佛教不禁僧人娶妻。从赤松德赞赞普建成桑耶

---

①陶毅《清异录》卷一。

②据委宛山堂百二十卷本陶宗仪《说郛》卷六十转引。原注撰者阙名。宇按：据《玉海》《直斋书录解题》《五总志》载，此书本三十卷，北宋崇宁元年（1102），宣德郎王云字子飞者，从刘达、吴栻使高丽，归而撰此书以进；宋慕容彦逢《摛文堂集》卷六有《宣德郎王云，为进〈崇宁奉使鸡林志〉，文理可采，特转一官与诸军差遣制》，知《鸡林志》为北宋崇宁年代王云所撰。

③王森：《西藏佛教发展史略》，中国社会科学出版社，1987 年，第 8 页。

寺,到朗达玛赞普灭佛,其间不过四十二年,这一倏忽而过的短暂时期内,吐蕃本土佛教基本上处于"重信轻戒",甚至是"有信无戒"的状态。直到 11 世纪,吐蕃僧人仍多有娶妻生子者。如 11 世纪西藏佛教著名法师协饶嘉哇(智胜)"和纳地旅店的女店主同居"①;同时期西藏佛教大师拉杰·德协嘉窝哇有"前妻后妻""生有子女三人"②。北宋岷州《新修广仁禅院碑》亦载,吐蕃佛教"多知佛而不知戒,故妻子具而淫杂不止,口腹纵而荤酺不厌"③。

后来,元代河西及内外蒙古流行藏传佛教,亦多有僧人娶妻者,是西藏佛教影响所致而为人所共知者。《元史·刑法志·户婚》云:"诸河西僧人有妻子者,当差发税粮、铺马次舍与庶民同。"这里只是令"河西僧人有妻子者"与庶民一样承担赋役,并不禁止僧人娶妇。元成宗大德七年(1303 年)九月丙子诏"罢僧官有妻者"④,也只是限制僧官不得娶妻。到元顺帝至元元年(1336 年),诏"凡有妻室之僧,令还俗为民。既而复听为僧"⑤。知元顺帝时,曾有过禁止僧人娶妻的诏令,对有妻室的僧人取消其僧人资格,"令还俗为民",但很快又改变了政策,让有妻室之僧"复听为僧",表明僧人娶妻之合法化。

唐德宗贞元四年(788 年),吐蕃统治敦煌,将其本土"重信轻戒"甚至"有信无戒"的佛教带到敦煌,使敦煌地区本来严格的教戒受到冲击、引起动摇,造成敦煌地区僧尼戒行的松弛、变异,破坏了敦煌地区僧人严格的戒行。敦煌最早以平常心态提到僧人有妻及子的相关

---

①廓诺·迅鲁伯著,郭和卿译《青史》,西藏人民出版社,1985 年,第 64 页。

②《青史》,第 75 页。

③[北宋]王钦臣《新修广仁禅院记》,见田尔穟等纂《岷州志》卷十七,清康熙四十一年刊本。张维《陇右金石录》亦载之,而录文稍异。

④《元史》卷二一《成宗纪》,大德七年九月条,第 455 页。

⑤《元史》卷三八《顺帝纪》,至元元年十二月条,第 831 页。

纪事,正是发生在吐蕃统治时期(参见前举 P.2807《吐蕃沙州乾元寺建福功德文》及 P.3730《吐蕃申年十月沙州报恩寺僧崇圣状》)。透露出敦煌地区由不许僧人婚娶,转变到不禁僧人婚娶,即肇端于吐蕃统治时期。吐蕃统治者把吐蕃本土"重信轻戒"甚至"有信无戒"的佛教带到敦煌,迅速引起敦煌佛教发生一系列变化。例如听许僧尼住在俗家,听食净肉,听任饮酒,从政从军,置产开店,放债取息,役仆受雇,共俗人结社结契等等,推动着敦煌佛教向世俗化方向急剧发展,很快演变成别具一格的"世俗佛教"。

其次,敦煌僧人婚娶,亦当有禅宗思想的影响。禅宗认为"一切万法,尽在自身心中"(《坛经》语),倡导"无相戒",认为自心清净即是戒法,持戒与否,只在自性的迷悟染净,并非外在的善恶分别。既然如此,那么虽置妻孥,只要"自去非心",也就"非自有罪"。晚唐时临济禅师更主张"得失是非,一时放却""不与物拘,透脱自在"(《临济录》四十七),为佛教戒行向宽松化方向发展提供了理论支持。看来,8 世纪末期以来敦煌佛教放宽僧人婚禁,禅宗思想及其"无相戒"的推行,也起到鼓风加力的作用。

第三,隋末失政,豪杰并起,战乱不断;唐初立国,复事四征,人口因而大减。而僧尼众多,影响到人口增殖,于是有武德七年(624 年)太史令傅奕上疏请令僧尼婚娶之事,傅奕《疏》云:"今卫壮之僧,婉娈之尼,失礼不婚,夭胎杀子,减损户口,不亦伤乎!"[1]建言:"天下僧尼,数盈十万……请令匹配,即成十万余户,产育男女,十年长养,一纪教训,自然益国,可以足兵。"[2]高祖李渊"将从弈言,会传位而止"。大历以来,吐蕃屡攻敦煌,战争持续达十一年之久,人口大量丧亡,而出家

---

[1]《广弘明集》卷七《列代王臣滞惑解下·唐傅奕》,《大正藏》52 卷,第 134 页。
[2]《旧唐书》卷七九《傅奕传》,第 2715 页。

为僧为尼的人数却大量猛增,据笔者推算,吐蕃统治中期,敦煌在俗人口约 18,800 人,而僧尼人数约 2,800 人,占在俗人口的 15%①。这 15%的僧尼若继续严守断婚姻、无子嗣的戒律,不免同社会增殖人口的需要背道而驰,有违世道民心。面对现实,佛教势必作出让步,进行方便调整,而佛经中恰有先曾受戒,后又娶妇并不犯戒的经文正合取用。《大方便佛报恩经》卷第六《优波离品》云:

> 先受戒时,于一切女人上三疮门中得不淫戒(引者按:
> "三疮门",一作"三创门",谓大、小便道及口),而后娶妇,犯
> 此戒不? 答曰:不犯。所以尔者;本于[人]女上得邪淫戒,今
> 是自妇,以非邪淫故,不犯此戒。以是义推之,一切同尔②。

这里所说,虽是针对受戒居士而言,但"以是义推之,一切同尔"之言,不免留下伸缩解读的余地。传为大目乾连所著《阿毗达磨法蕴足论》,其《静虑品》中论述过一类"身在家"而"心出家"者,他说:

> 有一类补特伽罗(引者按:补特伽罗义为"众生"),于诸
> 欲境,身离非心。谓如有一[人],虽有妻子,受用上妙田宅、卧
> 具、香鬘、璎珞、衣服、饮食,受畜种种金银、珍宝,驱役奴婢,
> 僮仆作使,或时发起打骂等业,而于诸欲,不生耽染,不数发
> 起猛利贪爱,彼身在家,其心已出,是名于欲心离非身③。

这种"身在家、心出家、虽受用妻子而不生耽染"的信徒,虽然上比"身心俱离"的出家者不足,但下比"身出家,心犹未出"的出家者,境界却是高超得多。如维摩诘者,虽委身在俗,出入淫舍酒肆而无伤

---

① 参见李正宇《吐蕃子年(808)沙州百姓氾履倩等户籍手实残卷研究》,载《1983 年全国敦煌学术讨论会文集·文史、遗书编上》,甘肃人民出版社,1987 年,第 215—216 页。

② 《大正藏》3 卷,第 158 页。

③ 《大正藏》26 卷,第 482 页。

其净名,仍得成就其大士分位。况且《十轮经》明载世尊说偈言："破戒诸比丘,犹胜诸外道。"①那么,僧人娶妻也不是什么不可容忍之事。

第四,隋唐以来,人生欲望日渐增强,世俗意志日渐觉醒,"世谛之法"在佛教思想中逐渐抬头,出现了不少鼓吹"世谛"的"中国造"佛经,《佛说天地八阳神咒经》就是这类佛经中的一个颇为典型的代表。该经云:

> 佛言:善男子,汝等谛听,当为汝说……天地气合,一切草木生焉;日月交通,四时八节明焉;水火相承,一切万物熟焉;男女允谐,子孙兴焉。皆是天之常道,自然之理,世谛之法②。

把男女合和的"世谛之法"提到了"天之常道,自然之理"的高度,其精神导向同正统佛教颇相异趣。这部佛经在敦煌地区十分流行,据专家统计,敦煌遗书中保存有不下二百五十多个抄本。吐蕃占领敦煌后,把不禁婚娶的吐蕃佛教带到敦煌,更助长了"世谛之法"的声势,加上禅宗"即心即佛"思想的影响,又有《大方便佛报恩经》"今是自妇,以非邪淫故,不犯此戒"的经文及维摩大士的先例可凭,于是在通融经典、方便应世的认同下,终于打破僧人禁婚之戒,不以僧人婚娶为非,而僧人婚娶之事便坦然出现于敦煌。看来也是事物发展合乎逻辑的顺延,并不难加以理解。

对敦煌佛教听许僧人婚娶的做法方面有可能让相当一部分佛教信士难以接受,担心开放僧人婚禁将导致佛教蜕化变质;另一方面,又有可能让某些非佛教人士想入非非,设想利用开放僧人婚禁来加快佛教消亡。三百多年前,便有人动了开放僧人婚禁以加快佛教灭亡

---

① 《大方广十轮经·相轮品》,《大正藏》13 卷,第 694 页。
② 《大正藏》85 卷,第 1214 页。

的念头,说道:

> 二氏之教,古今儒者尝欲去之而卒不能去,盖人心陷溺日久,虽贤者不能自免。夫民生有欲,顺其所欲则从之也轻。按老子之子名宗,为魏将;佛氏娶妻曰耶输陀,生子摩侯罗,出家十二年,归与妻子复完聚。今其徒皆鳏居而无妻,岂二氏之教哉?虽无妻而常犯淫僻之罪,则男女之欲岂其性与人殊哉?为今之计,簪剃不必禁也,听其娶妻生子,而与齐民结婚姻之好;寺观不必毁也,因其地之宏敞而借为社学、社仓,即以其人皆为我用,久将自嫌其簪剃之丑,而亦不便寺观之居也。岂非君子以人治之道、孔子从俗猎较之意乎[①]!

但我们从敦煌资料中看到的却是,"敦煌世俗佛教"虽允许僧人娶妻生子,而佛教在敦煌地区不仅没有被削弱或导致佛教消亡,反而深得民心、兴旺发达,成为当地最为普及、声势最为强大的宗教。设使袁枚生当其世,必不至发出"天下人类尽绝……佛又谁与传道耶"[②]的质疑。那种以为开放僧人婚禁将导致佛教灭亡的担心不过是杞人忧天,而企图利用开放僧人婚禁达到消灭佛教的设想,充其量不过是徒

---

①顾炎武《日知录之余》引《五台志》,此据《日知录集释》,岳麓书社,1994年,第1238页。又,"猎较"一词,见于《孟子·万章下》:"孔子之仕于鲁也,鲁人猎较,孔子亦猎较。"[汉]赵歧注:"孔子随鲁人之猎较。'猎较'者,田猎相较,夺禽默,得之以祭。时俗所尚,以为吉祥。孔子不违而从之,所以小同于世也。"

②[清]袁枚《牍外余言》:"某禅师爱予慧业,强之学佛。予问:'佛可娶乎?'曰:'不娶。'曰:'杀生乎?'曰:'不杀生。'曰:'然则使佛教大行,则不过四五十年,天下人类尽绝,而惟牛、羊、鸡、豕满天下矣。佛又谁与传道耶?将传与牛、羊、鸡、豕耶?'禅师不能答。"见《袁枚全集》第5册《牍外余言》,江苏古籍出版社,1993年,第16页。

望鸿鹄罢了。前有敦煌之先例,后有日本之来征①,杞忧与望鹄,似乎可以休矣。

五、余　论

佛教为了在中国广泛传播,不得不吸收中国的传统观念,逐渐与中国国情民心相结合,不得不淡化乃至消磨某些同中国传统观念及风俗习惯格格不入的教义,走佛教中国化、现世化的道路,这是佛教发展的必然趋势。隋唐时期中国佛教禅、净、华严、法华等诸宗的成立,大大推进了佛教中国化的过程,标志着中国化的佛教已经形成。而敦煌佛教更进一步面向现实,靠近人生,贴近生活,融入社会,朝着"入世合俗"的方向大步迈进,出现了一系列重大变化。例如真经"伪经"一体尊奉,兼尊各宗、不专一宗,僧尼多住俗家、少住寺院,听许僧尼置产敛财、雇工役仆以及听许僧人吃肉饮酒、从政从军、娶妻生子等,这些既是敦煌世俗佛教突出的表征,也是敦煌世俗佛教特有的内容,充分地表现出佛教世俗化的特点,终于形成我国佛教史上一个新的佛教类型、新的流派,即笔者所论证揭示的"敦煌世俗佛教"。

"敦煌世俗佛教"这个佛教新流派的出现与存在,在敦煌遗书和敦煌石窟资料中有充分的反映,敦煌学者,特别是敦煌佛教研究者都有所觉察,并且指出过敦煌佛教世俗化的倾向,提出过"敦煌佛教世俗化"的命题。但令人不无遗憾的是,这些先生们仅仅到此为止,以为这一时期的敦煌佛教仍踱步在"世俗化"的进程中,并未进一步揭示其基本完成向世俗化的演变,其性质已经变成典型的"世俗佛教"。佛

---

①村上专精《日本佛教史纲》载:"明治五年(1872)八月以后,又废除了僧位、僧官……此后僧侣只是一般的职业,命令他们称姓氏;解除官府关于食肉、带妻、蓄发的禁令。"此据杨曾文中译本,商务印书馆,1999 年,第 302 页。

教世俗化的过程，随着佛教的传入已经开始，到公元 8 世纪末已经"化"了七百多年，才在敦煌"化"出了个典型宛然的"世俗佛教"，而对这个"世俗佛教"，学者却茫然以对，竟不知其已经"化成"。其原因大约受到两方面因素的制约：

一是在学者的心目中，还只有一个佛教向世俗化缓慢踱步的模糊概念，尚未考虑"世俗化"的结果。换句话说，只有"佛教世俗化进行时"的概念，还没有一个"佛教世俗化完成时"或"基本完成时"的概念。"世俗化"的"化成形态"是个什么样子，大家心中没底，而且谁也没有进行过探讨，所以"纵使相逢应不识"，一旦面前出现这个前所未有的"敦煌世俗佛教"，反而不明白它就是"世俗佛教"。

二是学者受佛教正统观念的支配，对这种"世俗佛教"存在着鄙视和排斥的情绪。以往学者虽然撷取其一二可以接受的方面加以介绍，却对那些与正统佛教格格不入的内容，如真经"伪经"一体尊奉，听许僧尼居住俗家，置产敛财，雇工役仆，吃肉饮酒以及听许僧人从政从军、娶妻生子等等他们视为"离经叛道"的现象鄙夷不屑，甚至深恶痛绝，不愿意正视它、承认它，因而不去进行全面的揭示和介绍，更不去进行认真的研究。在正统派佛学家的心目中，只有大小二乘，显密二宗及禅、律、天台、华严、法相、三论、净土等有建宗立派的资格，连"禅也不思量，道也不思量；善也不思量，恶也不思量"[①]，甚至"呵佛骂祖"者，皆得称宗立派，却对敦煌世俗佛教不屑一顾。当笔者提出"敦煌世俗佛教"的命题并加以论证时，有位先生就曾不无睥睨地冷言："世俗佛教是哪门子佛教？"可见"傲慢与偏见"在敦煌世俗佛教研究中起着何等的作用！史学家与佛学家却不尽同。史学家受正统佛教思想的束缚较少而又注重史实，所以最先觉察到这一时期敦煌佛教

---

①《大慧普觉禅师语录》卷十三，《大正藏》第 47 卷，第 865 页。

的世俗性质并进行了相当充分的揭示,郝春文教授及其大著《唐后期五代宋初敦煌僧尼的社会生活》可为代表。

敦煌世俗佛教毕竟是抹杀不掉的客观存在。它的出现与存在,为我国佛教的发展演变打开了另一种境界,给我国佛教史带来了新的思路、新的内容和新的研究课题,也为当代的"人生佛教""人间佛教"和"人乘佛教"找到了一个可能是其渊源,却又有待规范完善的原生态,为"人生佛教""人间佛教"和"人乘佛教"提供了一个十分难得的、可作比较研究的客体,其意义实在不可低估。

（原刊《敦煌吐鲁番研究》第九卷,2006 年 5 月;修订稿收入兰州大学教育部人文社会科学重点研究基地、兰州大学敦煌学研究所编《敦煌佛教与禅宗学术讨论会文集》,2007 年 7 月）

敦煌文字、书法史研究

敦煌遗书标点符号及其价值意义

标点符号的使用,提升了书面语言的明晰性和准确性,被称为非字而字,无声而语,是书面语言发展进程和语文学史上重要的里程碑之一。过去,我国语文学界很多人认为标点符号最早是从西方移借而来,然后参酌汉文的特点加以变通、改进而成的。其实,西方人使用标点符号,最早不超过 11 世纪,而我国早在西周钟鼎铭文及石鼓文中已出现重文符号(图 1);西汉简牍中见有以"√"作句逗符号者;①东汉许慎《说文解字·乀部》载:"乀,有所绝止,乀识之也。""乀"读主,起点逗作用。徐锴曰:"乀,犹点柱之柱,若汉武读书止,辄乙其处也。"(南唐·徐锴《说文系传》卷 10)徐锴所言,见于《史记·滑稽

图 1　遹簋铭　西周·穆王时(见邹安《周金文存》)末行"孙=子=","="为重文符号。读作"孙孙子子"

---

①如悬泉置出土 I0116②∶125 号汉简:"……[姑]师已校候令史敲√相√宗√禹√福√置诣田所,为驾。当舍传舍,从者如律令。"敲、相、宗、禹、福、置等皆人名,√号表示各当断读。

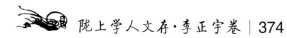

列传》，是说东方朔上书甚长，汉武帝读之，一时难竟，屡有暂止，乃于其处勾画记号，既标明所读暂止之处，又提示继读之起点。《说文》之"●"系小篆，楷化作"\"，其作用相当于现代标点符号中之逗号。由上可知，西周至两汉时期，已有少量标点符号的存在和使用。

公元 1900 年，敦煌莫高窟藏经洞（敦煌研究院编号为第 17 号窟）及敦煌境内其他处所与周边地区，发现约 5 万卷古代写印本文书，被称为"敦煌遗书"，年代跨度为公元 4—11 世纪。其中发现不少文书中使用标点符号，其种类不下 21 种，每种符号又有多个符形，表明我国标点符号的品种不断增多，应用相当广泛。可知我国早有使用标点符号的传统，并非由西方传来而始有之物。

1979 年台湾曾荣汾先生发表《敦煌写卷书写符号用例试析》①，对敦煌写卷中出现的删省、倒乙、重叠等类符号进行分析，论证了"义有删节""句有重复""叠字叠词""文有乙倒""衍文删省"等多种作用的符号，揭开了敦煌写卷标点符号研究的序幕。1988 年，笔者发表《敦煌遗书中的标点符号》②，介绍过敦煌遗书中 17 种标点符号。此后，郭再贻、张涌泉、黄征、林聪明、项楚、朱大星先生等在相关论著中也分别进行过有益的论述，对敦煌写卷标点符号的研究续有推进，有助于敦煌遗书字外含义的解读。另一方面，对敦煌遗书标点符号的种类、符形、用法及其语文学史、文献学史方面价值意义的揭示与认识，仍有必要继续探讨，乃续加补缀，撰为此文，以广见闻，兼为语文学史研究者提供参考。

所引文书之编号，说明如下：

P.xxxx 号：为法国伯希和所获敦煌遗书之编号，今藏法国巴黎图

---

①台湾中国文化学院中文系、中文研究所编：《木铎》，第 8 期，1979 年 12 月。
②见《文史知识》1988 年第 8 期。

书馆；

　　S.×××号：为匈牙利人斯坦因所获敦煌遗书之编号，今藏英国伦敦大英博物馆；

　　北图×字××号：为我国北京国家图书馆所藏敦煌遗书之编号；

　　大谷××××号：为日本人大谷光瑞所获敦煌遗书之编号，收入小田义久主编《大谷文书集成》。

　　敦煌莫高窟藏经洞出土古代文书使用的标点符号，最常见的有21种，形体多达100多形，今撮要介绍于下：

　　1. 句逗号① 　起断读作用，符号见有"、""o"二形。如 P.4010《索崇恩和尚修功德记》："及晋司空索靖、惠帝时敦煌贤达、临池学书、翰墨无双、对策第一、帝佳之，"句逗全用"、"号（图 2）。

　　P.2814(7)《后唐天成三年（公元 928 年）悬泉镇遏使安进通贺正献物状》："右伏以青阳肇启 o 景福唯新 o 爱从献岁之辰 o 用贺履端之庆 o 前件微尠 o 辄申陈纳 o 将表野芹 o"

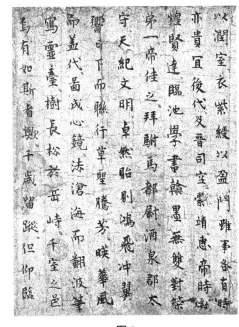

图 2

---

　　①此"句逗号"及以下诸标点符号名，古皆无称。笔者根据其性质作用，分别为之拟名，以便标举其类。

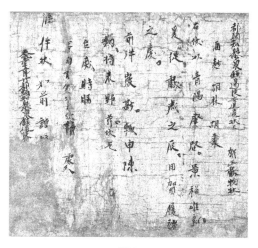

图3

句逗全用"o"号（图3）。

P.3251《曲子词六首》（图4），亦逐句皆标句逗，但值得重视的是，该卷各句之间皆见有较大的间隔。这一现象表明，抄写者必是在每句之末随手画上句逗，非后来阅读时添加者。

断逗符号之随抄随标，同读者后来加添的

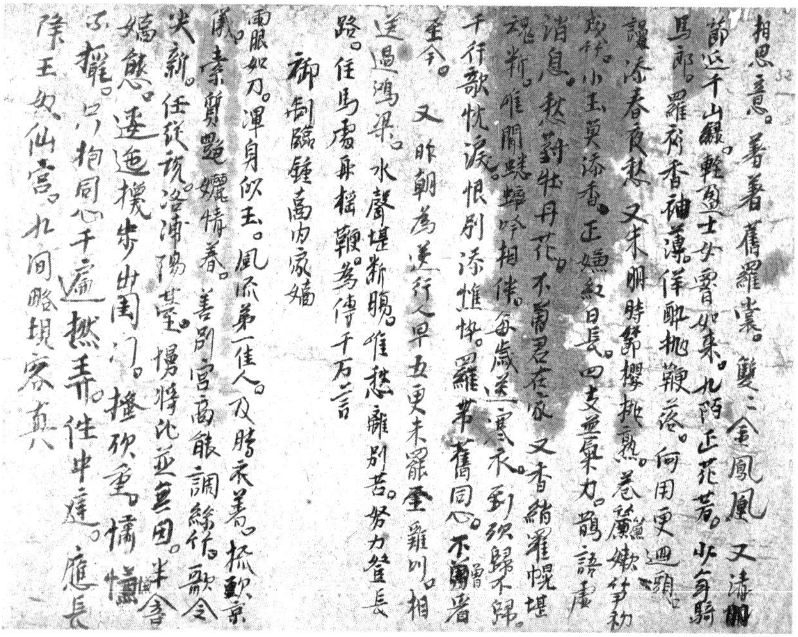

图4

句逗符号,有着截然不同的性质。随文而标的符号,表明符号与文字一起参与着表达;而后来阅读时添标的符号,一则表示读者做出的语气停顿,二则又体现着读者对文义的理解。两者的性质迥然有别。

杜牧诗"清明时节雨纷纷,路上行人欲断魂。借问酒家何处有?牧童遥指杏花村。"有人点读为"清明时节雨,纷纷路上行。人欲断魂。借问酒家何处?有牧童,遥指杏花村。"从形式到内容皆同杜牧原作有颇大的变异。可见不同人所作标点,反映着不同的理解,意义有所不同。

2. 顿号 与句逗号配合使用,表一句之中的语气停顿,符号亦作"、"。如P.2812《于阗宰相礼佛文》:"朱夏初分、舍异类之珍财 o""倾心恳切者、为谁施作 o"(图 5)一篇之中见有顿号与句逗号同时出现、配合使用,才能显示出顿号与句逗号不同的功用。在敦煌遗书中,这类写卷极少。似乎表明,唐宋时代顿号的出现和使用尚处在萌芽阶段。

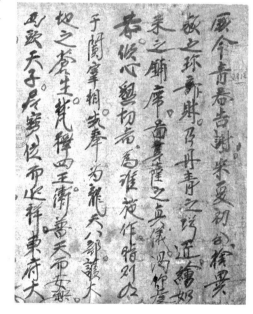

图 5

3. 重文号 表示前字重读。见有"• ： ㇏ 〱 〱 〰〱 々 ㄨ ｜"等十多形。其重读字数多少不等,有单字叠读、双字重读、三字重读、四字重读、五字重读、六字重读等六种。举例如下:

(1)单字叠读:如 S.613《西魏大统十三年(公元 547 年)瓜州效谷

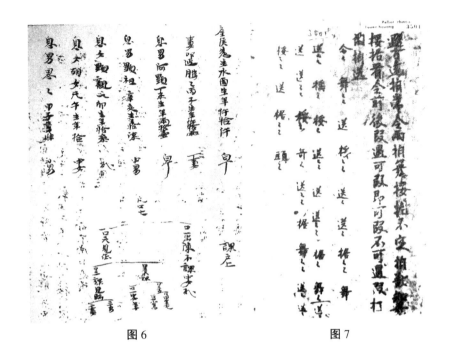

图6　　　　　　　　　　　　图7

郡计帐》:"息男恩ㄑ,甲子生,年肆。""恩ㄑ"读作"恩恩"(图6)。

(2)二字重读,P.2494《楚辞音》:"姜嫄生后ㄑ稷ㄑ周之始祖也。"读作"姜嫄生后稷,后稷,周之始祖也。"又如 S.1438《蕃占初期沙州某汉人都督书仪》:"顿ㄑ首ㄑ死ㄑ罪ㄑ。"读作"顿首顿首,死罪死罪。"

(3)同字二次叠读与三次叠读交叉混用者,如 P.3501 唐《遐方远舞谱》"令ㄑ舞ㄑㄑ送授ㄑㄑ送ㄑ",读作"令令,舞舞舞,送,授授授,送送"(图7)。

(4)三字重读:P.2157《律戒本疏·受觅法》(十六国时抄本):"比丘如法断者,是名为断。若复不能断,应付传ㄑ事ㄑ人ㄑ用见在比丘法断。"末句读作"应付传事人,传事人用见在比丘法断。"

(5)四字重读:P.5034 背《春秋后语》:"诗曰'相鼠有体人ㄑ而ㄑ无

【礼【胡不遄死’。”读作“《诗》曰：‘相鼠有体，人而无礼；人而无礼，胡不遄死’”（图8）。

（6）五字重读：同上引 P.2157《律戒本疏》："应还付先【乌【回【鸠罗【应用比丘法如法断之。"读作"应还付先乌回鸠罗，先乌回鸠罗应用比丘法，如法断之。"（"乌回鸠罗"，梵语"无二平等"之意）（图9）。

（7）六字重读：同上引 P.2157《律戒本疏》："从今听忆【念【比丘【法【僧中种种净事起。"读作"从今听忆念比丘法僧，忆念比丘法僧中

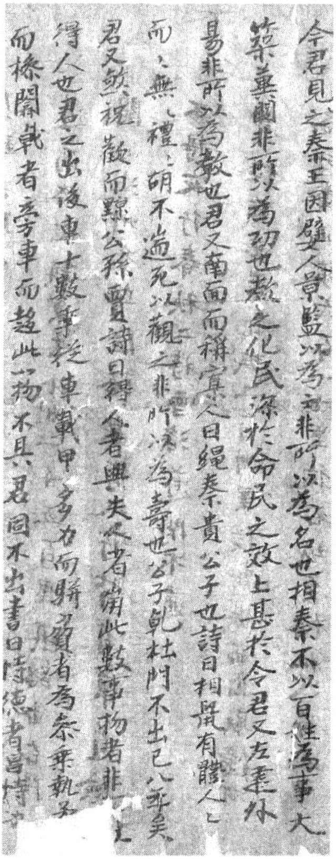

图8

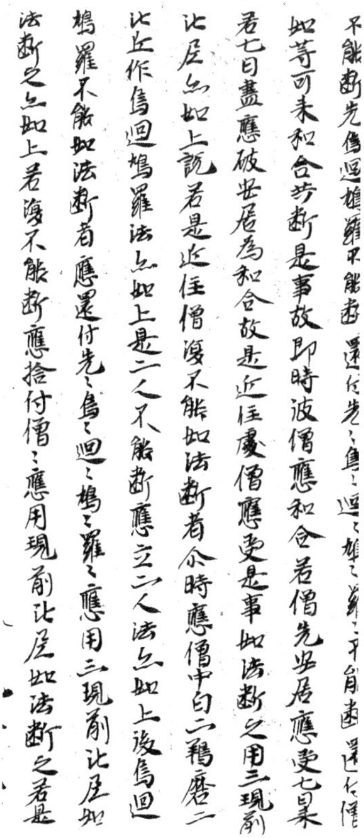

图9

种种净事起。"

赵彦卫《云麓漫抄》卷3载:"古碑有重字,多作迭画。今人或写'又'字,不若作迭画为雅驯。秦《峄山碑》李斯小篆,所题'御史大夫'有'夫'而不著'大',但于下作迭画……古人从简,每遇此二字则作迭画。"而敦煌遗书中不仅见有二字重叠之法,且有三字、四字、五字、六字重叠之法,为南宋赵彦卫所未言者,可补载籍之缺。

4. 省代号 起省代主词的作用,符号作 "ᔐ""ᔓ""ᔓ" 三形。如P.2659《未知名类书》"马"字条云:"《何氏姓苑》云:'孔子弟子有巫ᔐ期也。莫下反。'"巫ᔐ期读作"巫马期"。"莫下反"为"马"字之反切注音(图10)。

又,P.2133《金刚般若波罗蜜经讲经文》"大众敛心合掌着,高声ᔓ。"六段文中第四段,"都公案上ᔓ"(图11)。分别读作"高声高声唱唱

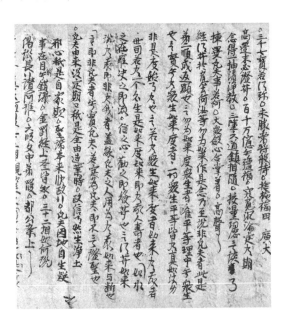

图10　　　　　　　　　　　图11

罗""都公案上唱唱罗"。唐宋俗讲进行中,讲经僧解释经文并用韵语唱诵人意之后,常用"××××唱将来""××××唱将罗"或"××××唱唱罗",提示都讲僧接下来高声朗读下一段经文,上举"唱将来""唱将罗"或"唱唱罗"已成程式化套语,故用 乀、ㄟ 符号加以省代。

5. 倒乙号 表上下字颠倒读之,符号有 ✓ ∽ 二形,皆添加在须予倒乙之字的右侧,亦有极少标于左侧者。S.113《西凉建初十二年(公元416年)敦煌郡敦煌县西宕乡高昌里籍》:"唐✓妻年卅一",读作"妻唐,年卅一"(图12)。

又,P.2698《观想文殊菩萨修行念诵仪轨》:"借一切坐具地于上",读作"借一切坐具于地上"。

6. 废字号 施于废除字之旁,表示不读,符号有"〣〡〣〡〢〢丨丶丶、一●"等十形。如北图地字76号北魏太安四年(公元458年)写本《戒缘下卷》:"比丘僧能〣得〣用三现前……"读作"比丘僧能用三现前……"(图13)

图12

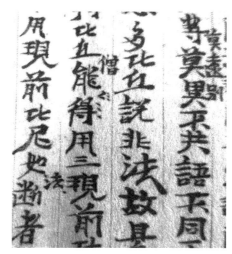

图13

《云麓漫抄》卷 3《废字旁注卜》条云："古人书字有误,即墨涂之,今人多不涂,旁注云'卜'。谚语谓之'卜煞',莫晓其义。近于范机宜华处,见司马温公与其祖议《通鉴》,书有误字,旁云"𮧟",然后知乃"非"字之半耳,今人不省云。"则宋时仍用此类废字符号。

7. 删除号 作用与废字号同,但废字号多施于一字或数字,删除号则用于句、段。句、段删除之后,有时在右旁添写改正之文句。因知废字号在于废除一二字或若干字,而删除号在于废除某种文义。其符号有"▬▬▬""▬▬▬▬"二形。如 P.2684《唐开元十年(公元722 年)沙州敦煌县莫高乡籍》某户地"口[一]段拾玖亩,口分,城南七里阳开渠,东张武迁,西张玄素,南石,北岸"一行,墨笔涂抹,表示此行删除(图 14)。

又 P.2164 北朝写本《涅槃义疏第七卷》:"故维摩言菩萨行,非名通佛道。第二舍彼凡夫取相之慈第三舍彼凡夫二乘取相之辞。"第二舍彼凡夫取相之慈十字表示删除。还有同一件文书中两种删除符号同时兼用者,最典型的例证可举出 P.3281 背(2)《押衙马通达状稿》(图 15)。

8. 敬空号 符号之形作"▔"。唐代公文对某些敬称词语规定有"平阙式",私人牒状函启亦遵行无违。但起草

图 14

时不甚严格，往往当空不空。为提示誊正时务必敬空，则须于当空之字上画敬空号"┏"。如 P.3151《归义军状稿》多处标有敬空号，如："一则感┏台情之重寄，经过┏贵道，希赐┏周旋。"表示誊正时"台情""贵道""周旋"等字须敬空，作"感　台情之重寄，经过　贵道，希赐　周旋。"（图16）。

9. 篇名号　作篇名标志，符号之形作"𦫵"。如 P.3861《金刚二十八戒》"𦫵金刚二十八戒……𦫵散食法……"（图17）。

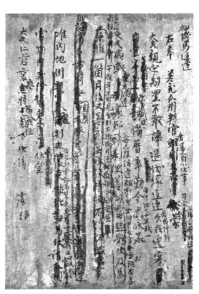

图15

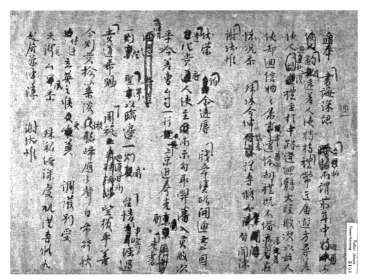

图16

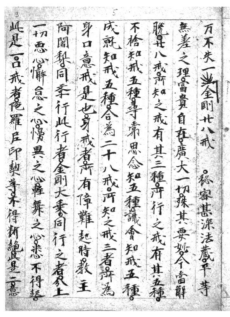

图 17　　　　　　　　　　　图 18

10. 章节号　标示一篇之内不同章节，符号之形有"⌐""○"二形。如 S.5660《朋友书仪》："⌐正月孟春犹寒，分心两处，忆相（想）缠怀……⌐二月仲春渐暄，离心抱恨，慰意无由……"又，P.3822（唐）苏敬《新修本草》"○蓼实，味辛温，无毒，明目，温中，耐风寒，下水气面目浮肿。○荏子，味辛温……"（图 18）。

11. 层次号　标示全文中之不同层次及各层次间的子母关系。符号之形有"卌""◎""○""●"四形。如 P.2247《瑜珈师地论释决择分分门记卷第三》："卌第十，答十烦恼现行相，分三：◎一、总问，◎二、略答……◎三、别释，分三：○一、明二十种起现行人，分二：●一、总问，●二、广答……"（图 19）。

12. 标题号　置于标题首字之上，作用在于使标题醒目，符号之

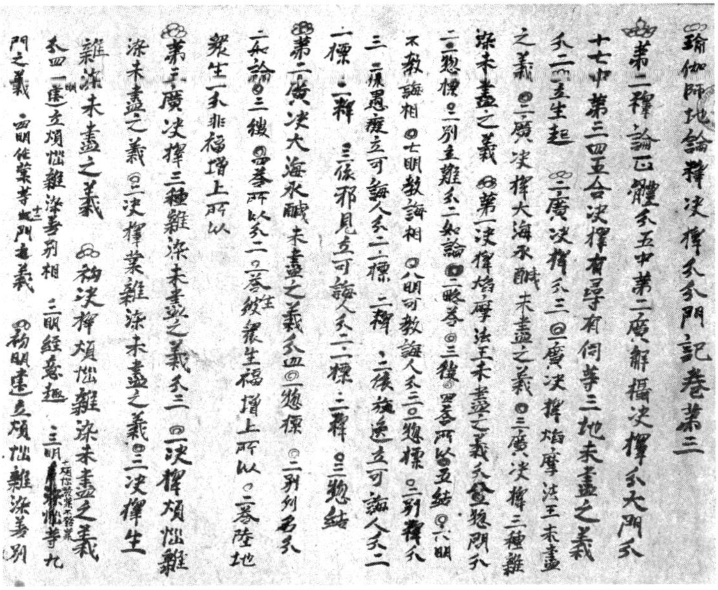

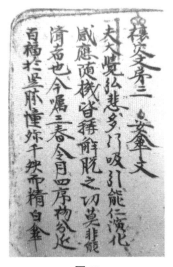

图 19

形有"❀""♒""○""△"四形。如
P.3819《禳灾文第三》："❀禳灾文第
三○安伞文……"（图 20）。"禳灾文第
三"之前有❀号，表示"禳灾文第三"
为总标题；"安伞文"之前有○号，表
示"安伞文"为"禳灾文第三"中之一
篇。

13. 界隔号 用来界隔上下文，
符号之形亦作"┏"。如上引 P.3819
"○安伞文┏夫大觉弘悲，多门吸引，
能仁演化……"（图20）。在"安伞文"
与"夫大觉弘悲…"之间用"┏"号加

图 20

以界隔,以区别篇题与正文。

14. 绝止号 标在正文之末,表示正文结束,符号作"♩""┏"二形。如 P.3004《乙巳年(945 年)兵马使徐留通欠绢契》:"乙巳年六月五日立契……恐后无凭,故立此契,押字为定♩"(图 21)"♩"号表示正文结束,以下不得添加其他条款及文字。

15. 移位号 将此处部分文字改移于他处,符号有 ∫ ⸱ 二形。如 P.3763 背 11 世纪《沙州净土寺诸色入破历算会稿》:"计緤八百一十三尺。"此 8 字,用"⸱"形符号移接于下一行之末尾(图 22)。

16. 破折号 表示对上文的解释说明,其符形作 "∣"。例如 P.2133《观音经讲经文》"能行并(菩萨)总明善男子云∣。""∣"号以下用七言韵语对什么是"善男子"作出解释说:"修行净行不贪嗔,向佛于(与)僧意自纯;每日参禅求问道,经年结社(引者按,此谓结佛社)

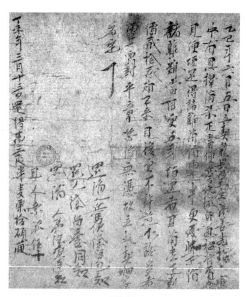

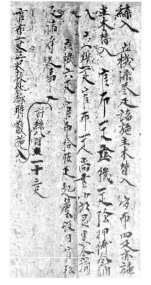

图 21　　　　　　　　　图 22

作良因;不交(教)意地迷三或(惑),岂遣心田染六尘;凡是修行诸弟子,《经》中唤作善男身。"同卷"言善女人者,能持净戒,解念真经,不贪声色云▮。""▮"号以下用七言韵语对什么是"善女人"作出解释:"不把花钿粉饰身,解持佛戒断贪嗔;数珠专念弥陀佛,心地长修解脱因;三八镇游诸寺舍①,十斋长具断昏(荤)辛;②如斯净行清高众,《经》内呼为善女人。"(图23)。

17. 勘验号 表示经过检勘,对账面与实物相符与否所出的勘验记号,其符号有"、""●""○"三形。如 P.3807《吐蕃统治末期沙州龙兴寺藏经点检目》载:

　　●贤者五福德经一

卷●八大义觉经一卷

　　●太子辟罗经一卷

梵网经一卷

　　菩萨藏经一卷

净业藏经一卷

其中,《贤者五福德经一卷》等经名上见有勘验号●,表示此经现存;《梵网经一卷》等经名上未见●号，表示往年入库的账目中有此

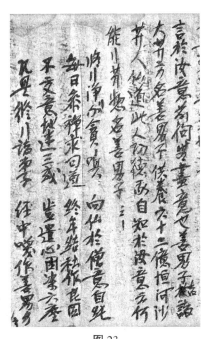

图23

---

①三八:每月之初八、十八、二十八三日。唐宋时,佛寺于此三八之日举行念诵功德会以祈福佑。

②十斋:即十斋日,佛教以每月之一日、八日、十四日、十五日、十八日、二十三日、二十四日、二十八日、二十九日乃至三十日,以上十日持斋事佛,不食荤辛。

经,经过点检,未见此经(图24)。

18. 勾销号 用于账册,表示所欠账目已经清偿,原记账目注销,符号形状有"┏━"、"┏━"二形。如 P.3234《甲辰年(公元944年)二月后敦煌净土寺东库便物历》:"┏━安员进便豆壹石陆斗,至秋两石肆斗……"安员进名上加有"┏━"号,表示安员进所欠债已偿清(图25)。

19. 签押号 在本人名下所画签押符号,又名"花押",作用相当于名章,符号形状有、、乀、▮×♯∨▼丅╀大夬兀邜∩〇◎⊖⊕等不下四十多形。如 S.527《后周显德六年敦煌女人社约》末有十五名结社女人之具名,诸人在自己名字下画有各自的押记(图26)。从本件所画签押符号来看,显然有些女人不会写字,甚至不会握笔。鲁迅在《阿Q正

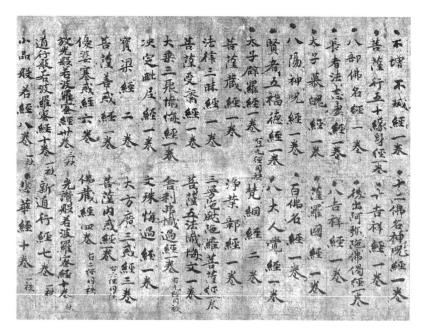

图24

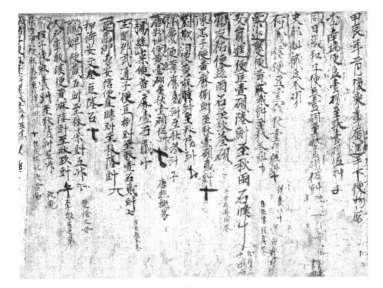

图 25

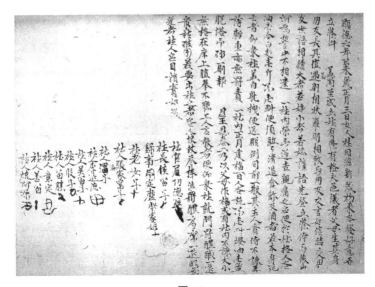

图 26

传》中写阿 Q 被砍头前,一个"长衫人物"令阿 Q 在供状上画押,但阿 Q 不知怎样拿笔,惭愧地说:"我……我……不认得字。"那人说:"那么,便宜你,画一个圆圈!"阿 Q 伏下身,"使尽了平生的力画圆圈",却画成"瓜子模样",阿 Q 不免"羞愧自己画得不圆"。上引显德六年女人社约中的某些画押,提供了当年不识字人不善握笔及画押不雅的实例。曾慥《类说》卷 49 引《卢氏杂说》云:"安禄山押字,以手指三撮而成。"敦煌遗书中未见"以手指三撮"蘸墨捺出的花押。

20. 指节押 在姓名下或姓名旁比量本人中指节(男左中指,女右中指)的长短点画为记,作用与押署号同。敦煌遗书所见有 ▭、▭ 、丨丨丨丨、▭ 四形,盖体式繁简有所变化而已。举例如下:

大谷 2836 背《圣历二年(公元 699 年)敦煌县平康乡检校营田牒》,末尾署名:"检校营田人氾孝才""张慈员""左彻""雷善仁"诸人名字左旁加墨点,分别为氾孝才等人左手中指节纹之距离(图 27)。

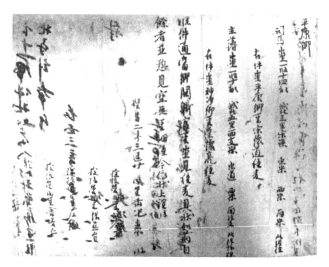

图 27

P.3379《后周显德五年(958年)社人团保牒》,本件在诸人名字下皆比量各男左手中指指节之长短,画出指节之所在(图28)。

P.3223《永安寺法律愿庆与老宿绍建相诤勘状》,老宿绍建名下画有绍建左中指长短之形"〜〜"(图29)。

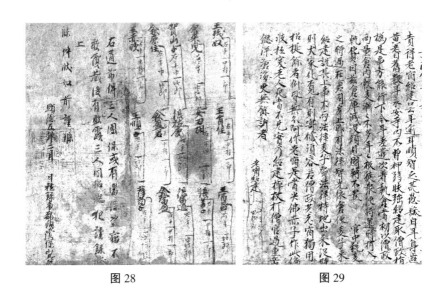

图28　　　　　　　　　图29

敦煌遗书贷便契中常见"画指为记"的话,所指即在文书上画押认可,其中亦包括指节押,唐代亦称"画指券"。《周礼·司市》:"以质剂结信而止讼。"(唐)贾公彦疏云:"质剂,谓券书、下手书,即今画指券。"明清徽州文献谓之"上手契"是也。

21. 图解号　用以提纲挈领,概括大意,基本符形作"⤳"。如S.613《西魏大统十三年(公元547年)瓜州劲谷郡计账》关于各户人口承担课赋及免除课赋情况,用图解法加以概括表示。如叩延天富户共有人口五人,其中一名老女已死,出除不课;现在之四人中有两个四岁以下的小孩,不承担课赋;另有二人,一为丁男,一为丁女,须承担

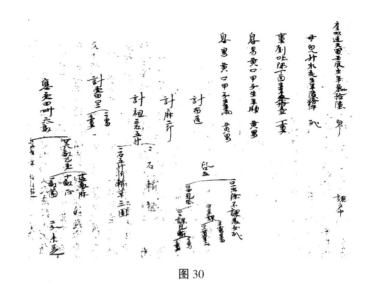

图 30

课赋。以上记述,即用图解法予以标示(图30)。

《史记》有《三代世表》《十二诸侯年表》《六国表》,《汉书》有《诸侯王表》《功臣表》《百官公卿表》《古今人表》等,用表格的形式列载不同项目的内容,可知表格形式至少汉初已有之(敦煌遗书中亦有此类表解)。但上举西魏年代之图解形式,于传统典籍中不曾见到,唯敦煌遗书中有所保存。

唐代以来,图解法又有进一步的发展。敦煌文书中见有佛教僧人为解析佛经而制成表解,用来提纲挈领,概括大意。如 P.2156《大乘入道五位》(约为晚唐写本)就有这种"提纲挈领,概括大意"的图解(图31),这种图解方法,颇有利于读者领略内容,便于快速记忆。可以说又是古人创造的一种快速记忆法。

敦煌发现最早的图解法实物,属西魏时期(见上所举),最晚的实物属五代时期。皆为文献遗珍。

上面介绍了敦煌遗书中的标点符号21种、100余形。总体加以

分析，可以得出下面两点
认识：

　　1. 敦煌遗书集中保存
了我国公元 5—11 世纪书
面语言中数十种标点符
号。这是一笔重要的语文
学遗产，它表明我国古代
在创造和使用标点符号以
弥补文字表达所不能及的
缺陷，无疑居于世界领先
地位。

　　2. 敦煌遗书所保存的
西凉至北宋时期的标点符
号具有三大特点：一是一
号多符。例如上举之句逗

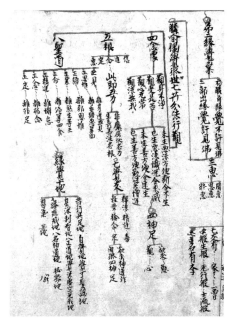

图 31

号、删除号、层次号、标题号等，大多不止一种符形，其中，签押多达
40 余形（本文已举出 23 形）。二是一符多用。例如同一种矩形符
（"▗"），可分别用为敬空号、界隔号、章节号、勾销号；圆形符（"○"）
可以用为句逗号、章节号、层次号；双点符可以用为重文号、省代号，
如此等等。上述"一号多符"及"一符多用"现象，表明当时标点符号
的使用还未臻规范，但另一方面也表明标点符号出自众手、普遍应
用，标点符号已被纳入书面语言范畴，从单纯的文字表述，进步到利
用标点符号作辅助表述，突破了纯文字表述的局限境界，人们的读
写意识得到了淬火升华。三是仅有表意性符号，没有表情类符号，如
感叹号（！）、问号（？）、着重号（强调、着重）、颤声号（《阿 Q 正传》：
"咳~~~~开~~~~啦！"庄家揭开盒子盖，也是汗流满面的唱。"天门

啦~~~~角回啦~~~~！人和穿堂空在那里啦~~~~！阿Q的铜钱拿过来~~~~！"）这类符号在敦煌遗书中尚未发现。

上述三大特点，表明5—11世纪时，我国标点符号的造型与使用还不甚规范，尚未统一，存在着缺点和不足，有待于进一步规范化、标准化、整齐化和完善化。当我们在肯定敦煌古代标点符号重要成就的同时，也要看到它在前进过程中的不足，作出实是求是的评价。

此外，敦煌遗书中还见有谈论标点符号的若干史料，兹举二例于下：

（1）S.525 句（勾）道兴《搜神记·昔有管辂篇》，记北斗、南斗二星君所持寿命簿，上写赵颜子"合寿年十九即死"。管辂教赵颜子持酒肉款待北斗、南斗二星君。二星君乃私将"十九"二字把笔倒乙为"九十"。接着写道："自尔以来，世间有行文书颠倒者，即乙复也。因斯而起。"云"事出《异勿〔物〕志》"。其事虽属小说，却反映世间确有倒乙字序、变换文义之法，所以才会出现这样的故事。通过故事，反映出人们对倒乙改字的重大意义已有充分的认识。

（2）S.2577《妙法莲华经卷第八》卷末题记云："余为初学读此经者不识文句故，凭点之，亦不看科段（引者按：'科段'谓段落），亦不论起尽（引者按：'起尽'指开头及结尾），多以四字为句。若有四字之外句者，然始点之；但是四字句者，绝不加点，别为作为（原注：'帷委反。'），别行作行（原注：'闲更反'。引者按：前'行'读 xíng，后'行'读háng）。如此之流，聊复分别。后之见者，勿怪下朱（引者按：'下朱'，谓用施以朱色点记），言错点也。""今见该卷四字齐言偈句，皆不施朱点，非四言偈句方加点逗，与题记之言相合。"

令人不无遗憾的是，敦煌遗书中关于古代标点符号存在与使用的资料，虽早有简略介绍，却没有人全面系统地整理介绍，致使这宗文化成果在敦煌遗书问世之后90年间仍鲜为人知。除从事敦煌遗书研究的少数人之外,广大治语文学史者则不甚了然,更谈不上研究、吸收、继承等事。以往,不少学者不了解标点符号在我国古代已广泛流行使用,并且留下了丰富的实物资料,误以为"标点符号传自西方"。但西方大量用标点符号的历史,早不过 11 世纪,而我国早在公元前 10 世纪西周穆王时期已出现并使用标点符号;5 世纪以来敦煌遗书中更广泛出现并使用多种标点符号,其种类不下 21 种,符形则多达百余式。表明我国古代不仅早已使用标点符号,并且积累了丰富的经验和成果。我国近世的标点符号,不过是在自身传统的基础上吸收了西方标点符号的优点,使固有标点符号系统进一步完善化、规模化、标准化和科学化罢了。

(原刊郑州《寻根》杂志,2010 年第 3 期;收入《文献研究》第二辑,学苑出版社,2011 年 6 月)

敦煌古代硬笔书法

一

一种颇为流行的说法认为：我国硬笔书法起自近代；这种书法出现的前提条件是西方钢笔的传入和流行；国人用这种笔来写字，于是才产生了硬笔书法。其实，这是不了解我国硬笔书法源远流长的发展历史的错误说法。

硬笔书法，是同"汉字"与生俱来的最早兴起的书写方法。商周时期的甲骨文，则是我国上古时期硬笔书法的集大成之作。就其书写工具和书写方法来说，甲骨文是用刀尖刻划出来的，只见刻痕，不见墨色，同现代所说的"硬笔"和"硬笔书法"固然有着很大的不同。但同毛笔之类的"软笔"和"软笔书法"比较而言，它毕竟属于"硬笔"和"硬笔书法"范畴。

战国时代出现过"点漆书"，是用竹木签蘸漆写字，这同用刀刻痕作字的方法已有所不同，它不再是用刀刻字而是用竹、木削制的笔蘸漆"写"字。所写出来的字，不见刻痕，只显墨迹。这已经是现代意义的硬笔和硬笔书法了。到了汉代，硬笔的使用进一步流行起来。西汉扬雄《法言》卷三云："刀不利、笔不铦，宜加砥削之"。晋李轨注云："刀钝砺之以砥，笔秃铦之以刀。"写字磨秃了的笔可以用刀削尖，那么这种笔毫无疑问必是竹、木或骨、角制作的硬笔。《王子年拾遗记》卷六记东汉名儒任末，"削荆为笔，剋树汁为墨"。更具体形象的载明了古人用硬笔写字的事实。

我国古代少数民族和寄居我国境内的西域侨民，有不少本来就是使用硬笔作书，甚至完全不用毛笔写字。斯坦因在新疆和敦煌玉门关附近的几处古代遗址里发掘出几支苇笔和不少硬笔书写的佉卢文文书和粟特文文书，其中最早的为三世纪遗物。敦煌遗书中除了有大量粟特文、佉卢文、梵文、于阗文、吐蕃文、回鹘文硬笔书法写本之外，还有不少汉文硬笔书法写卷。张大千先生在莫高窟收集的文书残片中，还有四片宋元时期的硬笔汉文写经。

由此可见，硬笔书法在我国古已有之，绝不是随着鸦片战争传入的"西方文明"的副产物。

我们的确看到这样的事实，即鸦片战争打开了中国封闭的大门，钢笔、铅笔、蜡笔之类的硬笔大量的传入，硬笔书法随之再度兴盛起来。但从我国硬笔书法产生、发展、兴衰起落的全过程看，近代西方钢笔之类硬笔的输入，不过是刺激了汉字硬笔书法的再度兴盛，绝不是汉字硬笔书法的创世祖。

在我国，刺激汉字硬笔书法再度兴盛的事例，不仅仅只是近代西方钢笔传入之后首次发生的。早在一千多年前，吐蕃、回鹘等少数民族使用的竹木笔，也曾经大大刺激了汉字硬笔书法的再度兴盛。敦煌遗书中吐蕃统治时期及其以后晚唐时期的硬笔汉文写本，就是古代汉文硬笔书法再度兴盛时期留下的实物。

二

八世纪中期，唐蕃之间在陇右河西地区展开一场持久的战争冲突。唐德宗贞元四年(788年)，吐蕃占领了唐朝在河西的最后一个据点敦煌，从此，河西大片土地完全处于吐蕃统治之下。敦煌位处河西走廊最西端，同内地距离甚远，加上战争和政治隔阂上的原因，在吐蕃统治时期内,敦煌同中原地区的交通不甚畅通。敦煌这个文化繁荣之地所需要的毛笔来源断流,纵有一点转手贸易,也由于运输困难,供不应求,而且加上价格昂贵,非普通人家所可常备者。然而却有吐蕃人习用的竹、木、苇笔,原料易得,制作方便。于是,汉人便学吐蕃人的办法采用竹、木、苇制的硬笔蘸着墨汁写汉字,这就促使汉字硬笔书法突然兴盛起来。吐蕃统治完结后,晚唐五代时期,仍然流行。此后势头渐弱,但仍断断续续延续到元代,前后长达六百来年。从敦煌遗书保存的汉字硬笔书法实物来看,敦煌在吐蕃统治时期和晚唐、五代、宋、元时期,硬笔的使用普及到官员、僧侣、市民、学生等不同阶层,应用范围相当宽泛,诸如佛经、佛经疏释、账历、书信、契券、转贴、祭文、占卜书、施舍疏、诗文、习字练笔等等。所见书体唯楷、行、草三体;行书最多,楷书次之,草书极少。由于作书者身份地位、文化涵养、年龄气质以及作书目的、用途等各有不同,故硬笔写卷,优劣不一,工拙兼备。作为古代硬笔书法史料,足以反映当时硬笔书法实况和多样化的面貌。其佳品,固然可供后人欣赏,其拙劣之作,亦可开阔后人关于古代硬笔书法使用情况的见闻。

下面,重点介绍十六幅不同年代、不同内容、不同水平的硬笔书法写卷,以向硬笔书法研究者和爱好者提供概括性情况并展示各卷的面貌风采。

(一)《未年张国清便麦契》

本件编号 S.4192(凡"S"字编号的敦煌文书,皆指英国伦敦大英博物馆收藏的斯坦因所获敦煌文书。下同,不另说明),系吐蕃统治初期写卷(图1)。释文如下:

> 未年四月五日,张国清遂于 处便麦叁蕃斗,其麦并限
> 至秋八月末还,如不还,其麦请陪(倍),仍掣夺[家资]。如中
> 间身不在,一仰保人代还。恐人无信,故立私契,两共平章,

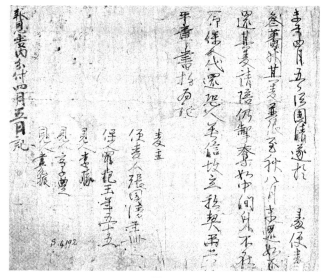

图 1

书(画)指为记。

　　麦主

　　便麦人张国清年四十三

　　保人罗抱玉年五十五

　　见人李胜

　　见人高子丰

　　见人画允振

　　"未年",公元 827 年,"便麦契",即借贷小麦契约。本件为硬笔行书,其中"日、张、斗、至、如、为、记、高"等八字为草书,全篇书法熟练流利,气势贯通,为敦煌硬笔书法佳品之一。篇末"报恩窨内吩咐,四月五日记"十一字为毛笔书写,系敦煌释门都教授的批语。表示所借允准,其麦由报恩寺仓内支给。报恩寺为敦煌大寺之一,位于敦煌城南。批语的毛笔字,正堪籍以同契约之硬笔字比较异同。益见硬笔书法之笔画造型特点。

（二）《巳年普光寺人户李和和等便麦、粟契》

本件编号 P.2686（凡"P"字编号敦煌文书，皆指法国巴黎国家图书馆收藏的伯希和所获敦煌文书。下同，不另说明）。为吐蕃统治初期写卷。释文如下：

> 巳年二月六日，普光寺人户李和和，为无种子及粮用，
> 遂于灵图寺常住处便麦肆汉硕，粟捌汉硕，典贰斗铁铛壹
> 口。其麦、粟并限至秋八月内送纳足。如违限不还，其麦、粟
> □□（请倍），仍任掣夺家资等物，用充麦、粟值。如身不在，
> 一仰□（保）人等代还。恐人无信，故立此契，用为后验。
>
> 便麦粟人李和和
>
> 保人男屯屯 ┍┬┬┐

"巳年"约为公元 789 年。"普光寺"，敦煌尼寺，在敦煌城西北，"人户"，即寺院所属的供役户，又称寺户，保人名下方之"┍┬┬┐"为借贷人的指节押。一般是比量书出男性左手、女性右手中指指节之长短，以为押记。

本件为硬笔行书，亦熟练可观。原件第三行"限"字之第三画，"还"字第二画，第四行"用"字第二画，第五行"契"字第五画诸过肩处，

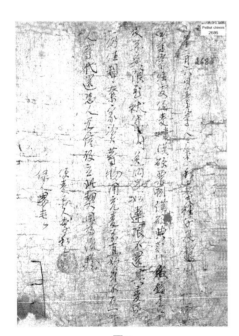

图 2

变相地保留着毛笔书法顿笔的习惯。从中可以明显地看出硬笔书法笔画造型与毛笔笔画造型不同的特点。

（三）《佛经疏释》

本件编号 P.2947（图 3）。为吐蕃统治中期写卷。卷子另面末题"甲寅年四月十八日书记"。甲寅年为公元 834 年，本件当时在此前。字为硬笔行书，笔画苍劲，结体紧凑，为敦煌硬笔书法佳品之一。

（四）《前生修福今得闻》七言诗一首

本件编号 S.6531 号（图 4）。硬笔行书。释文如下："前生修福今得闻，努力修道莫生嗔，愿我求得无上道，死后便得涅槃身"。"死后"原

图 3

图 4

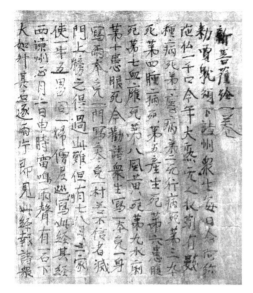

图 5　　　　　　　　　　　　　　图 6

抄作"后死"，二字之间划倒乙号正之。诗尾有吐蕃文，亦硬笔所写。此诗题于《佛说佛名经卷第十二》卷尾，经文系毛笔书，题诗为硬笔书，二者可对照比观。

（五）《新菩萨经一卷》

本件编号 S.407 号（图 5）。为吐蕃统治前期（八世纪末至九世纪初）硬笔写卷。笔画平出平入，不藏头，亦不回锋，某些横画起落截然，硬笔特点表现十分明显。字为楷体而略带行书，造型平稳舒展，为敦煌硬笔书法佳品之一。

（六）《阳苟等碢课麦粟历》

本件编号 P.T.1088A（P.T. 编号诸卷为伯希和所获吐蕃文献）。本件为吐蕃统治后期（830—884 年）硬笔书写的碢课账目（图 6）。释文如下：

　　阳苟，九月廿七日罗麦四石，干麦五石，课一石五斗。

氾保德，九月廿七日罗麦三石，干麦两石，课九[斗]五升；粟三石五斗。

刘屯子，九月罗麦四石，干麦三石，课一石三斗。

其后有吐蕃文，亦硬笔所写。本件汉文硬笔行书，秀媚俊俏，譬如小家碧玉，亦堪人怜。

(七)《灵树寺僧为节儿及节儿娘福田转经名数》

本件编号北500号("北"字编号为我国北京图书馆收藏的敦煌文献)，为吐蕃统治末期硬笔写卷。释文如下：

未年七月十日灵树寺众僧慈灯等为本州节儿纥结乞梨依福田转《金光明经》一部，十卷，一遍；《金刚经》七遍；《观音经》十遍；《般若心经》一百八遍；《无量寿咒》一百八遍；《维摩经》一遍，印沙仏二千。

为节儿娘福田转《金刚经》七遍；《观音经》十遍；《般若 心经》一百八遍；《无量寿咒》一百八遍；印沙仏一千。(图7)

"未年"即公元839年；灵树寺当即灵图寺，敦煌郡城西南八里的一座大寺；"节儿"，吐蕃州级地方武官，掌管一州军事。纥结纥梨为沙州(敦煌)节儿之名。"转"即诵读。"仏"即佛，为

图7

古代简化汉字,今日本犹用此字。

此件书法,行笔酣畅而结体紧凑,挥洒自如而不逾法度。亦为硬笔书法佳作之一。

(八)《论语卷第六》

本件编号 P.3402(图8)。原件为盛唐时《论语》抄本,经过多年使用,已经残破不全,无法继续使用,吐蕃统治时期成为废纸,利用背面抄抄写写。在原抄本卷尾空白处有人用硬笔续写"论语卷第六"五字。毛笔原书与硬笔续写,二者在笔画造型上对比鲜明,各具特点,是比较分析两种笔体特点的宝贵资料。硬笔字"言"字旁和"六"字之上点,先书短横,就势一收,显然是毛笔字作点时习惯使用的藏头回锋手法的遗留。但毕竟未能形成毛笔作点的效果,反而使"点"成了先横后斜的折笔。硬笔"六"字的末笔一捺,墨汁将尽而用力过重,致使笔尖发叉,出现双道墨迹。从而可知书写所用的硬笔,必与今日之蘸水笔尖

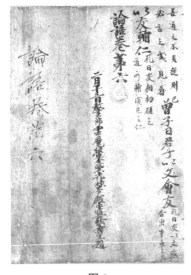

图 8

图 9

近似,笔舌正中剖有直缝,笔尖为双瓣合成,富有弹性。如此,此处"六"字末之呈形,又成为我们探讨所用笔尖制作技术的资料。

(九)《推得病时法》

本件编号 P.3402V(图 9)。笔迹与"论语卷第六"五字同,抄写者当同为一人,亦吐蕃统治时期(公元 781—848 年)硬笔写本。笔画明显体现出硬笔书法造型特点。

(十)《安善子等砲课麦历》

本件编号 P.T.1088C(图 10)。吐蕃统治时期硬笔写本。笔角较粗而圆钝,推测为木笔所写。前介诸件皆笔触纤细,除收笔处一扫而过,带出鼠尾而外,一般实笔运行之起结处,笔画较齐截,应属竹笔所写。

(十一)《李白〈白纻辞〉残句》

本件编号 P.2567(图 11)。该卷正面为《唐人撰唐诗》,背面前有吐蕃统治初期《癸酉年(公元七九三年)沙州莲台寺诸家散施历》,此《历》之后,硬笔抄写李白《白纻辞》第一首之开头残句"扬清哥发皓齿北方"八字,李白原辞为"扬清歌,发皓齿,北方佳人东邻子……"硬笔所书诸字,笔画劲瘦均匀,一看即知为硬笔所书。毛笔楷书之点撇、捺、勾、挑,硬笔写来,尽变为线,唯分长线短线、直线横线、曲线斜线而已。笔画造型之变,本件堪为典型。

(十二)《设斋文》

本件编号 P.2770(图 12)。该卷正面为残佛经,背为释门文范,前后皆毛笔抄写,中间二文 24 行为硬笔抄写。本件为前一硬笔抄件。文中说:"伏惟圣神赞普,开天辟地,抚宇安人;广业兴邦,修文曜(耀)武;使四方有序,八表来宾;兵戈艾宁,仓库殷积。嘉(加)以赏善罚恶,转祸禳灾;建贝叶之真场,启五乘之教典。或香花菱累、酬献佛僧,或珍饮丰盈、供陈凡圣,由(犹)是天厨宿设,宝马辰严,衣冠簇筵,龙象满席。考斯多善,夫何以加? 先用奉福庄严我圣主化愿,帝道遐布,日

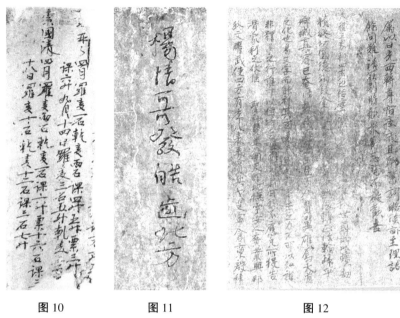

图 10　　　　　图 11　　　　　　　图 12

往月来,宝位恒昌,天长[地]久,然后穷无穷之世界,尽无尽之有情,赖此芳因,齐登觉道,摩诃般若。云云。"知为敦煌僧人为吐蕃君主设斋祈福之文。

（十三）《音声转贴》

本件编号 P.2842（图 13）,为晚唐时期敦煌硬笔行草之代表作。行笔流畅,洒脱自如。释文如下:

奉处分;廿九日球乐切要音声,不准常时,故须洁净。应来师(狮)子、水出令剑、杂务等,不得阙少一事。帖至,今月廿九日平明于球场门前取齐。如不到者,官有重罚。其帖,立递相分付。如违,准上罚。五月廿八日都史严宝。

张苟子　石太平　白德子　安安子　安和平知

张××　张禄子　张再子　尹再成　张再兴知

申骨仓　史　老　刘驿驿　曹收收　安藏藏

张安多　谈××　姚小俊

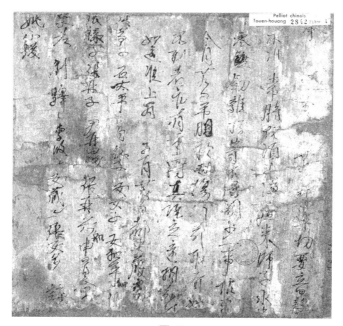

图 13

本文为沙州归义军乐营都史发给所属音声人赴球场供役的通知。正文之后附列十八人姓名，为应帖知音声人之名。可借以探讨归义军乐营之编制，故亦为古代乐舞活动的珍贵史料。

（十四）《丙寅年就张曹二家聚集商量社约》

本件编号 S.2041（图 14）。本号为社约之粘贴杂集卷，共有四件社约，第一件为晚唐大中年代沙州儒风坊西巷村邻社约；第二、三件为吐蕃时期的两件社约残文；本件为最后一件。释文如下：

丙寅年三月四日，上件巷社因张曹二家聚集商量：从今已后，社内十岁以上有凶祝大丧者，唯条赠不限，付名三大

（驮）；每家三赠了，须智（置）一延（筵）、酒一瓮。然后依前
例，终如（而）复始。

本号节一件大中年代儒风坊西巷村邻社约有"张曹二"之名，因知本
件为同巷村邻社约。所题丙寅年为公元846年，当吐蕃统治敦煌之末
期。其后两年即唐大中二年（848年）张议潮起义，光复敦煌，回归唐
朝。本件运笔圆熟流利，从容端庄，为敦煌硬笔书法之佳作。

（十五）《王康七等十人状》

本件编号S.4622（图14）。为晚唐中和三四年（883—884年）间写
本。释文如下：

　　先情愿镇守瓜州人户冯讷、齐略、王康七等十人状。

　　右康七等先闻制暑（署），为同赤心，情愿镇守纳力，兼

 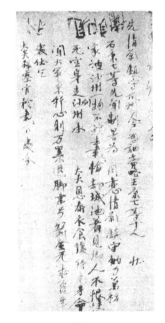

图14　　　　　　　　　　图15

移家〔瓜州〕,讷〔等〕沙州一物不残。去载榆(输)却〔瓜州〕城
池,着见乡人不恨快死,空身走到沙州。承大夫恩泰,衣食复
得充身。今闻大军东行,心则万里不退。脚乘弓箭全无,求觅
无处,伏乞大夫祥(详)察官秖,裁下处分。

咸通十年(869年),回鹘散众一度攻破瓜州,即本文所谓"去载
榆(输)却〔瓜州〕城池"。从知本件写于咸通十一年。此件书法未佳,但
别具一体,足资参考。

(十六)《俱舍论颂》残片

此件为张大千先生得之莫高窟,今归日本天理图书馆。书面右上
部,书"俱舍论颂"下写"二十二叶",当是据刻本而抄。此种刻本款式,
始见于宋元间,则抄本必不早于宋末元初,为敦煌发现的汉文硬笔写
卷之最晚者。字为正楷,笔触粗钝,似木笔所书。运笔滞拙,整体结构
亦不甚佳,然而备硬笔楷书之一体,且属敦煌晚期汉文硬笔书法压卷
作品,因而弥足珍贵。

三

通过观赏敦煌古代硬笔书法代表作品,对敦煌古代硬笔书法有
了具体的认识和概括的了解之后,我们可以进一步探讨敦煌硬笔书
法的特点了。

在字形及笔画搭配与间架结构方面,硬笔字取法于毛笔楷、行、
草书。但在笔画造型上却迥异于毛笔字。硬笔书法正是以其特有的笔
画造型使它从毛笔书法体系中分离出来而自成体系。因此,在探讨硬
笔书法特点时,就必须抓住它同毛笔书法笔画造型上的对比分析,才
能看清楚它所独具的特点。

毛笔汉字的笔画造型,基本上是由不同形状和不同趋势的点、线
二体构成,而它的点和线,又都由于毛笔重按而造成一定宽度的面。所

以准确地说来,毛笔笔画是由展现出一定宽度之面的点和线组成的。

例如点的造型:

线的造型:

而敦煌硬笔书法,则不同。硬笔书法由于受到它的书写工具——硬笔之性能特点的限制,无法作出毛笔重按时所可作出的面的呈现,因而它只能作出线这种笔画造型。毛笔字的点,硬笔写来,则成了线的缩短;毛笔字带有一定面之呈现的线,硬笔字则成了相对无面的线。

例如硬笔字的点作:

例如硬笔字的线作:

从数学、物理学观点言之,任何的点和线,都包含着一定的面。但从人的视觉感受来说,硬笔字的线,包括短线作成的点,同毛笔字具有显著宽度的点和线毕竟不同。相比之下,硬笔字的线和短线作成的点,都只是长短和方向不同的细线,并不引起面的联想。除此之外,硬笔书法在起、止、顿、捺方面也同毛笔书法有很大不同。这些都可以通过上举毛笔与硬笔点线造型的比观中清楚地看到。

笔者在硬笔笔画造型与毛笔笔画造型进行比较的基础上得出两者差异,进一步对硬笔造型的特点,概括成下面六句口诀:

曲直唯线,点不成桃,肩、勾不顿、撇不作刀,捺不出脚,锋芒昭昭。

曲直唯线：硬笔汉字的直划曲划，都是用线来表示，或直线、横线，或曲线，或折线，或长线，或短线，都无非是线，不过是不同形状的线。所以线是硬笔书法的基本笔画造型，甚至可以说是唯一的笔画造型。

点不成桃：毛笔楷书的点，其基本形态是桃形，而硬笔字的点不作桃形，只作短线。

肩、勾不顿：毛笔楷书过肩处和勾底处要顿一顿笔，做出"肩膀"或"蹲底"之形。硬笔书法则不如此作，在曲折过肩处和勾挑基底处只是一滑而过无须停留，更不用施压顿笔。

撇不成刀：毛笔楷书的撇，基本呈形是柳叶刀形，如丿、丿，而硬笔字只是一条斜线："丿"。

捺不出脚：毛笔楷书的捺，基本呈形是人足之形，如乀，而硬笔字仍是一条斜线如乀。

锋芒昭昭：毛笔楷书往往讲究藏锋回锋。硬笔书法则不讲这些，下笔抬笔，任其自然，不加修饰；有锋则露，无锋则秃，视之昭然。

唐、五代、宋、元时期敦煌硬笔书法的这些特点，与现代的硬笔书法仍然相同。这么说来，敦煌古代硬笔书法所创立的笔画造型大法，已为现代硬笔书法建立了规范，至今仍然未能越其雷池。这一点，又是敦煌古代硬笔书法一项难以逾越的成就。

通过上述的介绍，读者大概可以对本文开头提到的，认为我国硬笔书法起始于鸦片战争之后的说法，会有一个明确的回答；硬笔书法史研究家大约也会根据敦煌的发现来修订自己的看法了。这应该说是敦煌硬笔书法又一贡献。

（原刊台湾《文化大学中文学报》1993 创刊号）

硬笔书法是中国书法的源头、母体和通脉

　　以往各种版本的《中国书法史》，基本上只是"汉字毛笔书法史"。说什么"中国的书法艺术不过是拿毛笔蘸墨汁书写汉字而已"（见叶培贵《中国书法简史·绪论》）。《辞海》更趋极端，说书法是指"用中国式的圆锥形毛笔书写汉字（篆、隶、正、行、草）的法则。"[①]完全无视更比毛笔书法源远流长的"汉字硬笔书法"客观存在的事实。这种荒谬观念，可以归结为四个字："书唯毛笔"。

　　"书唯毛笔"观念的形成，可以追溯到西汉时期。西汉戴德《大戴礼记·武王践阼》篇说，周初，姜子牙述《丹书》之言，武王闻之，退而作《笔铭》云："豪毛茂茂，陷水可脱，陷文不活。"所谓"豪毛茂茂"，所指显为毛笔。但遍检先秦文籍，皆不载西周武王有"豪毛茂茂"之铭。唐代经学家孔颖达指出："《大戴礼》遗逸之书，文多假托，不立学官，世无传者。"（见《毛诗注疏》卷十六《大雅·灵台·序》孔颖达《疏》）；宋代王应麟亦云《大戴礼记·武王践阼》篇"谶纬不经之言，君子无取焉"（王应麟《武王践阼篇集解》）；明代王世贞更指出，"'毫毛茂茂'是蒙恬以后事也，必非太公作。"（王世贞《弇州四部稿》卷一百四十五《艺苑卮言（二）》）。宋代苏易简《文房四谱》卷一曾引《太公阴谋》书中载此《笔铭》。《太公阴谋》即《汉书·艺文志》"道家类"《太公》百三十七篇中的《谋》八十一篇。班固早已指出此书"近世又以为太公术者所增加

---

①见《辞海》，上海辞书出版社，1999 年缩印本，第 294 页。

也"。从知"豪毛茂茂"之铭,当为秦汉以来方士托古之作,虚妄无稽,不足取信。

后世多不知古用硬笔写字的实况,曾有据此《笔铭》而谓西周武王时已有毛笔,于是推想西周时已用毛笔写画。所谓蔡邕《九势》云:"惟笔软则奇怪生焉。"亦后世伪作而托名于东汉蔡邕者。清末发现甲骨文,见甲骨片上偶有朱、墨色书字,学者囿于"书唯毛笔"的习惯观念,臆断为毛笔所写,把毛笔写字的历史又提前到殷商时代。稍后,发现新石器时代彩陶,考古学家又臆断新石器时代彩陶图案也是用毛笔绘制而成。于是将使用毛笔的历史更提前到新石器时代,认为"河南仰韶和西安半坡等新石器时代遗址所发现的彩陶,其上的花纹和符号,都是用毛笔所画……所以,用毛笔书写的传统,必然在我们目前尚不清楚的远古时代就已经开始。"①如此,进一步将"书唯毛笔"观念发展到"书、画唯毛笔",大大强化了毛笔写画源自亘古的错误观念。

要破除中国书法史即"毛笔书法史"的错误观念,必须从写绘源头上进行清理:一要辨明新石器时代素陶刻符及彩陶图案的绘画其绘画工具是不是毛笔,换句话说,毛笔是否早已诞生于新石器时代且已成为刻画及绘画的主要工具?二要辨明甲骨文、大篆(包括钟鼎文、石鼓文、剑戈及货币铸文)、古隶(包括盟书、长沙帛书及战国简牍)、秦篆、秦隶(秦简)等先秦古字的刻画及书写工具是不是毛笔,从而判明上古诸种书体的属性。关于上述两大关键问题,我在《敦煌古代硬笔书法·附编》中已有详论。但"书唯毛笔"的错误观念已经流行两千余年,偏见经久,凝为偏执,而余说面世不久,传之未广,愿借此机会再作申说。

---

①见钱存训《书于竹帛》,台北汉美图书有限公司,1996 年,第 161 页。

一、新石器时代陶器纹饰的刻、画工具是硬笔,不是毛笔

新石器时代的陶器纹饰大体分为两类:一类是刻画符号及刻划纹饰,一类是彩绘图案。刻画符号及刻画纹饰,既属"刻划",无疑尽出"硬笔"所为,不须讨论。关键在于其后出现的"彩绘图案",考古学家皆断为毛笔所画,认定毛笔是新石器时代绘画的唯一工具,从而断定新石器彩绘图案属"毛笔画"。既然断定新石器时代已用毛笔绘画,那么后来产生的文字必是使用毛笔书写无疑。古文字学家及美术史家亦随声附和,倡言我国文字一出世就是使用早已行世的"毛笔"书写的了。

笔者对新石器时代彩绘图案进行研究,通过深浅放大、细察审度,发现新石器时代彩绘图案绘画的主要工具是硬笔而非"毛笔",新石器时代彩绘图案基本上属"硬笔画",而非考古学家、古文字学家及美术史家想当然之言所说的"毛笔画"。

远古陶器,先有素陶而无纹饰,后乃渐有刻符(图1)及刻画图案(图2,图3,图4)

图 1　西安半坡陶器刻符(采自高明《中国古文字学通论》)

上举刻符及刻画图案,悉皆阴文,刻线凹入陶胎,无疑为坚挺锐利的工具所为。在尚无铜铁的原始时代,指甲、竹签、木锥、鱼刺、角尖、骨锥、骨针、石片、石锥之类,都可以用来进行刻画。

图 2　指甲纹壶·
陕西宝鸡出土

图 3　锥刺纹壶·
陕西宝鸡出土

这类用来进行刻划的坚硬工具, 如果可以视为原始之笔的话, 无疑只能称为"硬笔"。原始陶器上的刻符及刻纹, 就是用这种"硬笔"直接刻画出来的。我们可以理直气壮地告诉世人:新石器时代陶器刻符及刻绘,尽属硬笔作品,与毛笔全无瓜葛。这一点不言而喻。

图 4　刻画猪纹钵·河姆渡文化

此后,新石器时代陶器上进一步出现彩色纹饰图案。前人将新石器时代陶器上的彩色纹饰图案,一概释为毛笔所绘。而笔者却发现原始彩陶图案纹饰实为硬笔蘸色绘制而成的"硬笔画",一反前人旧说。

概而言之,原始彩陶纹饰图案皆属平面画,尚未出现三维立体画①。

――――――――――

①新石器彩陶图案有很多非常精致的作品, 反映当时绘画技术已达到相当高的水平,无疑应当给予足够的评价。但总体来看,新石器时代绘画手法还很单调,绘画水平毕竟有限。例如彩陶图案中不见三维立体图形,表明其时尚不知立体画法。此为新石器时代绘画技术最为显著的时代局限。

而平面画之黑、白、红、赭涂色,仅能显示颜色的差别及色彩的对比,不足显示所画为何物。若要显示所画为何物,决定性环节不在涂色,而在于勾勒所画之物的平面轮廓。脱离式样轮廓的涂色,除了在视觉上造成色块感觉之外,不足让"感觉"升华为某种特定的物形和式样。所以不在特定轮廓内的涂色不堪称为绘画,只能视为涂抹。由此可以断言,新石器时代平面图的制作,最基本的要素和决定性的工序,乃是勾勒轮廓,可以简称为"勾廓"(画家谓之"骨法")。至于涂色,则是从属于勾勒轮廓的辅助性手段。上举河姆渡文化陶钵上刻画的猪纹图案,只刻画出猪的形体轮廓,并不涂色,已足以显示所画为猪。这件实物,足以说明勾勒轮廓在原始陶器图案制作上至为重要的意义。

新石器彩陶图案的勾廓,是用线条作成的。而线条一般细而匀适,不见毛笔画线必然出现的提捺、抖颤之迹。由此断定:勾廓线条必是硬笔所画。

笔者也发现新石器时代彩陶图案又有融勾廓与涂色为一体的手法,如画线、画圆圈、画方框之类,只见黑色或其他颜色的线条或圆圈及方框的外廓并无勾廓。这一现象,似乎打破了前面所说勾勒物体轮廓为制作原始彩陶图案"最基本的要素和决定性的工序"的说法,其实,这不过是按照预想的造型将勾廓与涂色合而为一,寓造型于涂色罢了。

新石器时代彩陶图案的涂色有两种类型,一类为线条型的涂色,一类为宽带型或大面积的涂色。线条型的涂色,只需用硬笔笔尖蘸色走笔即可画出,而宽带型、大面积的涂色,前人推测当用毛笔蘸色、捺笔涂抹而成。但笔者从新石器彩陶图案中却发现不少宽带型或大面积涂色显然是用硬笔蘸色,排笔涂描,线条合并而粘连成片者。例如甘肃秦安县大地湾出土陶片彩绘"十"形符号(插图5),显然是先用硬笔蘸色勾勒出图形的细线轮廓,然后在图形轮廓内继用硬笔蘸色、细线走笔排描涂色,其竖笔下部最为明显。若用毛笔涂色,必捺笔涂抹,何至只用笔尖作细线排描?这件用硬笔蘸色画出的彩陶图案,距今已8170—7370年,是迄今所知新石器彩陶图案中最早的硬笔绘画实物。

图5　大地湾出土陶片彩绘符号

又如甘肃出土4500年前马家窑文化半山类型彩陶壶(图6),其宽面积涂色明显可见不同方向的细线走笔(见局部放大照片),同样显示为硬笔蘸色排描而成者。

图6　马家窑文化半山类型彩陶壶(左下部局部图案放大)

又如青海柳湾出土的马厂类型人像彩陶壶(图7),其左下部宽带涂色经放大观察,亦明显可见细线排笔(见局部放大照片)。亦可断为硬笔涂色。

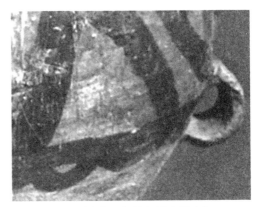

图7　青海柳湾马厂类型人像彩陶壶(左下部局部图案放大)

上述原始彩陶图案大面积涂色用细笔涂描敷彩的实例，不胜枚举，仅青海省乐都县柳湾遗址出土彩陶就有 100 多件实物①。

原始彩陶图案的宽面积涂色尚且使用硬笔，那么，其图形的勾廓细线更当使用硬笔勾勒，自无使用毛笔勾线之理。

可以设想，假若匠人在涂制大面积色块时使用毛笔的话，理所当然地必是捺压笔身一抹而就，或有不足，再略加补笔即可。但笔者发现原始彩陶大面积涂色却用细线走笔，平行或交叉涂描，集细成粗，并线成面，特点显示必为硬笔蘸色所画无疑。至今"钢笔画"的涂色仍用此法。原始彩陶若用毛笔涂色，何至于只用笔尖、不用笔身？古人虽愚，亦何致如此之甚，何况新石器时代尚无制作精良的细尖毛笔！

此外，也有不少彩陶图案的宽面积涂色，色块浑然一体，看不出

①参看《青海柳湾》下册，北京文物出版社，1984 年，图版三八至四一，图版四三至四四，图版四六至五四，图版六七至七四，图版七六至一四五，图版一五七至一六四，图版一八四至一九〇。此书共刊布柳湾遗址所出彩陶器物照片 610 多帧，包括半山类型、马厂类型、齐家文化三个时代。

细笔排描的呈象。推其原因,一则可能是硬笔蘸色浓重,线条互为融合,彼此濡染尤间;二则也有可能使用鸟羽、兔尾甚至手指之类蘸色涂抹而成。鸟羽、兔尾之类或可视为"原始毛笔",从这一角度来说,"原始毛笔"也可能参与了新石器彩陶图案的绘制。但前已言之,新石器时代平面图的制作,最基本的要素和决定性的工序是勾勒轮廓,涂色则是从属于勾勒轮廓的辅助性手段。那么,在新石器彩陶图案制作中即使有用"原始毛笔"涂色的话,也只不过参与了辅助性的工序,在新石器彩陶图案制作中不占主导地位。由此仍然足以断定,新石器时代彩陶图案基本上仍属硬笔画而不属毛笔画。

此前,考古学家、彩陶研究家及美术史家对新石器时代彩陶图案宽面积涂色却用细线走笔涂描的现象皆有所忽略或视而不见,故不曾对彩陶图案这一机体极为重要的生理切片加以解剖,白白错过了顿悟真谛的机缘。究其原因,乃是考古学家、彩陶研究家、美术史家受到"书画唯毛笔"错误观念的蒙蔽,脑海里只有"书画唯毛笔"的惯性意识,全无硬笔写画的概念;戴着"书画唯毛笔"的偏视镜去观察新石器彩陶图案,不免陷入"书画唯毛笔"的泥潭而不能自拔!

考古学家、美术史家及彩陶研究家谬断新石器时代彩陶图案属毛笔绘画,于是,书法史家又据"书画同源"之说,将远古彩陶图案引申为毛笔书法的所谓先天渊源,宣称"中国的书法艺术不过是拿毛笔蘸墨汁书写汉字而已"。通过上面的论述,我们知道毛笔书法的"先天渊源"其实是硬笔及硬笔绘画。新石器时代素陶刻符是硬笔画出的;新石器时代彩陶图案是硬笔画成的。可见早在文字出现之前硬笔早已产生,文字产生以来,人们又用硬笔书写,于是有了硬笔书法。秦始皇之世,有了改良的毛笔,所以秦简中始有用毛笔书写的"秦隶"。西汉才大量使用毛笔,并且创造出与毛笔相适应的"汉隶"书体。

毫无疑问,先有硬笔书法,后有毛笔书法。以往将一部《中国书法

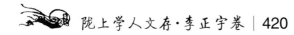

史》完全写成毛笔书法史的做法，显然是闭目塞听、以偏概全。

二、甲骨文、大小篆、古隶、秦隶尽属硬笔书体

这里所说的"书体"，是指文字的本然形体，即汤临初所谓"书之本体"①。质实言之，即"手写体"或"书写体"。其笔画特点是一笔到位、自然呈形，不另作涂描、修饰。另有一类与文字本然形体（手写体）迥然有别的加工制作之字，可称为"加工体"或"美术体"。这种并非书写而凭借加工、着意制作的字，其笔画通常不是一笔写就，须加修饰涂描而成。宋代黄伯思说："今钟鼎字若季娟（fù）鼎、伯戈甃（yán），字皆两头纤纤，若使竹笔，何能如此？"（黄伯思《东观余论》卷上《记与刘无言论书》）。其实，黄伯思所谓用竹笔（硬笔）写不出来的"两头纤纤"的笔画，并不是"自然之势"的"书之本体"，更不是用毛笔书写出来的，恰恰是加工涂描、修饰做成的"加工体"或"美术体"。书写的字与加工描画的字，性质不同，体式亦不同。我们称文字的本然形体为"书体"，而称文字的加工制作体为"加工字体"，二者不可混为一谈。以往，人们不悟文字有"本然书体"与"加工字体"之别，混而不分，所以误将加工字体释为毛笔所写。

甲骨文多是刀刻而成，属硬笔书体，无烦赘言。石鼓文、古隶、秦隶及小篆，其"本然书体"笔画皆呈线形，虽有粗线、细线之不同，但不论粗线或细线，笔画各皆均匀，无乍粗乍细、提捺震颤之迹，足以判断为硬笔书体。以往学者皆谬指石鼓文、大篆、古隶、秦隶、小篆及偶见

---

① [明]汤临初《书指》卷上："古人制笔，以半竹为之，谓之聿，故其为字，像人持半竹之形，以漆代墨，笔虽刚峭，墨则濡迟。作字之时，随其向方，上下左右，钩环转换，向背离合，各有自然之势。虽巧匠任心，不能加损其间。此书之本体也。"引者按："半竹"谓"竹"字之半，即"↑"字。小篆𥷑（筆）字下部之↑，即汤临初所指'半竹之形'，明指古人剖竹制成的硬笔。

之墨书甲骨文为毛笔书体，必须加以纠正。后世书家用毛笔写石鼓文、古隶、秦隶及小篆，见有提捺震颤之迹或故作提捺震颤以美化其笔画，已非石鼓文、古隶、秦隶及小篆之本体，自当另作别论。

笔者发现，甲骨文、大篆（包括钟鼎文、石鼓文）古隶（包括侯马盟书、长沙帛书、战国简牍）等皆有硬笔书写体（即书写本体）与加工制作体（即美化加工字体），而秦篆则悉属硬笔书体，秦隶则基本上属硬笔书体。之所以认为秦隶"基本上"属硬笔书体，是鉴于后期秦隶中偶有毛笔书迹，如《云梦秦简》。

辨识墨书甲骨文、先秦古文字及秦隶、秦篆的书体属性，关键在于分辨文字的本然书体与文字的加工字体。黄伯思曾举出钟鼎文"两头纤纤"的加工体笔画，此外，我们还见有滴珠形◆（◆父己足迹彝之"主"字）、砧形◤（举父丙爵之"丙"字）、山形◣◣◣（山形父丁瓠之"山"字）；又见钟鼎文有多样形态的"丁"字，如方形■（重屋父丁彝）、圆形●（汲乍文丁鼎）、箭头形↑（齐刀之"丁"字）、三角形▲（丁举爵）、倒三角形▼（父丁爵）、倒山形◣（王子吴鼎）、四芒星形✦（子丁甲父盉之"丁"字）等等。这类笔画及字体，肯定绝非书写而成的本体文字，显然皆属加工涂描、制作而成的加工笔画或加工字体。若不借助涂描，即使书法家也书写不出。

这类"加工字体"早在殷商时代已经出现，如文丁时期的《司母戊鼎铭》（图8），帝辛时期的《二祀邲（bì）其卣（you）铭》（图9），皆属"加工字体"。

"加工笔画"或"加工字体"，对"自然之形"的本体文字进行夸张、装饰或美化，改变了本体文字的本然形态。这类"加工

图8　司母戊鼎铭

图9 二祀邲其卣铭

笔画"及"加工字体"既可用硬笔描画做成,也可用毛笔描画做成。然而既不属毛笔书体,又不属硬笔书体。不能根据所用工具断定其书体属性,只能根据生成手段(书写或描画),判断为加工笔画或加工字体。这种加工笔画或加工字体,只显示加工后的效果,造成大篆等古文字笔画及书体的变形,引起大篆等古文字书体的异化,当然不能据以论断大篆等古文字书体的属性,正如不能根据立体字(立体字)、彩云体(彩云体)之类的加工型笔画及加工型字体来论断当代美术字属硬笔书体或毛笔书体的道理一样。

加工字体及加工笔画对判断毛笔书体或硬笔书体,都没有意义,必须加以排除。否则,势必导致错误结论。前人对此认识不足,将书写体同加工体一锅煮;又有人偏偏把眼睛盯在加工体上作文章,见钟鼎大篆中有方块、圆块、三角块或梭状块之类的笔画,遂据以判断大篆为毛笔书体。这表明钟鼎铸字的加工笔画及加工字体颇能导人以谬。现将钟鼎铸文的"本然书体"与"加工型字体"举例比较于下:

钟鼎大篆本然书体与加工字体比较举例

例字	天	丙	丁	王	十
本然书体及出处	天 周公望钟	丙 父丙卣	□ ▽ 丁举鼎丁角	王 毛公鼎	十 铭勋钟
加工字体及出处	天 天 天 追穆盂 敦公鼎鼎	丙 丙 举丙 父鼎 丙爵	■●▽ 山丁王 令形举子 簋父爵吴 丁鼎 觚	王 南宫中鼎	● 盂鼎

当我们明白了文字的"本然书体"和"加工字体"之后,那种以为钟鼎大篆属毛笔书体的误断也就可以知其所误了。

彩陶出现之前,先有素陶刻纹、刻符。素陶刻画的工具仅有原始"硬笔";素陶之后继有彩陶,绘制彩陶纹饰图案的基本工具和主要工具,则是经过改良、可以蘸色作绘的"硬笔"。目前已知我国最早的文字为甲骨文,契刻甲骨文的工具仍是"硬笔"。由此可知,"硬笔"既比"毛笔"早出,又比"文字"早出。某些学者倡言"书、画唯毛笔",说什么"毛笔与汉字为孪生兄弟、同生共振",显然经不起历史显微镜的透视。

三、硬笔书法是我国书法的源头、母体和通脉

从殷商到如今,我国汉字陆续出现过数十种书体,如甲骨文、大篆(包括各种方国异体及应用变体)、古隶(战国简牍、长沙帛书)、秦隶、小篆、汉隶、行隶、草隶、分隶、楷书、行书、草书等,情况相当复杂。

但就书写工具及与之相应的笔画性质加以分类，大致可以归纳为硬笔书体与毛笔书体两大类①：甲骨文、大小篆、古隶、秦隶这些西汉以前的古文，俱属硬笔书体；西汉以来的汉隶、行隶、草隶、分隶、楷书及楷书母体下的行、草，则是毛笔书体。

秦代及其以前是硬笔书体的天下，西汉以来，毛笔书体取代了硬笔书体的地位，建立了毛笔书体的绝对优势。但从西汉以来，在毛笔书体隶、楷、行、草盛行的同时，硬笔书写并未断绝，它巧借毛笔书体之躯，还硬笔书体之魂，将毛笔书体的隶、楷、行、草，改造成硬笔书体的隶、楷、行、草悄然行世，以新的硬笔书体生存至今。我国数千年书体变化的历史，就是由硬笔书体和毛笔书体这两大系列和两条线索构成的。其中，硬笔书体是"汉字"书体的源头和母体。从甲骨文到今时简体字，三千多年来，硬笔书体一直存在，因而又是贯通"汉字"书体书法发展史全程的通脉。而毛笔书体则起于西汉，定型于西汉隶书。故知毛笔书体的历史，只不过两千多年②。然而，长期以来莫明其妙地将本属硬笔书体的甲骨文、大小篆、古隶、秦隶统统断为毛笔书体，制造出"书唯毛笔"的荒谬观念，代代相承，往而不返，形成牢固的"书唯毛笔"偏见。

"书唯毛笔"的偏见，歪曲了甲骨文、大小篆、古隶、秦隶书体的属性，既误导了人们对先秦文字书体属性的体认，又抹杀了汉隶在书体创新方面的开拓之功。更为不幸的是，它死死拖住了我国书法史研究

---

①此外尚有多种美术字体。鉴于美术字体笔画多系涂描修饰、加工而成，已属"制作"而非"书写"。故不将其列入"书体"，可归入字体范畴。字体与书体不同：书体仅指书写体；字体则兼包书写体及加工制作体。有些书写体近似美术字，如春秋、战国时代的"龙篆"、"鸟篆"、"蚊脚书"之类，但其笔画皆一笔到位，并不涂描加工，故仍得视为书写体。

②这里只是说明毛笔书体的历史较短，并不贬低毛笔书法艺术的辉煌成就。

的后腿无法前进,以至在书法源流、书法史分期、书法创作、书法鉴赏及书法教育等诸多领域形成不少误区,在我国书法史和书法艺术领域内制造出不少的荒谬。

文字学者不知其误,反而推波助澜,鼓吹"自有墨迹可考以来,汉字即用毛笔书写";书法家则宣称:"书法就是写毛笔字"①,全属无根之谈。

笔者在《硬笔书法是中国书法的母体》②一文中已经揭出上古文字——甲骨文、大小篆、古隶、秦隶尽属硬笔书体之说,指出"从我国书法发展的史实来看,硬笔书法乃是我国书法的源头和母体,同时也是我国书法史从古到今的通脉。但是,以往的中国书法史著作,基本上是单一的毛笔书法发展史,忽视并遗漏了硬笔书法发展史这一更为源远流长的系列。这样就给人们造成一个错觉,以为我国古代书法只是毛笔书法,而硬笔书法不过是鸦片战争之后从西方传来的铅笔、钢笔之类硬笔的衍生物、舶来品。这种认识可谓失察谬甚,必须加以端正。"

(本文原为 2011 年 11 月在深圳召开的"第一届中国硬笔书法高峰论坛"会上所做报告,会后被《中国钢笔书法》《书法导报》,中国硬笔书法协会官方网站等多家硬笔书法刊物、网媒予以刊登、转载。收入本书时,略有订补。)

---

① 赵英山:《书法新义》,台湾商务印书馆,1988 年。引文见该书封里之简介。
②《寻根》1994 年第 2 期。

附录

李正宇论著要目

一、论文

敦煌历史：

《谈白雀歌尾部杂写与金山国建国年月》，《敦煌研究》1987 年第 3 期。

《关于金山国和敦煌国建国的几个问题》，《西北史地》1987 年第 2 期。

《渥洼水天马史事综理》，《敦煌研究》1990 年第 3 期。

《"以千骑降夏"的"瓜州王"是谁》，《敦煌研究》1991 年第 2 期。

《曹仁贵名实论——曹氏归义军创始及归奉后梁史探》，台湾《第二届敦煌学国际研讨会论文集》，台湾汉学研究中心，1991 年。

《志在更革——从凉王李暠庚子年号谈起》，《陇西李氏文化专辑》，1994 年。

《悄然湮没的王国——沙州回鹘国》，《1990 年敦煌学国际研讨会文集·史地语文编》，辽宁美术出版社，1995 年。

《索勋、张承奉更迭之际史事考》，《敦煌文献论集——纪念敦煌藏经洞发现 100 周年国际学术研讨会论文集》，辽宁人民出版社，2001 年。

《张议潮起义发生在大中二年三—四月间》，《敦煌学辑刊》2007 年第 2 期。

《沙州贞元四年陷蕃考》，《敦煌研究》2007 年第 4 期。

《敦煌公共墓地最早形成于西晋》，《敦煌研究》2009 年第 3 期。

《"三危"、"瓜州"、"敦煌"辨》，《丝绸之路》2013 年第 4 期。

《汉朝和平接管河西，不由攻夺强占》，《敦煌研究》2019 年第 1 期。

《汉代敦煌郡、县建立的特殊过程及模式》，《敦煌吐鲁番研究》第十二卷，上海古籍出版社，2011 年。

敦煌地理：

《敦煌古城谈往》，《西北史地》1988 年第 2 期。

《唐宋时代敦煌县河渠泉泽简志（一）》，《敦煌研究》1988 年第 4 期。

《唐宋时代敦煌县河渠泉泽简志（二）》，《敦煌研究》1989 年第 1 期。

《唐宋时代沙州寿昌县河渠泉泽简志》，《敦煌研究》1989 年第 3 期。

《敦煌大方盘城及河仓城新考》，《敦煌研究》1991 年第 4 期。

《敦煌吕钟氏录本〈寿昌县地境〉》，《敦煌研究》1993 年第 4 期。

《〈沙州都督府图经卷第一〉札记》，《西北师大学报》1993 年第 6 期。

《论敦煌古塞城》，《敦煌研究》1994 年第 1 期。

《籍端水、独利河、苏勒河名义考——兼谈"河出昆仑"说之缘起》，《西域研究》1994 年第 3 期。

《阳关区域古迹新探》，《敦煌研究》1994 年第 4 期。

《敦煌郡的边塞长城及烽警系统》，《敦煌研究》1995 年第 2 期。

《〈沙州都督府图经卷第三〉札记(二)》，《敦煌研究》1995 年第 4 期。

《〈沙州都督府图经卷第三〉札记(三)》,《敦煌吐鲁番研究》第一卷,1996 年 4 月。

《西汉蒲昌海位置新证》,《北京图书馆馆刊》1996 年第 4 期。

《P.2691〈沙州归义军图经略抄〉失所诸山考》,《段文杰敦煌研究五十年纪念文集》,北京世界图书出版公司,1996 年。

《敦煌遗书 P.2691 号写本的定性与正名》,《庆祝潘石禅先生九秩华诞·敦煌学特刊》,台湾文津出版社,1996 年。

《唐瓜州常乐县拔河帝山考》,《周绍良先生欣开九秩庆寿文集》,中华书局,1997 年。

《昆仑障考》,《敦煌研究》1997 年第 2 期。

《新玉门关考》,《敦煌研究》1997 年第 3 期。

《西同考——附论六龙地望》,《敦煌研究》1997 年第 4 期。

《汉敦煌郡广至城新考》,《敦煌研究》1999 年第 3 期。

《"玉门关"名义新探——金关、玉门二名互匹说》,《敦煌学辑刊》2005 年第 1 期。

《玄奘瓜州、伊吾经行考》,台湾玄奘大学《玄奘人文学报》第 6 期,2006 年 2 月;修订稿发表于《敦煌研究》2006 年第 6 期。

《"曲尤"考》,《丝绸之路民族古文字与文化学术讨论会文集》上册,三秦出版社,2007 年。

《莫贺延碛道考》,《敦煌研究》2010 年第 2 期

《双塔堡绝非唐玉门关》,《敦煌研究》2010 年第 4 期。

《"敦薨之山"、"敦薨之水"地望辨正——兼论"敦薨"即"敦煌"》,《敦煌研究》2011 年第 3 期。

《话说东西两所玉门关》,《敦煌吐鲁番文书与中古史研究——朱雷先生八秩荣诞祝寿集》,上海古籍出版社,2016 年。

敦煌文献：

《土地庙遗书的发现、特点和入藏年代》，《敦煌研究》1985 年第 3 期。

《〈吐蕃子年（公元 808）沙州百姓氾履倩等户籍手实残卷〉研究》，敦煌研究院编《1983 年全国敦煌学术讨论会论文集》，1987 年。

《敦煌学郎题记辑注》，《敦煌学辑刊》1987 年第 1 期。

《归义军曹氏"表文三种"考释》，《文献》1988 年第 3 期。

《晚唐五代甘州回鹘重要文献之佚存》，《文献》1989 年第 4 期。

《印度普化大师五台山巡礼记》，《五台山研究》1990 年第 1 期。

《曹仁贵归奉后梁的一组新资料》，《魏晋南北隋唐史资料》第 11 辑，1991 年 7 月。

《敦煌遗书宋人诗辑校》，《敦煌研究》1992 年第 2 期。

《敦煌遗书档案资料及其价值意义》，《社科纵横》1993 年第 1 期。

《〈吐蕃论·董勃藏修伽兰功德记〉两残卷的发现、缀合及考证》，《敦煌吐鲁番研究》第二卷，1997 年。

《安徽省博物馆藏敦煌遗书〈二娘子家书〉》，《敦煌研究》2001 年第 3 期。

《敦煌遗书一宗后晋时期敦煌民事诉讼案卷》，《敦煌研究》2003 年第 2 期。

《敦煌遗书旷世之宝》，阳关博物馆编《敦煌阳关玉门关论文选萃》，甘肃人民出版社，2003 年。

《沙州僧民上吐蕃赞普奏》，《庆祝宁可先生八十华诞论文集》，中国社会科学出版社，2008 年。

《敦煌琐语四则》，庆振轩、杨富学主编《敦煌文化与唐代文学国际学术研讨会论文集》，民族出版社，2014 年。

《公平台面上的不公平——敦煌契约别议》,《敦煌研究》2017 年第 3 期。

敦煌文学:

《敦煌曲子词中一颗璀灿的明珠》,《敦煌语言文学通讯》1986 年第 1 期。

《朴素的文笔、独到的运思——敦煌曲子词〈望江南·天上月〉赏析》,《敦煌研究》1988 年第 1 期。

《敦煌文学杂考二题》,《敦煌语言文学研究》,北京大学出版社,1988 年。

《敦煌遗诗零珠》,《敦煌语言文学研究通讯》1989 年第 1 期。

《〈敦煌廿咏〉探微》,杭州大学古籍研究所编《古文献研究》,哈尔滨师范大学《北方论丛》编辑部,1989 年。

《S.6551 讲经文作于西州回鹘国辨正》,《新疆社会科学》1989 年第 4 期。

《敦煌俗讲僧保宣及其〈通难致语〉》,《程千帆先生八十寿辰纪念文集》,江苏古籍出版社,1992 年。

《敦煌十字诗图解读》,《社科纵横》1994 年第 4 期。

《敦煌出土的四首特型诗及其破解》,《敦煌文学论集》,四川人民出版社,1997 年。

《岑参〈玉门关盖将军歌〉时地史事考》,《庆贺饶宗颐先生九十五华诞敦煌学国际学术研讨会论文集》,中华书局,2012 年。

敦煌佛教:

《乐僔史事纂诂》,《敦煌研究》1985 年第 2 期。

《敦煌地区古代祠庙寺观简志》,《敦煌学辑刊》1988 年 1、2 期合刊。

《唐宋敦煌世俗佛教的经典及其功用》,《甘肃教育学院学报》

1999 年第 1 期。

《唐宋时期的敦煌佛教》,《敦煌佛教艺术与文化国际学术研讨会论文集》,兰州大学出版社,2002 年。

《唐宋时期敦煌佛经性质功能的变化》,苏州戒幢佛学研究所编《戒幢佛学》第二卷,长沙岳麓书社,2002 年。

《晚唐至宋敦煌僧人听食"净肉"》,台湾敦煌学会编《敦煌学》第二十五辑,2004 年 9 月。

《晚唐至宋敦煌僧尼普听饮酒》,《敦煌研究》2005 年第 3 期。

《晚唐至宋敦煌听许僧人娶妻生子》,《敦煌吐鲁番研究》第九卷,2006 年 5 月。

《重新认识 8 至 11 世纪的敦煌佛教》,刘进宝、高田时雄主编《转型期的敦煌学》,上海古籍出版社,2007 年。

《8 至 11 世纪敦煌僧人从政从军》,《敦煌研究》2008 年第 1 期。

《敦煌佛教研究的得失——敦煌世俗佛教系列研究之十》,《南京师范大学学报》2008 年第 5 期。

《再论晚唐北宋时期的敦煌佛教》,《南京晓庄学院学报》2013 年第 6 期。

《孝顺相承,戒行俱高——论中晚唐五代宋敦煌佛教高扬孝道》,新疆《石河子大学学报》(社科版)2015 年第 5 期。

《所谓"三教融合"》,《周绍良先生纪念文集》,北京图书馆出版社,2006 年。

《佛塔丛识》,《丝绸之路》2016 年第 14 期。

敦煌教育:

《唐宋时期的敦煌学校》,《敦煌研究》1986 年第 1 期。

《一件唐代学童习字作业》,《文物天地》1986 年第 11 期。

《敦煌学郎题记辑注》,《敦煌学辑刊》1987 年第 1 期。

《敦煌古代的书法教育》,兰州《九州书坛报》,1994 年第 9 期。

敦煌语言、音韵:

《释"耶没忽"》,《敦煌研究》创刊号(总第 3 期),1983 年 12 月。

《敦煌方音止遇二摄混同及其校勘学意义》,《敦煌研究》1986 年第 4 期。

《近现代敦煌方言的两点说明》,《敦煌市志》卷 40,北京新华出版社,1994 年。

《敦煌古代标点符号及其价值意义(增订本)》,《文献研究》第二辑,学苑出版社,2011 年。

《声韵通假丛识——喉音声母之变》,《丝绸之路》2020 年第 1 期。

敦煌民俗:

《〈下女夫词〉研究》,《敦煌研究》1987 年第 2 期。

《敦煌傩散论》,《敦煌研究》1993 年第 2 期。

《投龙灵渊月牙泉——兼谈投龙仪制》,《敦煌》1998 年第 1 期。

书法史及敦煌硬笔书法:

《敦煌古代硬笔书法》,台湾《文化大学中文学报》1993 创刊号。

《敦煌写经的变法与求新》,《文史知识》1994 年第 1 期。

《硬笔书法是中国书法的母体》,《寻根》1994 年第 2 期。

《中国古代的硬笔》,《九州书坛报》,1994 年 4—5 月连载。

《唐代的美术字》,《南方日报副刊》1994 年 10 月 25 日。

《硬笔书法应当走自己独立发展的道路》,《九州书画报》1997 年 9 月 19 日 1 版。

《硬笔是中国笔的始祖》,《九州书画报》1997 年 6 月 29 日及 1997 年 7 月 9 日第 2 版连载。

《建构中国书法史的新体系》,《西部书画报》1998 年 4 月号。

《硬笔:中国上古书写工具(上)》,《寻根》1999 年第 5 期。

《硬笔:中国上古书写工具(下)》,《寻根》1999 年第 6 期。

《创建当代硬笔书法艺术规范》,《中国硬笔书法报》第 46 期 2 版,1999 年 11 月 30 日。

《甲骨文书体辨正》,甘肃文史研究馆编《甘肃文史》2000 年第 2 期。

《大小篆、古隶、秦隶书体辨正》,甘肃省文史研究馆编《甘肃文史》2001 年第 2 期。

《谈我国书法史的三个时期》,《九州书画》265 期,2000 年 9 月号。

《论新石器彩陶图案属硬笔画》,中央文史研究馆《全国文史研究馆馆员书画艺术文选·谈艺集(下册)》,中华书局,2011 年。

《中国书法史必须改写》,中国硬笔书法协会主办《中国硬笔书法》168 期,2012 年 1 月 1 日。

《硬笔书法是中国书法的源头、母体和通脉》,郑州《书法导报》2012 年 2 月 8 日第 10 版。

敦煌石窟艺术:

《莫高窟第九十八窟历史背景与时代精神》,香港《九州学刊》1992 年春季号,1992 年 4 月。

《莫高窟艺术精神境界的发展》,敦煌研究院编《2004 年石窟研究国际学术会议论文集》下册,上海古籍出版社,2004 年。

《吸纳消化化彼为我——谈莫高窟北朝洞窟"神话、道教题材"的属性》,《敦煌研究》2013 年第 3 期。

敦煌戏剧、曲艺、乐舞:

《敦煌遗书中发现题年〈南歌子〉舞谱》,《敦煌研究》1986 年第 4 期。

《晚唐敦煌本〈释迦因缘剧本〉试探》,《敦煌研究》1987 年第 1 期。

《〈释迦因缘〉校记》,《敦煌变文集补编》,北京大学出版社,1989年。

《试论敦煌所藏〈禅师卫士遇逢因缘〉——兼谈诸宫调的起源》,《文学遗产》1989 年第 3 期。

《敦煌歌舞三札》,《敦煌研究》1992 年第 4 期。

《论"敦煌曲子"》,台湾《第二届国际唐代学术会议论文集》,台湾文津出版社,1993 年。

《归义军乐营的结构与配置》,《敦煌研究》2000 年第 3 期。

《沙州归义军乐营及其职事》,《敦煌吐鲁番研究》第五卷,北京大学出版社,2001 年。

《叫卖市声之祖——敦煌遗书两首店铺叫卖口号(增订本)》,《丝绸之路(理论版)》2012 年 16 期,2012 年 8 月。

敦煌学评论:

《〈敦煌社邑文书辑校〉评介》,《敦煌研究》1998 年第 3 期。

《荣新江著〈归义军史研究——唐宋时代敦煌历史考索〉评介》,《历史研究》1998 年第 1 期。

《评李并成著〈河西走廊历史地理〉(第一卷)》,《敦煌吐鲁番研究》第三卷,北京大学出版社,1998 年。

《敦煌学坚实的基础工程——评〈敦煌文献分类录校丛刊〉》,《光明日报》1999 年 7 月 2 日第 10 版。

《全景观照　体大思深——读颜廷亮先生著〈敦煌文化〉》,《敦煌研究》2001 年第 4 期。

《评莫高窟土地庙藏经来源问题的探讨》,《敦煌吐鲁番学研究》第 7 卷,中华书局,2004 年。

敦煌学概论：

《敦煌学体系结构》，《敦煌学辑刊》1993 年第 2 期。

《敦煌学》，《敦煌市志》卷 31，北京新华出版社，1994 年。

《敦煌学概述》，阳关博物馆编《敦煌阳关玉门关论文选萃》，甘肃人民出版社，2003 年。

《敦煌藏经洞：古代学术的海洋》，《文汇报·学林专刊》第 617 期，《文汇报》2000 年 7 月 1 日第 11 版。

二、著作

《中国唐宋硬笔书法——敦煌古代硬笔书法写卷》，上海文化出版社，1993 年。

《敦煌史地新论》，台湾新文丰出版公司，1996 年。

《敦煌历史地理导论》，台湾新文丰出版公司，1997 年。

《敦煌古本乡土志八种笺证》，台湾新文丰出版公司，1998 年。

校点《西征续录》（与王志鹏合作），甘肃人民出版社，2001 年。

校点刘文海著《西行见闻记》，甘肃人民出版社，2003 年。

《敦煌遗书硬笔书法研究》，台湾新文丰出版公司，2005 年。

《敦煌古本乡土志八种笺证》（简体字增订本），甘肃人民出版社，2008 年。

《敦煌古代硬笔书法——兼论中国书法新史观》，甘肃人民出版社，2007 年。

《敦煌学导论》，甘肃人民出版社，2008 年。

《敦煌古代硬笔书法》，甘肃人民出版社，2008 年。

《陇上学人文存》 已出版书目

第一辑

《马　通卷》马亚萍编选　　《支克坚卷》刘春生编选
《王沂暖卷》张广裕编选　　《刘文英卷》孔　敏编选
《吴文翰卷》杨文德编选　　《段文杰卷》杜琪　赵声良编选
《赵俪生卷》王玉祥编选　　《赵遗夫卷》韩高年编选
《洪毅然卷》李　骅编选　　《颜廷亮卷》巨　虹编选

第二辑

《史苇湘卷》马　德编选　　《齐陈骏卷》买小英编选
《李秉德卷》李瑾瑜编选　　《杨建新卷》杨文炯编选
《金宝祥卷》杨秀清编选　　《郑　文卷》尹占华编选
《黄伯荣卷》马小萍编选　　《郭晋稀卷》赵遗夫编选
《喻博文卷》颜华东编选　　《穆纪光卷》孔　敏编选

第三辑

《刘让言卷》王尚寿编选　　《刘家声卷》何　苑编选
《刘瑞明卷》马步升编选　　《匡　扶卷》张　堡编选
《李鼎文卷》伏俊琏编选　　《林径一卷》颜华东编选
《胡德海卷》张永祥编选　　《彭　铎卷》韩高年编选
《樊锦诗卷》赵声良编选　　《郝苏民卷》马东平编选

第七辑

《常书鸿卷》杜　琪编选　　　《李焰平卷》杨光祖编选

《华　侃卷》看本加编选　　　《刘延寿卷》郝　军编选

《南国农卷》俞树煜编选　　　《王尚寿卷》杨小兰编选

《叶　萌卷》李敬国编选　　　《侯丕勋卷》黄正林　周　松编选

《周述实卷》常红军编选　　　《毕可生卷》沈冯娟　易　林编选

第八辑

《李正宇卷》张先堂编选　　　《武文军卷》韩晓东编选

《汪受宽卷》屈直敏编选　　　《吴福熙卷》周玉秀编选

《蹇长春卷》李天保编选　　　《张崇琛卷》王俊莲编选

《林　立卷》曹陇华编选　　　《刘　敏卷》焦若水编选

《白玉岱卷》王光辉编选　　　《李清凌卷》何玉红编选